증산도문화사상연구 1

삼신·선·후천개벽

三神 · 仙 · 後天開闢

증산도문화사상연구 1
삼신·선仙·후천개벽

발행일	2021년 11월 1일 초판 1쇄
저 자	간달루르 자이데브 수다카르(G. J. Sudhakar),
	칭기스 아하냐노프(Chingis Akhanyanov), 이시하라 야마토(石原和),
	문계석, 유철, 안동준, 서대원, 원정근, 양재학, 황경선 공저
발행처	상생출판
발행인	안경전
주 소	대전 중구 선화서로 29번길 36(선화동)
전 화	070-8644-3156
FAX	0303-0799-1735
홈페이지	www.sangsaengbooks.co.kr
출판등록	2005년 3월 11일(제175호)
ISBN	979-11-91329-17-9
	979-11-91329-16-2(세트)

Copyright ⓒ 2021 상생출판

이 책에 수록된 글과 사진의 무단 복제 및 전재를 금합니다.

본 책자는 상생문화연구소가 개최한 2021년 봄 증산도 문화사상 국제학술대회에서 발표된 논문을 편집하여 간행하였습니다.

증산도문화사상연구 1

삼신·선·후천개벽

三神·仙·後天開闢

G.J. 수다카르

칭기스 아하냐노프

이시하라 야마토

문계석 · 유　철

안동준 · 서대원

원정근 · 양재학

황경선

상생출판

간행사

2021년도 어느덧 성하盛夏의 계절을 지나고 있습니다.

여름은 작열하는 태양이 가을의 성숙한 열매를 위한 뜨거운 기운을 땅에 내뿜는 계절입니다. 우주 1년으로 볼 때도 여름은 상극의 기운이 절정에 이르러 문명과 과학은 극도로 발전한 반면 인간의 역사에서는 원과 한이 쌓이고 쌓여 숙살지기肅殺之氣가 터져나오는 때입니다. 뜨거운 태양의 열기도, 원한의 숙살지기도 성숙과 통일을 이끄는 마지막 몸부림입니다. 곧 서늘한 바람이 불며, 계절은 가을로 접어듭니다. 이때 천지는 새로움을 일구는 큰 변화를 겪게 되는데 바로 개벽입니다. 가을개벽이며 후천개벽입니다.

봄에 열린 증산도 문화사상 국제학술대회의 결과물이 여름의 한가운데를 거치며 이제 열매를 맺듯 훌륭한 책자로 간행되었습니다. 코로나-19 팬데믹으로 인해 두어 차례 미루고 연기되었기에 학술대회도, 오늘의 책자 출간도 그만큼 기대가 컸습니다. 다행히 제1회 국제학술대회는 몇 가지 아쉬움은 있었지만 국내외에 활동하는 주요 학자들이 참여하여 성황리에 치루어졌습니다. 또 그 발표논문을 모아 책으로 출간하자는 상생문화연구소의 제안으로 이렇게 결실을 맺게 되었습니다.

요즘 우리 사회는 지금까지 한 번도 겪어보지 못한 대병란의 혼란 속에서 일상이 무너지고 미래가 불투명한 힘든 시대를 살아가고 있습니다. 기존의 가치관은 흔들리고 우리를 지켜온 철학과 종교와 과학은 더 이상 그 힘을 발휘하지 못하고 있습니다. 코로나라는 바이러스 하나로 인류는 과거와는 다른 세계로 나아가고 있는 것입니다.

그러나 상제님께서는 앞으로 가을개벽의 때를 맞이하여 더 큰 전쟁과 병란이 몰려온다고 말씀하셨습니다. 이제 미래를 바라보는 새로운 관점과 해결책이 필요한 때입니다. 증산도 사상과 문화는 우리가 찾는 올바른 길을 보여줄 것입니다. 그래서 지난 학술대회도 이번 책자 출간도 현재를 반성하고 미래를 예측하는 매우 중요한 계기가 될 것이라고 믿습니다.

이 책의 제목 〈삼신, 선, 후천개벽〉은 알다시피 증산도 문화사상 국제학술대회의 주제였습니다. 누군가가 증산도 진리를 세 가지로 표현하라고 할 때 손꼽을 수 있는 개념이 바로 삼신이며, 선仙이며, 후천개벽입니다. 삼신은 『도전』의 첫 페이지에 나오는 개념으로 조화성신의 다른 이름이며, 천지만물을 낳고 기르는 원신이자 일신입니다. 그야말로 증산도 신관의 토대라고 할 수 있습니다. 동방 9천 년 선문화의 원형은 삼랑선입니다. 선仙은 증산도 후천 선문화의 주체로 태을선, 후천선, 삼랑선이며, 후천 생활문화의 중심주제입니다. 후천은 곧 선경이며, 선의 세계입니다. 우주의 여름과 가을의 교차기에 인류에게 밀어닥치는 대환란이자 새로운 세상을 여는 터닝 포인트인 후천개벽은 증산도 진리를 크게 분류한 팔관법 전체와 연계되는 핵심 주제입니다. 사실 하나 하나 매우 중요하면서도 어려운 주제입니다. 만일 독자 여러분이 이 책을 완독한다면 반드시 증산도 경전인 『도전』을 찾게 될 것이고, 『도전』을 읽게 된다면 인생의 새로운 관점이 열리게 될 것이라고 확신합니다.

간행사를 마무리 하며 이 책의 모태가 된 학술대회를 준비하고 실행할 수 있도록 배려와 지원을 아끼지 않으신 연구소 안경전 이사장님께 깊은 존경과 감사의 인사를 올립니다. 이 책 〈삼신, 선, 후천개벽〉에 옥고를 보내주신 필자분들께 감사의 말씀을 전하는 것은 너무도 당연합니다. 특히 학술대회에서 〈도교연구와 증산사상〉이라는 주제로 명강연을 해주시고, 이 책의 출간에 맞춰 〈추천사〉를 보내어 책의 의미를 한껏 빛나게 해

주신 김종서 서울대 명예교수님의 관심과 애정을 마음 깊이 새기겠습니다. 학술대회에서도, 이 책의 간행에서도 노고를 아끼지 않았던 연구소 원정근 박사님께 박수를 보냅니다.

지난 학술대회도, 이 책의 간행도 이제 막 큰 산을 오르는 첫 발걸음입니다. 우리 상생문화연구소는 앞으로 증산도 문화사상을 주제로 하는 국제학술대회를 계속 이어나갈 것이며, 또 그 결과물은 증산도 문화사상 연구총서로 여러분을 만나게 될 것입니다. 증산 상제님의 가르침은 무궁하며 전해야 할 진리주제는 무한합니다. 진리를 추구하는 모든 학자, 수행자, 연구자 여러분! 그리고 도반 여러분! 앞으로도 저희 연구소는 다가오는 후천개벽의 때에, 온 인류에게 상제님 강세와 우주 1년, 가을개벽과 후천선경의 진리를 전하는 일이라면 어떤 어려움도 극복하고 성경신으로 묵묵히 나아갈 것입니다. 감사합니다.

2021. 7.
연구실장 유 철

추천사

증산도 상생문화연구소에서 이번에 "삼신·선·후천개벽"이라는 주제로 주최한 국제학술대회는 무엇보다도 세 가지 면에서 그 의미를 둘 수 있다.

첫째, 국내·외 최고 수준의 학술마당이 펼쳐졌다는 것이다.

코비드19 전염병으로 나라 안과 밖이 모두 격리된 상황에서 지적이고 영적인 갈구가 채워지지 못해 안타깝기만 한 때였다. 이런 어려운 시기에 이런 큰 국제학술 마당을 과감하게 개최한다는 것만으로도 그 귀한 가치를 인정받아야 한다. 그런데 더욱 국내 도교와 유교 등을 비롯하여 한국 사상 연구에 큰 업적을 쌓아 온 석학들이 총 동원되었고, 또 분야마다 성과를 구축해 온 중진 학자들 그리고 새로운 학문적 관점으로 시야를 열어 줄 젊은 학자들까지 나서서 이틀 간 심층 탐구의 시간을 가진 것은 우리 학계 전체에 길이 남을 쾌거였다. 뿐만 아니라. 인도, 러시아, 일본 등 해외의 전문 학자들이 함께하여 명실 공히 국제학술대회가 된 것이 중요하다.

흔히 종교 단체들에서 여는 학술행사는 포교를 위한 수단으로 전락되거나 광고마당이 되기 일쑤다. 하지만 이번 학술행사는 순수 학술성을 표방하고 실제로 객관적인 연구 분위기를 창출하였다.

둘째, 도교 사상을 중심으로 한국 사상이 넓은 시각에서 새롭게 재조명 된 것이다.

신선 사상, 삼신관, 조화와 개벽, 풍류와 천문 그리고 상수학에 이르기까지 도교가 한국 사상의 기저에 어떻게 뿌리 내려왔는지 참신한 관점들이 제시되었고, 또 인도와 시베리아 그리고 일본의 전통들과 비교의 틀을 초대하고 있다. 중국적 담론에 종속된 사대주의의 재탕은 전혀 볼 수 없다. 민족적 자존감을 확인시켜 주는 진정한 우리의 도교를 만날 수 있다.

셋째, 대안으로서의 증산사상을 열어 놓고 있다.

오늘날 도교의 국제 학계에서의 트렌드는 다양한 도교적 현상들 가운데서 비교의 추가 같음으로부터 다름으로 옮겨졌다는 것이다. 한국 도교도 세계 도교전통(특히 중국 도교 전통)과의 차이를 강조해야 할 때다. 물론 거대한 도교 전통의 틀은 인정하면서 그 안에서 차이를 드러내야 할 상황인 셈이다. 도교적 전통들을 수용해내면서 신론과 선과 개벽 및 주문수행 등을 중심으로 새로운 길을 제시하고 있는 증산사상이 바로 그 대안인 셈이다.

우리 속담에 "구슬이 서 말이라도 꿰어야 보배"란 말이 있다. 도교는 한국인의 종교 심성을 매우 잘 담아 온 전통이다. 우리 삶 속에 굴러다니며 우리를 한국인답게 만들어주는 도교적 구슬은 많다. 이번 학술대회에서는 그 구슬들을 여럿이 꿰어서 참뜻을 일구어내어 반짝반짝 빛나게 하였다. 우리 식으로 갈고 닦아야 더욱 와 닿는 보물이 되는 것이다.

김종서(서울대 명예교수)

목 차

간행사 / 4
추천사 / 7

주제: 삼신三神

인도의 삼신관 / 19
» 간달루르 자이데브 수다카르(G. J. Sudhakar)

1. 서론 21
2. 창조의 신 브라흐마 23
3. 유지의 신 비슈누 28
4. 파괴의 신 시바 38
5. 결론 46

시베리아의 샤머니즘 전통과 삼신 문화 / 49
» 칭기스 아하냐노프 (Chingis Akhanyanov)

1. 서문 51
2. 시베리아 셔먼에서 삼신문화 52
3. 맺음말 79

메이지의 신도행정·신도와 조화삼신 / 85
» 이시하라 야마토 石原和

1. 들어가며 87
2. 신기관 체제 속의 조화삼신 91

3. 교부성 체제와 조화삼신 95
4. 교파신도와 조화삼신 100
   1) 교파신도화 102
   2) 교파신도 산하 종교인화 104
5. 동아시아의 조화삼신이라는 시점을 향하여 108

한국의 삼신관三神觀 / 115
» 문계석

1. 들어가는 말 117
2. 삼신에 대한 정의 120
   1) 삼신은 창조변화의 근원 120
   2) 삼신일체三神一體 하느님 125
3. 존재론적 진리로 이법화理法化된 삼신 135
   1) 정태적情態的 의미의 삼극사상三極思想 135
   2) 동태적動態的 의미의 삼도사상三道思想 142
4. 한민족의 문화양식으로 드러난 삼신 148
   1) 삼신 하느님을 모시는 제천단祭天壇과
      국조삼성을 모시는 삼신전三神殿 149
   2) 삼신의 조화를 상징하는 삼태극三太極 문양 152
   3) 인간의 탄생과 생명을 주관하는 삼신숭배三神崇拜의 민속..154
   4) 삼신하느님의 사자를 상징하는 삼족오三足烏 문양 156
5. 맺음 말 158

주제: 선仙

증산도의 조화사상 / 165
» 유 철

    1. 들어가는 말 167
    2. 조화調和와 조화造化 169
    3. 신교와 선과 조화 173
        1) 신교와 선 174
        2) 선과 조화 178
        3) 근대의 신교, 동학의 조화사상 183
    4. 증산도의 조화사상 190
        1) 신교의 맥, 참동학 증산도 191
        2)『도전』1편 1장에 나타난 우주 생성의 조화 194
        3) 조화성신造化聖神의 '조화' 199
    5. 조화의 근원, 신명조화 206
        1) 천지조화, 신명조화 206
        2) 조화주 증산 상제의 조화법 211
    6. 맺는 말 220

태을천존 신앙의 연원 / 225
» 안동준

    1. 문제 제기 227
    2. 선행 연구 검토 230
    3. 동방의 천신으로서 동황태을 235
    4. 천황대제와 태을천존 242
    5. 남은 과제 252

증산도甑山道의 신선神仙 사상思想 고찰考察 / 257

» 서대원

    1. 들어가며 259
    2. 도교 신선[仙]의 의미 261
        1) 신선의 초기 의미 261
        2) 통신通神의 선仙 263
        3) 외단外丹의 선仙 268
        4) 내단內丹의 선仙 270
        5) 여론餘論 271
    3. 증산도 신선 사상 고찰 273
        1) 신선의 개념 273
        2) 신선의 능력 277
        3) 신선의 공능 280
    4. 증산도 신선 사상에 대한 평가 283
    5. 결론 286

주제: 후천개벽後天開闢

후천개벽과 천지굿 / 291

» 원정근

    1. 후천개벽과 풀이문화 293
    2. 신명풀이란 무엇인가 296
    3. 천지판과 신명풀이 300
    4. 천지굿과 신명풀이 304
    5. 신명풀이의 의의..315

선후천과 개벽 / 319

» 양재학

    1. 선후천의 교체가 왜 내일의 해답인가............................323
        1) 19세기 동북아에서 싹튼 새로운 선후천론....................323
        2) 선후천과 후천개벽의 참뜻- 상극에서 상생으로 329
        3) 생장염장과 방탕신도 334
        4) 후천개벽과 우주1년 337
    2. 신도로 열리는 후천개벽... 343
        1) 신도로 돌아가는 세상..343
        2) 신으로 가득 찬 천지 345
        3) 상제의 존재방식..349
    3. 생명과 시간의 새로운 창조...353
        1) 천간지지天干地支에 담긴 시간의 비밀 353
        2) 시간의 방정식- 순역운동 356
        3) 하늘과 땅의 숨결[天地之用] 361
        4) 생명 완성의 길- 3변성도三變成道 364

4. 선후천 전환의 핵심- 조화선경 374
      1) 후천선경은 어떻게 이루어지는가- 윤역에서 정역으로 374
      2) 정음정양의 후천선경 378
      3) 간방艮方에서 새문명이 싹트다 382
      4) 후천선경의 주체는 누구인가 385

홍익인간과 상생 / 395
   » 황경선
   1. 머리말 397
   2. 상생의 의미 398
      1) 살림, 생의 의미 398
      2) 신유학新儒學에서 생生의 의미 401
      3) 살림의 성격 404
   3. 홍익인간 407
      1) 살림의 겨레 동이 407
      2) 인즉선人卽仙 412
      3) 성통공완性通功完 415
   4. 증산도의 상생 사상 423
   5. 맺음말 435

〈 번역 원문 〉

The View of the Triadic God of India / 441
» Prof. GJ Sudhakar

    1. INTRODUCTION: 443
    2. THE CREATOR – BRAHMA 445
    3. THE PRESERVER – VISHNU 450
    4. THE DESTROYER - SHIVA 459
    5. CONCLUSION: 466

The Shamanist Tradition of Siberia and Samsin Culture / 469
» Chingis Akhanyanov, Ph.D

    1. Introduction 469
    2. Cultures of the Samsin in Siberian shamanism 470
    3. Conclusion 497

明治の神道行政·神道と造化三神 / 505
» 石原和(立命館大学)

    1. 神祇官体制のなかの造化三神 508
    2. 教部省体制と造化三神 511
    3. 教派神道と造化三神 516
        1) 教派神道化 519
        2) 教派神道の配下宗教者化 521
    4. 東アジアの造化三神という視点に向けて 524

삼신 선仙 후천개벽 8

인도의 삼신관
· 간달루르 자이데브 수다카르 ·

시베리아의 샤머니즘 전통과 삼신 문화
· 칭기스 아하냐노프 ·

메이지의 신도행정·신도와 조화삼신
· 이시하라 야마토 ·

한국의 삼신관三神觀
· 문계석 ·

태시太始에 하늘과 땅이 '문득' 열리니라.

홀연히 열린 우주의 대광명 가운데 삼신이 계시니,

삼신三神은 곧 일신一神이요.

우주의 조화성신造化聖神이니라.

- 『도전』 1:1:1-3 -

인도의 삼신관

간달루르 자이데브 수다카르(G. J. Sudhakar)
인도 시피 라마스와미 인도학연구소 명예교수

번역: 강시명 (상생문화연구소)

1. 서론
2. 창조의 신 브라흐마
3. 유지의 신 비슈누
4. 파괴의 신 시바
5. 결론

필자 약력

간달루르 자이데브 수다카르

간달루르 자이데브 수다카르는 역사학자이다. 인도 첸나이 소재 마드라스 크리스챤 대학교를 졸업하고 뉴델리의 자와하르랄 네루대학교에서 박사학위를 취득하였다. 그는 여러 대학에서 역사학 강의를 하였으며, 많은 박사학위 연구생들을 지도하였다. 그는 여러 책과 논문을 저술하였고 편집하였는데, 「인도 역사의 도시화 고찰」, 「1750-1857년 타밀나두를 중심으로 본 인도인들의 항쟁」 등이 있다. 그는 현재 인도국립역사학회 집행위원회의 위원이며, 마드라스 대학교와 연계한 시피 라마스와미 아이야르 인도학 연구소의 명예교수이다. 또한 그는 「인도의 역사와 문화 학회지」의 편집위원이다.

• 간달루르 자이데브 수다카르(G. J. Sudhakar)

1 서론

힌두교는 세계에서 가장 오래된 종교 중의 하나이며 광활한 인도 아대륙의 5분의 4를 넘는 사람들과, 네팔과 인도네시아의 발리, 그리고 전 세계에 흩어져 거주하는 인도인들이 믿는 신앙체계이다. 그 밖에 동남아시아와 같은 고대 문화들은 힌두교의 문화적 특질의 영향을 받았다. 일반적으로 알려진 힌두교의 역사는 5,000년을 거슬러 올라간다. 하지만 힌두교도들은 자신들의 종교가 시작도 끝도 없으며, 심지어 지구와 그 외 여러 세계들보다 앞선 영원한 과정이라고 믿고 있다. 오늘날의 과학은 이 광대무변한 우주에는 지구 외에 각각의 법칙을 가지는 다른 세계도 있을 수 있다는 것을 받아들인다.

힌두교도들은 아주 오래전부터 이러한 관점을 견지해 왔다. 힌두교에는 신도들과 학자들 모두에게 영감을 주는 많은 경전들이 있다. 이 경전에 나타난 근본 교리 중의 하나는 삼신일체 즉 인도의 삼신이다. 절대 신성의 세 가지 주요 기능인 창조, 유지, 파괴는 세 가지 신의 모습으로 단순하게 구현된다.

일신이 우주의 창조를 수행할 때는 창조신 브라흐마로, 유지자의 역할을 할 때는 비슈누로, 파

브라흐마, 비슈누, 시바

괴자일 때는 시바가 된다. 인도에서는 일반 대중에게 절대 신성神性의 속성과 성질들을 설명하기 위해서 고도의 상징주의 체계가 발달하였다. 수행하는 역할에 따른 서로 다른 도상학적인 특징들을 묘사함으로써 서로 다른 시기의 서로 다른 신들을 표현하였다. 예를 들어, 비슈누 신이 한 신전에서는 평화로운 모습으로 앉아 있다면, 다른 신전에서는 악을 무찌르는 역할을 맡고 있는 것이다. 그가 지닌 무기는 이 두 형태에 있어서 서로 다르다. 아래에서 신들의 주요 모습을 묘사한다.

• 간달루르 자이데브 수다카르(G. J. Sudhakar)

2 창조의 신 브라흐마

창조신 브라흐마는, 예컨대, 네 정방향으로 향해 있는 네 머리를 가진 것으로 묘사되며 이는 그가 전 우주를 창조했음을 상징한다. 매 칼파(역자주: 우주의 주기)가 종료될 때마다 이 창조신 브라흐마는 깊은 명상을 한 후 우주를 새롭게 다시 창조한다. 이러한 신화의 이야기는 그가 소지한 네 베다를 통해 표현된다. 한편, 브라흐마는 우주를 창조하기 전 명상 의식에 카만달루(역자주: 물병)를 사용하며 이는 형상을 가진 우주 만물이 기원한 근본적 기운을 물을 통해 상징화한 것이다.

시바가 순수함을 상징하는 연꽃 위에 착석한 것과 연관하여, 연꽃은 보통 진흙탕 속에서 자라지만 그 진흙과 접촉하지 않는다. 그래서 참된 수행자이며 진화된 존재인 요기는 주위의 세계로부터 영향을 받지 않는 것이다. 창조와 유지의 밀접한 연관성을 강조하기 위해서, 창조의 신 브라흐마는 유지의 신 비슈누의 배꼽으로부터 나온다고 묘사된다.

머리가 넷인 창조의 신 브라흐마

인도의 삼신관 23

브라흐마는 절대 신성의 창조력이 의인화된 것이다. 비록 서양에서는 인도의 삼신이 잘 알려져 있지만, 인도에서는 창조의 신은 유지와 파괴의 두 위대한 신보다는 훨씬 덜 숭배되고, 여러 신들이나 신들의 화신들보다도 덜 신앙되어진다. 물론 브라흐마의 신상이 제작되어 다른 신들을 모신 신전에 안치되어 제물과 주문을 통해 공경스럽게 예배되고 있다. 그는 비슈누나 시바와 같이 화신 즉 아바타이다. 하지만 그에게는 다른 신들에 비해 사원이 없으며 그를 위해서만 거행되는 예식도 없다. 왜냐하면 창조의 행위는 과거에 속하며, 절대 신성의 창조력은 물질적 존재의 연속과 정지 즉 유지와 파괴에 있어서 직접적으로 영향을 발휘할 수 없기 때문이다.[1] 지정된 시기에 창조의 힘은 다시 한번 실행되어야 하는 바, 그것은 앞서 이야기한 바와 같이 칼파의 시기이다. 그때까지는 유지와 파괴의 힘만이 신앙자들에게 희망과 두려움을 일으킬 수 있는 것이다.

　하지만 일반적으로 인정되는 이론에 의하면 파괴는—종종 비철학적으로 파괴의 힘의 효과가 기술되지만—다른 형태로의 재창조를 의미한다. 창조란 기존 물질적 형태의 변형을 의미하며, 따라서 창조의 힘은 파괴의 힘과 마찬가지로 비록 명확성은 상대적으로 떨어지지만 항상 작동하는 것이다. 이는 피할 수 없는 결과를 초래하며, 그것의 원인이 되는 원리나 힘은 파괴의 경우에서보다 덜 강하고 덜 분명하게 작동된다. 브라흐마와 시바는 비록 그들의 상호적인 행동과 반응으로 성격의 연합을 이루어서, 두 신은 때때로 거의 서로 동일시되기도 하지만 자주 이 둘은 서로 정반대이며 적대감으로 대치되는 것처럼 보인다. 브라흐마는 창조하고 시바는 파괴한다는 것이다. 그러나 파괴하는 것은 다른 형태로 창조

---

1) 에드워드 무어, 『힌두교의 만신전』, J. 존슨 성 바울 교회 야드, 런던, 1810, 5쪽. 브라흐마는 자신의 신전은 없으나, 모든 독실한 힌두교도들로부터 존경과 경배를 받고 있다.

• 간달루르 자이데브 수다카르(G. J. Sudhakar)

하는 것이므로, 시바와 브라흐마는 서로 연결된다.

따라서 신화에서 브라흐마는 절대자 브라흐만의 세 가지 위대한 의인화 속성 중 첫 번째이다. 그는 신들 중 첫 번째 신, 우주의 설계자, 세계의 수호자 등으로 불리는데, 후자의 성격으로는 비슈누와 맥을 같이한다. 물리학적 관점에서 그는 일반적으로 물질이 의인화된 것이다. 그에게서 모든 것이 유래하였고 그 안에 우주가 이미 존재하였으니, 그는 모든 물질적 형태를 지니고 있다가 단번에 창조로 이끌어 내거나, 재창조력의 작용에 의해 끊임없이 외적 형태가 변형을 일으키기는 하지만, 현상 존재들을 현재의 보이는 형태로 배열시킨다.[2] 참나무가 도토리 열매에 이미 포함되어 있듯이, 힌두교의 표현 방식에 따르면, 열매가 씨앗에 이미 존재하며 성장과 확장을 위해 대기하는 것 같이, 모든 물질 형태가 브라흐마에 존재했고 그 종자는 바로 그에 의해 창조되었다. 그의 입, 팔, 허벅지, 발에서, 그의 연속적인 창조 작용을 통해서 지구 위의 사람들 곧 사제, 전사, 상인, 노동자들이 나왔다. 또한 태양은 그의 눈에서, 달은 그의 마음에서 솟아났다.

브라흐마는 일반적으로 자신이 사역하는 각각의 네 영역을 나타내는 네 개의 얼굴로 표현된다. 그는 때로 자신이 구성한 원소의 추정된 수를 가리키기도 하며, 그가 지닌 네 베다는 그의 네 입에서 각각 나온다. 전설에 의하면 그는 이전에 다섯 개의 머리를 가졌었는데, 한 때 다섯 머리를 지니고 있었던 시바에 의해 머리 하나가 잘렸다고 한다.

창조주인 브라흐마는 시간 그 자체와 같이 오래되었으므로 그는 보통 노인으로 묘사된다.[3] 그는 지식의 총체를 상징하는 필사본 한 뭉치를 한

---

[2] 상게서, 6쪽. 그는 세계의 창조자이기 때문에 당연히 신들 중의 첫 번째라고 불린다. 모든 힌두교도들은 기도할 때 비슈누와 시바를 언급하기에 앞서 먼저 브라흐마를 언급한다.
[3] N. 크리슈나스와미, 『창조의 한 역사』, 비드야 프라카샨, 첸나이. 브라흐마는 흘러내리는 하얀 수염을 기른다.

손에 들고 있는데 이러한 그의 도상학적 모습은 그의 마음 안에 모든 지식과 모든 지혜가 들어 있음을 표현한다. 세월이 흐른 후, 그는 자신의 지식을 직관적이고 초감각적인 의사소통 방식을 통해 여러 신들과 현자들에게 전달했으며, 현자들은 주로 구전으로 시대를 거쳐 인류에게 전달했다. 이 지식은 궁극적으로 오늘날의 언어로 작성되어 기록된 문서를 통해 우리에게 도달했으니, 바로 베다와 푸라나이다. 이 고대 경전에서 우리는 이제 창조의 역사에 관한 기록된 문서를 가지게 되었다.

붉은색은 창조력에 연관된 것으로 추정되는 색이다. 이 색으로 배경을 이룬 브라흐마의 그림을 종종 볼 수 있는데, 붉은색은 또한 불을 나타내고 그 전형은 태양이다. 다른 측면으로 붉은색은 브라흐마 자신인 토土와 물질의 색이다. 이처럼 브라흐마는 토로 상징되고, 이를 통해 점차 우리는 비슈누를 발견하게 된다. 한편 브라흐마는 불이며 시바 역시 그러하다. 이 삼신은 모두 태양인데, 태양은 절대자인 브라흐만의 상징이다.

불은 모든 변화, 즉 시간의 표상이다. 일반적으로 시바와 브라흐마는 시간과 연관된다. 이 신들은 세 힘으로 나타나며, 이 세 힘은 태양으로 상징되는 일신인 브라흐만으로 귀결된다.

창조의 신 브라흐마의 여성성의 측면은 배움과 지혜의 화신인 자신의 배우자 사라스와티의 아름다운 형태로 의인화된다. 그녀는 우주의 질서 원리 리타와 우주의 율동 음악 나다 브라흐만을 상징

브라흐마의 배우자 사라스와티

• 간달루르 자이데브 수다카르(G. J. Sudhakar)

하는 비나를 손으로 부여잡고 있다. 우주 창조는 옴의 종자 소리로부터 이뤄졌다. 훔 즉 내면의 근원 소리, 나다, 우주 음악은 또한 영계의 음악이라고도 불린다.[4]

그녀의 손에 있는 염주는 기도와 수행의 중요성을 일깨우고, 손에 쥐고 있는 종려나무 두루마리는 지혜를 나타내는데, 인간은 그것 없이는 아무 것도 아니다. 그녀가 입고 있는 흰색 사리는 우리에게 가치에 대한 모든 지식이 순수해야 하며 비진리에 의해 부정해지지 않아야 함을 상기시킨다. 그녀는 순수한 연꽃이나 공작새 위에 앉아 있다. 후자의 경우 공작으로 상징되는 에고가 제어되어야 함을 주지시킨다.[5] 우유를 먹기 전에 우유에서 물을 제거하듯이, 그녀가 타고 다니는 우아한 백조는 진정한 지식의 곡물에서 왕겨를 분리하라고 알려준다.

---

4) 샤쿤탈라 자간나탄, 『힌두교 개론』, 페퍼앤사이몬스, 뭄바이, 1984. 37쪽. 사라스와티는 그녀의 헌신자들에게 사회에서의 지위와 위엄을 선사한다고 믿어진다.
5) 상게서, 38쪽. 에고의 제어에 관한 설명이 이 부분에서 잘 이뤄졌는데, 다시 말하면 겸손이 중요한 것이다. 바람직한 인간이 되고자 한다면 겸손의 미덕을 배양해야만 하는 것이다.

3 유지의 신 비슈누

비슈누는 우유의 바다에서 많은 머리가 달린 뱀 아난타 위에 누워있는 것으로 묘사된다. 아난타는 우주 에너지를, 바다는 아난다 또는 절대자 브라흐만의 무한한 행복과 은혜를 상징한다. 비슈누는 푸른 하늘처럼 제한이 없는 그의 무한성을 상징하기 위해 푸른색을 부여받았다. 그는 차크라 또는 원반을 한 손에 들고 있으며 이는 그가 우주에서 다르마(법法, 의義)와 질서를 유지하고 있음을 나타낸다. 그가 다른 손에 들고 있는 소라고동 샹카는 무지를 제거하기 위함이며, 나다 브라흐만 즉 우주 음악을 상징한다. 철퇴 가다는 세상의 악을 제거하기 위한 것이고, 연꽃은 우주의 아름다움과 순수함을 상징한다. 비슈누의 탈 것은 위대한 힘, 권세, 독실함의 표상인 독수리 가루다이다.

비슈누가 창조주를 창조하다 - 비슈누의 잠

전前 우주의 종말 후 한동안의 소강상태가 있었다. 어떠한 움직임도 없었다. 비슈누는 시간의 뱀인 세샤 혹은 아난타의 무한한 또아리 위에서 완벽한 평정 속에서 휴식을 취했으며 세상이 다시 깨어나기를 기다리고 있었다. 그의 주위에는 여전히 무한대로 펼쳐진 시원始原의 물이 있었다. 그 안에는 한때 존재했었던 모든 것들이 형태나 식별의 구분 없이 녹아 있었다. 이것은 요가 니드라 곧 우주의 잠이었다.

브라흐마의 탄생

비슈누는 눈을 뜨고 창조의 무대를 마련했다. 그의 몸에 존재하는 생

• 간달루르 자이데브 수다카르(G. J. Sudhakar)

명의 씨앗은 그의 배꼽에서 수천 개의 꽃잎을 가진 연꽃으로 출현하였고 그 위에는 창조주 브라흐마가 앉아 있었다. 창조주는 네 근본 방향을 바라보았지만, 새로운 세계를 창조할 수 있는 어떠한 질료도 발견할 수 없었다. 그는 눈을 감고 문제에 대해 고민했다.

우주적 존재

"비슈누의 창조적 에너지인 마야로부터 삼계三界의 기틀을 만들라"라는 속삭임의 소리가 브라흐마의 귀에 들렸다.[6] 이 창조의 신이 눈을 뜨자 놀라운 광경―숨 막히는 비슈누의 우주적 모습인 비루팍챠―이 눈에 들어왔다. 유지의 신의 몸은 온 우주를 두루 감쌌다.

그의 안에는 하나의 우주혼이 임재하고 있었으니 두 성별, 세 영역의 시간, 네 지혜 서적, 다섯 요소, 여섯 가지 철학, 일곱 몸의 덮개, 여덟 방향, 아홉 감정, 열 가지 중요한 호흡, 열두 황도대, 십사 존재계, 이십칠

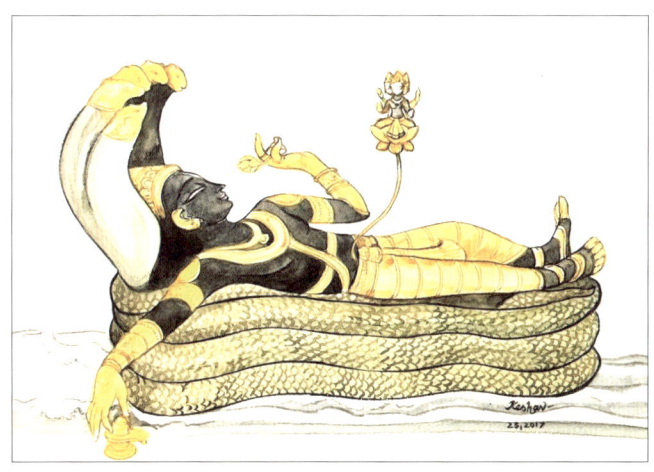

뱀 아난타와 세샤의 또아리 위에서 안식하는 비슈누와 그 배꼽에서 나온 브라흐마

---

6) 데브닷 빳뜨나익, 『비슈누에 관한 한 해제』, 페퍼앤사이몬스, 뭄바이, 1999, 14쪽. 브라흐마는 창조의 신으로 신봉되지만 비슈누의 은총과 축복이 있어야만 비슈누의 배꼽에서 나와서 자신의 창조 사역을 수행할 수 있다.

숙요, 삼십삼 신, 육십사 예술; 칠십이 직업, 백팔 신령한 영들이 그것이다.

  천체가 그의 눈을 구성했고, 바다는 그의 뱃속에 있었다. 산은 그의 뼈였고, 강은 그의 혈관을 통해 흘렀다. 나무는 그의 털로서 서 있었고 그의 상체는 하늘이었으며, 하체는 심연이었다.

  오른쪽 콧구멍을 통해 그는 생명의 기운을 내뿜었고, 생명으로부터 죽음을 흡입하였다. 그는 존재에 형태를 부여하는 우주 본체 프라크리티였다. 그는 또한 생명의 의미를 부여하는 우주의 영 푸루샤였다. 그는 무한한 공간이자 영원한 시간이었다.[7] 그는 과거에 있었고, 현재에 있으며, 앞으로 있을 모든 것이었다. 그는 우주 그 자체인 비라트 푸루샤였다.

비슈누의 속성

  비슈누는 다른 신들과 구별이 되는 특징들이 있다. 생명의 보호자로서의 그의 역할에 초점을 맞추며, 이러한 그의 속성들을 문자 그대로 보아서는 안된다. 신에 관한 상징적 의미를 이해할 때 헌신자들은 이 유지의 신의 숭고한 본성에 대한 심오한 통찰력을 얻게 된다.

신체적 특성

  비슈누의 매력과 아름다움—그의 연꽃 모양의 눈, 매력적인 미소, 굵은 긴 머리, 넓은 어깨, 나긋나긋한 팔다리, 거무스름한 안색—은 헌신자들에게는 사랑을, 시인들에게는 열정을 불러일으킨다. 이들은 라사—삶의 신비, 아름다움, 경외심—를 자아낸다.

  비슈누는 하늘처럼 푸르고 하늘처럼 항상 지구를 지켜본다. 그는 기쁨을 가져오는 뜨겁고 건조한 여름날의 비구름과 같이 거무스름하다. 검은

---

7) 상게서, 15쪽. 비슈누는 힌두교인들에게 전능한 최고의 신으로 신봉된다.

• 간달루르 자이데브 수다카르(G. J. Sudhakar)

색 비슈누는 편재하며, 어둠 속에서도 그 모습을 드러낸다. 그의 네 팔은 그가 늘 지탱하는 우주의 네 방향을 대표한다.

그의 가슴에는 쉬리왓사라고 불리는 체모가 나 있는데, 이는 그의 아내이자 생명의 여신이며 그가 보호하고 사랑하는 여신 락쉬미를 상징한다. 창조주 브라흐마는 비슈누의 배꼽에서 솟아난 연꽃 위에 앉아 있으며, 이것은 생명이 시작될 때 피어난 원초적인 연꽃이다.

비슈누는 매혹적이고 신비한 미소로 삼계에 잘 알려져 있다. 그 미소는 행복을 발산하고 이승에서의 삶의 희열을 경하하는 것이다. 그 미소는 동시에 에고에 집착하여 신성의 현존을 잃어버린 사람들을 조롱하는 의미를 담고 있다. 그리고 고통 받는 우주의 모든 영혼들에게 그의 미소는 위로와 사랑을 선사한다.

의류 및 보석

네 팔과 네 무기를 지닌 비슈누

비슈누는 온기와 빛을 발산하는 태양신 수리야 나라야나의 역할을 맡아 피탐바르(역자주: 노란색 옷을 입은자)로서 밝은 노란색 옷을 입고 자신의 어두운 색의 몸을 장식한다.

그의 귀걸이는 마카라 형상이다. 마카라는 엄청난 바다 괴물로서, 일부는 물고기, 일부는 염소, 일부는 코끼리의 모습을 지닌다. 어떤 사람들은 그것을 돌고래나 악어로 묘사한다. 이 마카라는 욕망, 연합, 성장의 주인인 비슈누의 아들 마다나의 휘장이기도 하다. 마다나의 몸이 시바의 제3의 눈에 의해 파괴되었을 때 그의 영혼은 비슈누 안으로 들어갔다. 그러자 그의 여러 능력들을 가지게 된 비슈누는 자신의 귀걸이가 상징하는 바 수태에 관한 생명부여 의식을 맡게 되었다. 비슈누는 그의 목이나 왕관에 친타마니(역자주: 여의주) 혹은 파라스마니(역자주: 현자의 돌)라고 불리는 카우스투바라는 보석을 착용하는데, 이 보석은 우유바다에서 솟아오른 것으로 소원을 이루게 하며, 태양을 상징한다고 한다. 또한 신성한 춤으로 신자들을 매료시키는 천상의 공작인 크리슈나는 왕관에 공작 깃털을 달았다.

비슈누는 목에 두 개의 화환이 있다. 하나는 악마들과 싸워 이긴 무수한 승리를 나타내는, 보석으로 장식된 비자얀티이고, 다른 하나는 그의 헌신자들과 그를 하나로 묶어주는 사랑을 상징하는 야생 꽃으로 만든 바나말라이다.

뱀 아난타 위에 앉은 비슈누와 락쉬미

• 간달루르 자이데브 수다카르(G. J. Sudhakar)

무기

비슈누는 광명인 조티를 사용하여 끊임없이 어둠인 타마와 싸우는 전사 신이다. 그는 철퇴 칸모다키, 원반 수다르샤나, 칼 난다카, 활 샤랑가, 도끼 파라슈 등의 여러 무기를 사용하여 세계의 평화를 위협하는 아다르마의 세력과 싸운다. 이 다섯 가지 무기의 소지자인 비슈누를 판차유다라고 부른다.

가다라고 불리는 악마는 그의 자선적인 성격으로 유명하다. "당신이 무척 자비로우시다고 하는데 당신의 뼈를 제게 주실 수 있습니까?"라고 비슈누가 물었다. 가다는 즉시 몸을 찢고 뼈를 빼냈으며, 그러자 천상의 장인 리부스가 그것으로 비슈누에게 철퇴를 만들어 주었다. 가다의 살은 금, 은, 구리, 철, 주석의 다섯 가지 금속으로 변했으며, 이를 리부스가 비슈누에게 검으로 제작해 주었다.

비슈누는 한때 시바에게 천 여덟 송이의 연꽃을 바치기로 약속했다. 그의 헌신을 시험하기 위해 시바는 연꽃 하나를 훔쳤다. 비슈누가 연꽃이 없어진 것을 발견하고는 시바에게 대신 자신의 연꽃 모습의 눈을 바쳤다. 그의 이 헌신적 행위를 본 후, 시바는 비슈누에게 자신의 손가락 주위를 회전하는 수다르샤나 차크라라고 하는 톱니 모양의 가장자리가 있는 원반을 주었다. 이는 던지면 적의 목을 벤 후 자신의 손으로 돌아오는 무기이다.

악기

모든 힌두교 신은 악기와 관련이 있다. 브라흐마는 그의 류트, 시바는 그의 북을 가지고 있다. 비슈누는 피리, 반수리, 혹은 소라고동인 샹카라는 관악기와 관련이 있다.

비슈누는 피리로 순진한 사람들을 매료시키고 소라고동으로 악인에게

경고한다. 크리슈나로서 비슈누는 희열의 정원에서 피리를 연주하고 쿠루크셰트라의 전장에서 소라고동 판차잔냐를 불었다.

신성한 짐승

평화와 조화의 시기에 비슈누는 뱀 아난타-셰샤의 또아리 위에서 안식한다. 그리고 무질서의 시기가 도래할 때 그는 독수리 가루다를 타고 혼돈과 부패의 세력에 맞서 싸운다.

아난타-셰샤는 끝없는 시간을 나타낸다. 세상이 해체되면 시간의 주인 비슈누가 그 위에 앉아 쉰다. 세상이 시작되어 분열할 때 비슈누는 그 뱀의 머리 후드 위에서 춤을 춘다. 각각 라마와 크리슈나의 형제인 락쉬마나와 발라라마는 모두 아난타-셰샤의 화현으로 여겨진다.

비슈누의 탈 것이며 휘장인 황금 날개를 가진 강력한 독수리 가루다는 태양 자체라고 말해지며, 자신의 주인 비슈누의 인도에 따라 동쪽에서 뜨고 서쪽에서 진다. 라마의 원숭이 신복인 하누만은 때때로 가루다와 동일시된다. 비슈누는 또한 사랑의 신의 탈 것인 앵무새와 관련이 있다. 실제로 회화에서 가루다는 맹렬한 독수리보다는 아름다운 앵무새로 더 많이 그려진다.

신성한 식물

비슈누의 영은 불멸하고 상서롭다고 믿어지는 바타 곧 바니얀 나무와 아슈왓타 곧 피팔 나무에 거한다고 한다. 이 나무들의 그늘에서 그는 카필라, 붓다, 닷따, 그리고 나라다로 화현하며 가르침을 펼쳤었다. 비슈누가 이 나무들의 잎에 누워 떠 있을 때, 우주의 해체기 동안 파멸의 물이 지구의 표면을 덮는다.

이 유지의 신의 손에 쥐어진 연꽃은 무착無着을 나타낸다. 이 아름다운 꽃은 진흙에서 자라지만 꽃잎에 물이나 흙이 달라붙지 않는다. 연꽃처럼 비슈누는 세상의 미혹에 얽매이지 않으며 참된 삶의 복락을 누리는 존재이다.

사랑의 신의 활의 축인 사탕수수 지팡이는 종종 마다나의 아버지 비슈누를 나타내는 데 사용된다. 사탕수수의 달콤한 수액처럼 세상을 진정으로 누리고자 하는 사람이라면 누구나 인생의 라사를 짜내야 하는 것이다.

마하 비슈누의 화신들 - 다샤바타 (10명의 화신들)

악이 세상에서 선을 이길 때 마하 비슈누는 아바타로 지구에 내려온다고 전한다. 지금까지 그는 지구상의 다양한 시대에 10명의 아바타로 화현하였다고 믿어진다.

비슈누의 열명의 화신

일반적으로 받아들여지는 아바타는 다음과 같다 : 맛츠야(물고기), 쿠르마(거북이), 바라하(멧돼지), 나라싱하(반 인간, 반 사자), 바마나(난쟁이), 파라슈라마(화난 남자), 라마(완벽한 사람), 크리슈나(신성한 정치가), 발라 라마(크리슈나의 형), 아직 나타나지 않았지만 출현한다고 믿어지는 칼키(강력한 전사)가 인류 역사가 속한 현 주기인 칼리 유가의 끝에 나타날 것이다.

붓다(깨달은 사람)는 아바타(여러 학파에 따르면 그는 아홉 번째 화신) 또는 마하 비슈누로 널리 알려져 있다. 그러나 많은 사람들은 비슈누의 다샤바타가 붓다가 탄생하기 전에 이미 확립된 전통이었으며, 붓다가 열 명의 아바타에 포함된 것은 중세 시대의 힌두 부흥(박티) 운동의 결과라고 주장한다.

여러 종교 학자들은 다샤바타가 인간 진화에 관한 다윈주의 이론을 반영하였다고 주장한다. 비슈누의 열 명의 아바타는 생명체가 어떻게 물에서 처음 나타났는지, 파충류가 어떻게 진화했는지 그리고 마지막으로 땅의 생물과 나중에 호모 사피엔스가 어떻게 진화했는지를 보여준다.

스리마드 바가바타 푸라나 :

이 경전은 산스크리트어로 구성된 힌두교의 열여덟 권의 마하 푸라나(위대한 역사) 중 하나이다. 이 푸라나에서 마하비슈누의 아바타인 크리슈나를 향한 헌신이 찬미된다. 이 책은 마하 비슈누에 대

올빼미를 타고 다니는 락쉬미

• 간달루르 자이데브 수다카르(G. J. Sudhakar)

한 박티(신애信愛)에 대해 서술하며 총 12권, 약 332개 장으로 구성되어 있다.

유지의 신의 여성성의 측면은 비슈누의 배우자 락쉬미를 통해 나타난다. 신의 은혜가 번영을 가져다주는 자로서의 그녀 안에 의인화되어 나타난다. 한 손은 "두려워 마라"를 의미하는 아바야 무드라—손바닥은 신봉자를 향하고 손가락은 위쪽을 향한 결인—에, 다른 손은 바라다 무드라—손바닥은 신봉자에게 향하고 손가락은 아래쪽을 향한 결인—를 취하는데, 이는 인류에게 베푸는 번영과 은혜를 상징한다. 그녀는 연꽃에 앉아 연꽃을 손에 들고 순수한 삶의 중요성을 강조하는데, 이것이 없이는 은총과 적선은 무의미하고 번영은 텅 빈 껍질일 뿐이다.

부미 데비 혹은 지구 어머니는 특히 남인도의 티루파티에서의 비슈누의 화신의 두 번째 배우자로 묘사된다.[8] 이곳에서 비슈누는 '벤카테샤 프루말'이라는 이름으로 매일 약 일만 명의 방문객의 예배를 받는다. 전 세계에서 가장 부유한 이 사원은 신전 헌금함에 하루 평균 일천 오백만에서 아천만 루피의 헌금이 모인다.

---

8) 전게서, 샤쿤탈라 자간나탄, 『힌두교 개론』, 39쪽. 부비데비를 비슈누의 두 번째 배우자 여신으로 본 것은 후일의 해석이다.

4 파괴의 신 시바

우주의 파괴의 신 시바는 종종 춤의 왕 나타라자로 나타나며 그의 춤은 우주 에너지를 묘사한다. 그는 인간의 에고를 나타내는 악마 아파스마라 푸루샤를 밟고서 춤을 춘다. 오직 자기 자신의 에고를 부수면서 인간은 신성을 성취할 수 있다. 시바는 한 손에 사슴을 쥐고 있는데, 이는 이리저리 뛰어다니는 통제되어야 할 인간의 불안정한 마음을 의미한다. 또 다른 한 손에 그는 창조적인 활동을 상징하는 북(다마루)을, 세 번째의 손에는 파괴의 상징인 불을 들고 있다. 아바야 무드라를 취한 그의 네 번째 손은 "두려워 말라. 파괴의 시기에도 그대를 보호할 것이다"라고 말한다. 그 뒤에 있는 불의 원은 창조, 보존, 파괴의 도를 통한 우주의 연속성과 영원한 순환 운동을 상징한다. 시바의 머리 위에 있는 강의 여신 강가는 영원과 순결을 의미하며, 초승달은 달이 차고 기우는 과정과 시간의 운동을 상기시킨다. 그 밖에 이 파괴의 신 주위를 감싸는 뱀은 우주 에너지를 상징한다. 시바의 두개골 화환은 언젠가 죽음이 모든 사람에게 닥친다는 사실을 상기시키고, 그의 제3의 눈은 전지성과 신적 지혜를 묘사한다. 수행하는 동안 요기가 집중하는 두 눈썹 사이의 지점은

춤의 왕 나타라자 시바

• 간달루르 자이데브 수다카르(G. J. Sudhakar)

지혜의 자리를 상징한다. 시바는 제3의 눈을 열어 악을 무찌른다.

오른쪽 귀에 시바는 쿤달라—남성이 사용하는 보석—를, 왼쪽 귀에 타탕카—여성이 착용하는 귀 장식—를 사용한다. 이것은 그가 남자와 여자의 이상적인 결합을 상징하는 아르다나리쉬와라 즉 반남반녀—그의 배우자인 파르바티는 시바 자신과 하나임을 상징—임을 우리에게 말해주고 있다. 불과 열이 서로 분리될 수 없듯이 시바와 파르바티도 그러하며 그와 같이 푸루샤(영성)와 프라크리티(물질성)도 결합되어 있다.

시바가 몸 전체에 바른 재는 인간의 육체가 일시적이고 결국 재가 됨을 암시한다.9) 그가 허리에 두르는 호랑이 가죽은 우리 안에서 호랑이처럼 튀어나오는 통제되어야 할 아함카라 즉 자기중심적 자만심을 의미한다. 시바는 우주를 파괴할 뿐만 아니라 인간의 환상과 인간을 이 세상에 속박시키는 삶과 죽음의 순환의 고리를 부순다.

이 세계가 창조된 직후 시바는 불기둥의 형태로 나타났다고 믿어진다. 그의 한쪽 끝은 광활한 우주 공간에, 다른 쪽 끝은 지구의 중심부에 닿았다. 브라흐마도 비슈누도 시바의 초자연적 현현의 시작이나 끝을 추적할 수가 없었다. 이로 인해 시바는 우주의 힘과 빛의 끝없는 기둥을 나타내는 링가 혹은 링감으로 상징화되었다.

또한 그는 링고드바와무르티로서 숭배되는데, 이 신상에서 시바는 불기둥에서 나오고 브라흐마와 비슈누가 양쪽에 서 있는 것으로 묘사된다.

모든 시바 사원에서 그의 탈 것인 숫소 난디가 시바의 형상(링가)을 향하고 있으며, 이는 인간의 영혼인 지바가 위대한 영혼(신)인 파라마트마를 갈망함을 상징한다.

---

9) 전게서, 샤쿤탈라 자간나탄, 『힌두교 개론』, 44쪽. 이러한 해석은 신자들을 겸손하게 하고 그들을 확고한 기반에 자리 잡도록 하기 위함이다.

시바의 정수 :

모든 시바의 추종자들은 모두 동일한 링가 앞에 배례를 올리고 동일한 주문을 주송하고 동일한 푸자를 거행하지만, 이 파괴의 신은 단순한 수준부터 숭고한 수준까지 서로 다른 사람들에게 서로 다른 것을 나타낸다.

초월자 시바 :

시바는 상서로운 자를 뜻한다. 그러나 그에 관한 모든 것은 불길한 것 같다. 그는 고립된 언덕, 어두운 동굴, 울창한 정글에 거주한다. 그는 화장용 장작더미 사이에서, 종소리와 북소리로 소란한 곳에서 동물 가죽을 뒤집어쓰고 춤을 춘다. 그는 염소처럼 악취가 나며, 온몸은 재가 발려 있고, 두개골을 가지고 다니며, 독을 마시고, 마약을 흡입하며, 유령과 식시귀와 도깨비들과 어울리고, 달이 이지러지는 어둠의 반주기 동안 예배를 받는다.

이는 시바가 선악, 시비, 성속, 길흉 등의 이원성을 초월함을 의미한다. 시바는 모든 것을 나타내고 모든 것을 사랑한다.

친해지기 쉬운 자 시바 :

그의 놀라운 우주적 지위에도 불구하고 시바는 단순하고 복잡하지 않은 신—꾸밈 없고 성실하며 자유로운 속성[10]—으로 자신을 드러낸다. 그는 현실적인 가정생활을 영위하는데 이는 이 파괴의 신을 사랑스럽게 만든다. 천상의 거처에서 그는 아내를 사랑하고, 때로는 그녀와 다투고, 자녀와 놀아주고, 반신半神인 가나와 노래하고 춤추며, 친구들과 물담배를 피운다.

---

10) 데브닷 빳뜨나익, 『시바에 관한 한 해제』, 페퍼앤사이몬스, 뭄바이, 1997, 118쪽. 이 해석은 시바를 두려운 존재가 아니라 친근한 존재로 인식하도록 하기 위함이다.

• 간달루르 자이데브 수다카르(G. J. Sudhakar)

그는 많은 사람들이 동일시하고 친밀감을 느낄 수 있는 신이다. 따라서 일반 사람들, 그들의 후견인, 친구, 아버지 등과 매우 친밀한 그는 인간의 질문에 대한 하나의 신성한 대답 그 자체라고 할 수 있다.

수행자 시바 :

시바는 세상에 속하기를 거부한다. 그는 결혼하여 자녀를 가지기를 거부한다. 그는 동굴이나 산봉우리에 앉아 마치 회전목마처럼 세계가—변화하고 변형되며 신기루(마야)처럼 불안정 채 그 자신을 반복하며 릴라(신적 유희)와 같이 예측가능하고 반복적인 모습으로—자신의 주위를 돌고 있음을 관찰한다. 그는 그것을 통제하거나 바꾸려고 하지 않는다. 그는 단순히 놓아 준다. 그는 심지어 환각성 약초를 피우고 꿈의 세계로 도피한다. 그는 감각을 통어하고 모든 유혹을 거부한다. 그는 영원한 평정의 상태에 머물고 있다.

가장家長으로서의 시바 :

인생은 일련의 이상주의와 현실주의 사이, 자유와 안전 사이, 집착과 해방 사이에서의 타협과 대결이다. 시바와 비슈누, 파르바티에 대한 관계는 이러한 타협을 상징하고 있다. 세속적 삶을 초월하며 인간 사회를 포기하고 해방과 자유를 추구하는 것은 좋지만 자신의 생물학적 의무와 사회적 의무를 지키지 않으면 안 된다. 가

시바의 배우자 파르바티 여신

장의 역할을 회피한 은둔 수행자는 쉽게 도피자로 여겨질 수 있는 것이다.

파르바티는 어머니 여신의 한 화현이다. 그녀는 모든 물질과 에너지의 의인화된 모습이며 시바가 버린 모든 것을 나타낸다. 하지만 사랑의 신의 도움으로 그녀는 시바를 유혹하여 그가 삶의 과정에 참여하도록 한다. 그녀는 그가 가장이 되어 가정을 꾸리고 가족의 일원으로 있도록 주도하였다.

시혜자 시바 :

시바는 쉽게 기뻐하는 신으로, 우연히라도 그의 링가에 목귤나무 잎이나 흰독말풀 꽃을 올려 놓으면 그의 영원한 사랑을 얻을 수 있다. 그는 은혜와 축복으로 관대한 행복의 수여자이다. 그는 모든 슬픔, 비참, 고통을 제거한다. 그는 헌신자를 지고의 행복으로 인도한다.

수호자 시바 :

시바는 전 우주를 감독한다. 그는 멀리 떨어진 마을들도 악한 세력으로부터 보호한다. 그는 전사들에게 무기를 제공하는 무술의 제왕이다. 그는 한때 매혹적이면서도 두려움을 자아내는, 잔인하면서도 선량한 공포의 기사였다. 그는 모든 사람의 삶에서 모든 해로운 영향을 제거하는 구원자이다.

교사로서의 시바:

시바는 모든 지혜의 원천이다. 그가 전하는 지식은 사람이 더 풍요롭고 충만한 삶을 살 수 있도록 도와준다. 그는 공연 예술, 미술, 무술, 문학, 과학, 신비주의 및 철학의 스승이다. 그는 인간에게 약초의 비밀, 사

• 간달루르 자이데브 수다카르(G. J. Sudhakar)

냥 기술, 축산 및 원예 기술을 가르쳤다.

국외자局外者 시바 :

시바는 정통성에 도전하는 반역자이다. 그는 전통 사회에서 소외감을 느끼는 모든 개인들의 피난처이자 비순응주의자이다. 그는 악마, 약크샤, 아수라, 다나바, 락크샤스, 그리고 단순히 그들의 본성이 문명의 요구와 일치하지 않기 때문에 사회에서 악한 것으로 간주되는 모든 자들의 주군이다.

남성으로서의 시바 :

시바는 우주의 정력을 상징한다. 그는 우주적 여성과 영원한 연합을 이루는 우주적 인간이다. 따라서 그는 어머니 여신을 보완하는 아버지 신이다. 그가 씨라면 그녀는 밭이다. 그가 하늘이라면 그녀는 땅이다. 그가 정적성이라면 그녀는 역동성이다. 그가 차축이라면 그녀는 바퀴이다. 그가 링가라면 그녀는 요니이다. 함께하여 그들은—완전함의 두 반쪽은—하나로 융합한다.

파괴자 시바:

브라흐마는 세상을 창조한다. 비슈누는 그것을 유지하고 시바는 그것을 파괴한다. 이 삼신일체성은 생명의 주기의 순환을 보장한다. 시바는 더럽고, 부정하고, 버려진 모든 것을 받아들인다—부패한 부분을 없애며 그들의 환생을 준비시킨다. 그러므로 그는 새롭게 하는 자, 재생하는 자, 변형시키는 자이다. 그는 또한 자신의 꾸밈없는 속성으로 사람들의 오만함과 화려함을 제거하고, 자신의 비정통적 생활 방식으로 모든 편견과 위선을 부순다. 좀 더 미묘한 수준에서, 시바는 사람을 속세에 가두는 카르마와 에고와 집착을 파괴하는 자이다.

영혼으로서의 시바:

시바는 물질적 변형 과정에 영향을 받지 않는 우주의 정신이다. 그는 성별, 공간, 시간을 초월하지만 동시에 온 우주에 내재한다. 그는 생명의 활력이자 모든 것의 근원이며 최종 목적지이다. 그는 사치다난다 곧 절대 존재, 순수 의식, 영원한 기쁨이다. 그와 하나되는 것이 모든 창조물의 궁극적 목표이다.

신성神性으로서의 시바:

시바는 최고의 존재이다. 그는 창조, 유지, 파괴, 망각, 은혜라는 다섯 가지 측면을 가지고 있다. 그는 영혼, 태양, 달 그리고 오대 요소 즉 땅, 불, 물, 바람, 에테르를 나타내는 여덟 가지 형태를 가지고 있다. 그는 모든 현현들의 총체이며 모든 존재들의 의미이다.[11]

그는 마치 삶과 같이 헤아릴 수 없는 신비 그 자체이다. 그를 이해하는 것은 우주를 지배하는 궁극적 현실을 이해하는 것이니 곧 사나타나 다르마—영원한 법—이다. 그에게 모든 신자들은 경배를 한다: 옴 나마 시바야(옴 귀의합니다 시바신에게)

역동적 형태의 우주 에너지는 평범한 보통 사람들에게는 전지전능의 신이 세상을 창조, 유지, 파괴하는 힘이자 에너지인 온 세계의 어머니 샥티의 형태로 상징화된다. 그녀는 여러 형태로 나타난다. 우마 또는 파르바티로서 그녀는 시바의 온유한 배우자이다. 카막크쉬 또는 라자라제쉬와리로서 그녀는 위대한 어머니이다. 한 손으로 그녀는 올가미를 쥐고

---

11) 상계서, 120쪽. 시바를 절대 신성神性으로 해석함으로써 인도의 삼신(Triadic God)의 개념이 입증된다.

• 간달루르 자이데브 수다카르(G. J. Sudhakar)

있는데, 이는 우리 자신이 벗어나야 할 세속적 애착을 의미한다. 그녀의 다른 손에 있는 고리는 그녀가 의의 길로 인간을 인도함을 나타낸다. 그녀가 가지고 다니는 사탕수수는 마음의 희열을 상징한다. 그녀가 한 손에 들고 있는 화살은 우리가 정복해야 하는 오감이다. 두르가의 형태로 그녀는 인간이 제압해야 하는 자아의식과 오만함인 호랑이를 타고 있다. 그녀는 무기를 들고 여덟 가지 악—미움, 탐욕, 열정, 허영심, 타인에 대한 경멸, 시기, 질투, 인간이 스스로를 속박하는 환상—과 싸운다. 성난 모습으로 그녀는 칼리—시간이 의인화된 형태—로 알려져 있다. 이 무서운 모습으로 그녀는 인간의 가장 큰 적이자 무지의 상징인 마히샤수라(악마 물소)를 무찌른다. 그녀는 팔과 무기를 휘두르며 끊임없이 모든 형태의 악과 싸운다. 그녀가 착용하는 두개골은 인간이 필멸자임을 알려준다. 칼리 여신으로서 그녀는 어두운 색을 띠고 있으며 이는 인간이 알지 못하는 미래를 상징한다. 여기서 시간은 불변하며 온 우주의 최고 강자라는 것을 보여준다.

5 결론

대부분의 외국인들은 왜 힌두 만신전의 신들과 여신들이 여러 팔과 때로는 여러 얼굴을 가지고 있음에 대해 궁금해 한다. 그 주된 이유는 일부 종교에서 천사들이 날개를 가지고 있는 것처럼 그려지듯이 그들이 초자연적임을 보여주기 위함이다. 우리는 최고의 절대자인 브라흐만이 형상을 초월해 있다는 것을 알고 있다. 사회의 원시 단계에서 평범한 보통 사람들에게 절대자의 위대함, 전지전능함, 무소부재성을 가르치기 위해 현자들은 신의 능력과 속성에 대해 인간이 이해할 수 있는 형태를 부여하였다.

또한 힌두교가 초기 태동 시기 접촉한 모든 원시 부족들과 당시 사람

셰샤 뱀위에서 안식하는 바이쿤타에 거주하는 비슈누

• 간달루르 자이데브 수다카르(G. J. Sudhakar)

들의 종교적 신념을 채택하고 동화하였다는 사실을 염두에 두어야 한다. 힌두교의 모든 종교에 대한 관용은 독특한데, 고대 힌두교인들은 정복한 사람들의 종교적 신앙을 파괴하기보다는 오히려 흡수하였던 것이다. 힌두교가 수용한 여러 종교에는 고유의 신과 가르침―일부는 토템까지 포함―이 있었고 각각의 종족에는 고유한 제례 의식이 있었다. 힌두교는 이들 모두를 자기의 것으로 하였으며, 자신들이 정복한 부족과 민족의 신이나 토템에 대한 믿음을 결코 말살하지 않았다. 힌두교가 수많은 종교들을 받아들이고, 베다 힌두교의 기틀 위에 수천 개의 서로 다른 종교적 신앙들을 수용하였다는 사실은 영적 세계의 가장 큰 기적 중 하나이다. 이러한 종교적 관용성은 다음의 우파니샤드 성구에서 잘 표현된다― "에캄 삿 비프라 바후다 바단티"("하나의 진리를 현자들은 많은 이름으로 부른다")

참고문헌

경전류

- Rig Veda 리그 베다
- Yajur Veda 야주르 베다
- Sama Veda 사마 베다
- Atharva Veda 아타르바 베다
- Brahma Sutra 브라흐마 수트라
- Katha Upanishad 카타 우파니샤드
- Isha Upanishad 이샤 우파니샤드
- Bhagavad Gita 바그바드 기타
- Brahma Purana 브라흐마 푸라나
- Vishnu Purana 비슈누 푸라나
- Shiva Purana 시바 푸라나

단행본

- Edward Moore, *The Hindu Pantheon*, J. Johnson, St. Paul's Church – Yard, London, 1810. 에드워드 무어, 『힌두교 만신전』, J. 존슨 성 바울 교회 야드, 런던, 1810.
- N. Krishnaswamy, *A History of Creation*, A Vidya Vrikshah Publication, Chennai. 크리슈나스와미, 『창조의 한 역사』, 첸나이: 비드야 프라카샨.
- Shakunthala Jagannathan, *Hinduism – An Introduction*, Vakils, Feffer and Simons Ltd., Mumbai, 1984. 샤쿤탈라 자간나탄, 『힌두교 개론』, 뭄바이: 페퍼앤사이몬스, 1984.
- Devdutt Pattanaik, *Vishnu – An Introduction*, Vakils, Feffer and Simons Ltd., Mumbai, 1999. 데브닷 빳뜨나익, 『비슈누 개론』, 뭄바이: 페퍼앤사이몬스, 1999.
- Devdutt Pattanaik, *Shiva – An Introduction*, Vakils, Feffer and Simons Ltd., Mumbai, 1997. 데브닷 빳뜨나익, 『시바 개론』, 뭄바이: 페퍼앤사이몬스, 1997.

시베리아의 샤머니즘 전통과 삼신 문화

칭기스 아하냐노프 (Chingis Akhanyanov)
러시아 부리야트 주립대학교 연구위원

번역: 전원철 (상생문화연구소)

I. 서문
II. 시베리아 셔먼에서 삼신문화
III. 맺음말

> 필자 약력

칭기스 아하냐노프

    칭기스 아하냐노프는 역사학자로서, 러시아 부리야트 공화국에서 출생하였다. 그는 바이칼호 동부 울란우데에 위치한 동시베리아 문화예술대학을 졸업하였고, 2004년 부리야트 주립대학교에서 역사학과 박물관학 전공으로 박사학위를 취득하였다. 그 후 현재까지 러시아의 여러 박물관과 학술기관에서 근무하며 북방 유목민족의 역사와 고고학적 연구로 「울란우데 민족학 박물관의 연구분석 - 훈족의 일상생활의 고고학적 성격」 등 20여 편 이상의 출간물을 저술하였다. 그의 주요 연구 관심 분야는 동북아시아와 시베리아의 고대사이다.

• 칭기스 아하냐노프 (Chingis Akhanyanov)

1 서문

시베리아 샤머니즘은 고대에 뿌리를 두고 있다. 그 기원은 고대에 사라졌다. 삼신의 전설과 신념도 그렇다. 이 문화에는 첫째 특히 숫자 3과 그와 관련된 삼위일체인 수비학(numerology, 수를 이용한 점술), 둘째 기하학적 무늬, 곧 지구의 원형인 -정사각형-, 안정된 인물, 곧 가족의 원형과 영적 세력 및 조상과의 연결인 -삼각형-, 그리고 우주와 하늘의 원형인 -원(동그라미)-, 셋째 시베리아 샤머니즘에는 예를 들어 Buryat 전설의 Manzan Gurme와 같이 조상 할머니 숭배가 있다. 우리는 삼신할머니의 이미지와 비슷한 구도를 볼 수 있다. 구석기 시대에는 삼신 및 〈환단고기〉와 분명히 연관성을 가지고 있다.

2 시베리아 셔먼에서 삼신문화

시베리아 샤머니즘은 고대에 뿌리를 두고 있다. 삼신의 전설과 신념도 그렇다. 시베리아 민족들의 샤머니즘의 기원, 또 이 종교 시스템의 발전 및 형성 단계에 대한 문제는 학술 문헌(scientific literature)에서 적극적으로 논의된다.[1] 샤머니즘의 기원은 청동기 시대 또는 심지어 신석기 시대로 거슬러 올라가는 시간의 안개 속에서 사라졌다고 믿어진다.[2] 시베리아 민족들 중 전문적 샤머니즘에 대한 가장 초기 정보는 6-8세기로 거슬러 올라간다. 유명한 역사가 메난데르 프로텍테르(Menander Protector)는 비잔틴 대사 지마르치(Zimarch)가 568년에 알타이(Altai)에 있는 「투르크(Turk)[3]」 칸(Khan)을 찾아가는 여행에 관한 묘사에서 이에 관해 알려준다.

"그들 자신의 부족에 속하는 다른 사람들이 나타났는데, 그들은 나쁜 징조의 것들을 쫓아내는 자라고 말했고, 그들은 제마르치와 그의 동료들에게 다가왔다. 그들은 자신들이 가지고 다니던 모든 짐을 가져다가 땅에 내려 놓았다. 그런 다음 그들은 유향 나무의 가지에 불을 지르고 스키타이 언어로 야만적인 말을 외치며 종소리와 북으로 소리를 냈으며 불꽃으로 딱딱 거리는 유향 가지를 수하물 위로 흔들

---
1) Tokarev S.A. Early forms of religion and their development. Moscow: Nauka, 1964.
2) Tokarev S.A. Religions in the history of the peoples of the world. Moscow: Nauka, 1964.
3) 역자 첨가

• 칭기스 아하냐노프 (Chingis Akhanyanov)

고 광란에 빠진 듯이 행동했다. 미치광이처럼 그들이 사악한 정신을 몰아내고 있다고 가정했다. 이런 식으로 어떤 사람들은 악을 쫓는 수호자로 여겨졌다. 그들이 생각했던 대로 악한 존재들을 쫓아내고 제 마르치 자신을 불 속으로 이끌었을 때, 그들은 이를 통해 그들 자신도 정화되었다고 생각했다."[4]

7-8세기의 고대 시베리아 민족에 대한 메시지에서 〈신당서(Xin-Tang-shu) (11세기)〉는 말한다: "제물은 현장의 영들에게 전달된다. 희생물을 제공하기 위해 정해진 시간은 없다. 무당은 캄(kam)이라고 불린다.[5] 그래서 문헌 자료에서는 중국어 필사본에서 처음으로 샤만을 투르크어로 말하는 이름인 '캄(kam)'이 나타났다. 의심할 여지없이, 투르크어(Turkic)를 사용하는 부족과 사얀-알타이 고원지대(Sayan-Altai Uplands)의 사람들은 6-8세기에 공식 종교를 가졌다. 전문적인 샤머니즘을 발전시켰다. 이것은 남부 시베리아의 고대 투르크어를 사용하는 사람들이 더 일찍 샤머니즘을 시행했음을 시사한다.[6] 이 의견은 학카스-미누신스크(Khakass-Minusinsk) 분지에 널리 퍼져 있는 타시틱(Tashtyk, '돌이 많은 지방'[7])시대 (기원전 1세기-AD 5세기)에 일어난 축제의 암석 재현에 의해 확인된다.[8]

그들은 자연의 모든 생산적인 힘들의 다산을 숭배하고, 사냥과 군사적인 먹이감을 위한 기도에 전념하고, 자연과 질병이라는 악한 세력과의

---

4) Alekseev N.A. Early forms of religion of the Turkic-speaking peoples of Siberia. Novosibirsk: Science, 1980.
5) Bichurin N. Ya. Collection of information about the peoples who lived in Central Asia in ancient times. T. 1.M .; L .: Publishing house of the Academy of Sciences of the USSR, 1950.
6) Kyzlasov L.R. On the history of shamanistic beliefs in Altai // KSIIMK. 1949. no. 29.
7) 역자주
8) Appelgren-Kivalo H. Alt-altaische Kunstdenkmäler. Helsinki, 1931.

싸움, 악령과 외부 무당과의 싸움 등에 전념한다. 안타깝게도 시간과 사람 때문에 심하게 피해를 입은 주목할 만한 시베리아의 글 종류 중 하나는 솔로요제르나야(Solyonoozernaya, 솔료노호수) 마을의 동쪽에 위치한 투스 쾰(Tus-ko, '소금호수'[9])의 북쪽 해안을 따라 바위 평면에 새겨진 다층과 다문양으로 된 낙서이다. 특히 시베리아 샤머니즘을 생생하게 보여주는 부분 중 두 개만 고려해 보자.

빗물에 의한 사암 파괴와 영구동토의 균열에 의한 분열때문에 인물그림의 보존이 좋지 않다. 가장 잘 보존된 것은 왼손에는 타원형 북을, 오른손에는 화살 모양의 망치를 들고 그 가슴을 관객 쪽으로 바라보며 서 있는 전사 무당의 강렬한 모습이다. 머리는 짧고 뾰족한 위쪽 돌출부로 표시되어 있으며 무성한 머리카락이 나고 그 위에는 납작한 헬멧을 덮어 썼다.(그림 2) 머리카락 뒤쪽(2)과 왼쪽에 세 점이 "붙어"있다. 어깨(1)는 아마도 샤만 다트(던지는 화살)를 쳤던 사람들을 나타낸다. 팔과 어깨가 드러난 무사 샤만은 겨드랑이에서 허리까지 가슴을 감싸는 끈이 달린 금속 갑옷을 입고 있다. 아래도리에 그는 보호판으로 보강된 다리 보호대를 입고 있는 것으로 보인다(그림 2).

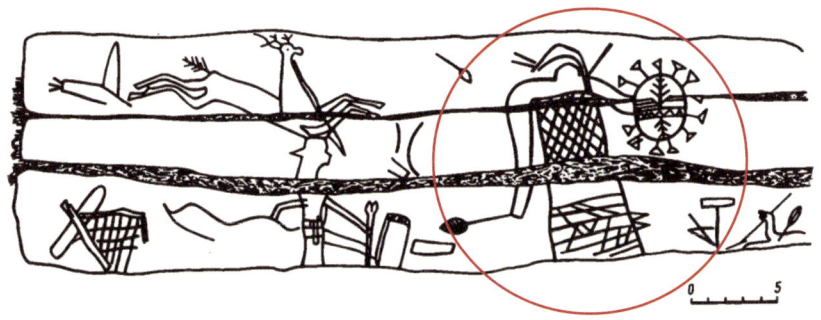

그림 1. 알타이의 그림
정령과의 전쟁을 치르는 무당

그림 2.(원 안)
알타이의 한 바위에 새겨진 무당의 모습.

---
9) 역자주

• 칭기스 아하냐노프 (Chingis Akhanyanov)

옛날 시베리아 민족의 무당은 종종 군사 캠페인 주최자, 군사 지도자의 역할을 했으며 판금 갑옷을 입은 것으로 알려져 있다. 7~18세기에 보호용 갑옷은 여전히 많은 시베리아 사람들에게 알려져 있었으며, 군사 목적으로 제작되었다. 심스키 지역 에벤키족(Symsky Evenks)의 무당 의상은 갑옷이었고 일반적으로 시베리아 민족, 특히 학카스(Khakass)의 무당 옷에는 판갑 갑옷 요소가 포함되어 있다.[10]

일부 민족학 학자들은 금속 펜던트(목줄에 거는 보석)가 때때로 무당에 의해 갑옷으로 간주되었다고 언급했지만, 시베리아 민족의 무속 옷에서 보호 갑옷의 요소에 대한 문제는 아직 특별히 문헌에 반영되지는 않았다. 예를 들어 다음 그림을 보시기 바란다:

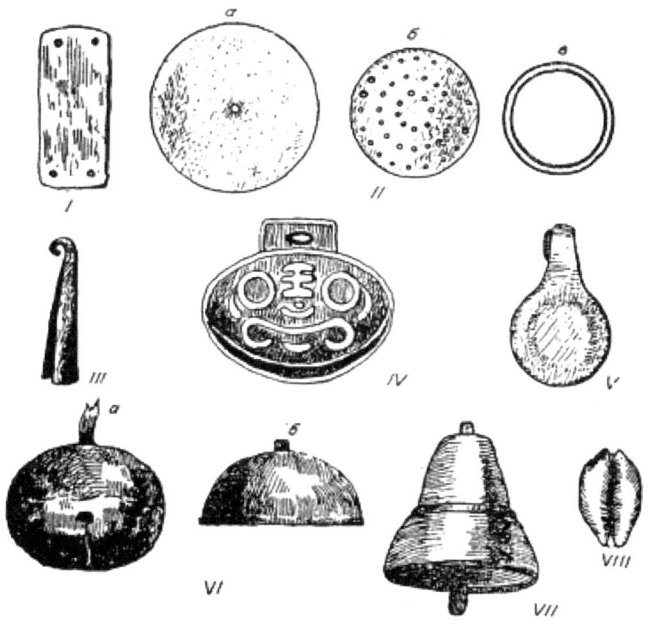

시베리아 사람들의 무속 옷에 가장 흔한 펜던트와 줄무늬 형태.

10) Ivanov S.V. Elements of protective armor in shamanic clothes of the peoples of Western and Southern Siberia // Ethnography of the peoples of Altai and Western Siberia. Novosibirsk: Science, 1978

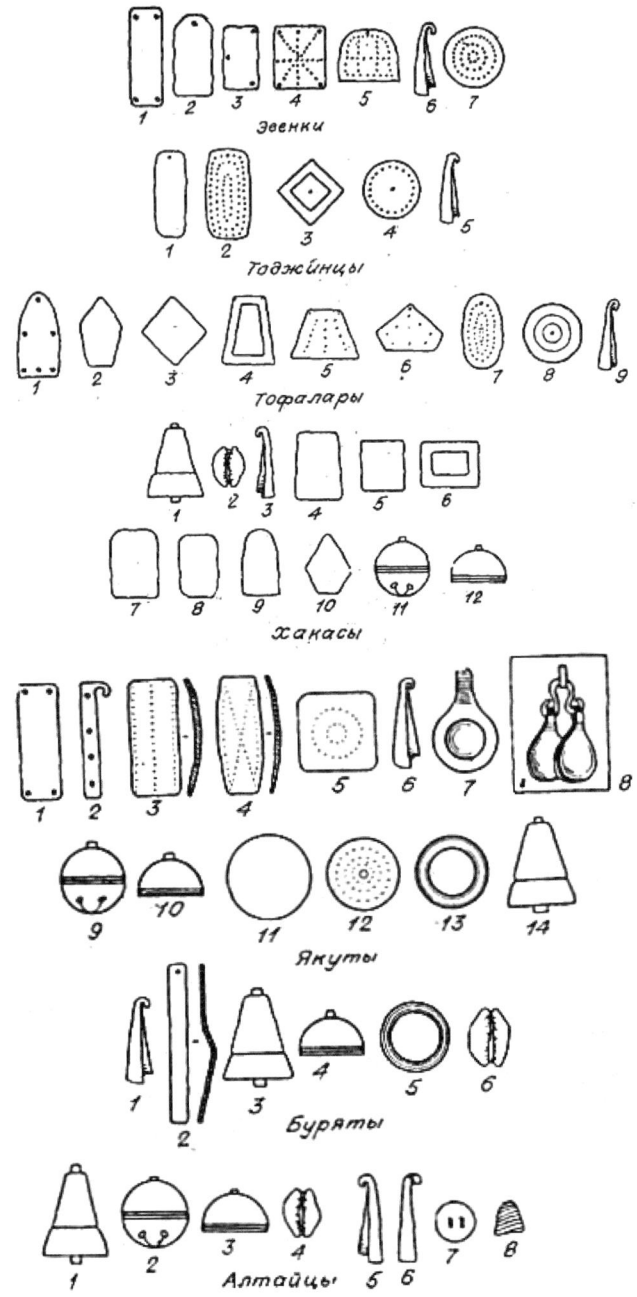

시베리아 일부 민족들의 무속 옷에 보이는 펜던트와 줄무늬의 복합체.

• 칭기스 아하냐노프 (Chingis Akhanyanov)

보호판은 직사각형, 삼각형 및 원형이다. 직사각형 판은 우리 테이블에서 눈에 띄는 위치에 있고, 19세기 시베리아 사람들의 무속 옷 펜던트에는 유사한 예들이 많이 보인다. 그러나 후자는 훨씬 더 발전했다. 직사각형, 정사각형, 다각형, 삼각형 및 기타 다양한 종류가 나타났다.

무당에게는 펜던트와 줄무늬의 보호 기능만큼 중요한 모양은 아니었다.

수세기 전에 무사 샤만의 왼손에 묘사된 "달걀" 또는 타원형 북은 달걀 모양이며 위에서 아래로 연장된다. 이것에서 그는 현대 무당의 타원형 북과 비슷하다. 후자(곧 현대 무당)의 해석에 따르면, 샤만의 타원형 북은 (태양, 달, 별 등) 우주의 몸통(cosmic bodies) 이미지와 함께 세계나무(world tree), 하늘, 땅 및 지하세계로 수직으로 나뉘어진 3세계의 그림으로 세계 알(world egg)을 재현한다. 이것이 고대한국 문화인 삼신三神Samsin과의 최초의 유사성뿐만은 아니다.[11]

그림의 지구는 현대 타원형 북에서와 같이 지그재그 또는 삼각형 체인이 있는 가로 줄무늬 형태의 띠로 묘사된다.(그림 2). 시베리아 무당들의 해석에 따르면, 이것은 지구를 따라 지나가는 3개의 땅과 산맥의 이미지이다. 타시틱(Tashtyk) 타원형 쇠북의 가운데에 수직으로 우주의 축이 그려진다. 지구에서 위쪽 천구로, 지하 세계의 아래쪽 절반에서 위에서 아래 쪽으로 자라는 세계나무이다.(그림 2)

남부 시베리아의 바위에 묘사된 타원형 북의 특징은 12개의 종(bell)인데, 껍데기에 매달린 삼각형 형태로 전달된다. 동시에 천구에는 6개의 종이 있어, 그 중 하나는 지구의 벨트에, 5개는 지하 세계에 부착되어 있다.(그림 2) 종은 샤만 옷과 타원형 북이 공통특징이지만, 여기에서 그 모양은 정확하게 훈-사르마트(Hunno-Sarmatian) 시대의 특징을 보여준다.

---

11) Ivanov S.V. Materials on the fine arts of the peoples of Siberia in the 19th - early 20th centuries. M .; L .: Publishing house of the Academy of Sciences of the USSR, 1954.

그들은 단면이 3면 또는 4면이다. (또한 타원형 북에서 파생된 것으로) 쇠 브래킷에 있는 이러한 "종-척추"는 S.V. Kiselev가 우이바트(Uybat) 장지의 타시틱(Tashtyk) 지하실에서 발견했다.

따라서 투스 꼴(Tus-kol, 소금호수[12]) 호수의 암석 그림 분석을 통해 확립된 전문적 샤머니즘이 사얀-알타이 고원(Sayan-Altai Upland)에 살던 고대투르크어 민족의 종교라는 결론에 도달할 수 있으며 아마도 기원전 1세기 이전에 형성되었다. 이것은 또한 언어 자료로 확인된다. 해당 민족집단이 남부 시베리아에서 함께 살 때 발생했던 고대 투르크어 방언에서 사모예드 언어 [특히 셀쿱(Selkup)]의 초기 어휘차용을 연구하면서 언어학자들은 이러한 언어의 공통적인 샤머니즘 용어가 우리 시대로 전환하는 무렵인 고대에 발생했다고 믿는다. 시베리아의 동일한 샤머니즘 글(shamanistic writings)에서 희귀한 장면이 보존되었다(그림 3).

큰 타시틱(Tashtyk) 가마솥은 속이 빈 원추형 팔레트에 직사각형 손잡이로 묘사되어 있으므로 아마도 청동일 것이다. 가마솥 뒤에는 꼭 끼는 카프탄(마패자형 옷[13])을 입은 남자가 있는데, 그 모습은 앞쪽에 배치되고 그의 머리는 옆의 왼쪽으로 향한다. 이 인물은 왼손으로 가마솥의 가장자리를 잡고 있는 것처럼 보이고 오른손으로는 도살된 동물의 사체를 통째로 가마솥에 넣는다. 이것은 망아지로, 사체의 앞부분은 머리를 낮추어 가마솥에 넣고 분명히 말의 기갑(말의 양 어

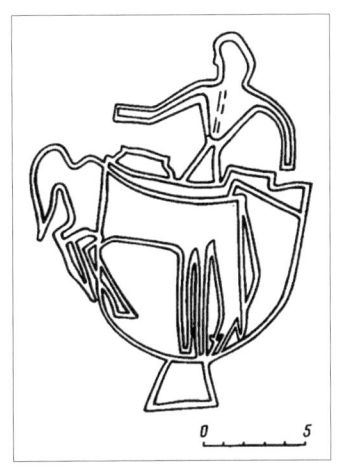

그림 3. 투스 꼴의 그림
성스러운 망아지를 통째로 가마솥에 넣는 장면의 그림

---

12) 역자의 풀이.
13) 역자주

• 칭기스 아하냐노프 (Chingis Akhanyanov)

깨 사이에 도드라진 부분14)으로 어떤 종류의 고리로 매달려 있다. 뒷다리와 꼬리는 여전히 가마솥 밖에 있다. 물론 그림은 다소 잠정적으로 그려졌지만(가마솥 벽은 망아지의 뒷다리와 몸통을 가른다.) 전체 장면의 의미는 아주 분명하다. 어린 말을 제물로 삼고, 사체를 통째로 요리하여 먹는 일은 대부분의 샤머니즘 축제와 공개적 기도에 전형적이다.

하늘에 대한 희생물, 슬픔, 동물 헌납, 결혼식, 장례식, 기념 등-이 모든 것에는 희생과 컬트 식사(cult meals, '광신적 종교집단에서 먹는 식사'15))가 필요했다. 이것은 특히 남시베리아의 투르크어 주민들의 특징이었다. 예를 들어, 쇼르인들(Shors) 사이에는 민족학자들이 쓴 것처럼, 최고의 신인 울겐(Ulgen: '부유하고 장엄한 이(Bay Ulgen)라고도 하며, 투르크-몽골족 사이에 때로는 텡그리(Tengri)와 같게 때로는 다른 존재로도 여겨지는 창조신16)에 대한 의식을 위해 그들은 Ulgen 자신이(때로는 태어나기 전에) 미리 점지한 새끼를 희생 제물로 했다. 그 색깔은 각 속屬(genus)마다 특별해야 한다 … 제물을 바치는 날, 새끼는 7살 이상이 되어서는 안되며, 3살이면 가장 좋다. "차바가(chabaga)"라고 한다. 안장이 없어도 아무도 타서는 안 되며 굴레에 맬 수 없으며 암말과 의사소통 할 수 없고, 모든 것이 매우 엄격하게 모니터링되며 소유자뿐만 아니라, 모든 클랜(씨족) 구성원의 공통의 것으로 간주된다. 그것에는 단 하나도 얼룩이 없어야 하고 전체 색상이 균일해야 한다 … 짝짓기 전에 종마를 가져와서 올가미(lassoes)를 다리에 묶고 짐승머리가 아래로 향하게 하고 목을 졸라 매는 4개의 기둥에 매달려 있다. 피 한방울도 흘리지 않는다… 희생의 말이 울겐의 아들이라는 것은 "코치간(kochigan)"이라고 불린다. 샤만굿(kamlanja, Shaman cere-

---

14) 역자주
15) 역자주
16) 역자주

mony[17] 후에 고기는 가마솥에서 바로 요리하여 먹는다. 이것은 또한 신성한 동물과의 친교의식에도 포함된다.

알타이 서사시에는 우리가 이야기하는 타시틱(Tashtyk) 의식과 훨씬 더 비슷한 묘사가 있다. "두 번 더 겨울과 봄이 지나지 않은 동안 얼마나 많은 살진 말들을 죽였는가, 그것들은 큰 구리 가마솥에서 끓였다. 사란들이 부른 그 많은 노래, 그들이 얼마나 많은 결혼식을 치루었는지, 당신은 셀 수도 없다. 그리고 나아가 가마솥에서 말, 황소와 숫양, 야생 염소와 사슴은 통째로 삶아진다."

한국의 삼신 숭배와의 유사성은 세계 구조에 대한 일반적인 관점에서 드러난다. 시베리아 민족들의 우주관에서 우주는 수직으로 세 개의 세계로 나누는 데, 이는 상층(천국), 중간층(지상과 물), 하층(지하)이라는 관념으로 널리 퍼져 있었다.

세계는 여러 계층으로 구성된다. 따라서 네네츠인들(Nenets)과 셀쿱인들(Selkups)의 신화에서 하늘은 7층으로, 지하세계는 7층의 얼음으로 나뉜다. 알타이인들(Altaians)에 따르면, 상위세계는 지구의 세 층으로 하위세계와 분리되었다. 또 세계의 수평 분할은 4개의 기본 지점으로 나뉜다. 우주의 이러한 분열은 서로 독립적이지 않았고, 우주의 그 궁극적 부분은 일치했다. 하부세계는 북쪽과 서쪽, 상부세계는 남쪽 및 동쪽과 연관되어 있었다. 또한 이미 기원전 1천 년에 부랴트(Buryat) 부족들 사이에는 세계를 창조하는 신으로 '푸른 영원한 하늘(Huha Munhe Tengri)'에 관한 관념이 있다. 부랴트와 몽골족은 이러한 관념을 공통적으로 가지고 있으며 실제로 이 부족들은 서로 밀접한 관련이 있다. 그럼에도 불구하고 모든 것은 세계의 구조에 관한 기본적인 샤머니즘적인 생각을 가지고 있었다.

---

17) 역자주

• 칭기스 아햐냐노프 (Chingis Akhanyanov)

사모예드 계 민족인 네네츠인[18]

시베리아 다신교 또는 텡게르(Tenger: '하늘, 신'[19])주의라고 부를 수 있다. (삼신할머니처럼) 하늘은 아버지와 같고 땅은 어머니로서, 세계의 3부분으로 나뉘어져 있으며, 세계나무는 축이며, 99개의 높은 텡그리야 (99 higher tengriyas), 13개의 낮은 오두막(상위 신의 자녀)이 있다. 조상의 세계, 사람과 하늘 사이의 중재자로서 무당이 있고, 흑과 백 무속주의와 그 외의 기본 표현으로 구분된다. 아직 세계 종교의 영향을 받지 않은 부랴트인들(Buryats)의 이러한 샤머니즘적 신념에 대해 많은 러시아 저자가 자세히 쓰고 있다. 여기서 낱낱이 다 열거할 수는 없다.

예를 들어, 갈단노바(G.R. Galdanova)는 자신의 연구에서 부랴트인들(Buryats)의 티베트불교 신념에 관한 연구를 다음과 같이 썼다. "부랴트인들(Buryats)의 전통적인 세계관은 몇 개의 다른 단계의 컬트로 대표되며, 이는 사람, 동물, 식물 세계를 통일하는 모성 관념을 기반으로 발생했

---

18) 역자 첨가
19) 역자주

다." 시베리아 샤머니즘과 삼신신앙 사이의 더 큰 유사점과 평행선은 큰곰자리의 숭배와 세계창조에 관한 전설에서 찾을 수 있다.

에벤키(Evenk) 전설에 따르면, 한 때 천상의 사슴(a heavenly elk)이 사람들로부터 태양을 훔쳐가자 밤이 땅을 엄습했다. 무스(*엘크라고도 함[20])를 쫓는 사냥꾼 마니(Mani)는 하늘로 올라가 사람들에게 태양을 돌려주었다. 이 우주 사냥에 참여한 사람들은 별이 되었다. 마니, 그의 개와 사슴은 북두칠성이되었고, Mani의 스키 자국은 은하수가 되었다.

마니는 태양을 훔친 무스를 쫓고 있다. 암벽화

큰곰자리의 기원을 설명하는 우주 사슴 엘크 사냥에 대한 다양한 버전의 신화가 시베리아의 많은 민족들 사이에 기록된다. 그러나 그들 모두가 낮과 밤의 변화를 주제로 이 신화의 연결점을 보존한 것은 아니다. 비교적 최근에 야쿠티아의 남동부 지역에 살고 있는 에벤키족 사이에서 이 신화가 기록된 것은 더욱 놀라운 일이다. "아직 땅이 자라지 않았고 매우 작았지만 이미 초목이 나타났던 것은 오래 전이었다. 그 위에는 동물과 사람이 살았다. 그 당시에는 밤이 없었고 태양이 24시간 내내 빛나고 있었다. 어느 가을 날, 엘크 부가(elk-buga, 발정기의 수컷 엘크사슴)가 태양을

---
20) 역자주

• 칭기스 아하냐노프 (Chingis Akhanyanov)

잡고 하늘을 향해 달렸습니다. 엘크와 함께 걷고 있는 어미 무스가 그를 뒤쫓았다. 밤이 되었다. 사람들은 혼란스러웠다. 그들은 무엇을 해야 할지 몰랐다. 그 당시 에벤크인들(Evenks) 사이에 유명한 사냥꾼이자 힘쎈 사람 Mani가 살았다. 그는 길을 잃지 않는 유일한 Evenk였다. 그는 두 마리의 사냥개를 부르고 활을 들고 엘크를 쫓았다. 무스가 떠나 하늘을 가로 질러 달렸다. 마니의 개는 재빨리 따라잡아 막았다. 두 마리 사슴은 개를 벗어날 수 없다는 것을 알고 태양을 무스에게 넘겼고 개를 산만하게 하기 시작했다.

그 순간을 포착한 암컷은 날카롭게 돌아서 [추격자들로부터 숨을 구멍을 찾아서[21]] 하늘을 향해 북쪽으로 달렸다. 마니는 제 시간에 도착하여 무스를 쏘았지만 태양이 없었다. 엘크가 태양을 무스에게 넘겼다고 생각한 그는 눈으로 하늘을 가로 질러 그것을 찾기 시작했고 그녀가 이미 하늘 구멍에 가까워 숨을 수 있다는 것을 알아차렸다. 그런 다음 그는 영웅적인 활로 그녀를 쏘기 시작했다. 첫 번째 화살은 그녀의 몸을 앞쪽으로 두 자정도에 떨어지고 두 번째 화살은 하나에, 세 번째 화살은 목표물에 명중했다. Mani가 태양을 가져다가 사람들에게 돌려 주자마자 우주 사냥에 참여한 모든 참가자들은 별이 되었다. 그 이후로 낮과 밤의 변화가 있었고 우주 사냥이 되풀이되었다. 매일 저녁 무스가 태양을 훔쳐 가고 마니는 그들을 쫓아 아침에 사람들에게 태양을 돌려준다."(아무르의 왼쪽 지류인 Amutkachi 강에서 1902년 태어난 Chakagir 일족의 NI Antonov가 1976년에 말함) 출간: Mazin A.I. Orochon Evenks의 전통적 신념과 의식. Novosibirsk, 1984, p. 9).

진술자에 따르면, "큰곰자리의 국자를 형성하는 4개의 별은 수컷 무스의 흔적이다. 양동이 손잡이의 별 3개, 근처에 5등급 별 3개, 그리고 별

---

21) 역자 교정

자리 사냥개들(Hounds of the Dogs)은 큰 사슴을 멈춘 마니의 개들의 흔적이다. 큰곰자리에 포함된 양동이의 바닥 아래에 위치한 별 다섯 개는 마니 자신이고. 작은 곰 자리의 양동이는 도망치려는 큰 암사슴의 흔적이다. 물통 손잡이의 첫 번째와 두 번째 별은 마니의 화살이다. 물통 손잡이의 세 번째 별(Polaris, 북극성)은 구멍 또는 무스가 숨으려고 했던 구멍이다."

다른 버전에서는 우주 무스 사슴을 쫓는 영웅이 망가Manga('힘쎈이'라는 퉁구스어[22])라는 이름으로서, 햇볕이 잘 드는 동쪽에서 무스를 서쪽으로 몰아서 그를 추월하고 죽이는 곰의 모습으로 묘사된다. 동시에 별자리 큰곰자리는 곰이 반쯤 먹은 엘크의 다리로 해석되며, 사냥꾼 자신은 별자리 Boötis와 Arcturus(대각성)로 표시된다. 그의 스키 흔적은 은하수이며, 하늘의 서쪽은 과식한 곰이 결국 너무 무거워져서 다리를 거의 끌 수 없어서 두 길을 남겼다는 사실로 설명된다(역사 유전 연구에서 Anisimov A.F. 에벤키인들의 종교(Religion of the Evenks) 참조). M.-L., 1958, 71쪽). 에르보가첸 에벤키인들(Erbogachen Evenks)은 성좌 손잡이의 첫번째 별 B. Medveditsa는 우주 사냥 중에 무서워서 하늘의 구멍(Polar Star)에 옆으로 빠져, 지상에 오게 된 송아지로 해석한다. 그에게서 오늘날 지상의 엘크가 나왔다. 시베리아 사람들과 삼신 시대 사람들의 생각에는 공간과 시간에 대한 유사성이 정의되어 있다.

시베리아 사람들의 공간과 시간에 대한 전통적인 생각은 무당의 타원형 북에서 가장 완벽하게 나타난다. 타원형 북은 악기일 뿐만 아니라, 세계 모형, 우주지도의 보편적 표현이기도 하다. 타원형 북 전체와 세부 사항, 즉 도면, 서스펜션, 구조 요소 또는 개별 부품이 만들어지는 재료에 특히 중요하다.

---
22) 역자주

• 칭기스 아하냐노프 (Chingis Akhanyanov)

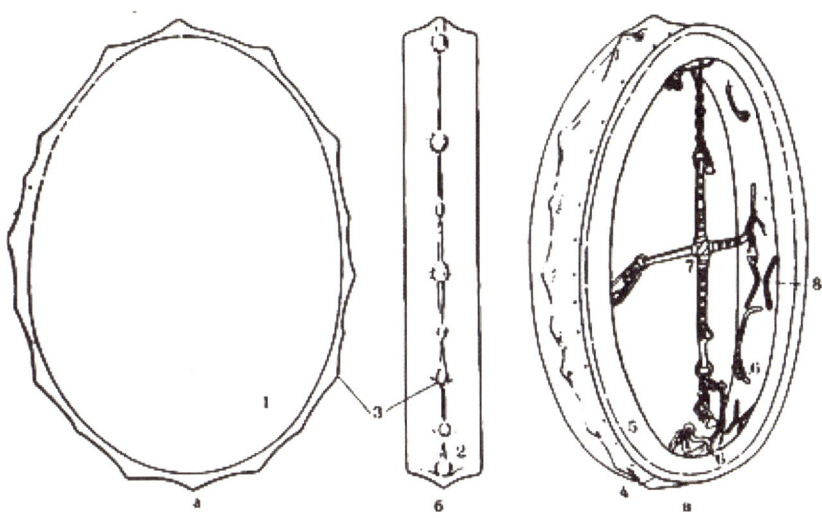

타원형 북의 다이어그램:
a-타원형 북의 바깥 쪽; b-측면에서 본 타원형 북; в-타원형 북의 안쪽.
1-껍질 위에 뻗은 가죽, 원형 또는 타원형의 나무 후프; 2-껍질; 3-공진기 "범프"; 4-껍질에 피부를 부착하는 장소; 5-피부의 자유 가장자리; 6-펜던트가 달린 철제 브래킷; 7-십자가 (타원형 북 손잡이); 8-쉘의 공진기 슬롯

우주 모델로서 타원형 북의 중요성은 그림이 덮개의 안쪽 또는 바깥쪽과 껍데기에 적용될 때 가장 분명하게 드러난다.

각 부문에서 인물들은 타원형 북의 수직 축을 따라 배치된다. 즉, 동물과 새가 아래에서 위로 이동한다. 왼쪽 상단 섹터에서: 빛나는 원-빛나는 별이 있는 선으로 연결된 태양; 초승달; 날아 다니는 새; 두 마리의 사슴-(뿔이 있는 이미지) 수컷

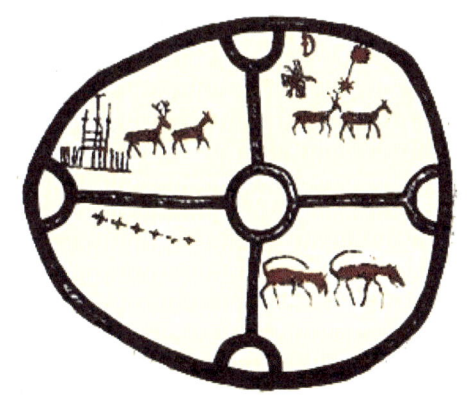

Evenki 타원형 북

과 (뿔이 없는) 암컷. 오른쪽 상단 영역에는 수컷과 암컷의 두 호랑이 그림이 있다. 왼쪽 하단 구역: 사슴 한 쌍(수컷과 암컷); 크로스 바(십자가 형태)로 연결된 자작나무 기둥 또는 나무로 구성된 종교 건물과 측면에 두 그룹의 말뚝이 있다. 오른쪽 아래 구역에는 날아다니는 말벌 여섯 마리가 그려져 있다.

나열된 섹터 중 첫 번째는 하늘세계를 의미하고 두 번째는 산 타이가(삼림)와 그 주민들의 세계, 세 번째는 사람들의 세계, 네 번째는 곤충이 날아가는 지하 세계를 의미한다고 가정할 수 있다.(그들의 이미지는 새와 비슷하고 수집가의 수집항목(인벤토리)는 이것이 "말벌의 떼"임을 나타내며 많은 시베리아 사람들의 신화에 따르면 쏘는 곤충은 불에 타서 아래쪽 세계에 던져진 식인종 마녀의 몸에서 유래했다.).

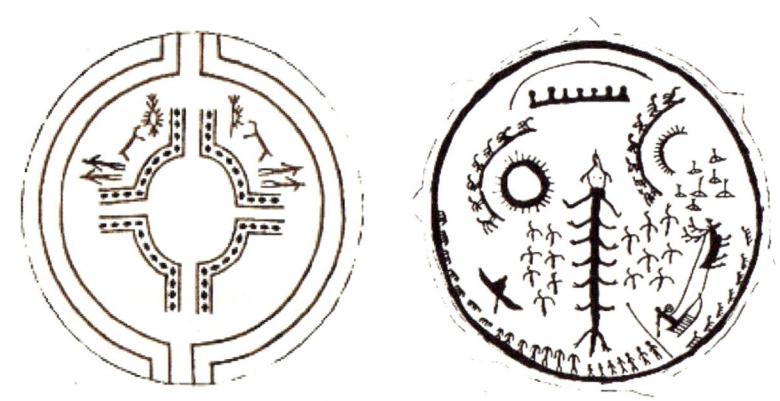

Selkup 타원형 북 그림

이 그림은 민족학자 E.D. Prokofyeva의 요청으로 1928년 셀쿱(Selkup)족 Foma Peshikh가 만들었다. 그는 분명히 타원형 북의 특정 그림을 재현하는 것이 아니라, 타원형 북에 적용된 이미지의 전체 의미를 전달하고자 했다. 오른쪽 절반은 빛(상부, 하늘, 낮)을 의미하고 왼쪽은 하

• 칭기스 아하냐노프 (Chingis Akhanyanov)

나는 어두운(저층, 지하, 밤) 세계이다. 또한 셀쿱(Selkup)족 타원형 북의 전통적인 구성에 따라 하늘은 중앙 부분을 차지하고 지구는 중간 부분을 차지하며 지하세계는 타원형 북 표면의(껍질에 인접한) 끝 부분을 차지한다. 껍데기 안쪽에는 그림도 적용했다.(F. Peshikh가 그렸으며 타원형 북 자체에 그려졌다).

해당 영역에 표시된 이미지는 동일한 구성 분할에 해당한다. 사슴은 오른쪽 아래("밝은") 부분에 그려지고 곰은 왼쪽("어두운") 부분에 그려진다. 오른쪽 아래에는 평범한 사람인물이 있고, 왼쪽 지하세계에 사는 머리 없는 괴물이 있다. 타원형 북의 윗부분에는 구름이 그려지며(이것은 하늘의 돔과 지구의 가장자리 사이의 틈새 이미지 일 수도 있다.) 그 아래에는 태양, 달, 그리고 철새가 있다(오른쪽에는 화살이 얹어진 활도 있다). 구성의 중앙 부분은 Selkup 타원형 북의 특징인 샤만의 일반적인 정신 도우미인 도마뱀 이미지로 가득 차 있다. 타원형 북의 왼쪽 아래(어두운 밤, 분명히 수중) 부분에는 남자가 앉아있는 보트가 있고 오른쪽에는 사슴이 끄는 썰매에 탄 한 남자의 모습이 있다. 샤만의 지팡이는 샤만 뒤에 따로 그려져 있는데, 쫓느라고 양손이 다 바쁘기 때문이다. 하나에는 무당의 타원형 북을 쥐고, 다른 하나에는 망치를 쥐고 있다. F. Peshikh의 그림에서 태양과 달이 장소를 변경한 것은 흥미롭다. 첫 번째는 왼쪽에, 두 번째는 오른쪽에 표시된다. 아마도 이것은 무당의 여정이 음력의 "어두운"(밤 또는 겨울) 시간과 일치하도록 시간이 지정되었음을 의미한다.

타원형 북 바깥 쪽의 그림 중에는 산과 바다로 둘러싸인 평평한 땅의 이미지, 그 위로 뒤집힌 돔형 하늘, 지구 가장자리에 놓여있는 다른 이미지, 우주에 대한 생각을 반영하는 이미지 등이 있다. 남부 시베리아 알타이(Altai), 학카스(Khakass), 쇼르(Shors) 사람들 사이에서 타원형 북의 바깥 표면은 수직으로 세 부분으로 나뉘어 우주의 3구체를 상징한다.

윗부분에는 빛, 무지개, 구름, 은하수로 하늘이 그려져 있다. 왼쪽에는 어머니라고 하는 태양이 있고 오른쪽에는 아버지라고 하는 달이 있다. 이 태양과 달의 배열은 여름철을 반영한다. 무당들은 봄부터 가을까지 하늘을 가로 질러 "얼어붙을" 때까지 여행했다. 샤먼들에 따르면 별 그림은 의례 중에 우주를 탐색하는 데 도움이 되었다. 천구 아래에 가로줄무늬가 그려져 인간이 거주하는 지구를 나타낸다. 스트립 중간의 끊긴 선은 산을 상징한다. 지하 세계를 나타내는 타원형 북의 아래면에는 그 안에 사는 생물이 그려져 있다.

수평선 아래에 놓인 손을 잡고 있는 사람의 모습은 여성을 상징한다. "산부인 머리 소녀"는 무당이 힘을 잃고 도움이 필요할 때 악령의 주의를

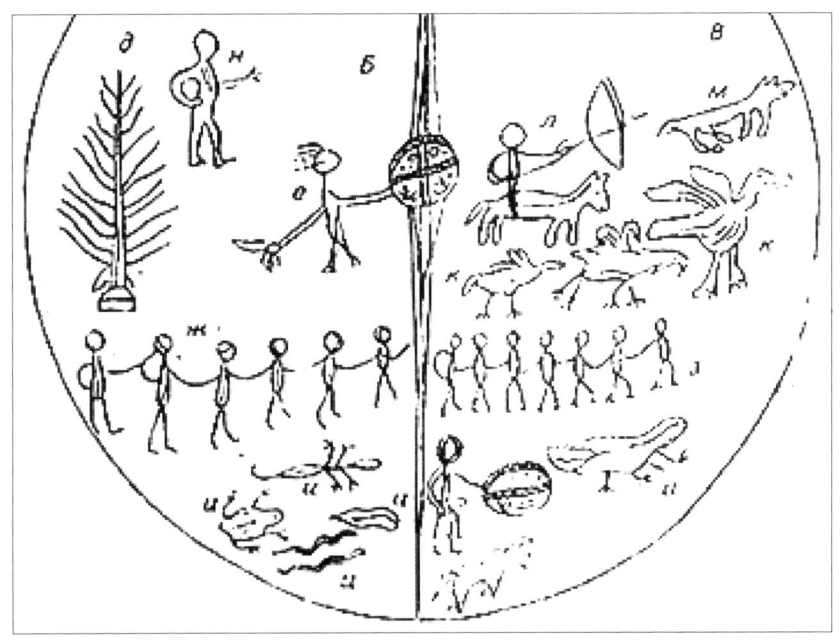

A-상위 세계; a-태양, b-달, c-금성, d-별;
B-낮은 세계; e-신성한 자작 나무, f-정신, 무당의 수호 성인, w-노란 처녀, 인어, h-흑인, 그리고-영혼, k-예언 적 검은 새, l-무당 자신, m-늑대, n-산 정신;
B-천상의 세계와 지하를 분리하는 지구의 세 층

• 칭기스 아하냐노프 (Chingis Akhanyanov)

"산만하게" 한다. 타원형 북의 맨 아래에 묘사된 뱀과 개구리는 우주의 지지자로 간주된다. 타원형 북 상단에 빨간색 페인트로 칠해진 라이더의 모습도 주목할 만한다. 무당의 해석에 따르면, 이 기수들은 사람과 무당을 후원하는 좋은 영혼이다. 그들은 특별한 의식에서 사람들이 그들에게 바친 말을 탔다.

시베리아 문화에서 생생하게 표현되는 세계의 고풍 모델의 가장 중요한 상징 중 하나는 모든 세계를 통해 성장하고 연결하는 세계나무 형태를 가진 신성한 수직선이다. 그 이미지는 타원형 북, 옷, 도구 및 기타 물건에서 발견된다.

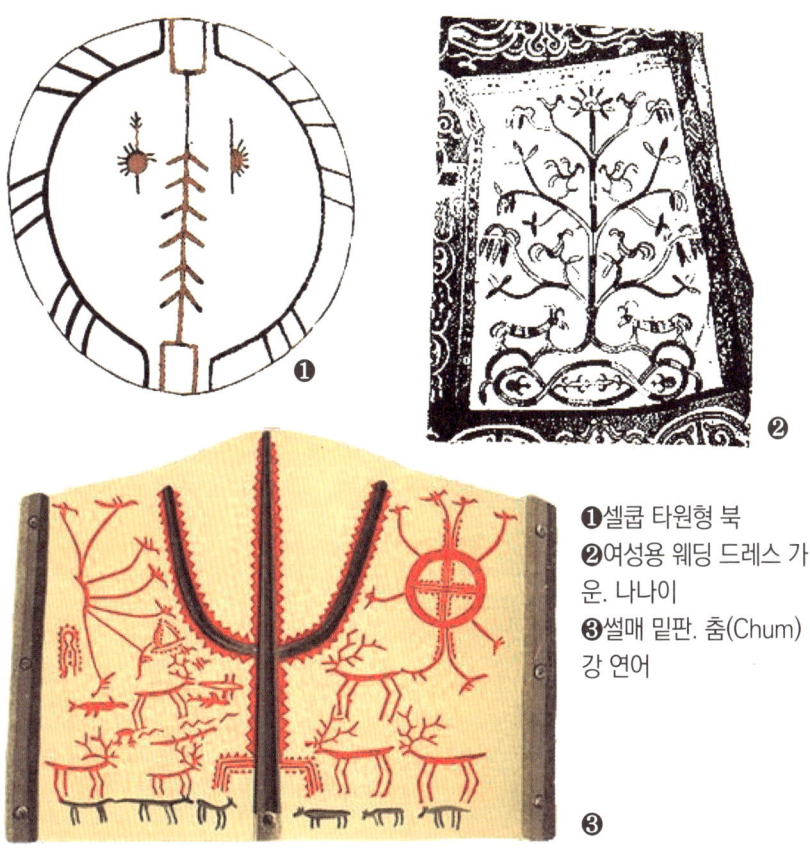

❶셀쿱 타원형 북
❷여성용 웨딩 드레스 가운. 나나이
❸썰매 밑판. 춤(Chum) 강 연어

세계나무의 세 부분인 왕관, 줄기, 뿌리는 샤머니즘 우주의 3 세계를 상징하며, 특수 생물의 해당 부분에서 이미지로 강조되었다. 그 나무의 꼭대기에 사람들은 새를 그리고, 줄기 옆에는 발굽이 달린 동물을, 뿌리에는 뱀, 도마뱀, 개구리, 물고기를 그렸다.

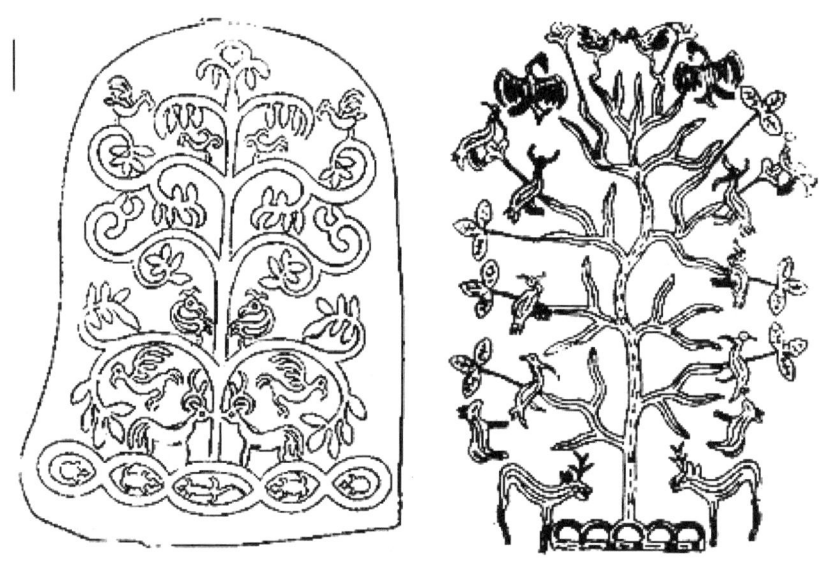

일반 나무의 사진. 나나이 패밀리 트리

우주의 공간적 및 시간적 무결성에 대한 아이디어를 표현하는 우주 나무의 이미지는 다양한 버전의 시베리아 민족의 신화와 의식 수행에 나타난다.

나나이족 중에서도 여성용 웨딩드레스에 새겨진 가계도 이미지는 다산과 출산이라는 개념을 상징했다. 이 나무들은 하늘에서 자라는 것으로 믿어졌다. 각 씨족에는 사람들의 영혼이 살았던 가지에 새의 형태로 이 씨족의 여성의 자궁에 들어가기 위해 땅으로 내려오는 자신들의 나무가 있다.

• 칭기스 아하냐노프 (Chingis Akhanyanov)

여자의 신부 드레스에 일반 나무의 이미지.
나나이 샤만나무

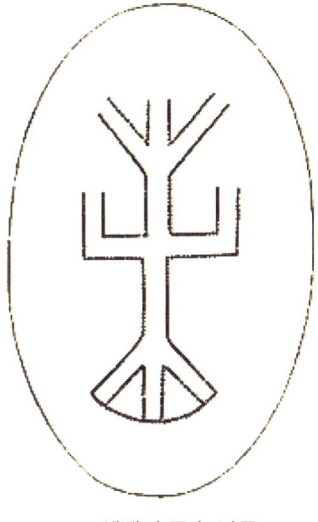
에벤키 무속 나무.
타원형 북 케이스의 이미지

아무르 사람들과 에벤키(Evenks), 야쿠트(Yakuts), 부랴트인들(Buryats)의 견해에 따르면 미래 무당의 영혼은 특별한 무속 나무에서 자란다.

무속 나무. 나나이 무당의 그림 바탕

이 그림은 오닌코 가문의 104세 나나이 무당 잉카(Inka)가 1926년에 그린 것이다. 그 전에는 특별한 무속나무가 민속자료에서만 알려졌다. 이것들은 다음과 같이 설명된다. 개구리와 파충류의 껍질을 가지고 있다. 그 뿌리는 거대한 뱀이다. 지붕 펠트(둥근 중국 거울같은 꽃)는 잎 대신 나무에 매달려 있다. 그 꽃과 열매는 구리 방울과 종이다. 나무 꼭대기에는 많은 금속 뿔이 있다. 샤먼 잉카가 그린 나무의 모양은 이 설명과 정확히 일치한다. 점이 있는 원은 거울 지붕 펠트를 묘사하고 잎 모양의 무늬는 종이다. (그 위의 간단한 형태의 원과 선은 종 - 실제 종 -위의 릴리프 패턴을 재현한다.) 나무의 줄기와 가지는 마치 위쪽으로 기어가는 것처럼 개구리 이미지로 덮여 있고, 구불구불 한 뿌리는 머리가 줄기를 향한 뱀 모양이다.

뿔, 거울, 루핑 펠트, 그리고 종은 모든 무당의 의상에 없어서는 안될 부분이었으며, 그것들이 사람들에게 어떻게 왔는지에 대한 신화와 전설은 최초의 무당의 기원을 설명한다. 일부 버전에 따르면 그는 나나이(Nanai) 씨족 댜코르(Dyaxor)의 조상이었다. 하도(Khado, Khadau) 자신은 우주 질서를 수립 한 Tungus-Manchu 민족 신화에서 조상이자 문화적 영웅이었다. 태초에 세 개의 태양이 한 번에 지구 위로 떠 올랐습니다. 바위가 끔찍한 열기로 부드러워졌고 물이 끓고 있었기 때문에 물고기도 동물도 사람도 살 수 없었다. 카도는 활 발사로 두 개의 추가적인 태양을 죽였다. 그 후 사람들은 살고 번식할 수 있었다. 처음에는 죽음을 몰랐고 곧 땅이 혼잡 해졌다. 재정착으로부터 지구를 구하기 위해 카도 (또는 그의 아들)은 죽은 자의 세계로 가는 길을 열었다. 사람들이 죽기 시작했지만 그들 중에는 죽은 자와 동행할 수 있는 무당이 아직 없었다. 어느 날 카도는 샤먼 나무를 발견하고 화살로 톨리(toli) 잎, 종꽃, 종딸기를 쓰러뜨려 가방에 넣어 집으로 가져왔다. 밤이 되자 이 모든 것들이 갑자기 수

• 칭기스 아하냐노프 (Chingis Akhanyanov)

근거리며 말하기 시작했다. "왜 모든 것을 당신 혼자를 위해 가져 갔는가?" Khado가 자루를 풀었을 때 그들은 휘파람 소리 하나에 다른 방향으로 흩어져 그의 집에서 날아갔다. 그 이래 무당 예복 무늬의 주요 요소가 되었다. 따라서 다양한 나나이 씨족의 사람들이 샤먼을 받아들였다.

묶인 희생동물이 있는 의식용 나무-사슴.
Selkup 샤먼의 그림

동시에, 이 무속 나무는 또한 각 무당의 개인적 생명의 나무로 해석되어 그가 샤만교육을 받는 동안 영들한테서 "받아들였으며" 그 덕분에 하늘과 지하 세계에 도달할 수 있었다. 무당의 운명과 삶은 이 나무와 밀접한 관련이 있다. 나무의 죽음은 그의 죽음을 수반했다. 보이지 않는 무속 나무의 눈에 보이는 구체화는 실제 나무였으며 그 근처에서 (굿)의 식이 수행되고 신과 영혼에게 바치는 희생물이 걸려 있었다. 이 나무는 그의 삶이 달린 무당의 개인 나무로 간주됨과 동시에 전체 일족 그룹, 즉 일족의 공동적인 생명 나무, 희생 나무로 간주되었다.

신성한 수직선의 구체화로서의 불과 강

불은 세계 나무의 또 다른 혈액침체(hypostasis)였다. 구불구불 한 연기와 화염의 혀가 난로 위에서 춤추고 우주의 구체(spheres)를 연결했다. 불은 신들과 영들과의 의사 소통에서 중재자였다. 그를 통해 희생이 전달

되었고, 사람은 예측과 도움을 받았다.

우주 구역(space zones)의 연결에 대한 또 다른 상징은 우주의 모든 구체를 통해 흐르는 세계 강의 이미지였다. 이 강은 또한 일반적 강과 무속적 강으로 인식되었다.

Evenki인들에 따르면, "물 도로 강"의 상류에서 사슴의 영혼과 사람들의 영혼이 살고, 그로 인해 지구에 사는 사람들의 수가 보충된다. 강 중간 코스를 따라 (중간 세계에서) 살아있는 사람과 동물이 산다. 하층에는 무당이 고인의 영혼을 호위하여 가는 죽은 자의 세계가 있다. 진짜 강은 세계 강을 눈에 보이도록 구체화한다.

이 타원형 북 그림은 거시적 우주와 소우주, 자연과 인간의 정체성에 대한 신화적 아이디어를 가장 생생하게 전달한다. 타원형 북의 윗부분-머리 측면-에는 태양, 달, 아침 및 저녁 금성이 그려진다. 점 모양의 작은 별이 타원형 북의 전체 표면을 덮고 있어 우주의 규모를 나타낸다. 점 모양의 별이 있는 5개의 줄무늬로 구성된 두 개의 호(arc)는 무지개를 나타낸다 (다른 해석에 따르면-은하수이다). 손 쪽의 횡선은 활의 현으로 해석되었으며, 아래쪽으로 뻗어 있는 짧은 직선들은 화살과 같다. (활의 신화에 대해서는 다음 기사 참조: Erofeeva N.N. Bow// 세계의 사람들의 신화(Myths of the peoples of the world), 2권, 75-77쪽).

그 아래에는 샤먼의 조수로 여겨지는 빛의 천신 울겐(Ulgen)의 딸들이 손을 잡고 춤을 추는 "하늘 처녀"로 의인화된 인물이 있다. 왼쪽 하단에는 타원형 북과 망치가 달린 무당이 그려져 있다(타원형 북도 메인 이미지와 유사한 의인화된 모습을 보인다). 오른쪽 하단에는 희생의 말이 묶인 나무가 있고 그 옆에는 무당의 모습이 있다. 이 이미지는 타원형 북의 주인 영혼, 타원형 북의 소유자를 자신의 상속인으로 선택하고 그 후원자가 된 선조 무당의 이미지로 풀이된다.

• 칭기스 아하냐노프 (Chingis Akhanyanov)

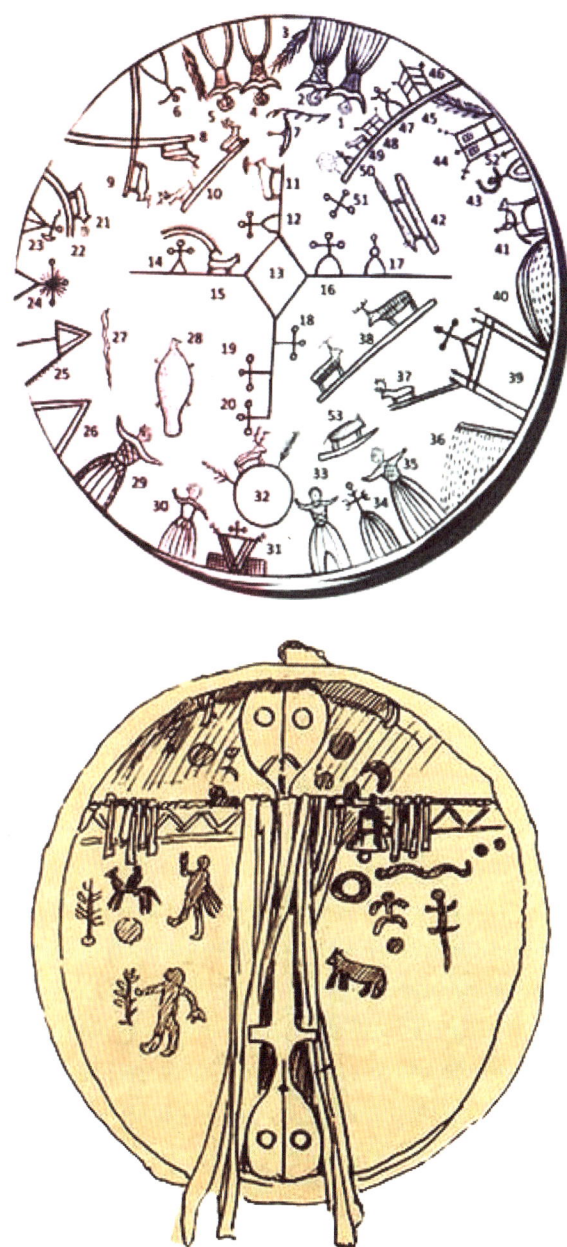

타원형 북의 중심에는 태양의 상징이 있다−발산하는 광선을 가진 다이아몬드 크리스탈. 이것은 태양을 상징하는 이미지이다.

Altaians의 일부 타원형 북에는 손잡이에 두 개의 대족(antipodal) 머리가 새겨져 있다.

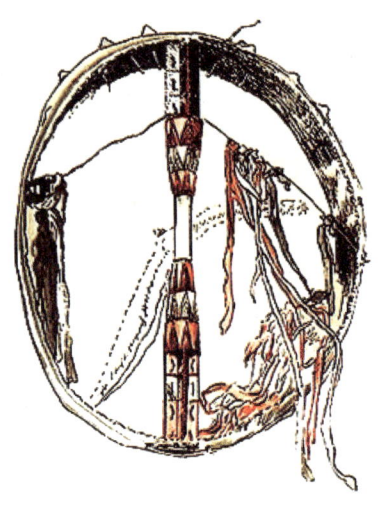

위쪽 이미지는 조상 무당으로, 아래쪽 이미지는 의식 중에 무당에게 신성한 힘을 주는 최고 신 울겐의 딸인 그의 아내로 해석되었다.

타원형 북 뿐만 아니라 무당의 의상도 세계 공간에 대한 시베리아 사람들의 생각을 반영했다. 타원형 북처럼 무당의 예복은 무당이 개인적으

로 소유한 개별 컬트 아이템이어서 제사 행위를 할 수 있었다.

무당 의상은 일반적으로 파카(카프탄), 턱받이, 머리 장식 및 신발로 구성된다. 에넷(Enets), 느가나산(Nganasans) 및 케트인들(Kets)는 상기 일반적인 세트 외에도 장갑이 있다. 나나이(Nanai), 우데게(Udege) 및 울차(Ulchi)인들 중에서 무당의 의복은 치마와 짧은 소매의 셔츠로 구성되었다. 의상의 필수 액세서리는 의식의 하나로 깍은 머리칼로 짠 머리 장식이었다.

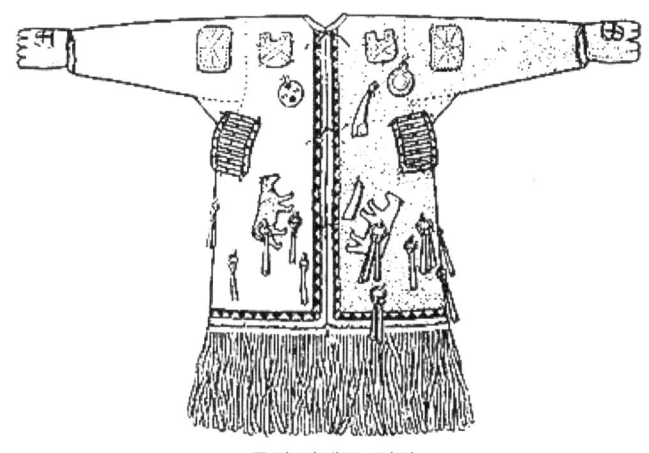

무당 자케트. 전면

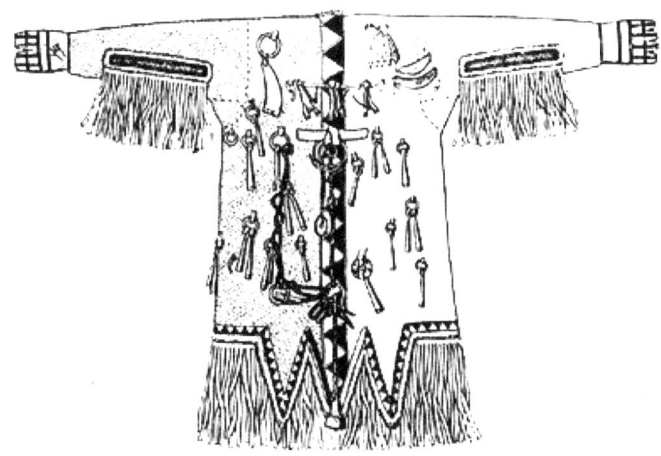

무당 자케트. 뒷면

민족지학 문헌에서 아이누(Ainu)족 용어 "이나우(Inau)"로 언급된 의식에서 행하는 독纛 깃발(long shavings)은 아무르 강 하류 분지의 모든 민족의 의식 거행에 널리 사용되었다. 아마도 그들은 아이누에서 거기에 도착했을 것이다. 니프키인들(Nivkhs)을 통해 홋카이도와 사할린. Inau는 신성한 물체, 동물의 두개골, 인간의 머리 등을 묶는 막대기 또는 긴 독纛 깃발(long shavings)이다. 뛰어난 러시아 민족 학자 L.Ya. Sternberg는 그의 기사 "아이누 부족 가운데 이나우의 숭배"에서 그들이 사람과 영혼 사이. 중재자 역할을 한다고 믿었다. 사할린 아이누 중 한 사람에 따르면 이나우는 "통역사, 대사, 연설자"이다. "복수, 평화, 전쟁의 문제에서 대사와 중재자"로 봉사한 웅변적인 사람들처럼 inau는 인간의 필요를 신에게 빠르고 웅변적으로 전달할 수 있는 능력을 가졌다. L.Ya. Sternberg는 "inau"라는 단어를 "나무의 언어"라고 가정하여 독纛 깃발(shavings)을 연설자-대사의 "언어"와 비교하고 불의 혀와 비교하여 "불꽃의 시끄러운 다국어 사용"이라고 분석했다."

• 칭기스 아하냐노프 (Chingis Akhanyanov)

3 맺음말

샤먼의 타원형 북의 상징주의와 삼위 일체(신들의 삼위 일체)

화가의 3세계 우주관이 있는 무당의 북을 묘사한 것. 세로 화살표는 세계의 중심에 서있는 세계 수를 상징한다. 지하 세계와 지상 세계, 하늘을 하나로 묶습니다. 이 신성한 상징주의의 프레젠테이션은 중앙 아시아와 시베리아의 투르크, 몽골, 퉁구스 민족의 무당 북에서 찾을 수 있다.

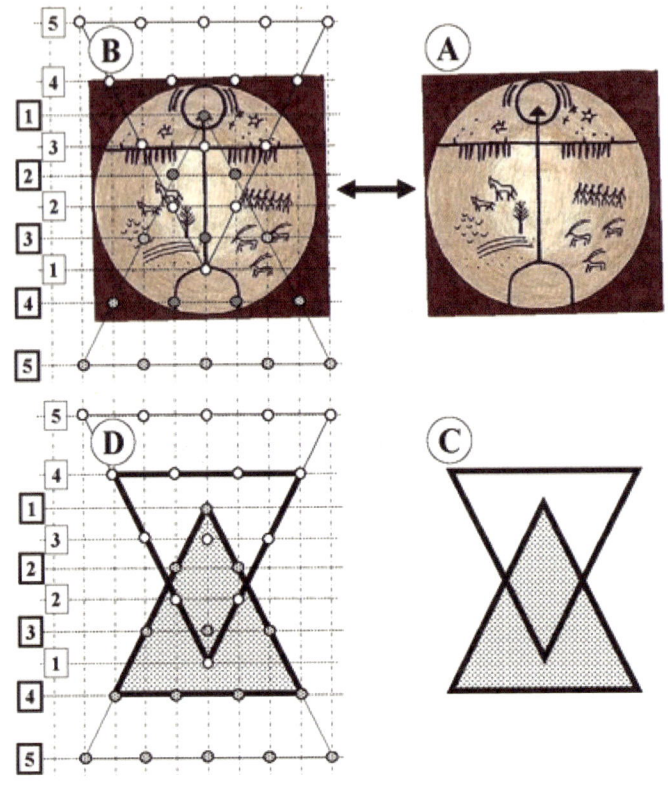

그림은 샤만의 드럼스킨에 패턴을 일치시킨 결과를 보여준다(그림 5). A-샤먼 드럼의 가죽 패턴의 원래 모습. B-우주 매트릭스의 상부세계와 하부 세계(Upper and Lower worlds) 사이의 전환 장소에서 그림 A를 우주의 매트릭스와 결합한 결과. C와 D-우주 매트릭스의 상부 및 하부 세계 사이의 전환 지점에 위치한 두 개의 신성한 우주 보울링을 하는 사람들(Tetraktys)의 모습. 그림 B의 그래픽 분석에서 드럼 그림의 수직 화살표 끝이 우주 매트릭스의 "하층 세계(Lower world)" 피라미드 상단과 정확히 정렬되어 있음을 분명히 알 수 있다. 샤먼의 화살은 세계축의 상징이다. 수평 십자선은 우주 행렬의 상위세계(the Upper World)의 세 번째 수준과

정확히 일치한다. 이 십자선 위에는 "하늘(천국)"을 나타내는 별이 드럼 위에 있다.

사람들은 지구에 살고 있으며 주택이 필요하다. 종종 그들은 원뿔형 주택을 만들었다.

자작나무 껍질로 만든 Evenk 집의 모델

십자선 아래에는 사람, 동물 및 나무가 있다. 그림에서 수직 화살표의 밑면은 우주 매트릭스의 상위 세계의 피라미드 상단과 정확히 정렬된다. 화살표 아래의 "호(Arc)"의 끝은 우주 매트릭스의 하위 세계 네 번째 수준의 두 중간 위치와 정확히 일치한다. 드럼의 패턴과 우주의 매트릭스를 결합한 결과에 대한 분석에서 우주의 매트릭스는 샤면의 드럼 피부에 의식 패턴을 만드는 기본 또는 "템플릿"이라는 것을 분명히 알 수 있다.

이 결과는 캄차트가 이텔멘인들(Kamchatka Itelmens)의 "부적(amulet)"에 대한 우리의 이전 연구와 잘 일치한다.

결론적으로, 시베리아 샤머니즘은 고대에 뿌리를 두고 있음을 언급하고 싶다. 그 기원은 고대에 사라졌다. 삼신의 전설과 신념도 그렇다. 이 문화에는 수비학(특히 숫자 3과 그와 관련된 삼위 일체, 기하학적 인물-정사각형-곧, 지구의 원형, -삼각형- 즉, 안정된 인물 및 가족의 원형, 그리고 영적 힘과 조상과의 연결, 그리고 -원(동그라미)-, 곧 우주와 하늘의 원형으로 시베리아 샤머니즘에는 조상할머니의 숭배가 있다. 예를 들어 Buryat 전설의 만잔 구르메(Manzan Gurme)에서 우리는 비슷한 줄거리를 볼 수 있다. 삼신 할머니의 이미지 구석기 시대는 삼신, 환단고기와 분명이 연관성을 가지고 있다.

이 기사에서 다음 결론을 도출할 수 있다. 고대의 가르침은 전쟁과 정치 등으로 인해 부분적으로 손실되었다. 그러나 한국에서는 복원된 연대기가 살아 남았다. 또한 분석을 계속할 필요가 있다. 홍산고고학 문화(紅山文化)는 20세기 초 고고학자들이 중국 북부에서 발견했다. 이 문화는 기원전 5~3천 년으로 거슬러 올라간다. 내몽골의 광활한 영토와 중국의 라오닝성에 분포되어 있다. 이 문화의 존재의 가장 초기 기간은 기원전 7천 년과 기원전 2,000년 후반에 기인한 것으로 볼 수 있다. [5, p.96-113] 이 문화의 날짜는 기원전 4.5-3천 년이다. 그러나 동시에 저자는 그것을 발해만 문명의 더 넓은 범위에 포함시킬 것을 제안한다. 이 문화의 주요 유물 중에는 "용"(곧 그 이미지), 도자기 및 옥 보석이 있다. 또한 유명한 만주 계단식 피라미드 건설에 이 고고학 문화의 주인들이 참여한 것을 고려해야 한다. 결론적으로 이 복잡한 주제는 더 많은 연구와 개발이 필요하다.

• 칭기스 아하냐노프 (Chingis Akhanyanov)

무당의 비밀 기호가 많이 표시된 드럼을 가진 랩족 샤만(Lappish Shaman)은 숫자가 크다. (Lappic Sami 언어 (노르웨이, 핀란드, 러시아(콜라 반도)에 널리 퍼져 있는 Finno-Ugric 언어 계열에 속하며 5만 명의 사용자가 있다.)

≡ 참고문헌 ≡

1. Tokarev, S.A. (Sergei Aleksandrovich) Early forms of religion and their development. Moscow: Nauka, 1964.
2. Tokarev, S.A. Religions in the history of the peoples of the world. Moscow: Nauka, 1964.
3. Alekseev, N.A. Early forms of religion of the Turkic-speaking peoples of Siberia. Novosibirsk: Science, 1980.
4. Mikhailov, T.M. From the history of Buryat shamanism from ancient times to the 18th century. Novosibirsk: Science, 1980.
5. Kyzlasov, L.R. [Leonid]. The oldest Khakassia. Moscow: Moscow State University Publishing, 1986.
6. Byzantine historians. Per. from Greek. Spiridon Destunis. SPb., 1861.
7. Bichurin, N. Ya. Collection of information about the peoples who lived in Central Asia in ancient times. T. 1.M . Leningrad: Academy of Sciences of the USSR, Publishing, 1950.
8. Kyzlasov, L.R. On the history of shamanistic beliefs in Altai. KSIIMK. 1949. no. 29.
9. Appelgren-Kivalo, H. Alt-altaische Kunstdenkmäler. Helsinki, 1931.
10. Ivanov, S.V. Elements of protective armor in shamanic clothes of the peoples of Western and Southern Siberia. Ethnography of the peoples of Altai and Western Siberia. Novosibirsk: Science, 1978
11. Khlopina, I.D. From mythology and traditional religious beliefs of the Shors. Ethnography of the peoples of Altai and Western Siberia. Novosibirsk: Science, 1978.
12. Tanzagan is the father of the Altaians. Moscow, 1978.

메이지의 신도행정·신도와 조화삼신

이시하라 야마토 石原和
리츠메이칸대학 立命館大学

1. 들어가며
2. 신기관 체제 속의 조화삼신
3. 교부성 체제와 조화삼신
4. 교파신도와 조화삼신
    1) 교파신도화
    2) 교파신도 산하 종교인화
5. 동아시아의 조화삼신이라는 시점을 향하여

필자 약력

이시하라 야마토(石原和)

리츠메이칸대학 일본사전공 박사과정 졸업. 문학박사.

일본 종교사 전공.

전 일본학술진흥회 특별연구원.

전 일본 국립민족학박물관 연구원.

현 일본 리츠메이칸대학 교수.

주요 논저

「1800년 진후 구제론의 질적 전환(一八〇〇年前後における救済論の質的転回：三業惑乱、尾州五人男、如来教から)」

「분세이 대지진과 여래교(文政大地震と如来教："その時"に向き合う説教)」

「민중종교세계의 형성과정(民衆宗教世界の形成過程：如来教の秋葉信仰との対峙をめぐって)」

• 이시하라 야마토 石原和

1 들어가며

일반적으로 일본신화에 나오는 '조화삼신'이란 아메노·미나카누시노·카미天之御中主神·타카미·무스비노·카미高御産巣日神·카미·무스비노·카미神産巣日神를 가리킨다. 이러한 조화삼신은 『고사기古事記』 서문에 있는

세 분의 신은 조화(창조)의 머리를 이룬다.[1]

라는 기록에서 근거하였다. 그런데 이러한 천지창조 신화는 『고사기』 상권 중에서도 가장 후대에 삽입되고 부가된 부분이라고 생각하고 있다.[2] 이러한 후대 부가설을 뒷받침하는 사례로 『고사기』가 완성된 지 8년 후의 『일본서기日本書紀』 일서사一書四 부분에 '일서에 이르기를' 이라는 인용 형식으로 쿠니노·토코타치노·미코토國常立尊 생성 후 '또 이르기를 타카마가하라高天原에서 태어난 신'[3]이라고 기술 되어 있으며, 삼신은 보조적으로 기술되어 있는 것에 지나지 않는다는 점을 들 수 있다. 또한 조화삼신 개념은 중국의 영향을 받아 선진시대 상제 개념이 알려진 이후에 성립된 것으로 보는 견해와 육조도교의 원시천황의 영향을 받았다고 보는 견해가 있다.[4]

이러한 의미에서 조화삼신은 일본 외부에서 들어온 개념으로 동아시아

---

1) 参はしらの神, 造化の首と作れり. 倉野憲司校注 『古事記』 岩波書店, 1963, p.13
2) 北康宏, 「古事記神話の構図―古代日本人の「歴史の起源」に対する観念」, 『日本思想史学』 29巻, 1997, p.90.
3) 又曰く, 高天原に所生れます神. 坂本太郎·家永三郎·井上光貞·大野晋校注, 『日本書紀 (一)』, 岩波書店, 1994, p.18-20.
4) 相見英咲, 『倭国神話の謎 天津神·国津神の来歴』, 講談社, 2005, p.47.

적인 성격을 부여받은 것이라고 할 수 있다. 즉 중국을 중심으로 한 문명의 형태를 갖추어 가는 과정에서 필요했던 기술이었던 것이다. 사실 동아시아에서 통용되는 정사로 편찬되었다고 하는 『일본서기』에는 보다 구체적인 특징이 나타나 있다. 『일본서기』 앞부분에는 『고사기』에는 없는, 중국에서 유래한 개벽신화가 『회남자淮南子』와 『삼오역기三五歷紀』를 발췌하여 편집한 형태로 실려 있다.[5] 이것은 당시의 일반론으로 제시된 것이었다.[6] 이러한 의미에서 『고사기』와 『일본서기』의 신화는 동아시아 세계의 보편성을 갖춘 것이었다. 백강전투(663)와 임신의 난(壬申の亂, 672) 이후를 경험한 7세기 초에, 동아시아의 보편성에 입각하는 것이 스스로의 지배 정통성을 나타내는 것으로 기능하였던 것이다. 적어도 조화삼신이 삽입된 것은 이와 관련된 것이었다.

그 후 중세가 되면 『일본서기』에 독자적인 신화와 해석을 추가한 중세일본기中世日本紀가 펼쳐진다. 이때에는 대외적으로 정통성을 드러내기보다는 자신들의 사찰이나 신불의 정통성을 나타내는 내용이 보인다. 조화삼신에 관해서는 그 중에서도 이세신도伊勢神道의 입장에서는 도요우케노·오오미카미豊受大御神는 미나카누시노·카미天の御中主神라는 설이 주장되고 있다. 일반적으로 『신도오부서神道五部書』 등에 보이듯이 전근대의 이세신도설은 외궁의 신직神職을 중심으로 전개된 것으로, 자신이 모시고 있는 도요우케노·오오미카미를 내궁의 아마테라스·오오미카미天照大神와 대등한 황조신이라는 것을, 천손을 강림시키는 주재신으로서 미나카누시노·카미과 도요우케노·오오미카미를 동일시하는 것으로 주장된 것이었다.[7] 그러나 그것도 점차 도요우케노·오오미카미는 미나카누시노·카

---

5) 앞의 책 相見英咲, 『倭国神話の謎 天津神·国津神の来歴』, p.34.
6) 坂本太郎·家永三郎·井上光貞·大野晋校注, 『日本書紀(一)』, 岩波書店, 1994, p.17.
7) 高橋美由紀, 『伊勢神道の成立と展開』 ぺりかん社, 2010, pp.134-135.

미라는 인식으로부터 도요우케노·오오미카미는 쿠니노·토코타치노·미코토國常立尊라는 인식으로 이행하게 된다.

근세가 되면 국학 연구자들은 중국서적을 인용하여 개벽을 묘사한 후 타카마가하라高天原로 이야기가 진행되는 『일본서기』 대신, 천지개벽을 언급하지 않고 타카마가하라로부터 시작되는 『고사기古事記』의 가치를 높이게 된다. 이러한 『고사기』에 대한 주목에서 나온 것이 모토오리 노부나가本居宣長의 사상 전개이다. 근세후기에 살았던 그는 '중국적인 것漢意'을 배제하고 '일본'의 독자적인 가치를 찾으려고 하는[8] 사상사적 전개에 중심적인 역할을 하였다. 조화삼신에 관해서는 핫토리 나카츠네服部中庸의 『삼대고三大考』에 천지개벽에서 천天·지地·황천泉의 분리를 나타낸 그림이 보이고 모토오리 노리나가와 히라타 아츠타네平田篤胤로 계승되어 간다. 모토오리 노리나가는 아마테라스·오오미카미를 중심으로 하는 신관념을 제시했지만 히라타 아츠타네는 조화삼신, 특히 미나카누시노·카미를 중심으로 하는 이른바 복고신도復古神道를 주창하게 된다.[9] 그리하여 원래는 후대에 기술된 조화삼신의 지위가 급격히 상승하였다. 이 과정에서 동아시아적 보편성을 부여하기 위한 조화삼신에서 일본의 독자성을 주장하기 위한 조화삼신으로의 전환을 찾을 수 있을 것이다. 그러나 이러한 움직임이 생긴 것은 어디까지나 근세 후기의 일부 국학자와 그 영향을 받은 인물들 사이에서의 제한적인 동향이었다는 점도 간과해서는 안 된다. 현대 우리들의 신神 관념으로 이어지고 있는 것은 메이지기 이후의 신도행정이나 히라타 아츠타네의 신도관神道觀과 연결된 종교인들의 활동과 관련된 측면이 크다고 생각한다. 그렇기 때문에 이러한 역사성을 억제하지 않은 채 조화삼신이라는 시점에서 동아시아의 신 관념을

---

8) 子安宣邦『宣長学講義』, 岩波書店, 2006, pp.96-97.
9) 原武史, 『〈出雲〉という思想 近代日本の抹殺された神々』, 講談社, 2001, p.6.

단절하기는 어렵다. 본 글에서는 조화삼신이 어떻게 국가적 국민적 인지를 얻게 되는지를 메이지 시대의 신도의 전개와 관련지어 살펴보고자 한다. 나아가 근대 동아시아에서 조화삼신을 어떻게 파악할 수 있을지에 대한 전망도 제시하고 싶다.

2 신기관 체제 속의 조화삼신

　메이지 정부는 출범 초부터 제정일치 국가체제를 목표로 신도를 중심으로 한 국가 건설을 위한 정책을 전개해 나간다. 예를 들면 근세 신사와 신직을 관할했던 요시다가문吉田家, 시라카와가문白川家과 같은 전통적 신사체제를 해체하였고 그 대신 고대 율령제를 본떠 신기관神祇官을 부흥시켜 신기행정을 담당하게 했다(메이지 4년[1871]). 또한 신사 내부에도 변화를 일으킨다. 에도시대 이전에는 함께 섞여 있었던 신사와 사찰[10]을 분리하고 신사를 국가제사의 일부로 규정하는 체제를 준비했다(이른바 신불판연령神佛判然令, 1868). 또한 결국에는 근대적 호구제도의 도입으로 인해 실제 도입은 보류되었지만 신사와 국민을 연결시키기 위해 백성들을 사찰의 단가檀家로 관리하는 사단제寺檀制[11] 대신 우지코(氏子)로서 신사에서 관리하게 하는 우지코시라베氏子調[12] 같은 구상도 있었다.

　이러한 신사의 지위 확립과 대국민 접근책과 병행하여 메이지 2년(1869) 신기관에 교도국教導局과 선교사宣教使가 설치되었다. 전자는 '칸나가라노미치惟神之大道[13]'를 체계화하고 교화하기 위한 기관이며, 후자는 그 이념을 국민에게 전하는 역할을 맡은 직책으로서 만들어진 것이었다. 이 신기관 교도국-선교사 체제에서는 쵸슈번長州藩[14] 출신인 오노 노부사네

---

10) 다만 신사를 경내에 있는 신궁사의 사승이 관할하게 하는 등 불교가 우위에 있었다.
11) 사찰이 한 집안의 장례나 제사 공양을 독점하고 그 집안은 대대로 사찰의 신자(단가)가 되는 제도이다. 17세기 기독교인(카톨릭) 색출과 탄압을 목적으로 백성들의 종교성향을 감시하고 통제하기 위해 도입된 제도로 시간이 지남에 따라 에도시대 일본의 호구를 관리하는 막부의 하급관청기관 역할을 하게 되었다.
12) 모든 인민을 강제적으로 신사에 귀속시키는 정책.
13) 천황을 중심으로 한 제정일치
14) 현재의 야마구치현 지역

小野述信와 츠와노번津和野藩[15]의 후쿠바 비세이福羽美静가 중심적인 역할을 담당하게 된다. 다만 이 당시에는 아직까지는 어떠한 신도가 새로운 국가에서 중심적인 역할을 완수할 것인가, 어떠한 교리를 확립해 갈 것인가 같은 문제로 논쟁 중이어서 교도국·선교사의 '교무'에 대한 회의는 큰 혼란에 빠져 있었다.

그 중에서 조화삼신에 대한 의미에 관한 발언도 나오므로 토코요 나가타네常世長胤의 『신교조직이야기神教組織物語』에서 그 내용을 살펴보고자 한다. 또한 토코요 나가타네는 오노 노부사네가 제창하는 신에 대한 관념(이세파伊勢派)에 부정적인 입장인 히라타파국학平田派国学의 계보(이즈모파出雲派)였으며 여기서 언급하는 발언은 그러한 입장에서 오노 노부사네의 발언에 대한 비판적 기록을 남긴 것이다.

오노씨는 상고에도 그 사례가 없는 교관이라는 것을 시작하게 한 공적은 비교할 수 없다. 그렇지만 원래 유교의 견해에서 나온 취지라고 한다면, 조화삼신에 입각하지 않고 단지 아마테라스 오오미카미를 지존으로 한다. 또한 신혼귀착神魂歸着 설에서는 그 선한 것은 하늘(타카마가하라高天原)로 올라가고 악한 것은 저승(요미노쿠니夜見国)으로 떨어진다는 사적인 견해를 주장하여 교관의 설교를 바로잡는 버릇이 있어 파견된 교관들은 이러한 이유로 고통스러워 한다.[16]

당시 오노 노부사네를 지지하는 세력은 조화삼신의 신덕神德도 오오쿠니누시노·카미大国主神[17]의 역할도 아마테라스·오오미카미로 일체화하는

---

15) 현재의 시마네현 지역
16) 小野氏ハ上古ニモ例ナキ、一ノ教官ヲ興シタル功績ハ比類ナシト雖モ、元来儒見ヨリ思ヒ起シタル教旨ナレバ、造化三神ニ基ズ、只天照大御神ヲ志尊トシ、又神魂帰着ノ説ニ於テハ、其善ナルハ高天原ニ昇リ、其悪ナルハ夜見国ニ逐ヒヤラハルヽノ私説ヲ主張シ、教官ノ説ヲ矯ル僻アリテ、使中ノ教官此病根ニノミ苦メラレタリ。安丸良夫·宮地正人、『国家と宗教』、岩波書店、1988、p.364 수록.
17) 이즈모의 제신으로 사후 세계의 주재신으로 간주되었다

아마테라스·오오미카미교라고 할 수 있는 신학을 공인교학으로 창출하려고 했다.[18] 즉 황조신으로서의 아마테라스·오오미카미를 중심으로 하는 신도체계를 제시하고 아마테라스의 현신인 천황을 중심으로 하는 국가상이라는 개략적인 개념이 제시되었다. 이에 대해 토코요 나가타네는 오노 노부사네의 주장 즉 아마테라스를 중심으로 하여 '조화삼신에 기반하지 않으며 다만 아마테라스·오오미카미만을 지존으로[19]' 하는 신 관념에 대해 그것은 '원래 유교적 견해에서 나온 교지'라고 비판을 가하고 있다.[20] 이 비판의 배경에는 오노 노부사네와 같이 황조신皇祖神=아마테라스를 중심으로 한 국가 이데올로기화를 지향한 이세파신도伊勢神道와 종교적 안심安心으로서의 내세성·종교성을 강조하는 맥락의 제정일치를 주장하는 입장인 창조신인 조화삼신과 저승의 주재자인 오오쿠니누시노·카미大國主神를 중시하는 히라타파신도(이즈모)·츠와노의 신관념에 대한 대립이 있었다.[21] 이 회의는 결론이 나지 않았고 최종적으로는 메이지 3년(1870) 12월 신도행정에서 히라타파를 지지하는 세력이 배제된다. 그 결과 천황에 대한 충성만을 강조하여 절대화하고 아마테라스·오오미카미를 황조신으로서의 신격으로 확정해 가는 방향이 정착하게 되었다.

이상의 전개에서 조화삼신에 대해 확인해 두고 싶은 것은 주류파가 된 아마테라스 중심의 신도에서는 조화삼신이 중시되지 않았으며 조화삼신을 중시한 히라타파 국학 관계자는 배제되었다는 되었다는 점이다. 이

---

18) 安丸良夫,「近代転換期における宗教と国家」앞의 책 安丸良夫·宮地正人,『国家と宗教』, p.510.
19) 造化三神ニ基ズ, 只天照大御神ヲ志尊ト.
20) 데구치 노부요시出口延佳로 대표되듯 근세 이세신도설은 유교에 의한 이론화가 진행되었다.『陽復記』, 平重道·阿部秋生編,『近世神道論·前期国学』岩波書店, 1972 수록.
21) 安丸良夫,『神々の明治維新―神仏分離と廃仏毀釈』, 岩波書店, 1979, p.123. 앞의 논문 安丸良夫,「近代転換期における宗教と国家」, p.510.

메이지 2년(1869) 단계에서는 근대국가구상 속에서 조화삼신의 지위는 부수적인 것에 지나지 않았다.

• 이시하라 야마토 石原和

3 교부성 체제와 조화삼신

 이리하여 아마테라스 중심의 신도를 중심으로 하는 방향이 정해지고 선교가 시작되었다. 그러나 실제로는 유력 복고신도가復古神道家의 협력을 얻지 못함으로써 교화 담당자가 부족하였고 불교 측의 반발로 구상대로 진행되지 않아 노선을 변경할 수밖에 없게 되었다. 심지어 메이지 4년(1871) 말기에 후쿠바와 오노를 지지한 쵸슈계 관료인 키도 타카요시木戸孝允와 시마지 모쿠라이島地黙雷 등이 서양 시찰을 가게 된다. 이들을 대신한 임시대행정부에는 사츠마계 관료가 진출하여 이지치 마사하루伊知地正治의 영향 아래 히라타파신도의 색채가 짙은 정책으로 전환하게 된다.[22]

 메이지 5년(1872) 3월의 신기성神祇省 폐지와 교부성教部省 설치는 본래는 서양시찰 전의 쵸슈계 관료가 계획한 것이었지만 서양시찰 후에는 이세파 신직이 배제되고 히라타파의 영향을 받아 전개되어 간다.

 이 교부성의 사명은 '기존의 여러 종교 사무를 총괄하고 신교 및 유교 불교 모두 각각 교정을 두고 학생을 교육하고 인민을 선도하는[23]' 것으로 '공화정치학을 강의하고 국체를 멸시하고 새로운 정치를 주장하며 민심을 선동하는[24]' 것을 방지하는 것이었다. 이를 바탕으로 신직과 승려를 교도직에 임명하여 국민교화 담당자로 삼았다. 또한 교화의 기본이념으로 '신에 대한 공경과 나라사랑을 명심할 것[25]', '천리인도天理人道를 밝힐

---

22) 小川原正道,『大教院の研究 明治初期宗教行政の展開と挫折』, 慶應義塾大学出版会, 2004, p.8.
23) 在来ノ諸教道ノ事務ヲ総管セシメ神教及ヒ儒仏共各教正ヲ置キ生徒ヲ教育シ人民ヲ善導セシム.
24) 共和政治ノ学ヲ講シ国体ヲ蔑視シ新政ヲ主張シ民心ヲ煽動スル.
25) 敬神愛国ノ旨ヲ体スヘキ事.

것²⁶' '천황을 받들고 그 교지를 준수할 것²⁷'이라는 '삼조교칙三条教則'을 반포하여 교화체제를 정비해 나갔다.²⁸ 또한 불교의 각 종파도 이에 호응하여 가담하였고 불교 각 종파의 제안을 받아들여 교도직 육성기관인 대교원大教院을 설립하게 된다. 이 대교원은 도쿄에 설치되었고 부府와 현縣에 중교원, 소교원을 두고 교도직 육성과 조직화가 이루어졌다. 그리하여 신불합동포교가 시작되는데 거기에는 신도와 불교 간의 주도권 다툼이 전개되어 가게 된다.

메이지 6년(1873) 1월에 도쿄부의 전 기이번紀伊藩²⁹ 저택에서 대교원 개원식이 열렸으나 불과 1개월 후에 시바증상사芝増上寺로 이전하게 된다. 이렇게 된 배경에는 대교원 설립은 불교 각 종파가 원하던 것으로, 이러한 불교 측의 압력이 있었을 뿐만 아니라 교부성에서도 사찰에 신전을 설치함으로써 불교 측의 주도권을 빼앗으려는 의도가 깔려 있었던 것으로 보인다.³⁰ 그 일환으로 교부성은 대교원과 함께 시바대신궁芝大神宮을 이 증상사로 이전하려고 하는 의사를 전달하고 있다.³¹

실제로 시바대신궁은 이전되지는 않았지만 증상사 본당에 조화삼신이 합사되어 있었기 때문에 신속하게 교화를 실시할 수 있다고 한 점은 주목할 만하다. 즉 교부성 아래에서 신불 양파 사이에 주도권 다툼이 있었

---

26) 天理人道ヲ明ニスヘキ事.
27) 皇上ヲ奉戴シ朝旨ヲ遵守セシムヘキ事.
28) 앞의 책 小川原正道, 『大教院の研究 明治初期宗教行政の展開と挫折』, p.3.
29) 현재의 와카야마현과 미에현 남부 지역
30) 앞의 책 小川原正道, 『大教院の研究 明治初期宗教行政の展開と挫折』, p.21.
31) 芝大神宮御遷座件正院ヘ伺案 考証課 今般芝増上寺ヘ大教院移転相成候ニ付而ハ, 大神宮奉祀敬神ノ実ヲ表シ度, 教正中ヨリ願出候. 然ル処, 右寺院ハ元来芝大神宮御遷座之旧蹟ニ候間, 更ニ本堂ノ中ヘ御遷宮之上, 造化三神御合祀有之, 施教之方法速ニ相立候様致度, 依之芝大神宮旧蹟考証別紙相添, 此段奉伺候也.(후략)「教部省記録」, 板橋区鎮座熊野神社蔵, 第一巻, 東京教務 수록. 앞의 책 小川原正道, 『大教院の研究 明治初期宗教行政の展開と挫折』, p.21.

던 가운데 증상사는 그 최전선에 있었던 것이다. 그중 신도파는 그곳에 합사되어 있던 조화삼신에 입각하여 자신의 주도권을 확립시키려 했던 것이다. 이 조화삼신을 기초로 대교원 체제 안에서 신도 세력이 주도권을 잡으려고 하고 있었던 것은 교부성의 구상에도 나타나고 있는데 여기서는 네 신에 대한 존숭은 정교의 기본으로서 교도직 등원 시에는 이에 배례하고 그 후에 설교에 종사해야 한다고 되어 있다.[32]

이와 같이 신기관 체제에서는 아마테라스로 일원화된 질서였던 것에 비해 교부성 체제에서는 조화삼신이 추가되게 되어 있다. 이는 구상에 머무르지 않고 메이지 6년(1873) 6월에 완성한 대교원신전大教院神殿에는 실제로 이 네 신이 모셔진 것 같다. 그것은 메이지 6년 10월에 정해진 '대교원규칙大教院規則' 별책에서 교도직이 대교원을 들어가고 나갈 때에는 축사를 해야 하게 되어 있었던 것[33]으로부터도 엿볼 수 있다. 또한 이 신전은 교도직 외에도 일반인의 참배를 허용하고 있었다. 그 배경에는 신전의 권위나 조화삼신과 아마테라스·오오미카미 그리고 천황에 대한 경의를 국민에게 침투시키는 것이 기획되고 있었기 때문이다.[34]

또한 메이지 6년 말엽부터 교도직이 활동 할 때의 교화계몽이념으로서 십칠겸제十七兼題가 추가되었다. 그 영향으로 조화삼신과의 관계에서 도

---

32) 造化三神及ヒ皇祖大神ヲ尊崇スルハ政教ノ基本ナレハ, 本教ヲ宣布シ, 大道ヲ講明セント欲スル者ハ, 先四神ヲ
敬スヘキ所以ノ理ヲ会得スヘシ. 故ニ教導職等登院ノ始ニ此四神ヲ拝礼シテ報本ノ誠ヲ尽シ神ノ感格ヲ祈請シテ後,
各説教ニ従事スヘシ.「社寺取調類纂」152, 国立国会図書館蔵. 앞의 책 小川原正道,『大教院の研究 明治初期宗教行政の展開と挫折』, p.23을 참조.
33) 掛巻母恐支天之御中主神高皇産霊神神皇産霊神天照大御神能大前乎謹美敬比皇大御国能本教等高支功蹟表令立給倍止恐美恐美母乞祈奉久斗白須」「太上類典」, 立国会図書館蔵, 第二編·第二五〇巻·教法一.
34) 앞의 책 小川原正道,『大教院の研究 明治初期宗教行政の展開と挫折』, p.62.

덕 준수를 강조하는 설교가 두드러지게 된다.[35] 예를 들면 가시마신궁鹿島神宮의 아요야기 타카토모青柳高鞆는 '사람된 자는 조화삼신…에 의해 태어나[36]', '군신, 부자, 부부, 형제, 붕우의 오륜의 도를 만들면서 준비해 주셨기[37]' 때문에 '항상 그러한 마음가짐을 가지고 있어야 한다[38]'라고 하여 군신의 도를 언급하고 있다.[39] 이와 같이 인간은 조화삼신이 창조한 존재이기 때문에 도덕적이어야 한다는 설교가 전개되었다.

이상에서 히라타파 국학의 영향 하에서 진행된 신기관 폐지로부터 교부성 설립이라고 하는 흐름 안에서 신불 합동 포교가 시작되어 그 속에서의 불교 측과의 주도권 싸움을 거치고, 신기관 체제하에서 배제된 조화삼신이 재부상해 오는 것을 알 수 있다. 조화삼신은 대교원의 제신祭神이자 정교의 기본이며 교도직이 공통으로 경배하는 대상으로서 뿐만 아니라 대교원이 참배 문호를 넓히고 교도직이 행하는 설교 속에서 도덕적 근거가 됨으로써 일반인들 사이에도 퍼지고 있었다. 그런 의미에서 교부성 체제는 조화삼신의 침투·정착에 일정한 역할을 하였다고 생각된다.

그러나 이런 체제는 오래가지 않았다. 신불합동포교라고 하면서도 폐불적인 자세를 숨기지 않는 히라다파 국학을 기반으로 하는 신도에 치우친 여러 정책에 대해 불교 측의 비판이 높아져 결국 대교원에서 불교 각 종파가 잇달아 이탈하게 되었다. 그리고 서양시찰에서 돌아온 쵸슈계 관료들이 다시 실권을 잡게 된다. 또한 서양의 정교관계를 배우고 대교원에서 이탈한 불교 각 종파의 주장을 대변하는 입장에 선 시마지 모쿠라이 등을 중심으로 하는 종교자유론과 정교분리론이 고조되게 된다. 이리

---

35) 앞의 책 小川原正道, 『大教院の研究 明治初期宗教行政の展開と挫折』, p.64.
36) 人タル者ハ造化ノ三神…ニ依ツテ生リ出テ.
37) 君臣父子夫婦兄弟朋友ノ五倫ノ道ヲ生レナガラ御備へ下サレ.
38) 常ニ其ノ心得ガ無クテハナラヌ.
39) 앞의 책 小川原正道, 『大教院の研究 明治初期宗教行政の展開と挫折』, p.64.

하여 신도 중심의 국가체제 자체가 비판받게 되어 메이지 8년(1875) 대교원이 해체되고 메이지 10년(1877)에 교부성이 폐지되어 내무성 사사국內務省社寺局으로 이관되게 된다. 이후 국민교화는 교육-교육칙어教育勅語 등을 통해 신도를 매개하지 않는 방법으로 전환한다.

4 교파신도와 조화삼신

　메이지 10년대에 들어설 무렵부터 종교의 자유와 정교분리의 원칙 아래 신도를 둘러싼 정책은 수정되어 간다. 그 일환으로 메이지 15년(1882)에 교도직과 신사신직의 겸임이 폐지된다. 이전에는 신직이 교도직 역할을 맡았지만 이도 더 이상은 불가능하였다. 히라타파 국학에 기초한 종교적 신도관 아래에서 제도화된 교도직이 신직으로부터 분리되는 것은 종교활동과 신사의 분리를 의미하고 있었다. 즉 종교의 자유와 정교분리의 원칙 아래에서도 신사와 국가(천황)가 국민과 연결되는 통로로 두기 위해 신사에서의 종교행위는 허락할 수 없는 행위로 여겨졌다. 이렇게 해서 표면적으로는 종교의 자유와 정교분리를 이루면서 신사를 매개로 한 국민통합을 도모하는 이른바 일본식 정교분리가 이루어진 것이었다. 그 결과 신사는 종교성이 박탈되고 국가 제사의 최전선에 서게 되었다.

　이 궤변이라고도 할 수 있는 논리를 가능케 한 것은 근대적 '종교' 개념과 종교의 자유론에 기초한 신사비종교론이었다. 원래 '종교'라는 단어는 전근대 일본에는 없었던 것으로 메이지 이후에 서양에서 온 religion의 번역어로 탄생한 것이다. 중요한 것은 단순히 religion에서 '종교'로 언어가 대체된 것이 아니라 religion이 갖는 문화적 시대적 배경도 함께 일본에 이입되었다는 것이다. 구체적으로는 세계 여러 나라를 문명국, 반문명국, 미개국이라고 세 가지 종류로 분류하고 그에 따라 국가주권의 유무를 설파하는 만국공법체제 아래에서 문명국의 지표로 여겨졌던 기독교적 종교관과 결합하여 이 용어가 성립된 것이다. 이때 문명국 종교의 바람직한 모습은 성경과 같은 경전에 기초한 교리신앙=belief 중심주의적인 모습이었다. 서양국가들과의 조우 속에서 식민지화를 회피하면서 자신의 주권을 확보하려고 했던 일본에서는 '종교'라는 단어의 이입은 근대화의 문제와 직결되는 것이었다. 이 단어의 이입에 의해서 생활 속에서 관습화한 practice=의례 중심이었던 기존의 일본의 종교는 교리=belief 중심주의로 변모시켜 가게 된다.[40]

일본 근대화의 과제 속에서 생겨난 이 '종교'라는 단어는 근대 한어漢語(중국 '宗敎zong jiao' / 한국 '종교 jong gyo' / 베트남 'Tôn giáo')로 유학생이나 일본의 식민지 지배 등을 통해 동아시아를 석권하게 된다. 물론 거기에는 문명론적·기독교적 함의가 포함되어 있어 새롭게 이입된 지역의 종교계에 변화를 재촉하는 기능을 하게 된다.

이러한 belief 중심주의적인 '종교' 개념을 전제로 하면서 신사비종교론이 전개되었던 것이다. 물론 몇 몇의 신도론과 사상이 전개되었음은 틀림없지만 근세까지의 신도는 신기신앙神祇信仰 즉 의례적인 측면이 컸다. '종교' 개념의 이입에 있어서는 신도에서도 교리화를 도모하게 된다. 그러나 그것이 여의치 않게 되는 상황이 계속되고 있었다. 신도의 교리화 실패를 역이용하여 신도를 교리신앙 즉 '종교'로 간주하지 않음으로써 신도의 장소인 신사에서의 활동을 의례로 한정지었다. 이렇게 신사에 대한 숭배는 '종교'행위가 아닌 도덕행위로 간주되게 된다. 이렇게 해서 일본형 정교분리가 이루어졌다.

다만 이는 어디까지나 국가제도적인 측면이었다. 여전히 신사는 종교행위의 장이었으며 신도는 내세의 문제와 관련된 것이라고 생각하는 신직들도 있었고 일반 국민에게도 그러한 신사가 더 일반적이었다. 예를 들면 히라타파·이즈모파, 진구교神宮敎의 후신인 신궁봉재회神宮奉斎会 관계자가 중심이 되어 종교로서의 신도의 활동거점 설치를 호소하는 신기원神祇院 설치운동과 그것을 지지하는 역할도 담당한 전국신직회가 전개

---

40) 磯前順一,『近代日本の宗教言説とその系譜―宗教·国家·神道』, 岩波書店, 2003

되어 갔다.[41] 물론 이러한 종교성 유지 지향은 종교인의 긍지뿐만 아니라 현실적인 문제와도 관련되어 있었다. 정교분리 원칙 속에서 신사의 역할이 제한되어 가는 가운데 당초에는 정액으로 경비가 지급되던 관사官社조차 메이지 19년(1986)에 자사자영自社自營 방침이 세워져 그 다음 해부터 대폭적으로 금액을 줄인 보존금을 지급하게 되었다.[42] 이러한 가운데 메이지 10년대에는 그보다 하위에 놓인 여러 신사나 신직은 경제적으로 궁핍한 상황이 되었다.[43] 즉 교부성 체제 해체 속에서 국가에서 신사로의 자금이 유입이 중단되어 자립화가 절박하게 되어 있었다. 그런 가운데 종교인들에게 종교활동은 수입을 올리는 중요한 수단이었던 것이다. 일반 국민은 아무리 메이지로 세상이 바뀌었어도 여전히 전근대부터 계속해서 신사, 신직에게는 현세이익 역할을 기대하고 있었던 것이다.

그러면 신도로부터 종교를 분리하는 국가 방침 아래, 어떤 방법으로 종교 활동이 유지되어 왔는지를 아래에서 살펴보고자 한다.

1) 교파신도화

우선 첫째로 교파신도로서 독립하는 것을 들 수 있다. 앞에서 서술한 것처럼 메이지국가는 국민통합에 뜻을 두고 종교성을 배제한 의례로서의 신도를 창조했지만, 사람들의 종교에 대한 현세 이익과 후세 안심에 대한 수요와 갈망이 쉽게 억제될 수 없다는 현실과도 마주하지 않을 수

---

41) 夏目隆文, 『神社人異色鏡』 中外日報社, 1936.
42) 관국폐사보존금제도官国幣社保存金制度
43) 吉水希枝, 「神社神道からみる月見里神社史料·宮城島家史料—静岡県下の神職団体と神社経営の視点から」 石原和·吉永進一·並木英子編, 『月見里神社史料·宮城島家史料目録—近代清水の神職たちと鎮魂帰神—』, 日本新宗教史像の再構築:アーカイブと研究者ネットワーク整備, 2020, p.13.

없었다. 그런 가운데 국가와 연결되는 의례로서의 신도와, 신도의 종교적 측면을 이해하여 교파신도로서 독립시키는 방침을 취하게 된다. 그에 따른 대표적인 사례로 이즈모다이샤(出雲大社)의 대응을 들 수 있다. 이즈모다이샤는 히라타파국학의 영향을 받으면서 신도의 종교성을 주장하는 입장에 있었다. 메이지 15년 신사와 종교활동이 분리된 후 종교활동을 유지할 수 없게 된 이즈모다이샤는 그해 안에 국가제사를 담당하는 이즈모다이샤에서 종교활동 영역을 분리하여 이를 오오야시로교大社教로 독립시키고 있다. 이세신궁과 부적 및 이세력伊勢曆 배포 등을 담당한 진구교의 관계도 마찬가지이다. 물론 모든 종파가 이러한 신사와 종교활동 분리라는 형태로 교파신도가 될 수 있었던 것은 아니지만 당시 사람들이 요구한 종교활동의 수용자가 되었다는 점에서는 공통적이었다.

이러한 역할을 완수한 교파신도 교단으로는 쿠로즈미교黒住教, 신토슈세이파神道修成派(1876년 공인), 진구교神宮教, 오오야시로교大社教, 후소교扶桑教, 짓코교実行教, 다이세이교大成教, 신슈교神習教(1882년 공인), 미소기교禊教, 신리교神理教(1894년 공인), 콘코교金光教(1900년 공인), 텐리교天理教(1908년 공인)가 있었으며 여기에 신도대교神道大教(신도본국)을 더해 13개 파가 된다. 이들 교단은 무조건 공인된 것이 아니라 활동 공인화를 위해 국가의 신화체계와 모순되지 않도록 스스로를 변용시킬 필요가 있었다. 변용 시에는 신도의 종교성을 강조하는 히라타파 신도를 바탕으로 하는 교단도 많았으며, 이를 통해 조화삼신이 교리에 편입되는 예도 볼 수 있었다. 예를 들면, 근세에 발생한 후지코富士講[44]의 계보를 잇고 있으며 시바타 하나모리柴田花守가 창립한 짓코교의 교리 중에는 아메노·미나카누시노·카미와 그 신으로부터 탄생한 타카미·무스비노·카미, 카미·무스비노·카미라는 조화삼신을 주재신으로 하고 있으며 자신들의 교리에서는

---

44) 후지산을 만물을 낳는 '근본적 부모'로 파악해 숭배하는 신앙.

후지산에 그러한 주재신이 임재한다고 말하고 있다.[45] 즉 후지코적 신앙이 교파신도화될 때 히라타파 신도가 메이지 초년 이래 강력하게 주장했던 조화삼신이 포함되어 있음을 볼 수 있다.

또한 마찬가지로 후지코의 계통을 잇는 것으로 시시노 나카바宍野半가 개창한 후소교와 그 외에도 닛타 쿠니미츠新田邦光의 신토슈세이파, 요시무라 마사모치芳村正秉가 개창한 신슈교, 이노우에 마사카네井上正鉄의 미소기교에서 아메노·미나카누시노·카미를 중심으로 타카미·무스비노·카미, 카미·무스비노·카미를 더한 조화삼신을 주재신으로 하는 종파를 볼 수 있다.

2) 교파신도 산하 종교인화

그렇지만 모든 종교인이나 신앙집단이 교파신도화 될 수 있었던 것은 아니다. 교파신도로 공인받기 위해서는 아마테라스·오오미카미를 주신으로 하는 쿠로즈미교와 같이 국가 신도와의 교리적 친화성이 있던지 교조가 근왕지사였던 신토슈세이파와 같이 이와쿠라 토모미岩倉具視 등의 정부요인과 연결되어 있던지 혹은 근본 교리를 국가 신도에 맞추어 수정한 텐리교와 같이 교파신도화를 위한 부단한 노력과 희생이 적지 않게 필요했다. 당연히 일반 민간종교인들의 힘으로는 될 수 없는 것이었다. 그러나 그들에게는 교파신도(혹은 불교 교단) 산하에서 활동할 수 있는 경

---

45) 我が教の奉ずる神は多神ならず, 我が古典に拠るに,天地生発の初に単独の真神あり, 天之御中主神と称す. 此の神は天地万物を生み出し之を主宰する神にして, 天地に先ちて存し終つ所なきものなり. 此一真神の大元霊発動して, 男女の徳性備へたる二神に別れ玉ふ, 之を高御産巣日神, 神産巣日神と称す.此の二神は一真神〈天之御中主神〉の用に外ならずして, 又一神に帰する者なり. 之を造化の三神と名づけ, 我が教徒は単に元の父母と称し奉れり. 而して我が教は此の主宰神の所在を, 我が日本帝国の名山富士山となすものなり. 千葉幸吉,『神道実行教』, 1910, pp.31-32, 国立国会図書館デジタルコレクション.

로는 남아 있었다.

　교파신도 아래에는 그 활동을 보조하기 위한 조직으로서 코샤講社를 두는 것이 인정되고 있었다. 메이지의 종교정책 아래 폐업 위기에 처해 있던 종교인들은 자신들의 코샤 별로 혹은 스스로 교파신도 산하로 내려감으로써 종교활동을 유지할 수 있었다. 예를 들어 신토슈세이파나 온타케교와 같은 산악계 교파신도가 그 수용체가 된 예를 볼 수 있다. 이 때 비교적 자유롭게 이전과 같은 활동을 지속한 예도 볼 수 있다.[46]

　또한 이런 종교인 수용이 종교활동 현장에서 더욱 확산되는 사례도 나타났다. 그 대표적인 예로 나가사와 카츠타테長澤雄楯의 이나리코샤稲荷講社가 있다.[47] 나가사와 카츠타테는 히라타파 국학의 영향을 받으면서 이른바 혼다영학本田霊学을 대성한 혼다 치카아츠本田親徳의 제자로[48] 진혼귀신鎮魂帰神을 중심으로 한 활동을 하는 종교자였다.[49] 또한 메이지 초년의 신도의 형태에 대한 논의 중에서도 신도의 종교성을 호소하는 입장에 서 있었다.[50] 그는 이런 논의 중 관계를 맺은 오오야시로교 관장 센게 타카토미千家尊福와의 인연으로 오오야시로교의 교사가 되었고[51] 오오야시로교 아래에서 활동을 시작하여 이나리코샤를 일구었다고 생각된다. 여기까지는 다른 교파신도-코샤의 사례에서도 볼 수 있었던 현상이지만 이 이나리코샤의 경우 그 산하에 다른 종교인이나 교회를 관할한 예가 보인

---

46) 小松和彦,「教派神道と宗教者・芸能者」, 島薗進, 高埜利彦, 林淳, 若尾政希編,『シリーズ日本人と宗教近世から近代へ 4 勧進・参詣・祝祭』春秋社, 2015.
47) 石原和,「月見里神社・稲荷講社関係史料と明治期の民間宗教者の活動・公認」, 並木英子,「宮城島家史料にみる神道三穂教会と宮城島金作」, 앞의 책 石原和・吉永進一・並木英子編,『月見里神社史料・宮城島家史料目録―近代清水の神職たちと鎮魂帰神―』수록.
48) 동문으로 소에지마 타네오미副島種臣가 있다.
49) 鈴木重道,『本田親徳研究』, 山雅房, pp.460-473.
50) 藤井貞文,『明治国学発生史の研究』, 吉川弘文館, 1977, pp.123-125.
51) 현재 다수의 임명장이 남아있다.

다. 그 관할 아래에서 활동한 대표적인 종교자로 데구치 오니사부로出口王仁三郞가 있다. 나중에 오오모토교大本敎의 교주가 되는 그는 메이지 30년대 전반에 종교활동을 시작했을 무렵 활동 공인을 받기 위해 다양한 교파신도 산하로 내려가려고 노력했다. 그러나 '온타케교에서 활동하다가 실패하였고 다이세이교에서도 실패하여 어쩔 수 없이 또 다시 먼저 총본부를 찾아'[52]갔고 이나리코샤 산하에서 종교 활동을 실현시켜 가게 된다. 그리고 오오모토교의 전신인 킨메이영학회레이각카이金明靈学会도 이 코샤의 관할에서 활동을 전개시켜 가게 된다. 이나리코샤 자체도 오오야시로교 아래에서의 활동으로부터 시작되었음에도 불구하고 말이다. 이상과 같이 교파신도→코샤→관할교회라는 조직 중 어딘가에만 들어가면 종교활동을 실현할 수 있는 체제였다.

이러한 체제를 염두에 두고 있어서인지 나중에는 교파신도 아래에서의 활동 허가를 받기 위한 노하우를 쓴 책도 등장하게 된다.[53] 그것은 그 당시는 물론 교파 신도와 코샤 특유의 논리를 어느 정도 받아들일 필요가 있었음을 반영하고 있다고도 말할 수 있다. 이나리코샤와 그 아래 관할 교회 간에도 그러한 관계가 있었으며 활동이 인정되기 위해서는 교회의 형태나 규약을 이나리코샤로부터 인정받아야만 했다. 이 집단의 경우는 영술이라는 매우 실천적인 종교활동을 하고 있었다. 그것은 인간은 대정신大精神[54]인 타카미·무스비로부터 소정신小精神인 영혼 즉 타카미·무스비의 분령分靈을 받고 있다.[55]라고 하는 영혼관에 입각한 실천이었다. 이 코

---

52) 御嶽敎ニ運動致して失敗し, 大成敎ニて失敗し,是非なく, 又々総本部へ先達参上「月見里神社·稲荷講社史料」Y3 앞의 책 石原和·吉永進一·並木英子編『月見里神社史料·宮城島家史料目録―近代清水の神職たちと鎮魂帰神―』수록
53)『神占靈術祈祷師開業手続』, 日本仏敎新聞社, 1935.
54) 아메노미나카누시노카미를 가리키지만 넓은 의미로는 천지를 창조한 조화삼신을 지칭한다.
55) 人間は大精神たる産霊の大神から小精神たる霊魂, 即ち産霊大神の分霊を賜っていั

샤에 참가하는 사람들이나 그 산하 교회에 참가하는 사람들은 이 영술을 공유하고 실천했다는 점에서 이를 통해 조화삼신의 기능에 대한 이미지가 일반인들 사이에도 퍼졌다고 생각된다. 교파신도 중에는 조화삼신을 주재신으로 하는 신들이 많아 그 산하에 많은 종교인과 신자들이 모여 있었으므로 국가신도의 교리에서는 배제된 조화삼신은 교파신도의 신앙을 통해 민간=종교활동 현장에서 받아들여지게 되었다고 할 수 있다.

る. 渡辺勝義,「日本精神文化の根底にあるもの(三)─「霊魂の行方」について─」,『長崎ウエスレヤン大学現代社会学部紀要』, 第二巻, 2004年, p.Ⅵ.

5 동아시아의 조화삼신이라는 시점을 향하여

이상 메이지 국가의 종교정책 속에서의 조화삼신에 대해 간단히 살펴보았다. 조화삼신은 국가정책의 핵심과는 멀어지게 되었지만 히라타파의 신도론을 형상화 한 교파신도에 의해 민간으로 전개되었다.

사실은 이 외에도 여전히 종교활동의 실현 수단은 있었다. 제3의 방법으로는 해외에서의 종교 활동이 있었다. 왜냐하면 외지[56]에서는 내지[57]와 다른 종교 법제가 취해져 있었기 때문에 종교 활동을 실시할 수 있는 상황이 계속 되고 있었다. 예를 들면 타이완총독부 하에서는 다이쇼 12년(1923)까지 신사행정과 종교행정이 미분리 상태였고 조선총독부 하에서는 '신사사원규칙神社寺院規則', '포교규칙布教規則'이라는 양대 신사 종교행정이 실시되고 있었다.[58] 이러한 배경 아래에서 신직자들은 신관과 교도직 겸직 폐지는 내지에서도 예외가 있다. 즉 부현사府縣社 산하에서이다. 또한 예외적인 예를 넓히면 정부는 타이완에서의 신도포교의 편의를 도모하여 타이완에서 신설해야 하는 관국폐사官国幣社 산하의 신관은 당분간 교사일을 겸직함이 매우 시의에 적절하다.[59]고 인식하고 있었다고 한

---

56) 일본제국의 본토 이외에 일본의 통치권이 미치던 조선, 타이완, 중국의 관동주, 남양군도 지역

57) 일본제국의 본도 지역

58) 菅浩二, 『日本統治下の海外神社—朝鮮神宮·台湾神社と祭神』, 弘文堂, 2004, p.278. 青野正明, 「朝鮮総督府の神社政策と類似宗教」磯前順一·尹海東編『植民地朝鮮と宗教』, 三元社, 2013

59) 神官教導職兼補の廃止は. 内地に於いても仍ほ例外あり. 即ち府県社以下の如し. 更に例外の例を拡め. 政府は台湾島に於ける神道布教の便を謀り, 同島に新設すべき官国幣社以下の神官は. 暫く之に教師の事を兼ね行はしむるを以て. 頗る時宜に中れりとする也. 『教林』, 第四〇号, 1896, p.4 国立国会図書館デジタルコレクション.

다. 나아가 종교활동 실천을 위해 신직자들 중에는 메이지 30년대(1897-1906) 일본 재야 신도자들 사이에 신도를 세계적으로 선포해야 한다는 기운이 일어나고 있었다[60]고 한다. 그리하여 종교 활동의 실천을 바라는 이들은 적극적으로 해외 진출을 호소하며 부임했다.

일본신도의 해외 포교의 효시가 된 것은 메이지 16년(1883) 신토슈세이파의 조선포교였다. 이 사례에서 볼 수 있듯이 교파신도의 해외 포교와 식민지 신사 정책에는 연속성이 있었다. 메이지 23년(1890)부터 쿠로즈미교는 조선의 경성에서 기도와 병치료를 시작하게 되고 일본영사관은 이에 찬동하고 있다.[61] 쿠로즈미교는 그 거점인 경성대교회를 설립하는데 이것이 경성신사京城神社의 전신인 남산대신궁南山大神宮으로 변화해 간다.[62] 교파신도의 포교가 공설 신사로 되어 가는 모습을 여기서 볼 수 있다. 부산의 용두산신사龍頭山神社도 신슈교의 해외포교와 관련이 있었다고 보여진다.[63] 타이완의 경우에는 전 진구교 교사로 타이완신사 초대궁사인 야마구치 토오루山口透의 활동이 대표적인 예이다.[64] 이 예들은 모두 종교성을 우선하면서도 식민지 포교가 진행되었음을 나타내는 것으로 보여진다.

그들이 담당한 역할이나 거기에서 보이는 조화삼신에 대한 사료가 부족하여 어디까지나 전망을 제시할 수밖에 없지만 메이지 시대 이후의 담당자를 고려하면서 근대 일본으로부터의 확산에 대한 전망을 말하면서

---

60) 明治三十年代の日本在野神道者間に、神道を世界的に宣布しなければならぬとの気運が起つてゐた 小笠原省三編,『海外神社史上巻』, 海外神社編纂会, 1953, p.52.
61) 権東祐,「教派神道の朝鮮布教からみる近代神道の様相―神道修成派・黒住教・神宮教を事例に」,『宗教研究』92巻1輯, 2018, pp.37-38.
62) 앞의 논문 権東祐,「教派神道の朝鮮布教からみる近代神道の様相―神道修成派・黒住教・神宮教を事例に」, pp.41-42.
63) 앞의 책 菅浩二,『日本統治下の海外神社―朝鮮神宮・台湾神社と祭神』, 第一部第四章.
64) 앞의 책 菅浩二,『日本統治下の海外神社―朝鮮神宮・台湾神社と祭神』, p.278.

이 글을 마치려고 한다.

교파신도를 포함한 신직자들의 활동에서 조화삼신이 강조되고 있는 예는 아직 보이지 않는다. 그러나 삿포로와 사할린을 포함한 식민지에서는 국토를 수호하는 총진수總鎭守로 개척삼신[65]을 모신 것은 주목해 볼만 하다. 어떠한 이유로 이 삼신이 선정되었는지는 알 수 없으나[66] 새로운 영토를 개척함에 있어 천손강림에 앞서 국토를 정비한다는 신화의 역할을 기대하는 맥락에서인지 국토 개벽에 나서는 조화삼신과 같은 삼신이라는 형식이 취해진 점에서는 이러한 연속성이 상상이 된다. 그런 의미에서 『고사기』의 시점에서는 동아시아의 보편성 속에 스스로를 자리 매김하는 논리였던 조화삼신이 근대에 식민주의를 뒷받침하는 논리로 전환되었다고 평가할 수 있을 것이다. 다만 유의해야 할 것은 조화삼신은 조선에서는 총진수總鎭守에 관한 논의 중에서 제신 후보에 조차 오르지 않았다는 점이다. 오히려 삼한정벌에 기초한 침략과 결부된 신공황후 및 일선동조론과 관련된 스사노오素戔嗚命＝소시모리曽尸茂梨 일체설에 기초한 스사노오 제신화에서 볼 수 있는 신화적 통합이 더 직접적인 의미를 부여했다고 생각된다. 그런 의미에서는 조화삼신이 일본제국주의에 휩싸인 근대 동아시아의 저류에 어떻게 영향을 미쳤는지를 생각해 볼 필요가 있을 것이다.

또한 적극적으로 식민지 포교를 진행한 교파신도에는 앞서 서술한 대로 주재신으로 조화삼신을 규정하는 경우도 많았다. 교파신도가 아니어도 오오모토교처럼 적극적으로 대륙의 종교인들과 교류한 교단도 있다. 식민지에서 일본종교는 문명론적인 맥락에서의 근대적 '종교'로서 식민

---

65) 쿠니타마노카미国魂神, 오오나무치노미코토大巳貴命, 스쿠나비코나노미코토少彦名命
66) 앞의 책 菅浩二, 『日本統治下の海外神社―朝鮮神宮・台湾神社と祭神』, p.251.

지인들과 대치하게 되었을 것이다. 일본내지에서 기독교가 그러했듯이 한편으로는 위로부터의 계몽적 태도를 취하면서 한편으로는 그곳의 근대화를 위한 동경의 대상이 되었을 것이다. 일본 종교와의 대치 속에서 천도교와 보천교의 문명화가 진전되었다. 그들은 또한 문명의 담당자로서 민간종교를 계몽해 나가게 된다. 이러한 과정에서 일본의 근대화 과정에서 배제된 조화삼신이 근대적 '종교'의 모형으로 확산되었을 가능성을 배제할 수 없을 것이다.

참고문헌

- 倉野憲司校注『古事記』岩波書店.
- 坂本太郎·家永三郎·井上光貞·大野晋校注,『日本書紀(一)』, 岩波書店, 1994.
- 相見英咲,『倭国神話の謎 天津神·国津神の来歴』, 講談社, 2005.
- 高橋美由紀,『伊勢神道の成立と展開』ぺりかん社, 2010.
- 子安宣邦『宣長学講義』, 岩波書店, 2006.
- 原武史,『〈出雲〉という思想 近代日本の抹殺された神々』, 講談社, 2001.
- 安丸良夫·宮地正人,『国家と宗教』, 岩波書店, 1988.
- 平重道·阿部秋生編,『近世神道論·前期国学』岩波書店, 1972.
- 安丸良夫,『神々の明治維新 - 神仏分離と廃仏毀釈』, 岩波書店, 1979.
- 小川原正道,『大教院の研究 明治初期宗教行政の展開と挫折』, 慶應義塾大学出版会, 2004.
- 磯前順一,『近代日本の宗教言説とその系譜―宗教·国家·神道』, 岩波書店, 2003.
- 夏目隆文,『神社人異色鏡』, 中外日報社, 1936.
- 石原和·吉永進一·並木英子編,『月見里神社史料·宮城島家史料目録―近代清水の神職たちと鎮魂帰神―』, 日本新宗教史像の再構築:アーカイブと研究者ネットワーク整備, 2020.
- 千葉幸吉,『神道実行教』, 1910, 国立国会図書館デジタルコレクション.
- 鈴木重道,『本田親徳研究』, 山雅房.
- 藤井貞文,『明治国学発生史の研究』, 吉川弘文館, 1977.
- 『神占霊術祈祷師開業手続』, 日本仏教新聞社, 1935.
- 菅浩二,『日本統治下の海外神社―朝鮮神宮·台湾神社と祭神』, 弘文堂, 2004.
- 小松和彦,「教派神道と宗教者·芸能者」, 島薗進, 高埜利彦, 林淳, 若尾政希編,『シリーズ日本人と宗教近世から近代へ4 勧進·参詣·祝祭』春秋社, 2015.
- 渡辺勝義,「日本精神文化の根底にあるもの(三)―「霊魂の行方」について―」,『長崎ウエスレヤン大学現代社会学部紀要』, 第二巻, 2004.
- 青野正明,「朝鮮総督府の神社政策と類似宗教」, 磯前順一·尹海東編『植民地朝鮮

と宗教』, 三元社, 2013.
- 小笠原省三編, 『海外神社史上巻』, 海外神社編纂会, 1953.
- 権東祐, 「教派神道の朝鮮布教からみる近代神道の様相−神道修成派・黒住教・神宮教を事例に」, 『宗教研究』92巻1輯, 2018.
- 北康宏, 「古事記神話の構図—古代日本人の「歴史の起源」に対する観念」, 『日本思想史学』29巻, 1997.

한국의 삼신관三神觀

문계석
상생문화연구소

1. 들어가는 말
2. 삼신에 대한 정의
3. 존재론적 진리로 이법화理法化된 삼신
4. 한민족의 문화양식으로 드러난 삼신
5. 맺음 말

필자 약력

문계석

동국대학교 철학박사.
상생문화연구소 연구위원.

주요 논저

『아리스토텔레스의 철학』
『철학의 길잡이』
『서양의 중세철학』
『철학의 근본문제』
『서양 지성인과 만남』
『우주의 교향곡 천부경』(공저)
「아리스토텔레스의 실체론에서 형상의 존재론적 지위」
「엔트로피 법칙과 아리스토텔레스의 세계관」
「아리스토텔레스의 질료의 개념에 대한 고찰」
「현실태와 운동의 동일성에 대한 논의」
「루크레티우스의 자연의 본성에 관하여」
「생명과 문화의 뿌리 삼신」
「무극, 태극, 황극의 존재론적 근거」
「증산도의 신론神論」

1 들어가는 말

　동서고금의 신관神觀을 검토해보면, 여러 신론神論이 등장하고 있음을 알 수 있다. 종교학에서는 이러한 신론들을 큰 틀에서 분석하여 일반적으로 범주화하는데, 우선 '무신론(Atheism)'과 '유신론(Theism)'으로 나누고, 다음으로 '유신론'을 세별하여 '일신론(Monotheism)', '다신론(Polytheism)', '이신론(Theism)', '범신론(Pantheism)', '범재신론(Panentheism)'으로 구분한다.

　한국은 신교神敎의 종주국이다. 신교의 종주국답게 한민족은 타민족에 비해 종교성이 비교적 두텁다고 볼 수 있다. 그래서 한국에는 유교, 불교, 기독교, 도교 등 다양한 종교가 산재해 있다. 이러한 다양한 종교를 포섭하는 신론神論이 있다. 그것은 바로 '삼신론三神論'이다. 한민족의 신관은 근본적으로 '삼신론三神論'이다. 그런데 삼신론은 종교학에서 구분한 기존의 신론 어디에도 속하지 않는다. 왜냐하면 '삼신론'은 오히려 전체를 포괄하는 통합적 신관이기 때문이다. 삼신론은 기존의 신론을 섭렵涉獵하는 원형신교原形神敎에 근거한다.

　원형신교란 태고적 인류가 출현하고, 인류의 보편의식이 진화하면서 원형의식에 깃든 신의 가르침이라고 볼 수 있다. 그 원형신교의 주체는 '일신 즉 삼신一神卽三神'이다. 여기에서 '삼신'은 각기 따로 존재하는 세분의 신이 아니라, '일신'을 작용의 측면으로 구분하여 말한 것이다. 다시 말하면 '신'은 근원의 의미에서는 '일신一神'이지만, 이것이 현상계에서 경이로운 생명활동으로 드러날 때에는 세 손길로 작용하므로 '삼신三神'이라고 한 것이다. 이로부터 '삼신일체三神一體'의 신관이 한민족의 정신에 정착하게 된 것이다.

그래서 필자는 2장의 "삼신에 대한 정의"에서 신이 만유생명의 근원으로 '삼신일체 하느님'임을 논의해 보았다. 근원으로서의 삼신은 만유의 생명을 창조하는 '조화造化'의 정신, 육성하고 가르치는 '교화敎化'의 정신, 창조와 육성의 질서를 열어 조율하고 주재하는 '치화治化'의 정신으로 분석된다. '삼신일체 하느님'은 음양 짝으로 실재하는데, '조물주 하느님'과 '주재자 하느님'으로 분석된다.

3장의 "존재론적 진리로 이법화理法化된 삼신"에서 필자는 삼신에 대한 진리인식의 근거를 탐색해 보았다. 삼신에 대한 진리인식은 보편적인 이법理法으로 가능하다. 이법은 우주만물에 대한 정태적인 구조와 동태적인 구조에서 파악해낸 원리이다. 전자의 방식은 본체론적인 이법으로, 후자의 방식은 현상론적인 이법으로 정초되는데, 삼신이 이법화된 본체론적 진리는 무극無極, 태극太極, 황극皇極으로 분석되고, 역동적인 현상론으로 이법화된 진리로 천도天道, 지도地道, 인도人道로 정리되고 있다.

4장의 "한민족의 문화양식으로 드러난 삼신"에서 필자는 한민족의 정신 안에 살아 숨 쉬고 있는 삼신이 동북아 한민족 정신문화를 구성하는 중심축으로 생활문화의 근간이 되고 있음을 밝혀보았다. 특히 삼신의 이념은 한민족 고유의 인문학적 기조를 이루는데, 이것이 생활문화 속으로 들어가 한민족의 제사의식과 문화양식으로 드러나고 있음을 볼 수 있다. 대표적인 사례로 하늘에 제사를 올리는 천단天壇을 설치하여 삼신상제를 모시는 제천의식과 국조삼신을 모시고 기리는 제사의식의 전통이 있고, 삼신이 생명의 잉태 및 출산케 한다는 세속화된 표본들과 조상숭배의 신앙이 있다. 나아가 삼신상제의 사자임을 형상화한 삼족오三足烏 문양과 삼신의 조화를 표징表徵하는 삼태극三太極 무늬로 장식된 유물 유적들을 꼽을 수 있다.

한민족의 정신 안에는 종교와 학문, 신앙과 인식이 근본적으로 함께 어우러져 조화를 이루고 있다. 이 글의 목적은 한민족의 집단무의식 안에 깊이 내재되어 있는 삼신문화의 진리를 드러내고, 전통 속에 살아 있는 그 혼을 일깨워 한민족의 정체성을 돈독히 세우고자 함이다. 그렇게 함으로써 필자는 이 땅에 살고 있는 동방 한민족의 존재 이유와 문화에 대한 자긍심이 굳건해질 것이고, 곧 미래의 새로운 역사문화의 창달과 진리체계의 올바른 정립에 초석이 되리라고 믿는다.

2 삼신에 대한 정의

1) 삼신은 창조변화의 근원

예나 지금이나 우주宇宙는 시간의 흐름과 공간의 질서에 따라 순간의 멈춤도 없이 온갖 종류의 것들이 생성되고 변화되어가는 장場(field)이다. 우리가 이것들을 원형의식原形意識 속에서 관상하노라면 창조변화에 대한 신비감神祕感과 경외감敬畏感으로 가득하게 됨을 절감한다. 이것들은 감각의 눈으로 보면 모두 물리적인 법칙에 따라 일어나는 사건들로 보이겠지만, 영적인 눈으로 보면 신神이 내재하여 활동하는 모습으로 비친다.[1]

동서를 막론하고 자연의 신비감과 경외감의 근원을 찾아 심층적으로 추적해 들어가 보면, 우주자연에서 일어나는 모든 것에는 '신이 내재하여 활동한다'는 신관神觀이 그 중심에 깔려있다. 삶의 정신적 지표가 되어 서양 고대문화를 이끌었던 그리스의 신관[2]은 물론이고, 신들의 나라라고 불리는 인도의 만신萬神, 심지어 자연의 모든 것들에 신령함이 깃들어 있다고 믿는 유라시아 및 동북아 지역의 범신론汎神論이 그 대표적인 사례

---

1) 이와 관련해서 탤보트는 물리적인 세계를 "드러난 질서"로, 신성의 세계를 "감추어진 질서"로 말했다.(Michael Talbot, 이균형 옮김, 『홀로그램 우주』, p. 75 참조.)
2) 서양 고대 그리스인들은 자연에서 일어나는 신이하고 장엄한 현상들을 관망할 때 신으로 여겨 숭배했고, 찬란한 문명을 일궈오면서 수많은 신들을 사랑하게 되었다. 특히 아테네 시대의 생활상을 들여다 보면 신과 인간의 삶이 구분되지 않는다. 신은 말과 행동에 있어서 꼭 같이 인간을 닮았다. 신들도 아름다움을 찬미하고, 맛있는 음식을 즐기며, 시기와 분노 두려움과 공포를 그대로 느끼고 표출하면서 살기 때문에 인격신으로 나타난다. 말하자면 신과 인간은 서로 어우러져 있어서 어느 것이 신이고 인간인지 가늠할 수 없을 정도다.(장영란 지음, 『그리스 신화』, p. 47~49 참조.)

로 들 수 있다. 이러한 신관은 우주자연에서 일어나는 모든 것이 신의 연출演出이라는 전제를 깔고 있다.

한민족의 신관 또한 예외가 아니다. 한민족의 고유한 경전經典인 『증산도 도전』은 "천지간에 가득 찬 것이 신神이니, 풀잎 하나라도 신이 떠나면 마르고, 흙 바른 벽이라도 신이 떠나면 무너지고, 손톱 밑에 가시 하나 드는 것도 신이 들어서 되느니라. 신이 없는 곳이 없고, 신이 하지 않는 일이 없느니라."[3]고 정의한다. 여기에서 분명한 것은 신이 내재하여 만유 생명들의 창조변화가 일어나고 있다는 사실이다. 이는 신이 모든 창조변화의 현실적인 '근원根源'임을 함축한다.

신이 창조변화의 '근원'이라고 말하는 것은 모든 것에 신이 내재하여 활동한다는 것이고, 곧 현실적인 모든 것이 신의 조화造化임을 뜻한다. 현실적인 모든 창조변화가 신의 조화라는 사실을 극명하게 체계화한 철학자는 화이트헤드(A. N. Whitehead, 1861~1947)를 꼽을 수 있다. 그는 우주 만유의 형성적 요소로서 세 개념의 범주를 동원하여 논의하는데, 그것은 "영원한 객체(eternal object)", "창조성(creativity)", "신(god)"이다. '영원한

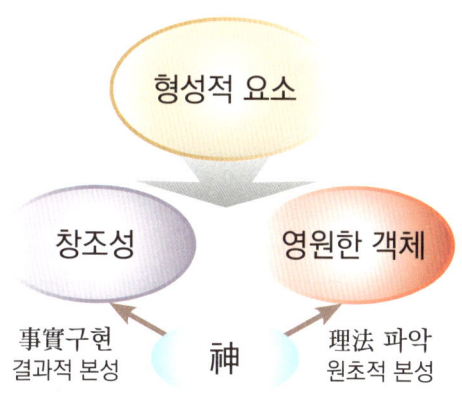

신은 창조변화의 근원

---
3) 『증산도 도전』, 4:62:4~6

객체'는 플라톤(Platon)이 말한 이데아(Idea)와 같은 창조의 형상적인 개념에 속하고, '창조성'은 아리스토텔레스가 말한 자체로 아무런 규정이 없는 순수질료(Hyle)와 같은 개념에 비유될 수 있다. 그리고 '신'은 양자를 매개하여 새롭게 창조하는 추동인推動因 쯤으로 이해된다. 신의 이러한 매개작용은 그가 신을 현실적인 창조에 관여하는 "물리적인 극(Physical Pole)"과 영원한 객체에 관여하는 "정신적인 극(Mental Pole)"[4]으로 파악하기 때문에 가능하다.

화이트헤드는 '신'의 창조성을 논리적으로 "원초적 본성(primordial nature)"으로서의 신과 "결과적 본성(consequential nature)"으로서의 신으로 구분한다.[5] '원초적 본성'으로서의 신은 '정신적인 극'이므로 '영원한 객체'를 파악하여 자신의 통일성 속에 흡수하고, '영원한 객체'들 가운데 '가능성(compossible)'인 것을 시·공時空 안으로 끌어내어 새로운 창조의 질서를 조직한다. 한마디로 '원초적 본성'으로서의 신은 새로운 창조의 형상을 조직하는 '구체화의 원리(principle of concretion)'이다. 반면에 '결과적 본성'으로서의 신은 '물리적인 극'이므로 현실태現實態에 의해 제약된 '창조성'에 원초적으로 파악한 공가능적인 형상들을 매개하여 현실적으로 "합생(concrescence)"하는데 작용한다. 이런 의미에서 화이트헤드는 신을 "현실적 존재(actual entity)"라고 했다. 감각의 눈으로 볼 때 '현실적 존재'는 '물리적인 극'과 '정신적인 극'이 융합된 하나의 유기체有機體이다.

'현실적 존재'가 새로움을 창조한 다음에는 자기창조 과정이 종식되고, 다시 세계를 구성하게 될 하나의 요소가 되고, 이로써 세계는 끊임없이 생성이라는 '창조적 전진(creative advance)'의 가도로 진입하게 된다. 이는 신이 다른 여러 '현실적 존재'와 서로 파악을 주고받음을 의미한다.

---

4) A. Whitehead, 오영환 옮김, 『과정과 실재』, p. 433 참조.
5) A. Whitehead, 오영환 옮김, 『과정과 실재』, p. 593~597 참조.

그렇기 때문에 "신은 시간적인 현실적 존재와 공동으로 활동하면서 항상 새로움으로 아나가는 영속적임과 동시에 변천해 가는 우주질서의 형성적 요소로서 세계와 역동적 관계를 맺으면서 작용한다."[6] 그래서 화이트헤드는 "신이 세계를 창조한다고 말하는 것은 세계가 신을 창조한다고 말하는 것과 마찬가지로 참이다."[7]라고 말했던 것이다.

결과적으로 '신'은 우주자연에서 모든 창조활동이 일어나게 되는 근거로 말하면 '근원의 신'이고, 만유생명에 깃들어 새로움을 창조하는 작용으로 말하면 '내재적인 신'이다. '근원'의 의미에서 말한다면, 신은 '일신一神'이요, '내재적인' 의미에서 말한다면, 신은 '다신多神'이다. 화이트헤드의 용어를 빌어 표현하자면, '원초적 본성'으로서의 신은 '근원의 신'으로 '일신'이고, '결과적 본성'으로서의 신은 '내재적인 신'으로 '다신'이라고 말할 수 있다.

동북아 한민족의 신교문화에서는 '근원의 신'과 '내재적인 신'을 '삼신일체三神一體의 신'으로 파악한다. '삼신일체'의 논리는 새로운 창조의 근원이 일신[一體]이지만, 현실적인 창조활동에 있어서는 내재하여 세 손길로[三神] 작용한다는 뜻이다. 이 논리는 신교문화의 원형정신이 담겨있는 한민족의 최초 경전「천부경天符經」에서 연원한다.「천부경」의 첫 문구는 "(근원의) 하나는 무에서 시작한 하나이다. (하나가) 셋으로 나뉘어도 근본은 다함이 없다"[8]로 시작한다. 이는 '일체삼용一體三用'의 논리로, 근원의 본체로 말하면 '하나[一]'이지만, 현실적인 작용으로 보면 각기 '셋[三]'이라는 논리이다. 따라서 '일체삼용'의 논리를 현상계에서 경이로운 생명활동을 벌이는 신에게 적용한다면, '신'은 근원의 본체로 보면 일신一神이나

---

6) A. Whitehead, 오영환 옮김,『과정과 실재』, p. 676.
7) A. Whitehead, 오영환 옮김,『과정과 실재』, p. 597.
8) "一始無始一 析三極無盡本"(안경전 역주,『환단고기』, p. 506〈『태백일사』「소도경전본훈」〉) 참조.

그 작용으로 보면 세 손길[三神]로 발현하기 때문에 '삼신일체三神一體의 신'이다.

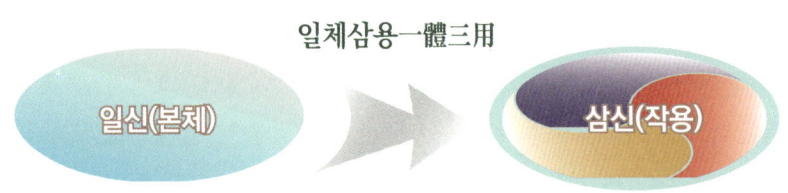

그럼 '삼신일체'에서 세 손길로 작용하는 '삼신'은 각기 무엇이라고 정의할 수 있는가? 한민족의 신교문화에서 '삼신'은 바로 '조화의 신造化神', '교화의 신敎化神', '치화의 신治化神'으로 분석된다.[9] 여기에서 '조화의 신'은 '가능적으로' 새로운 창조를 구체화하는 정신으로 작용하는 신이고, '교화의 신'은 '현실적으로' 화육化育의 덕성과 가르침의 정신으로 작용하는 신이고, '치화의 신'은 조화신의 새로운 창조와 교화신의 화육의 질서를 열어 조율하고 주재하는 정신으로 작용하는 신이다. 이와 같이 '조화', '교화', '치화'의 정신으로 작용하는 '삼신'은 각기 실재하는 '세 신'이 아니라 한 본체의 세 측면으로 발현하는 '삼신일체의 신'이다.

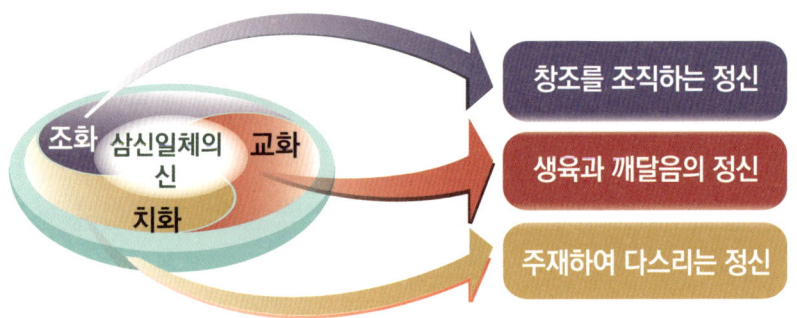

---

9) 安耕田 지음, 『甑山道의 眞理』, p. 404. : 안경전 역주, 『환단고기』, p. 86(『檀君世紀 序』) 참조.

그러므로 인간을 포함하여 천지간에 존재하는 모든 것은 전적으로 '삼신일체의 신'으로부터 연유緣由한다. 이에 대해서 한민족의 역사문화 경전 『환단고기』는 "무릇 삼신은 영구한 생명의 근본이다. 그러므로 사람과 만물은 모두 삼신으로부터 출원하니 삼신은 모든 생명의 한 근원의 조상으로 삼는다."[10]고 정의하고 있다. 따라서 동북아 한민족의 신관은 그 핵심이 '삼신일체의 신'이고, '삼신일체의 신'은 근원으로 보면 '일신'이나 새로운 창조활동으로 보면 '다신多神'이다.

2) 삼신일체三神一體 하느님

동북아 한민족은 '삼신일체의 신'을 '하느님'으로 불러왔다. 이는 구체적으로 무엇을 뜻하는가?

'삼신일체의 신'은 자체로 음양陰陽 짝의 관점, 즉 '창조創造와 질서秩序'라는 두 관점으로 분석하여 이해할 수 있다. 이에 대한 논의는 한민족의 진리경전 『증산도 도전』에 그 핵심이 압축되어 있다. "홀연히 열린 우주의 대광명 가운데 삼신이 계시니, 삼신三神은 곧 일신一神이요 우주의 조화성신造化聖神이니라. 삼신께서 우주만물을 낳으시니라. 이 삼신과 하나되어 천상의 호천금궐昊天金闕에서 온 우주를 다스리시는 하느님을 동방의 땅에 살아온 조선의 백성들은 아득한 예로부터 삼신상제三神上帝, 삼신하느님, 상제님이라 불러왔나니, 상제는 온 우주의 주재자요 통치자 하느님이니라."[11]

'일신一神'은, '창조'의 관점에서 보면 '원신元神'이고, '질서'의 관점에서 보면 '주신主神'이다. 원신은 자체로 아무런 형체를 갖지 않으나[無形] 온

---

10) 안경전 역주, 『환단고기』, p. 320.(『태백일사』「삼신오제본기」)
11) 『증산도 도전』 1:1: 2~5

갖 생명을 짓는 원천으로 천지간의 온갖 것들을 짓는 조물성造物性을 본질로 한다. 이는 『도전』에서는 '우주의 조화성신', 즉 '조물주 하느님'을 뜻한다. 반면에 주신은 무형의 원신과 일체—體이면서 그 주체가 온전히 형상화되어 존재하는 자로서 만유를 조율하고 다스리는 주재성主宰性을 본질로 한다. 이는 『도전』에서는 '삼신상제' 혹은 '온 우주의 주재자요 통치자 하느님'을 뜻한다. 즉 '삼신상제'는 유형有形의 인격신으로 우주만물을 총체적으로 관할하여 다스리는 '우주의 주재자'이다.

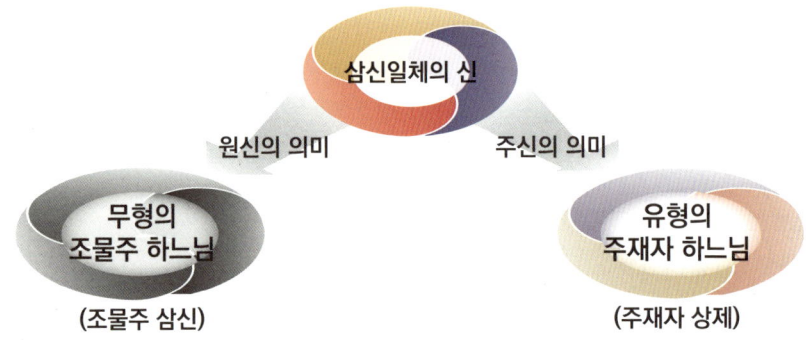

신교문화에서 동북아 한민족의 원형정신은 '일신'을 '조물성'과 '주재성'이라는 두 관점으로 구분하여 '하느님'으로 인식한다. 다시 말하면 '삼신일체의 신'은 조물성을 본성으로 하는 원신과 동시에 주재성을 본성으로 하는 주신으로 동북아 한민족의 원형정신에 뿌리내렸고, 이를 한민족은 실재하는 '삼신일체 하느님'으로 인식해왔다는 것이다. '삼신일체 하느님'은 천지만물을 짓는 근원의 원신으로 '조물주造物主 하느님'이고, 창조된 것들을 모두 관할하여 다스리는 최고의 주신으로 우주의 '주재자主宰者 하느님'이다. 이를 달리 표현하면, '천지만물을 낳는 조물주 하느님'이 있다면 그 짝으로 '만물을 다스리는 유형의 실제적인 주재자 하느님이 실재한다.'[12]는 것이다.

---

12) 안경전 지음, 『개벽 실제상황』, p. 241.

① 조물주로서의 삼신일체 하느님

먼저 '조물주 하느님'은 무엇이고, 어떻게 우주만물을 창조하게 되는가를 고찰해 보자.

유형의 것이든 무형의 것이든 만유의 생명을 짓는 창조주가 '원신'의 의미에서 '조물주 하느님'이라고 말하는 것은 '원신'이 초월적이 아니라 우주세계에 원초적으로 내재하여 모든 것들을 이루는 무형無形의 바탕으로 작용한다는 것이다. 그렇기 때문에 '조물주 하느님'은 천지간의 어디에나 침투해 들어가 세 손길의 작용, 즉 조화, 교화, 치화의 정신으로 작용하여 우주만유를 짓는다고 말할 수 있게 된다. 이에 대해서 행촌杏村 이암李嵒(1297~1364)은 "조화신이 내려와 나의 성性이 되고, 교화신이 내려와 나의 명命이 되고, 치화신이 내려와 나의 정精이 된다."[13]고 압축하고 있다. 왜냐하면 그는 신이 깃들어 창조된 것들 중 가장 영험하고 신에 가까운 존재가 바로 인간으로 보았기 때문이다.

조화, 교화, 치화의 정신으로 분석되는 '삼신'은 세 가지 진실한 것[三眞], 즉 '성·명·정'으로 정의된다. 새롭게 창조되는 우주만물은 삼신의 '성·명·정'이 내재함으로써 다양한 종류의 것들로 생겨나고, 생겨난 것들의 생존기간이 각기 다르며, 이것들이 다양한 방식으로 활동하게 된다는 것이다. 이는 삼신이 깃들어 우주만유가 창조될 때 삼신의 '삼진', 즉 '성·명·정'으로 갈라짐으로써 그 정도차를 각기 다르게 받아 내리게 됨을 함축한다. 다시 말하면 시공時空 안에서는 무수하게 많은 온갖 종류의 것들이 새롭게 생겨나 현실적으로 존재하게 되는데, 이는 다양한 종류의 창조를 결정하는 것이 '성性'이기 때문이고, 생겨난 온갖 것들이 육성되어 존속하는 기간이 각기 다른데, 이는 창조된 존재의 수명壽命을 결정하

---

13) "造化之神 降爲我性 敎化之神 降爲我命 治化之神 降爲我精"(안경전 역주, 『환단고기』, 86쪽 (『檀君世紀』「序」)

는 것이 '명命'이기 때문이고, 생겨난 것들의 생명활동이 균형을 갖추어 왕성하게 활동하는 것들과 그렇지 못한 것들이 있는데, 이는 창조와 수명의 질서를 열어 조율하고 주재하는 결정적인 것이 '정精'이기 때문이다.

그러므로 시공의 질서 안에서 창조변화의 과정 중에 있는 우주만유는

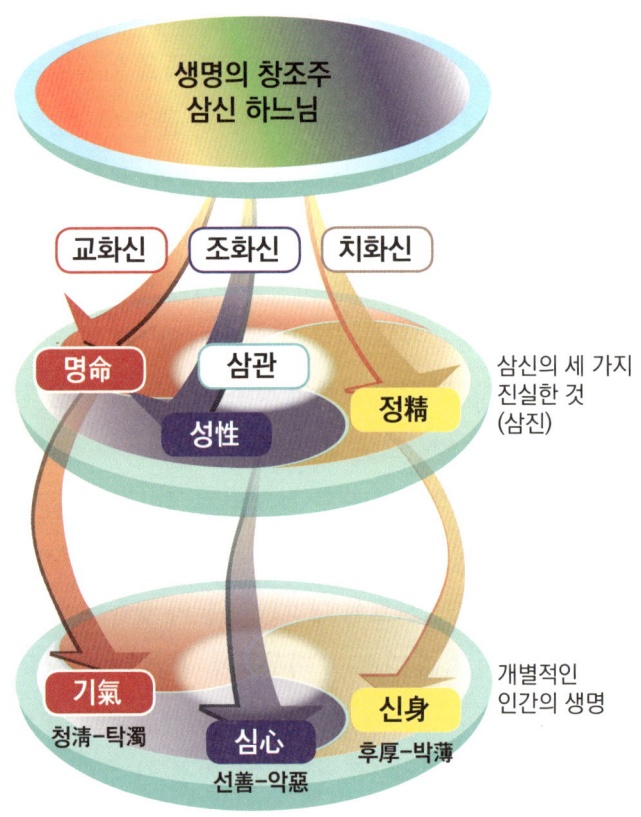

생명체의 창조에 관여하는 삼신의 본질적인 특성	
삼신의 작용	삼신의 진실한 것(삼진三眞)
조화의 정신 – 창조의 정보를 조직	성性 – 개별적인 존재의 본성을 결정
교화의 정신 – 창조를 현실화함	명命 – 개별적인 생명체의 수명을 결정
치화의 정신 – 창조와 생육의 질서를 주재	정精 – 개별적인 활동성의 정기를 결정

'조물주 삼신'이 깃들어서 존재하게 되는 것이다. 동물들, 식물들, 무기물들이 다양하게 서로 구분이 되는 까닭은 곧 삼신의 본질적인 특성인 '성·명·정' 삼진三眞을 어떻게 품수稟受 받았느냐에 근거한다. 이에 대해서 일십당一十堂 이맥李陌(1455~1528)은 『태백일사』에서 "(삼진은) 성·명·정이다. 사람은 (삼신의) 성·명·정을 온전하게 받았으나 다른 사물은 치우치게 받아 편협하다"[14]고 말한다. 다시 말하면 우주만유의 존재가 현실적으로 종류가 다르고, 존속하는 수명이 다르고, 존재의 활동에너지가 다른 것은 삼신의 진실한 것, 즉 '성·명·정'의 정도定度를 서로 다르게 받아 창조되었기 때문이다.

그런데 신교문화의 전통에서 보면, 한민족은 하늘[天], 땅[地], 인간[人]도 '조물주 하느님'으로 여겼다. 이는 「천부경」에서 보이는 '일체삼용'의 논리에 근거하여 '조물주 하느님'이 스스로 발현發現하여 자신의 모습을 드러낸 것으로 믿었기 때문이다. 조화의 신이 발현하여 드러난 하느님은 천일신天一神이고, 교화의 신이 발현하여 드러난 하느님은 지일의 신地一神이고, 치화의 신이 발현하여 드러난 하느님은 인일의 신人一神이다.

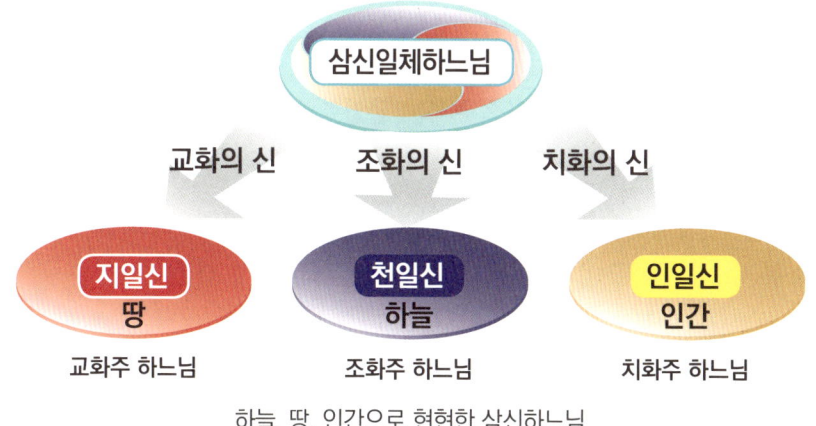

하늘, 땅, 인간으로 현현한 삼신하느님

---

14) "曰性命精 人全之 物偏之"(안경전 역주, 『환단고기』, 514쪽〈『太白逸史』「蘇塗經典本訓」〉 참조)

'천일신'은 아무런 형질도 없이 무한하게 사방으로 펼쳐진 하나의 허공 같지만, 거기에는 없는 것이 없고, 어디에서나 하지 못하는 것이 없는 무궁한 조화造化의 원천이다. 이로부터 한민족은 하늘이 온갖 창조의 씨를 뿌리는 근원이 된다는 의미에서 만유생명을 창조하는 조화주造化主 하느님으로 인식한다. '지일신'은 광활하게 보이는 땅이 무질서하게 펼쳐진 생명이 없는 대지 같지만, 하늘이 내놓은 것은 무엇이든지 온전히 성장하도록 기르고 가르치는 교화敎化의 원천이다. 이로부터 한민족은 땅이 각기 다른 형질의 만물을 이루도록 아낌없이 육성하고 가르치는 원천이라는 의미에서 교화주敎化主 하느님으로 인식한다. 인일신은 창조와 육성의 질서를 열어 조율하고 주재하는 치화治化의 원천이다. 이로부터 한민족은 천지에서 영적靈的으로 성숙한 성자聖子들이 인류문명을 주재하여 다스린다는 의미에서 치화주治化主 하느님으로 인식한다.

② 주재자로서의 삼신일체 상제上帝

다음으로 '주신'의 의미에서 '주재자 하느님'은 무엇이고, 우주만물을 어떻게 주재하여 다스리게 되는가를 소략해보자.

현상계에 존재하는 우주만유는 개별적으로 존재하는 주체主體들이다. 원형신교에서 보면, 개별적인 주체는 일정한 부분을 주관主管하는 주신主神이다. 우주에는 수많은 주신이 활동한다. 왜냐하면 우주자연에서 벌어지는 모든 현상은 바로 신명계에 있는 주신이 주관하여 벌어지는 사건들로 볼 수 있기 때문이다. 이런 의미에서 '삼신일체의 신'은 '다신론'을 통섭하는 신론으로 볼 수 있다.

요컨대 태양계의 운행을 주관하는 주신이 있을 것이고, 지구상에서 계절의 순환이나 방위를 관장하는 주신도 있고, 지상의 일정한 지역을 담당하여 관할하는 주신이 있고, 여러 산들을 주관하는 주신이 있다. 심지어 도덕적 가치의 측면에서 보자면, 선악善惡을 주관하는 주신도 있다. 그래서 천지간에는 각 영역별로 그 질서를 관할하는 주재처가 있고, 거기에는 신의 위격位格과 도격道格의 차등에 따라 각 분야를 맡아 통제 관장하는 주신이 있다는 것이다.[15] 이는 마치 한 나라를 구성하는 통치구조가 부서별로 조직되고, 부서장이 품계品階에 따라 부서를 관할하는 이치와 같다.

유형有形의 것이든 무형無形의 것이든 자연의 존재구조는 '위계질서(hierarchy)'를 갖추고 있듯이, 신명세계에도 '위계질서'가 있다. 신명세계에서 전체의 주체가 되는 주신은 가장 상위에 위치해 있는 신이다. 최상위의 신은 우주전체를 포섭하고 있다는 의미에서 개별적으로 활동하는 모든 신들을 총체적으로 주관하여 다스리는 최고의 주재자이다. 즉 최고의 주재자 신은 위격과 도격에 있어서 지존무상至尊無上한 주신으로 '주재자 하느님'이다. 이는 마치 한나라의 통수권자가 최고의 위격에서 그 나라 전체를 관할하여 다스리는 이치와 같다.

'주신'의 의미에서 '주재자 하느님'은 우주전체의 원주인으로 곧 지존무상한 '삼신일체 하느님'이다. 이는 『증산도 도전』의 "삼신과 하나 되어"[16]라는 표현에서 그 정체성을 도출해낼 수 있다. 여기에서 '삼신과 하나됨'이란 삼신의 본체와 하나가 되었음[一體]을 뜻한다. 이는 '주재자 하느님'이 곧 '조물주 하느님'의 세 가지 신성, 즉 조화, 교화, 치화의 정신과 혼연일체渾然一體가 되었음을 함축한다. 다시 말하면 삼신의 본질인 '성·명·정'이 분리되어 창조된 우주만물과는 달리, 삼신과 일체가 된 '주재자 하느님'은 자체로 '성·명·정'의 경계가 없다. 그렇기 때문에 '주재자 하느님'은

---

15) 각 분야의 주신主神과 다신多神의 활동에 대해서는 『환단고기』의 「삼신오제본기」, 「신시본기」, 「소도경전본훈」 : 『증산도 도전』 여러 곳에서 확인할 수 있다.
16) 『증산도 도전』 1:1:4

우주만물과 혼연동체渾然同體이다. 이에 대해서 행촌 이암은 "성명정의 기틀이 전혀 없는 분은 삼신일체의 상제님이니, 우주만물과 더불어 혼연동체渾然同體이고, 심기신과 더불어 아무런 자취 없이 영구히 존재한다."[17]고 말한다.

삼신과 일체가 된 '주재자 하느님'은 "삼신즉일상제"[18]이다. 이는 '상제上帝'가 조물주 삼신의 신권과 도권을 온전하게 소지함으로써 우주만물을 주재하여 다스리는 최고의 주권자요 통치자로서 삼계대권三界大權을 갖게 됨을 의미한다. 한마디로 '주재자 하느님'은 "천하에 예의상 둘째가 될 수 없는"[19] 지존무상至尊無上한 상제, 간략하게 호칭하면 '삼신상제님'이다. 이에 대해 증산도 태상종도사는 "상제는 위 상上 자, 임금 제帝 자다. 상 자는 '가장 위다, 더 이상 위가 없다, 더 높은 자가 없다'는 뜻이다. 그리고 임금 제 자는 본래 하나님 제 자다. 그래서 옥황상제라고 할 것 같으면 '옥경에서 만유를 다스리시는 원元 하나님', 가장 높으신 하나님이시다."[20]라고 정의한다.

동북아 한민족은 '삼신일체 상제'를 지존의 주재자로서 삼계 우주, 즉 모든 신들을 포함하여 천지만물을 주재하여 다스리는 최고의 통치자 하느님, 천상의 옥좌玉座에서 온 우주를 관할하여 통치하는 지존의 옥황상제玉皇上帝로 인식해 왔다. 이러한 사례는 고대의 갑골문甲骨文이나 『서경書經』에 자주 등장한다. 즉 우주의 통치자 삼신상제는 천상에 있으면서 각 영역의 주신들에게 명을 내려 대자연의 바람, 구름, 번개, 비 등을 주재한다. 삼신상제는 하늘과 인간세계에서 벌어지는 일에 대해 잘잘못을 판별

---

17) "性命精無機 三神一體之上帝也 與宇宙萬物 渾然同體 與心氣身 無跡而長存"(안경전 역주, 『환단고기』, 88쪽〈『檀君世紀』「序」〉)
18) 안경전 역주, 『환단고기』, p. 300.(『태백일사』「삼신오제본기」
19) 『증산도 도전』 9:67:4
20) 안운산, 『天地의 道 春生秋殺』, p. 62~63.

하여 상벌을 내리고, 여러 방면에서 감정과 의지를 가진 인격적 통치자의 모습으로 표현되기도 한다.[21] 그래서 원시 유교의 전통에서는 상제를 형상화시켜 기술하지는 않았으나 외경畏敬과 제의祭儀의 신앙적 대상으로 숭배되기도 하였다.

한민족은 삼신상제가 천상 신명계에 머물면서 우주만물을 주재하는 하느님으로 믿어왔다. 즉 한나라를 전체적으로 아울러서 다스리는 최고의 통수권자가 실재하듯이, 천상 신명계에는 삼계대권으로 우주만유를 다스리는 최고의 주재자가 있어 신도로서 우주만물을 통치하는데, 그 통치 방식은 '무위이화無爲以化'이다. '무위이화'는 말 그대로 인위적으로 억지로 하지 않아도 신도로써 저절로 그렇게 된다는 뜻이다. 이에 대해서 『증산도 도전』은 "신도神道는 지공무사至公無私하니라. 신도로써 만사와 만물을 다스리면 신묘神妙한 공을 이루나니 이것이 곧 무위이화無爲以化니라."[22]고 한다. 이른바 신도로써 주재하는 무위의 통치, 이것이 바로 '우주의 주재자 하느님'의 통치방식인 것이다.

지금까지의 논의를 요약해 보자. 신교의 맥을 계승한 동북아 한민족의 신관은 삼신론이다. 삼신론의 핵심은 '삼신일체 하느님'이다. '삼신일체 하느님'은 음양陰陽 짝처럼 '원신'과 '주신'이라는 두 관점에서 실존하는 것으로 분석된다. '원신'의 측면에서 보면, 한민족은 만유생명을 새롭게 짓는 존재가 '조물주 하느님'으로 인식한다. 이는 범신론의 입장을 수용하고 있다. 나아가 한민족은 삼신의 발현체가 하늘, 땅, 인간으로 보았다. 이로부터 한민족은 하늘의 중심에는 아버지 하느님이, 땅의 중심에는 어머니 하느님이, 인간의 중심에는 조상의 하느님이 존재한다고 믿었던 것이다. '주신'의 측면에서 보면, 한민족은 현상계에 존재하는 개별적

---

21) 하야시 나미오, 박봉주 옮김, 『중국 고대의 신神』, p. 198~200 참조.
22) 『증산도 도전』 4:58:3

인 주체를 신으로 본다. 이로부터 우주자연에는 많은 주신들이 활동하게 되는데, 이는 다신론多神論의 입장을 포괄한다. 나아가 한민족은 삼계 우주의 통치자, 지존무상의 인격적 삼신상제가 천상에 실재하고, 이분이 삼계 대권으로 우주만물을 조화롭게 주재하여 다스린다고 본다. 이는 유일신론唯一神論을 포섭한다. 그러므로 한민족의 '삼신일체 하느님'은 범세계적인 통일적 신론이다. 이로부터 한민족은 태고부터 삼신일체 하느님을 영원한 진리로 인식하고, 이를 숭배하는 전통과 제사의식으로 이어왔고, 오랫동안 생활문화 유산으로 지켜왔던 것이다.

3 존재론적 진리로 이법화理法化된 삼신

1) 정태적情態的 의미의 삼극사상三極思想

사상사의 관점에서 볼 때, 진리의 꽃은 철학哲學이고, 철학의 정수精髓는 바로 존재론이다. 존재론은 전통적으로 '존재란 무엇인가'의 물음으로 출발한다. 이에 대한 대답은 모든 것들의 근거로서 '존재근원'을 찾아내는 작업으로 귀결된다. 존재근원은 곧 모든 것들의 원초적인 진리로 가장 보편적인 원리요, 궁극의 원인으로 '아르케arche'이다. 존재근원으로서의 '아르케'는 상수론象數論으로 표현하면 바로 '하나[一]'이다. '하나'는 우주만물의 전체와 동시에 근원을 상징하는 수數이다. 따라서 '하나'는 모든 것들이 그것에서 시작하여 수없이 벌어지고 결국 그것에로 귀착한다는 뜻이 담겨 있다.

상수론으로 전개하는 존재론적 사유방식은 인류 최초의 경전으로 불리는 한민족의 「천부경天符經」에 압축되어 있다. 「천부경」의 첫 구절은 "하나는 시작이나 무로부터 시작한 하나이다. 하나가 세 가지 극으로 나뉘어도 그 근본은 다함이 없다."[23]로 시작한다. 이를 간략하게 풀어보면, 존재하는 모든 것들은 근원으로서의 '하나[一]'로부터 출원하는데, 근원의 '하나'가 자신의 존재를 발현하기 위해서는 '세 가지의 지극한 것[삼극三極]'으로 나뉘게 된다. 여기에서 중요한 것은 '하나'가 '셋'으로 나뉘어도 각각이 모두 근원의 하나와 동일한 본체라는 것이다. 이는 한마디로 '일체삼용一體三用'의 논리로 압축되고, 곧 "하나를 잡으면 셋을 머금고,

---

23) "一始無始一 析三極無盡本"(안경전 역주, 『환단고기』, p. 506.): 『태백일사』 「소도경전본훈」〈천부경〉)

셋이 모이면 하나로 돌아간다"[24]는 논리로 표현된다.

'일체삼용'의 논리는 바로 한민족이 진리를 탐구하는 사유방식이다. 이 논리는 '일신즉 삼신'이라는 신론神論에 부신符信처럼 그대로 적용된다. 이는 "집일함삼執一舍三"이나 "회삼귀일會三歸一"에서 '집일執一'과 '귀일歸一'은 '일체一體'에, '함삼舍三'과 '회삼會三'은 '삼신三神'에 대응하는 것으로 간주되기 때문이다.[25]

'일체삼용'의 논리에 따라 전개되는 '삼신'에 대한 진리인식은 존재론적인 이법理法을 통해서 가능하다. 한민족의 사유구조에서 존재론적인 입법은 '삼극三極'으로 분석된다. '삼극'에 대해『증산도 도전』은 "천지의 이치는 삼원三元이니 곧 무극無極, 태극太極, 황극皇極이라."[26]고 말한다. 다시 말하면 '천지의 이치'는 우주만물의 존재론적인 이법이고, 이법은 진리인식으로 '삼극'의 원리이다. 여기에서 필자는 '삼신'이 '삼극'의 이법으로 인식됨을 주장하고자 한다. 즉 '조화의 신이 이법화된 것은 무극無極'이고, '교화의 신이 이법화된 것은 태극太極'이고, '치화의 신이 이법화된 것은 황극皇極'이다.[27] 따라서 '삼극'은 '삼신'에 대한 존재론적인 진리인식의 근거가 되는 것이다.

그럼 '조화의 신'은 어떻게 '무극'으로 이화된다고 말할 수 있는가? '무극'은 새로운 창조와 변화의 무한한 바탕이지만 동시에 가능적으로 존재하는 '규정성規定性과 한정성限定性'의 근거이다.[28] '한정성과 규정성'의 근거라는 의미에서 '무극'은 가능적으로 '내적인 구체화의 원리'[29]라고 말할

---

24) "執一含三 會三歸一"(안경전 역주,『환단고기』, 508쪽《태백일사》「소도경전본훈」》)
25) "所以執一含三者 乃一其氣而三其神也,所以會三歸一者 是亦神爲三而氣爲一也"(안경전 역주,『환단고기』, 524쪽《태백일사》「소도경전본훈」》) 참조
26)『증산도 도전』 6:1:1
27) 문계석,『생명과 문화의 뿌리 삼신』, 105쪽
28) 문계석,『생명과 문화의 뿌리 삼신』, p. 111 참조.
29) 이에 대해 한동석韓東錫은 무극의 내변작용內變作用으로 기氣를 통일하여 물물이 성숙成

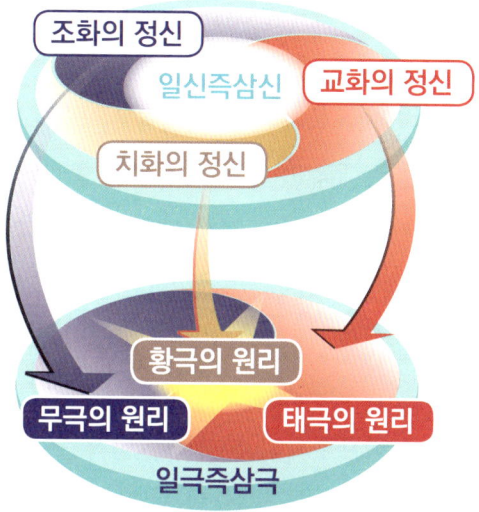

삼신이 이법화된 삼극의 원리

수 있다. 이는 삼신의 '조화의 정신'이 이화된 것이다. 왜냐하면 '조화의 정신'은 안으로는 새로운 창조를 위한 주체의 정보를 담지擔持하고 밖으로는 다양한 정보체계를 수용하여 앞으로 출현하게 되는 창조를 '가능적으로' 설계하는 데에 작용하기 때문이다. 만일 '무극'의 원리가 없다면 우주만물의 현실적인 창조란 없다. 화이트헤드의 신神 개념을 끌어들여 말한다면, 이는 '원초적 본성'으로서의 신이 '영원한 객체'들을 주체적으로 파악하여 자신의 통일성 속에 흡수하고, 창조를 위한 '공가능성'을 결정하는 것과 같은 이치이다.[30] 여기에서 확정된 '공가능성'은 바로 가능적으로 '한정성과 규정성'의 근거로 '구체화의 원리'인 것이다. 따라서 '무극'은 삼신의 '조화의 신'이 이화된 원리라고 말할 수 있다.

삼신의 '조화의 신'이 이화된 원리가 '무극'임을 구체적으로 말해보자. 요컨대 개는 사람이 아니라 자신을 닮은 개를 낳고, 인간은 개가 아닌 자

熟하는 원리로 보았다.(韓東錫,『宇宙變化의 原理』, p. 45 참조.)
30) A. Whitehead, 오영환 옮김,『과정과 실재』, p. 675 참조.

신을 닮은 인간을 낳는다. 이는 창조의 주체가 되는 신이 사람의 본성을 파악하여 내재하기 때문에 사람이 태어나고, 개의 본성을 파악하여 내재하기 때문에 개가 태어남을 의미한다. 그래서 갓 태어난 아기는 개로 성장하지 않고 사람으로 성장하고, 성장한 사람은 곧 사람을 낳아 대대손손 이어지게 된다. 여기에서 우리가 천착穿鑿할 수 있는 것은 내재된 신이 '조화의 정신'으로 사람의 본성本性을 규정하는 정보를 총체적으로 파악하여 설계한다는 것이다. 즉 '조화의 정신'은 내적으로는 주체적으로 유전정보 등을 파악하여 담지하고, 외적으로는 실현 가능한 정보 등을 흡수하여 통일성 속에 사람으로서의 본성을 결정하는 '한정성'과 '규정성'으로 작용한다. 이는 '가능적인 구체화의 원리'로 볼 수 있다. 다시 말하면 사람이 태어나서 성장하는 과정에서도 '조화의 정신'은 지속적으로 활동하여 사람으로서의 틀이 형성될 수 있도록 하는 정보를 끊임없이 수용하여 조직화하는 것이다. 이는 곧 '조화의 정신'이 이화된 '무극'으로 인식되는 사례가 된다.

　'교화의 신'은 어떻게 '태극'으로 이화된다고 말할 수 있는가? '태극'은 '무극'의 열림이다. 이는 곧 '창조기운이 율동하는 음양동정陰陽動靜'의 작용으로 드러난다. '음양동정'의 작용은 새로운 창조를 위한 분열과 생장의 근거이다.[31] 한마디로 '태극'은 '무극'이 가능적으로 짜 놓은 새로운 창조의 정보를 음양동정의 기운으로 실현하는 '현실화의 원리'이다. 이는 삼신의 '교화의 정신'이 이화된 것으로 볼 수 있다. 왜냐하면 '교화의 정신'은 '조화의 정신'에서 복잡하게 설계되는 가능적인 정보들을 '현실적으로' 실현하는 원리로 작용하기 때문이다. 만일 '태극'의 원리가 '현실

---

31) 문계석, 『甑山道思想』, p. 150~151 참조. '분열과 성장'을 한동석은 태극의 외화작용外化作用으로 형체形體와 기氣를 확장하면서 분산하는 것으로 본다.(韓東錫, 『宇宙變化의 原理』, p. 45 참조.)

적으로' 작동하지 않는다면 모든 것은 가능적으로만 존재할 뿐, 현상계에 새롭게 창조되는 우주만물이란 없다. 이는 '태극'의 원리가 조건만 갖추어지면 '무극'에서 조성된 창조변화의 설계도를 우주에 충만한 원기元氣를 끌어들여 현실적인 존재로 실현함을 의미한다. 화이트헤드의 신神 개념을 끌어들여 말한다면, '결과적 본성'으로서의 신이 다양하게 흡수한 정보들을 현실적으로 안전하게 구현되도록 육성을 촉진하는 것이다.[32] 우주에 존재하는 모든 생명체들은 '태극'의 원리에 따라 실제적인 육성과 영적인 깨달음이 역동적으로 일어나게 되는데, 이는 '교화의 정신'에 따른 것이다. 이것이 '현실화의 원리'이다. 따라서 '태극'은 삼신의 '교화의 신'이 이화된 원리라고 말할 수 있다.

삼신의 '교화의 신'이 이화된 원리가 '태극'임을 구체적으로 말해보자. 식물이든 동물이든 사람이든 생명이 있는 것은 무엇이든지 생겨나면 생장의 가도를 걷게 마련이다. 생장의 변화는 창조기운의 응축과 분열이라는 '음양동정'에 의거한다. 그 과정은, 물리적인 측면에서 우리가 음식을 먹음으로써 영양활동이 일어나고, 오장육부가 정상적으로 원활하게 작동하고, 또 정신적인 측면에서 감각활동과 이성적인 사유 활동이 작동하면서 진행된다. 여기에서 우리가 간파해낼 수 있는 것은 창조의 주체에 내재된 '교화의 정신'이 가능적으로 조직된 정보를 현실적으로 실현하는데, 물리적인 측면과 정신적인 측면에서 생장으로 드러내고 있다는 것이다. 이 과정에서 인간은 각기 성장에너지와 수명이 다르게 나타나게 되고, 영적인 깨달음이 다르게 나타나는데, 만일 '교화의 정신'이 내재하여 작용하지 않는다면, 중도에서 성장을 멈추게 되고, 죽음을 맞이하게 될 것이다. 그래서 사람마다 현실적인 존재의 수명이 다르고, 그 활동력이 다르게 나타나며, 가르침과 깨달음에 따른 성숙도가 각기 다르게 존재하

---

32) A. Whitehead, 오영환 옮김, 『과정과 실재』, p. 693~694 참조.

게 되는데, 이와 같이 자연에서 다양한 종種이 탄생하여 생장과 영적진화의 과정이 일어나는 것은 한마디로 '교화의 정신'에 따른 것이다. 이는 '교화의 정신'이 '태극'으로 인식되는 사례다.

'치화의 신'은 어떻게 '황극'으로 이화된다고 말할 수 있는가? '황극'은 '무극'과 '태극'의 창조질서를 매개하여 조율하는 근거이다. 한마디로 '황극'은 '무극'의 가능적인 창조정보와 '태극'의 음양질서를 열어 우주만물이 현실적으로 창조되어 정상적으로 성장할 수 있도록 조율하는 '주재의 원리'이다.[33] 이는 삼신의 '치화의 정신'이 이화된 것이다. 왜냐하면 '치화의 정신'은 '조화'와 '교화'의 중심에서 구체적으로 설계된 정보의 질서를 열어 이를 현실적으로 실현하는 데에 작용하기 때문이다. 만일 '치화의 정신'이 현실적으로 작동하지 않는다면, '조화의 정신'이 열리지 못하고 '교화의 정신'이 성장의 질서로 작용하지 못하게 되므로, 우주만물의 새로운 창조변화란 현실적으로 없게 된다. '치화의 정신'이 있기 때문에 탄생하여 성장하는 모든 것들은 무질서와 파멸의 방향으로 진행되어 가는 것이 아니라 질서와 안정성을 유지하면서 좋은 상태의 결실을 맺고, 다음의 새로운 창조와 진화의 과정으로 나아가게 되는 것이다. 이에 대해서 한동석韓東錫은 분열지기分列之氣가 아직 상존하는 곳을 '황극'[34] 이라고 정의하는데, 이는 황극이 무극의 기운을 열어 태극의 음양작용으로 우주만물이 생장하도록 하여 그 극점에서 무극으로 돌려주는 역할을 한다는 뜻이다. 따라서 우주에 존재하는 모든 것들이 탄생 誕生하고, 성장成長하고, 수렴收斂하여 순환으로 나아가는 것은 '교화의 정신'에 따른 것이다. 이것이 '조율과 주재의 원리'이다. 이는 삼신의 '교화의 정신'이 이화된 '황극'이라고 말할 수 있다.

---

33) 문계석, 『甑山道思想』(창간호), p. 164~165 참조.
34) 韓東錫, 『宇宙變化의 原理』, p. 46 참조.

삼신의 '치화의 신'이 이화된 원리가 '황극'임을 구체적으로 말해보자. 우주 안에 존재하는 생명체는 모두 개별적으로는 균형 잡힌 생명활동을 하고 있고, 전체적으로는 각기 질서를 유지하면서 보다 완성도를 향해 순환循環해가고 있다. 순환의 주체는 한마디로 음양의 기운을 조절하고 통제하여 생명체들을 생장으로 이끈 다음 새로운 창조를 준비하게 된다. 이는 지구상의 유기체들이 대대로 종을 보존하면서 질서 있게 순환하여 진화해가는 모습이나, 인류가 끊임없이 새로운 문명을 일구어 보다 나은 질서를 향해 나아가는 노력에서 알 수 있다. 여기서 우리가 근본적으로 알 수 있는 것은 '치화의 정신'이 작용하고 있다는 사실이다. 요컨대 인간의 경우에서 '조화의 정신'이 파악한 새로운 창조의 정보가 열려 현실적인 태아가 탄생하게 되는데, 탄생된 태아는 '교화의 정신'에 따라 어른으로 온전하게 성장하고 깨달음으로 나아가게 된다. 이 과정에서 '치화의 정신'은 창조의 질서와 육성의 질서를 열어 조화롭게 성장하도록 조율하여 주재한다. 만일 '치화의 정신'이 정상적으로 작동하지 못한다면, 인간은 탄생의 질서가 열리지 못하여 탄생될 수 없거나, 생장의 질서가 열리지 못하여 죽음을 맞이하거나, 성장의 균형이 깨진 인간으로 전락하게 되어 본래의 창조적인 목적에 도달할 수 없게 된다. 마찬가지로 문명화의 길로 나아가는 국가의 경우에서도 '치화의 정신'을 상징하는 지도자가 없다면, 질서 있는 올바른 국가란 실현될 수 없게 된다. 이러한 과정은 한마디로 '주재의 원리'에 따른 것이다. 이는 '치화의 정신'이 '황극'으로 인식되는 사례다.

그러므로 조물주의 의미에서 '삼신일체 하느님'이 이화된 원리는 '삼극三極'으로 인식된다. 삼신의 '조화의 정신'은 새로운 창조의 주체가 되어 가능적으로 '내적인 구체화의 원리'로 이화된 '무극'이고, '교화의 정신'은 실제적인 생장의 주체가 되어 현실적으로 '외적인 현실화의 원리'로 이화된 '태극'이고, '치화의 정신'은 양자의 질서를 열어 조율하는 주체가 되어 '현실적인 주재의 원리'로 이화된 '황극'이라고 말할 수 있다.

2) 동태적動態的 의미의 삼도사상三道思想

옛날이나 지금이나 세상에는 '도道'를 찾고자 열망하는 사람들이 있다. 어떤 이들은 안락한 가정과 처자식이 살고 있는 세속을 벗어나 심산유곡이나 사찰寺刹로 들어가 도道를 체득하고자 맹렬한 수도에 전념하기도 한다. 이들이 결연한 의지를 가지고 평생 동안 일념으로 수련하는 궁극의 목적은 활연대각豁然大覺, 즉 득도得道하는 것이다. 그래서인지 인류의 영원한 스승으로 꼽히는 공자孔子도 "아침에 도를 얻으면 저녁에 죽어도 괜찮다."[35]고까지 했다.

'도'란 무엇인가? 그것은 다의적多義的인 개념이지만, '오묘한 이치' 혹은 '무엇이든지 통하는 길'이란 뜻을 함의한다. 그러나 '도'는 '한정된 무엇'이라고 정의될 수 없다. 왜냐하면 '도'는 자체로 아무런 형체가 없어서 보이거나 어떤 방식으로도 형상화되지 않고, 나아가 명확하게 고정된 존재이거나 분명히 규정될 수 있는 것이 아니어서 딱히 무엇이라고 말할 수 없기 때문이다. 그래서 노자老子는 "도라고 할 수 있는 도는 항상인 도가 아니다."[36]라고 했다. 그럼에도 '도'는 언제 어디에나 통해 있어서 모든 존재의 근원으로서 항상 존재하는 것으로 보인다. 이에 대해서 노자는 "도는 텅 비어 있어서 그것을 아무리 써도 (모자라지도 않고, 아무리 보태도) 차는 일이 없는 듯하고, 심연과 같아 (알 수 없지만) 모든 만물의 근본인 듯하다."[37]

---

35) "朝聞道夕死可矣"(孔子, 『論語』)
36) "道可道 非常道"(老子, 『道德經』, 1장)
37) "道沖而用之惑不盈 淵兮似萬物之宗"(老子, 『道德經』, 4장)

라고 했다. 도는 한마디로 천지만물의 '존재근원'인 것만은 분명하다.

'존재근원'인 도는 어디에서 나온 것인가? 노자는 도의 연원淵源을 '스스로 그러한 존재[自然]'에서 찾은 것 같다. 왜냐하면 그는 "사람은 땅을 본받고, 땅은 하늘을 본받고, 하늘은 도를 본받으며, 도는 자연을 본받는다."38)고 말하기 때문이다. 반면에 한漢 나라의 유학자 동중서董仲舒는 "도의 큰 근원은 하늘에서 나온다."39)고 했다. 반면에 동양의 역易 철학에서는 '삼재의 도[三才之道]'를 말한다. 삼재三才는 우리가 살고 있는 우주 전체를 구성하는 근본 틀, 즉 하늘[天], 땅[地], 인간[人]을 지칭하므로, '도'는 천도天道, 지도地道, 인도人道를 가리킨다. 여기에서 우리는 자연의 도이든, 삼도를 포괄하는 도이든, '도의 큰 근원'이란 수數에 있어서는 '하나[一]'임을 추론해낼 수 있다. 그래서 인류의 현자로 칭송되는 공자孔子는 "나의 도는 하나로써 관통했다."40)고 말했던 것이다.

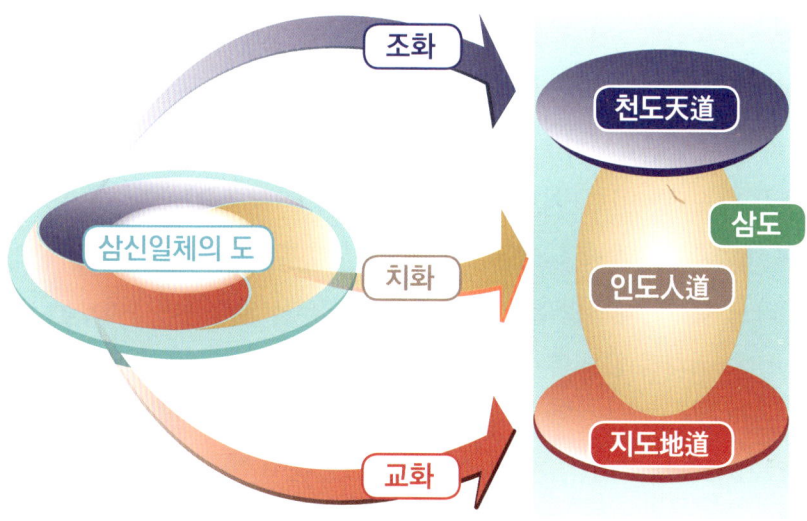

---

38) "人法地 地法天 天法道 道法自然"(老子, 『道德經』, 25장)
39) "道之大源 出於天"(안경전, 『개벽 실제상황』, p. 257 재인용.)
40) "吾道 一以貫之"(孔子, 『論語』, 「里人」)

신교의 맥을 계승한 조선朝鮮의 유학자 이맥은 "도의 큰 근원은 삼신에서 나온다."[41]고 말한다. 이는 삼신일체三神一體의 '도'를 말하는데, 상수象數로 말하면 '하나의 도'[42]를 뜻한다. 그 '하나의 도'는 '일체삼용一體三用'의 논리에 그대로 적용될 수 있다. 다시 말하면 '도의 큰 근원'은 본체에 있어서는 '하나'이지만, 세 손길로 작용하여 펼쳐진다. 그럼에도 그 도의 본질本質은 더함도 없고 덜함도 없이 항상 일정한 상도常道라는 것이다. 「천부경」에서 '천일天一', '지일地一', '인일人一'로 분석한 까닭은 우주만물이 전적으로 천도, 지도, 인도로 발현됨을 상징한 것이다.

　그런데 하늘, 땅, 인간은 역동적으로 움직이는 삼신의 자기 발현체發現體이다. 이는 삼신이 역동적으로 작용하는 삼도三道, 즉 천도, 지도, 인도로 이화된 것으로 볼 수 있다. 다시 말하면 '천도'는 만유생명의 창조근원으로 삼신의 조화의 정신이 이법화된 도이고, '지도'는 창조된 만물을 육성하고 가르치는 근원이므로 삼신의 교화의 정신이 이법화된 도이고, '인도'는 하늘의 조화성과 땅의 교화성을 질서 있게 열어 우주만물이 창조의 목적에 도달할 수 있도록 주재하는 치화의 정신이 이법화된 도이다. 따라서 '삼신일체의 도'는 곧 삼재지도三才之道이다.

　그럼 삼도, 즉 천도, 지도, 인도란 구체적으로 무엇을 말하는 것인가? 이에 대해 고려 때 행촌 이암李巖은 "무릇 삼신일체의 도는 대원일의 의義"[43]라고 했다. '대원일'은 "삼대 삼원 삼일"[44]을 말하는데, '대大'는 '광대, 성대, 위대하다'는 뜻이고, '원圓'이란 '원만하여 두루두루 미친다'는

---

41) "道之大源 出乎三神也"(안경전 역주, 『환단고기』, p. 394.〈『태백일사』「삼한관경본기」〉)
42) 노자는 『도덕경』(42장)에서 "道生一 一生二 二生三 三生萬物(임채우, 『왕필의 노자』, 170쪽)"이라고 했다. '도는 하나를 생한다'는 말은 노자의 주장인지 후대의 학자들에 의해 추가된 말인지 의심스럽다.
43) "夫三神一切之道 在大圓一之義"(안경전 역주, 『환단고기』, p. 84.〈李巖, 『檀君世紀(序)』〉)
44) "三大 三圓 三一"(안경전 역주, 『환단고기』, p. 306.〈三神五帝本紀〉)

뜻이고, '하나─'는 둘이 될 수 없다는 뜻이다. 그리고 '의義'는 다의적인 뜻이 있지만 '삼신일체'의 도리道理를 뜻한다. 이에 대해서 이암은 "염표문念標文"에서 "하늘은 현묘함과 침묵함으로 광대하니, 그 도는 두루 미치어 원만하고, 그 일은 참됨으로 하나가 되는 것이다. 땅은 축적과 저장으로 성대하니, 그 도는 (하늘을) 본받아 원만하고, 그 일은 부지런함으로 하나가 되는 것이다. 사람은 지혜와 능력으로 위대하니, 그 도는 선택함으로 원만하고, 그 일은 협력함으로 하나가 되는 것이다."[45]라고 정의한다.

'세 가지의 큼[三大]'은 우주만유를 구성하는 중심축으로 하늘, 땅, 인간, 즉 삼재三才를 지칭한다. '삼신일체의 도'는 삼재의 본질적인 행태行態가 광대함으로 드러난다는 것이다. 즉 하늘은 현묵대玄默大, 땅은 축장대蓄藏大, 인간은 지능대知能大인데, 현묵대는 하늘이 시공의 제약 없이 현묘함과 침묵함으로 광대하다는 뜻이고. 축장대는 하늘이 계획하는 것을 하나도 빠짐없이 본받아 땅이 축적하고 저장함으로 성대하다는 뜻이고, 지능대는 인간이 하늘의 뜻을 파악하여 땅에서 이루는 지혜와 능력을 계발啓發함으로 위대하다는 뜻이다.

'세 가지 원만함[三圓]'은 '삼재의 도'가 작용함을 나타낸다. 즉 '삼신일체의 도'는 '삼도'로 작용하여 자신을 드러내는데, 하늘은 보원普圓의 도이고, 땅은 효원效圓의 도이고, 인간은 택원擇圓의 도이다. '보원'은 우주만물의 창조에 있어서 하늘이 시공時空의 제약을 벗어나 언제 어디에서나 막힘없이 광대하게 두루 미치어 무엇이든지 빠짐없이 새롭게 창조하기 때문에 하늘의 도가 원만하다는 뜻이고, '효원'은 하늘이 새롭게 내놓은 것들을 땅이 그대로 본받아 어디에서나 현실적으로 성대하게 화육하기

---

45) "天以玄默爲大 其道也普圓 其事也眞一, 地以蓄藏爲大 其道也效圓 其事也勤一, 人以知能爲大 其道也擇圓 其事也協一"(안경전 역주, 『환단고기』, p. 126.〈『檀君世紀』〉)

때문에 땅의 도가 원만하다는 뜻이다. 한마디로 '하늘은 생하고 땅은 육성하는 도[天生地育之道]'이다. '택원'은 하늘이 내놓은 새로운 창조와 땅이 육성하고 일깨우는 것들의 질서를 지혜로써 파악하고, 가장 적합한 것을 선택하여 조율하고 주재하기 때문에 인간의 도가 원만하다는 뜻이다. 이때의 인간은 우리와 같은 범부凡夫가 아니라, 삼신과 하나 되어 "태일의 신"[46]이 된 신인神人을 가리킨다.

'세 가지가 하나임[三一]'은 삼도가 하는 현실적인 과업課業을 지칭한다. 이는 '삼신일체의 도'가 오직 한결같이 전념專念함을 뜻하는데, 하늘은 진실함으로 하나[眞一]이고, 땅은 부지런함으로 하나[勤一]이고, 인간은 협력함으로 하나[協一]이다. 즉 진일은 하늘이 하는 모든 창조성이 시공時空의 제약 없이 언제 어디에서나 베풀고 있음을 뜻하고, 근일은 땅이 하늘의 창조를 본받아 무엇이든지 화육化育에 쉬지 않고 부지런히 행함을 뜻하고, 협일은 사람이 천도와 지도의 질서를 열어 조율하고 화합하여 만유를 주재함을 뜻한다.

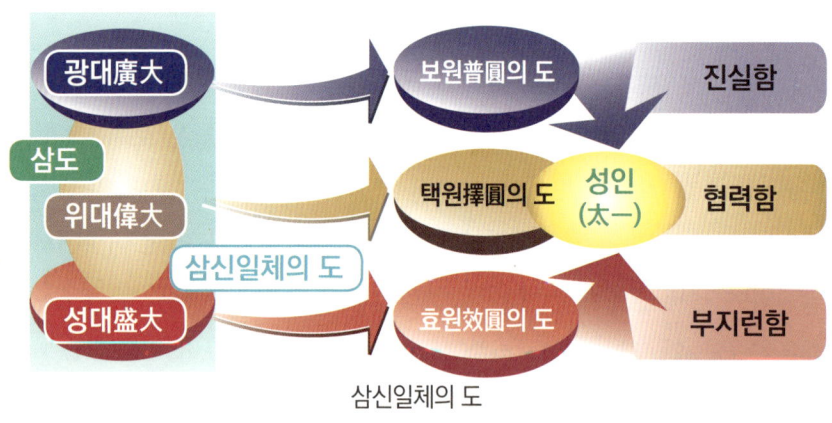

삼신일체의 도

---

46) "三神 乃天一地一太一之神也"(안경전 역주, 『환단고기』, p. 522.〈『태백일사』「蘇塗經典本訓」〉)

그러므로 '삼신'이 이화된 '삼도'는 우주만유를 항상 새롭게 창조해가는 천도, 하늘이 내놓은 것들을 쉬지 않고 화육하는 지도, 천도의 질서와 지도의 질서를 열어 창조와 육성을 주재하는 인도이다. 이는 한마디로 '삼신일체의 도'이다. 그래서 "그 도가 하늘에 있으면 (조화, 교화, 치화의) 삼신이고, 그 도가 사람에게 있으면 (성性, 명命, 정精의) 삼진三眞이 되는데, 그 근본으로 말하면 오직 하나일 뿐이다."[47]라고 한다. 나아가 만일 '삼신일체의 도'가 가정家庭의 구성체構成體에 있으면, 아버지의 도, 어머니의 도, 자식의 도이고, 군사부君師父 문화에 있으면, 자신의 생명을 준 아버지의 도[父道], 올바른 인간으로 길러주는 스승의 도[師道], 사람들을 주재하여 국가를 다스리는 임금의 도[君道]라고 말할 수 있다.

---

47) "道在天也 是爲三神 道在人也 是爲三眞 言其本則爲一而已"(안경전 역주, 『환단고기』, 〈『太白逸史』「高句麗國本紀」〉)

4 한민족의 문화양식으로 드러난 삼신

원형의식에서 보자면 한민족의 사유구조는 '일체삼용一體三用'의 논리이다. 이는 '근원의 하나가 세 손길로 작용한다'[48]는 삼수논리三數論理이다. 이 논리에 따라 한민족은 하나의 우주가 하늘, 땅, 인간으로 구성되며, 하나의 하늘이 해, 달, 별들로 나뉘어 운행되고, 하나의 땅이 물, 불, 공기로 이루어지고, 하나의 원자도 양성자, 전자, 중성자로 분석되는 것으로 파악한다. 나아가 한민족의 원형의식의 사유는 하나의 가정도 부, 모, 자녀로 구성되고, 국가의 통치체제도 입법부, 사법부, 행정부로 나뉘어져 있고, 심지어 사람 또한 머리, 몸통, 팔다리로 이루어져 있다고 하거나 마음[心], 기운[氣], 몸[身]으로 나뉘어 작용하는 것으로 파악한다.

'일체삼용'의 논리는 '삼신일체三神一體'의 이념에 그대로 적용된다. 역사문화의 원전 『환단고기』에 의거하면, '삼신일체'의 원형정신은 인류문화의 근원이요 뿌리이다. 이는 인류문명의 시원국가인 환국桓國 시대에 태동되어 지구촌으로 퍼져나갔고, 동북아 지역에 거주하는 한민족의 심층에는 '문화적 유전자(meme)'처럼 고유한 사유의 틀로 고착되었다. 그래서 '삼신일체'의 원형정신은 한민족의 역사문화 족적이 담겨있는 유물유적에 그대로 투영되어 전통적으로 생활문화 속에 고스란히 현시顯示되고 있다.

'삼신일체'를 형상화한 문화적 양태들은 두 갈래, 즉 '주신'의 의미와 '원신'의 의미로 분석되어 뻗어나간다. '주신'의 의미에서 형상화된 삼신의 문화양식은 하느님을 모시는 제천단祭天壇, 국조 삼성을 모시는 삼신전三神殿, 그리고 삼신 하느님의 사자인 삼족오三足烏가 대표적이다. '원신'의 의미에서 형상화된 삼신의 문화양식은 삼신의 조화를 상징하는 삼태극三

---
48) 김석진, 『천부경』, p. 53 참조.

太極 문양, 인간의 탄생과 생명을 주관하는 삼신이 세속화된 삼신할머니가 있고, 기타 삼신의 조화가 세속화되어 생활용품으로 쓰이는 삼신상, 삼신 자루, 삼신 끈, 삼신 바가지 등의 많은 사례들이 민간에 남아 있다.

1) 삼신 하느님을 모시는 제천단祭天壇과 국조삼성을 모시는 삼신전三神殿

동북아 한민족은 "신교의 종주국"[49]이다. 신교神敎는 본래 '삼신하느님'의 가르침을 받아 이를 세상에 펼친다는 뜻을 함의한다. 인류의 문명이 태동하던 시절에 신교는 제정일치祭政一致의 제도에서 중핵中核을 이룬다. 제정일치의 사회에서 최고의 지도자는 '삼신하느님'의 아들[天子] 내지는 대리인으로 인식되었다. 이로부터 국가를 통치하는 황제는 하늘, 땅, 인간을 포함하여 온 우주를 주재하여 다스리는 '삼신하느님'을 받들어 모시는 제사장이면서 그 덕화와 가르침을 받아 내려 지상에 펼치는 문화가 정착되었다. 이 문화의식을 제천祭天이라고 한다.

신교의 종주국답게 동북아 한민족은 상고시대부터 천단天壇을 쌓고 제천의식을 거행했다. 국가의 중요 대사大事가 있을 때에는 '삼신하느님'에게 제사[祭天]를 올렸던 것이다. 제천의식은 천단天壇에서 행해지는데, 천단은 '원형圓形'과 '방형方形'[50]으로 이루어진 건축물이다. 이러한 구조는 '하늘은 둥글고 땅은 방정하다[天圓地方]'는 뜻을 상징한다. 동북아 지역에서 가장 오래된 제천단은 상고시대 한민족의 중심터전이었던 중국의 적봉일대에서 발굴된 홍산문화 유적지에서 찾아볼 수 있다. 홍산문화의

---

49) 『증산도 도전』 1:1:5
50) "중국학자들은 우하량 제2지점에서 발견된 원형과 방형의 제단유적을 '천원지방天圓地方' 사상의 원형이자 북경천단 구조의 원형으로 보고 있다."(김선주, 『인류문명의 뿌리 東夷』, p. 74 참조.)

3대 요소로 꼽히는 유적은 천제를 지내기 위해 3단으로 건립된 제천단, 여신묘, 적석총이다.51) 이곳 우하량 유적지에서 발굴된 거대한 제천단은 역사 이래 가장 오래된 유적으로 꼽힌다.

홍산문화의 주체는 동북아 한민족의 조상인 동이민족이다. 동이민족은 최초로 국가 체제로 정비된 배달국倍達國을 건국했다. 배달국의 천자天子는 인간 세계를 대표하여 제천단을 쌓고 '삼신하느님'께 제사를 올렸다. 제천의식은 제정일치의 신교神敎의 전통에서 나온 것이다.

제천의식의 주신主神은 바로 온 우주를 주재하여 다스리는 '삼신하느님'이고, 제주祭主는 삼신하느님의 아들임을 자처하는 천자天子이다. 천자는 백성들을 주재하여 다스리는 국가의 최고 통치자이다. 천자의 통치이념은 '삼신하느님'을 대행하여 지상에 살고 있는 백성들의 존망을 책임지고, '삼신하느님'의 가르침을 전하고 나라를 안정시켜 태평성대를 이룩하는 것이 그 목적이다.

동북아 한민족은 '삼신하느님'을 모시는 제천의식과 더불어 나라를 열어 천자국의 위상을 드날렸던 국가 조상, 즉 국조삼성國祖三聖을 모시는

한국의 원구단

북경의 천단

51) 심백강, 『황하에서 한라까지』, p. 128 참조.

제사의식을 수행했다. 그 성소가 바로 삼신전三神殿이다. 삼신전은 천자국의 국조삼성을 봉안奉安하여 모신 전각이다. 천자국의 국통을 계승한 제왕帝王들은 삼신전에서 특별한 날에 국조삼성을 기리고 경배하는 제사의식을 거행했다. 이러한 제사의식을 통해 한민족의 애국애족 정신은 전통으로 전해지게 된 것이다.

동북아 한민족의 국조삼신은 누구를 지칭하는가? 삼신전에는 '삼신하느님'의 통치정신(조화, 교화, 치화의 정신)에 따라 인류 창세 문명을 열었던 환국시대의 환인桓仁, 환국의 국통을 이어 동북아에 문명화의 길을 개척했던 배달국의 환웅桓雄, 동북아의 대제국으로 거듭나 역사시대를 이끌었던 옛 조선의 단군檀君이 모셔져 있다. '삼신하느님'의 통치정신을 계승하

황해도 구월산 삼성전

북한 정부가 삼성사에 그려 모신 하느님 할아버지 신상(왼쪽), 환웅천황 할아버지 신상(가운데) 왕검단군 할아버지 신상(오른쪽)

여 나라를 개창한 천자를 동북아 한민족은 환인, 환웅, 단군을 삼위성조 三位聖朝라 불러왔다.

　삼위성조를 모시고 제사를 지내는 삼신전은 후에 그 이름이 삼성전 혹은 삼성사三聖祠로 바뀌었다. 기록으로 보면, 삼위성조를 기리는 제사는 만주 상춘의 구월산에 위치한 삼성전三神殿[52]에서 행했고, 고려시대로 접어들자 다시 삼성사三聖寺를 지어 국조삼신을 기리는 제사가 시행됐다. 황해도 구월산에 지어진 삼성전은 환인, 환웅, 단군왕검의 초상화가 아직도 모셔져 있다.[53]

2) 삼신의 조화를 상징하는 삼태극三太極 문양

　한국의 국기는 중앙에 태극太極의 문양이 새겨져 있다. 태극의 문양은 하늘의 양의 기운을 상징하는 붉은 색과 땅의 음의 기운을 상징하는 파란 색이 원환을 이루고 있다. 이는 하늘과 땅의 조화로 우주만물의 창조 변화가 이루어지는 섭리를 상징한 것이다. 음양陰陽을 상징하는 태극의 가장 오래된 문양은 신라新羅 진평왕眞平王 때에 건립된 감은사感恩寺 석각石刻에서 발견된 유물에서 볼 수 있다. 중국에 퍼져 있는 태극문양은 송宋나라 때의 주돈이周濂溪(1017~1073)가 지은 『태극도설太極圖說』에서 유래하였을 것으로 짐작된다.

　그런데 태극문양의 원형原形은 삼태극三太極의 문양이다.

　삼태극 문양은 무궁한 조화의 세계를 드러내는 조물주 삼신이나 우주변화의 이법인 삼극의 원리,

청색, 홍색, 황색으로 이루어진 삼태극 문양

---

52) 『檀奇古史』
53) 조자용, 『삼신민고』, 169쪽 참조

혹은 하늘, 땅, 인간을 상징하는 삼도사상을 표징表徵하는 것으로 한민족의 생활 속에 드러난 문화적 양태이다.

삼태극 문양의 색상은 붉은색, 파란색, 주황색으로 이루어져 있다. 이는 조물주 삼신하느님이 세 가지 색상을 가지고 우주만물의 창조성을 표현한 것으로 볼 수 있다. 붉은색은 하늘의 창조성을 상징하며, 파란색은 땅의 변화성을 나타내며, 주황색은 양자를 조율하여 조화하는 주재성을 상징한다. 삼태극 문양은 「천부경」의 삼수논리가 시사示唆하듯이 태고 때부터 한민족의 생활문화에 그대로 투영되어 전해진 것으로 보인다.

삼태극 문양의 유물 유적은 오랜 역사를 통해 다양한 방식으로 표출되어 한민족의 민속民俗에 현존한다. 한민족의 민속 공예품으로 삼복 무더위에 시원한 바람을 일으켜 더위를 식혀주는 태극선太極扇이 있고, 소리를 통해 삼신의 흥취와 조화가 나온다는 의미에서 국가적인 행사나 농악놀이에 쓰이는 대고大鼓와 소고小鼓, 장고杖鼓가 있으며, 임금이 사는 왕궁의

❶왕궁의 처마 ❷부채 ❸정승집 대문 ❹향교의 대문 ❺북[大鼓]

삼문에 새겨진 문양, 성현들을 모시는 향교의 대문이나 사찰로 들어가는 돌계단의 삼태극 문양이 등장한다. 또한 종각이나 비각 또는 각종 능陵의 홍살문이나 일상 생활용품의 문화양식들에는 삼태극 문양이 자주 발견된다.

3) 인간의 탄생과 생명을 주관하는 삼신숭배三神崇拜의 민속

한국에는 옛날부터 아기를 갖기를 간절히 원하는 사람은 삼심할머니에게 정성을 다해 빌라는 속담이 있다. 이는 삼신이 자손 줄을 태워줘야 아기가 탄생할 수 있음을 함축한다.[54] 여기에서 삼신할머니는 인간의 생명을 창조하고 주관하는 삼신의 세속화된 말이다.

삼신할머니

---

54) 안경전 역주, 『환단고기』, p. 306 참조.

삼신할머니는 현실적인 작용으로 드러낼 때에는 세 손길로 작용한다는 삼신의 본질적 특성을 그대로 간직하고 있다. 아기를 배게 해주는 포태신胞胎神, 아기를 무사히 낳게 해주는 출산신出産神, 낳은 아기를 안전하고 건강한 성인으로 성장할 수 있도록 해주는 생육신生育神이 그것이다.[55] 포태신, 출산신, 생육신으로 구분되는 삼신할머니는 개별적인 셋이 아니라 하나의 조물주 삼신이다. 이는 삼신일체의 논리에 따라 아기의 생명을 점지해 주는 조화의 신, 아기를 탄생하여 길러주는 교화의 신, 아이를 순조롭게 낳아서 완성된 인간으로 자라나도록 하는 치화의 신이 민속으로 세속화된 것이다.[56]

조선시대까지만 해도 한국의 어머니들은 아이를 낳기 위해 삼신에게 기도하고, 아이를 출산한 후에는 미역국을 차려놓고 삼신에게 감사를 드렸다. 그 상을 삼신상, 밥을 삼신밥, 미역국을 삼신국이라 불렀다. 이 외에도 조선의 어머니들은 집집마다 다양한 방식으로 삼신을 신앙했다. 쌀을 가득 넣은 삼신단지나 삼신 바가지, 삼신주머니, 삼신자루, 삼신 끈

삼신상

---
55) 조자용, 『삼신민고』, p. 64 참조.
56) 박영일, 「무교의 생명사상」『생명과 더불어 철학하기』, p. 163 참조.

등은 모두 삼신의 표징으로 드러난 문화적인 산물들이라 볼 수 있다. 이와 같이 삼신을 모시는 신앙의식은 동북아 한민족의 정서에 그대로 남아 있었던 것이다.

4) 삼신하느님의 사자를 상징하는 삼족오三足烏 문양

삼족오 문양은 태양 속에 그려진 세발 달린 까마귀의 모습이다. 이 모습은 광명 속에 살면서 삼신하느님의 세계와 인간세계를 이어주는 신성한 새[神鳥]를 형상화한 것이다.57) 삼족오의 모습은 삼신일체의 논리에 따라 몸통이 하나[一身]이지만 발이 세 개[三足] 달린 새로 그려져 있는데, 이는 하늘과 땅, 인간 세계를 마음대로 날아다닐 수 있음을 뜻한다. 즉 태양조로서의 삼족오는 신과 인간의 세계를 서로 연결해 주는 '삼신하느님의 심부름꾼 내지는 대리자'를 상징한 것이다. 따라서 삼족오는 곧 삼신하느님의 직계 자손임을 알리는 문화양식으로 곧, 천자문화의 비밀이 들어 있는 문양이다.

고구려 오회분 삼족오 문양

---

57) 우실하, 『전통문화의 구성원리』, 137쪽 참조

삼족오의 문양은 동북아의 강국이었던 고구려의 각저총이나 무용총의 벽화에서 선명하게 볼 수 있다. 거기에는 하늘의 태양을 상징하는 일원-圓이 있고, 그 속에 세 발 달린 새가 그려져 있는데, 일원은 태양처럼 빛나는 광명한 삼신 하느님을 상징하고, 그 안에 그려진 삼족오는 삼신하느님의 대리자임을 상징한다.

해뚫음무늬금동장식품 문양

특히 평양의 진파리 7호 고분에서 출토된 "해뚫음무늬금동장식품[一光透調金銅製飾品]"에는 태양 안에 세발 달린 새를 절묘하게 조각해 넣기도 했다. 삼신 하느님의 신물을 상징하는 삼족오의 형상은 삼신 하느님의 적자, 즉 천자임을 직간접적으로 표출한 문화양식이다.

삼족오 문양의 양식은 고대에 일본으로 건너가 부활하기도 한다. 일본의 쿠마노 본궁대사 입구에 걸려 있는 삼족오의 깃발이 그 실례이다. 주목할 만한 것은 1989년 아키히토 천황이 등극 의식을 치루면서 입었던 왕의 예복이다. 예복에는 태양신의 대리자를 상징하는 삼족오의 무늬가 있다. 이는 삼족오의 신물을 통해 삼신상제의 적자임을 나타내 보이고, 그 권위를 백성들에게 알리기 위해서였을 것으로 보인다.

5 맺음 말

　학문 중의 학문은 철학이다. 철학은 진리탐구의 여정旅程으로 우주만물의 창조변화에 대한 외경畏敬과 신비神祕로부터 출범한다. 철학적 탐구의 꽃은 고도의 사유를 동원하는 형이상학形而上學으로 귀착한다. 이는 형이상학적 진리가 '근원의 존재'를 그 대상으로 삼기 때문이다. '근원의 존재'는 우주만물의 존재론적 근거요 진리인식의 최종적인 보루이다. 이는 참 진리의 뿌리요, 모든 것들의 '아르케(arche)'이기 때문이다.

　참 진리의 근원은 '하나[一]'이다. '하나'는 상象을 포함하는 궁극의 존재이다. 궁극의 존재는 자체로 하나이면서 우주만물의 전체에 관여하기 때문에 전포괄적인 의미이다. 동양권의 문화에서 노자老子는 이것을 궁극자의 범주에서 '도道'를 말하고, 송대의 성리학자들은 태극太極이나 무극無極을 말한다. 반면에 서양권의 문화에서 플라톤은 이데아들 중의 이데아를 말하고, 아리스토텔레스는 부동의 원동자로서의 신을 말하며, 기독교권에서는 절대적인 존재로 하나님(God)신으로 말한다.

　그러나 동북아 한민족은 '근원의 존재'로 '삼신三神'을 말한다. 삼신은 '삼신일체三神一體의 신'이다. 이는 근원의 본체[一體]와 삼신이 따로 떨어져 독립적으로 존재한다는 의미가 아니라, 주체主體로는 '일신'이나 '작용으로만 삼신'임을 뜻한다. 삼신은 세 손길로 작용하는데, 우주만물을 새롭게 조직하여 창조하는 조화造化의 정신, 창조된 모든 것들을 기르고 깨달음으로 육성하는 교화敎化의 정신, 창조와 육성의 질서를 열어 주재하여 다스리는 치화治化의 정신이 그것이다.

　원형의식에서 보면, '삼신일체의 신'은 '원신元神'과 '주신主神'의 의미에서 음양 짝으로 실재한다. 원신의 의미에서는 '조물주 삼신'이고, 주신의 의미에서는 '주재자 삼신'이다. '조물주 삼신'은 우주만물을 새롭게 창조하는 '조물주 하느님'을 지칭하고, '주재자 삼신'은 창조된 우주만물을 주재하여 다스리는 '주재자 하느님', 즉 삼신 상제님을 지칭한다. 동북아 한민족은 '삼신일체의 신'이 세계를 초월하여 존재하는 절대자가 아니라 세계 안으로 들어와 우주만물의 새로운 창조와 변화의 질서에 관계하는 역동적인 신으로 인식한다.

근원의 삼신은 진리인식의 법칙으로 이화理化하여 인식의 대상이 된다. 그것은 두 방식으로 구분되는데, 정태적인 구조에서 파악되는 삼극사상三極思想과 동태적인 구조에서 파악되는 삼도사상三道思想이다. 전자는 삼신의 조화, 교화, 치화의 정신에 대응하는 존재론적 진리인식으로 무극無極, 태극太極, 황극皇極이고, 후자는 삼신의 작용이 역동적인 진리인식으로 분석되는 천도天道, 지도地道, 인도人道이다. 특히 신교문화의 정서가 뿌리박혀있는 한민족의 정신은 천도의 발현체인 하늘을 아버지 하느님으로, 지도의 발현체인 땅을 어머니 하느님으로, 인도의 발현체인 인간을 조상의 하느님으로 부르는 경향이 있다.

한민족의 삼신관은 유구한 역사문화에 투영되어 함께 살아 숨 쉬어왔다. 이는 한민족의 생활문화의 습속에도 유전되어 존속하고 있다. 대표적인 예를 들어보면, 태고시대부터 삼신상제에게 제사를 올리는 천단의 제천의식이 있고, 국조삼성을 모시는 삼신전의 제사의식이 있으며, 고분에는 삼신상제의 사자임을 형상화한 삼족오 문양이 보존되어 있고, 삼신의 현묘한 조화를 상징하는 삼태극 문양은 한민족의 유물 유적에서 흔히 찾아볼 수 있다.

필자는 한민족의 원형신교에서 말하는 '삼신'을 우주만물의 창조변화에 대한 형이상학적인 존재근원으로 설정하고, 이로부터 한민족의 진리관, 즉 삼극론과 삼도론을 개괄하여 제시해 보았다. 이러한 작업은 한민족이 새로운 문화창달을 위한 정신적 지향에 결정적으로 중요한 과제중의 하나이다. 이는 과거가 없는 현재란 없고, 현재가 없는 미래란 없기 때문이다. 다시 말하면 과거로부터 전승하는 사상과 문화를 반추하고 동시대의 사상과 문화를 비판적으로 통찰하여 수렴한다는 것은 우리가 보다 나은 미래의 사상과 문화창달을 위한 창의적 전진의 일환이 된다.

참고문헌

경전류
- 『甑山道 道典』
- 『周易』
- 『書經』
- 『論語』
- 『道德經』

단행본
- 김석진,『천부경』, 서울 : 동방의 빛, 2010
- 김선주,『인류문명의 뿌리 東夷』, 대전 : 상생출판, 2009
- 김철수,『일본 고대사와 한민족』, 대전 : 상생출판, 2009
- 노종상, 문계석, 유철, 원정근, 황경선 공저,『우주의 교향곡 천부경』, 대전 : 상생출판, 2019
- 문계석 외 공저,『甑山道思想』(창간호), 서울 : 대원출판, 2000
- 문계석,『생명과 문화의 뿌리 삼신』, 대전 : 상생출판, 2016
- 박영일,『생명과 더불어 철학하기』, 서울 : 철학과 현실사, 2000
- 심백강,『황하에서 한라까지』, 서울 : 참좋은세상, 2007
- 안경전 역주,『환단고기』, 대전 : 상생출판, 2012
- 安耕田 지음,『甑山道의 眞理』, 대전 : 상생출판, 2012
- 안경전 지음,『개벽 실제상황』, 서울 : 대원출판, 2005
- 안운산,『춘생추살春生秋殺』, 서울 : 대원출판, 2007
- 우실하,『전통문화의 구성원리』, 서울 : 소나무학술총서 17
- 임채우 옮김,『왕필의 노자』, 서울 : 도서출판 예문, 1998
- 장영란 지음,『그리스 신화』, 서울 : 살림, 2005
- 조자용,『삼신민고』, 서울 : 도서출판 가나아트, 1995
- 大野孰 지음, 고동영 옮김,『단기고사』, 한뿌리 : 1986

- 韓東錫,『宇宙變化의 原理』, 서울 : 대원출판, 2001
- 하야시 나미오, 박봉주 옮김,『중국 고대의 신神들』, 서울 : 영림카디널, 2004
- Michael Talbot, 이균형 옮김,『홀로그램 우주 Holographic Universe』, 서울 : 정신세계사, 2001
- A. N. Whitehead, 오영환 옮김,『과정과 실재 Process and Reality』, 서울 : 민음사, 1997

삼신 선仙 후천개벽

증산도의 조화사상

• 유 철 •

태을천존 신앙의 연원

• 안동준 •

증산도甑山道의 신선神仙 사상思想 고찰考察

• 서대원 •

하루는 태모님께서 말씀하시기를

"내가 하는 일은 다 신선神仙이 하는 일이니

우리 도는 선도仙道니라." 하시고

"너희들은 앞으로 신선을 직접 볼 것이요,

잘 닦으면 너희가 모두 신선이 되느니라." 하시니라.

또 말씀하시기를 "신선이 되어야

너희 아버지를 알아볼 수 있느니라." 하시니라.

- 『도전』 11:199:7-9 -

증산도의 조화사상
-『도전』1편1장을 중심으로-

유 철
상생문화연구소

1. 들어가는 말
2. 조화調和와 조화造化
3. 신교와 선과 조화
4. 증산도의 조화사상
5. 조화의 근원, 신명조화
6. 맺는 말

필자 약력

유 철

경북대학교 철학박사.
경북대학교, 대구교육대학교, 대구한의과대학교에서 강의.
상생문화연구소 연구실장

주요 논저
『근본으로 돌아가라-원시반본, 보은, 해원, 상생』
『어머니 하느님』
『만사지』
『강증산의 생애와 사상』(공저)
『동학, 잃어버린 상제를 찾아서』(공저)
『보천교 다시보기』(공저)
『우주의 교향곡, 천부경』(공저)
『이땅에 온 상제, 강증산』(공저)
「칸트의 자아론」
「칸트의 관념론 논박」
「내감의 역설과 자아」
「철학적 인간학」
「현상체와 가상체」
「보천교 교리연구」

1 들어가는 말

증산도 사상은 1871년 전라도 땅에 인간으로 강세한 상제, 증산 상제의 가르침을 바탕으로 한다. 그 가르침은 천지인天地人 삼계의 본성과 변화법칙, 그 궁극 목적을 모두 아우르고 있다. 이때 천지인 삼계의 본성은 바로 신神이며, 그 변화법칙은 조화造化고, 그 목적은 선경仙境이다. 그런데 신의 작용이 조화造化이고, 후천선경後天仙境 역시 조화선경造化仙境으로 불리므로 증산 상제의 가르침의 근간을 이루고 있는 것은 '조화' 사상이라고 해도 과언이 아니다. 이는 『증산도 도전』 1편 1장을 읽어보면 더 분명히 확인할 수 있다.

> 태시太始에 하늘과 땅이 문득 열리니라. 홀연히 열린 우주의 대광명 가운데 삼신이 계시니, 삼신은 곧 일신이요 우주의 조화성신이니라. 삼신께서 천지만물을 낳으시니라.(『도전』 1:1:1~3)

이 성구에서 '문득', '홀연히', '낳음' 등의 개념들은 우주의 생성을 설명하고 있는데, 그 개념들이 지시하는 생성의 또 다른 표현이 바로 '조화'이다. 조화의 산물이 우주이며, 조화의 주체는 삼신三神, 일신一神, 조화성신造化聖神이다. 그러나 여기서 조화의 주체와 객체는 서로 다른 존재가 아니라 서로가 서로를 포함하는 일체적 관계에 있다. 그래서 『도전』은 이러한 조화작용을 '낳다'라고 표현하고 있다. 그 조화는 또한 우주 주재자 상제의 행위를 나타내는 '무위이화無爲而化'의 다른 표현이기도 하다.

> 이제 온 천하가 큰 병이 들었나니 내가 삼계대권을 주재하여 조화로써 천지를 개벽하고 불로장생의 선경을 건설하려 하노라. 나는 옥황상제니라.(『도전』 2:16:1~3)

이 인용에서 증산 상제의 강세와 천지공사天地公事 그리고 개벽開闢을 이해하는 핵심 개념이 바로 조화임을 알 수 있다. 조화는 우주의 변화를 종교적으로 표현하는 개념이면서, 인간으로 강세한 증산 상제의 권능의 본성을 표현하는 개념이며, 또한 증산도 이상향의 특성을 설명하는 개념이기도 하다. 이 글에서 필자는 증산도 사상을 특징적으로 드러내는 대표적인 개념으로서 '조화'의 의미를 분석해서 천지변화의 숨겨진 질서를 확인하고자 한다.

2 조화調和와 조화造化

『증산도 도전』에 가장 많이 등장하는 용어 중의 하나가 조화造化이다. 그 말은 조화를 사용하지 않고는 증산 상제의 언행을 설명하기 어렵다는 뜻이다. 잘 아는 것처럼 우리말 조화는 다의적多意的인 개념이다. 특히 조화調和와 구별하기가 쉽지 않다.

> 이 때는 해원시대解寃時代라. 이제 앞으로 모든 참혹한 일이 생겨나느니라. 그러므로 내가 신명을 조화調和하여 만고의 원을 끄르고 상생의 도로써 조화도장造化道場을 열어 만고에 없는 선경세계를 세우고자 하노라.(『도전』 2:23:1~2)

> 내가 이제 신도를 조화調和하여 조화정부造化政府를 열고 모든 일을 도의道義에 맞추어 무궁한 선경의 운수를 정하리니 제 도수에 돌아 닿는 대로 새 기틀이 열리리라.(『도전』 4:4:2~3)

『도전』에서 조화調和와 조화造化가 함께 쓰인 대목이다. 그런데 '신명(신도)을 조화調和하여'나 '조화造化도장(정부)'이 무슨 뜻인지 언뜻 이해되지 않는다. 일단 『도전』을 명확히 읽기 위해서라도 양자의 사전적 구분은 필요하다.

평소에 우리가 사용하는 조화調和라는 단어는 '자연과 조화調和를 이루는 도시', '현실과 이상의 조화調和' 등에서 사용되는 것처럼 '조화造化'가 아닌 '조화調和'이다. 사실 조화造化라는 말은 잘 사용하지 않지만 가끔 무언가 신비스러워 이해하기 힘든 사태를 표현할 때 등장한다. '도깨비 방망이가 조화를 부린다.'거나 '비가 오다 눈이 오다 이게 뭔 조화래?' 등과 같은 문맥에서 사용하는 조화는 조화造化이다. 그럼 그 둘은 어떻게 다를까?

일단 사전에서 양자의 의미를 찾아보면 분명한 차이를 알 수 있다. 국어사전에 의하면 조화調和는 '어긋나거나 부딪힘이 없이 서로 고르게 잘 어울림'[1]이라고 정의하며, 조화造化는 두 가지 의미로 정의하는데 하나는 '그 내막이나 이치를 알 수 없을 정도로 신통하거나 야릇한 일'[2]이고, 다른 하나는 '천지만물을 창조하고 기르는 대자연의 이치'[3]이다. 이렇게 볼 때 조화造化가 담고 있는 의미가 훨씬 복잡하고 추상적이다.

이를 좀 더 분명히 정리하면, '조화調和'는 'A와 B의 올바른 관계로 얻어지는 화합'이라는 뜻으로 이때의 조화調和는 '하모니(harmony)'이다. 오케스트라에서 모든 악기가 서로 다른 소리를 내지만 그 전체가 어우러져 훌륭한 음악이 되는 것이 하모니이며 조화調和이다. 이처럼 조화調和라는 단어는 둘 혹은 다수 사이의 잘 배합된 관계를 뜻한다.

반면 조화造化는 과학적으로 원인을 알 수 없는 신통한 일을 뜻하며, 이는 증산도 주요 개념인 신명조화, 천지조화 등에서 말하는 조화造化로 '창조적 변화(creative change)'를 뜻한다. 이 조화造化는 조화調和처럼 다수 사이의 '관계(relationship)'가 아니라 존재의 특별한(신통한) '변화'(change)를 표현하는 말이다.

그런데 조화造化의 사전적 의미에서 '천지만물을 창조하고 기르는 대자연의 이치'라고 한 것은 좀 특이하다. 조화를 '창조'라고 하면서 이를 '대자연의 이치'로 정의한 것이다. 사실 창조와 대자연의 이치 혹은 법칙은

---

1) 다음백과사전
2) 다음백과사전
3) 다음백과사전

서로 모순되는 개념이다. 일반적으로 '대자연의 이치'는 변화의 과학적 인과법칙을 말하는 것이므로 이를 조화造化라고 할 수는 없다. 그러나 '천지만물을 창조'하는 것은 '신의 측면에서 일어나는 생성 변화작용'이므로 그야말로 조화調和와 다른 '조화造化'의 의미가 아닐 수 없다. 아마도 이 정의는 대자연의 변화를 창조의 과정으로 보고, 창조하고 기르는 것의 변화를 조화로 판단한 것인 듯하다. 이는 증산도에서 조화를 번역할 때 "창조적 변화(creative-transformation)"라고 하는 것과 상통한다.[4] 물론 다음백과사전에서의 이러한 사전적 정의는 기독교적 관점에서 나온 것이라 판단된다.

그럼 조화, 즉 창조적 변화(현재 증산도 『도전』에서 조화에 대한 영어 번역어인 'creation-transformation' 역시 우리말로는 창조적 변화로 읽힐 수 있다.)는 어떤 변화를 말하는가?

모든 변화는 질적이거나 양적인 차이差異, 혹은 그 양자 모두의 차이를 가져온다. 차이가 없다면 변화가 아니다. 그 차이는 물질적일 수도, 화학적일 수도, 심리적일 수도 있다. 필연적으로 차이를 동반하는 것인 변화는 이성적(논리적) 측면에서 볼 때 과학적 변화이다. 그런데 이 글의 주제로서 어떤 변화를 뜻하는 조화는 그 특징을 '창조적' 변화라고 하였다. 창조와 변화를 뜻하는 조화造化는 그래서 일상적인 물리적 변화나 심적인 변화와는 다른 종류의 변화를 말하는 것으로 보인다. 그럼 창조적 변화는 물리적, 심리적 변화와 다른가? 그렇지는 않다. 창조적 변화 역시 변화이며, 그 변화는 물리적, 심리적, 영적 변화 등으로 나타난다. 그럼에도 '창조적' 변화를 조화라고 하는 이유는 조화에 대한 새로운 접근을 필

---

4) 사실 증산도에서 조화造化에 대한 번역은 'creative change'와 'creation-transformation' 양자택일의 기로에 서 있다. 현재 후자가 공식 번역어로 결정되긴 했지만 필자가 보기에 전자의 번역이 좀 더 맥락에 부합하는 듯하다.

요로 한다.

그럼 우리는 어떻게 변화하는 것을 '창조적' 변화, 즉 조화라고 하는가? 무목적無目的, 인과적因果的 변화현상(과학적 관점에서의 변화)과 달리 창조적 변화는 변화의 과정過程과 목적目的이 정해져 있어서 그에 따른 목적 지향적 변화를 한다. 그래서 비록 무無에서 유有를 만들어내는 창조는 아니지만 새로운 목적을 향해 자화自化 혹은 무위이화적 변화를 하므로 이는 인과적 변화와 달리 창조적 변화라고 할 수 있을 것이다.

예를 들어 동일한 현상을 과학적 눈으로 보는 것과 일상의 눈으로 보는 것은 서로 다르다. 조선시대에는 극심한 가뭄이 올 때 기우제祈雨祭를 지냈다. 요즘도 가뭄이 지속될 때 시골에서는 기우제를 지내기도 한다. 기상청에 근무하는 사람은 비가 오는 원인을 대기의 변화로 보지만 조선시대나 시골의 농부는 신의 작용으로 이해한다. 또한 긴 가뭄 뒤에 비가 내리면, 그 비는 과학적 관점에서는 대류현상의 결과이지만 종교적 관점에서는 신의 작용과 그 결과이다. 이때 비를 대류현상의 결과로 보는 것이 무목적적이며 인과적 변화작용으로 파악하는 것이라면, 신의 작용과 그 결과로 본다면 이는 창조적, 목적적 변화라고 할 수 있다. 이 변화(비가 오는 현상)가 목적적인 이유는 바로 '신이 비가 오도록 의지'하기 때문이다. 그리고 이러한 변화를 '조화'라고 부른다. 따라서 우주의 참 모습을 신의 현현으로 보는 증산도 우주관에서 모든 변화는 신의 조화작용이 아닐 수 없다.

3 신교와 선과 조화

한민족은 본래 신의 가르침에 따라 나라를 열고 백성을 다스리는 전통을 가지고 있었다. 이러한 전통의 배경에 신교神敎가 있다.[5] 신교란 '신으로서 가르침을 베푼다.'는 뜻의 '이신설교以神設敎'에서 온 약자로 인류 시원종교의 명칭이다. 『도전』 1편 1장은 이를 다음과 같이 기록하고 있다.

> 동방의 조선은 본래 신교神敎의 종주국宗主國으로 상제님과 천지신명을 함께 받들어 온 인류 제사문화의 본고향이라.(『도전』 1:1:6)

신교의 종주국이란 '신교를 바탕으로 정치와 삶을 조화롭게 영위한 시원국이자 중심국'이란 뜻이다. 특히 신교의 나라 조선은 상제를 신앙하고 하늘에 기도하는 제사문화, 즉 제천문화가 국가 경영의 중심에 자리 잡은 나라임을 말하고 있다. 이러한 신교의 중요한 특성이 바로 선仙이며, 선의 중요한 특성은 또한 조화이다. 증산도 조화사상을 이해하기 위해서 먼저 이러한 내용을 살펴보고자 한다.

---

5) 환웅은 수도를 신시神市, 나라 이름을 배달이라 한 것이다. 신시는 '신의 도시'라는 뜻이다. 고대로 올라갈수록 종교는 문화 창조의 근원적인 힘으로 작용한다. 환웅천황은 신교신앙을 기반으로 종교 도시인 신시에서 배달나라를 일으킨 것이다. 이것이 『규원사화』 「태시기」에 기록되어 있는 환웅의 이신설교以神設敎(신도로 교를 세움)의 핵심 뜻이다.(안경전, 『이것이 개벽이다』, 서울: 대원출판사, 1995, p. 629.)

1) 신교와 선

　신교神敎가 '신의 가르침'이라면 신교의 본질은 신이다. 그렇다면 신교에서 말하는 신은 어떤 신인가? 물론 자연신이나 인격신에 속하는 무수히 많은 다양한 신들을 통틀어 우리는 신이라고 하며, 신교는 그러한 모든 신들에 관한 종교이다. 그러나 그 중에서도 신의 가르침이라고 할 때 신은 우주의 통치신으로서 최고신인 상제를 가리킨다. 즉 신교는 상제를 신앙하고, 상제의 가르침에 따라 삶을 살아가는 종교양태를 말한다.『환단고기』에서는 신교에 대해 다음과 같이 설명하고 있다.

> 환웅천황께서 펼치신 신시개천의 도는 신으로써 가르침을 베풀어(以神施敎), 나를 알아 자립을 구하며 나를 비워 만물을 잘 생존케 하여 능히 인간 세상을 복되게 할 따름입니다. 천상의 상제님을 대신하여 천하를 다스릴 때는 도를 널리 펴서 백성을 이롭게 하여 한 사람도 자신의 타고난 성품을 잃지 않게 하여...[6]

　신시 배달시대 환웅천황께서 나라를 여실 때 이미 신의 가르침에 따라 백성을 다스리고 삶의 규범을 삼았다는 것을 알 수 있다. 여기서 '이신시교以神施敎'는 곧 '이신설교以神設敎'와 같은 말로서 신교의 특성을 말하고 있다. 특히 신의 가르침으로 천하를 다스린다고 할 때 그 신은 곧 천신天神, 즉 상제임을 알 수 있다. 이는『환단고기』에 나오는 "환웅께서 나라를 다스림에 삼신의 도로써 가르침을 베풀고(以三神設敎)"[7]라는 구절에서도 분

---

6) 안경전 역주,『환단고기』「단군세기」, 대전: 상생출판, 2012. p. 108. "故神市開天之道 亦以神施敎 知我求獨 空我存物 能爲福於人世而已 代天神而王天下 弘道益衆 無一人失性..."
7) 안경전 역주,『환단고기』「신시본기」, p. 356.

명하다. 삼신은 곧 삼신 상제를 말한다.

삼신 상제를 신앙하고, 그 가르침대로 살아간 인류 시원종교인 신교에 대한 기록과 유적은 여러 곳에서 발견된다. 일단 신교는 하늘에 계시는 최고신 상제(혹은 천제)에 대한 제사문화, 즉 천제天祭에서 찾을 수 있다. 천제의 흔적은 인류 최고最古의 문명인 홍산문명紅山文明에서 찾을 수 있다. 바로 제천단祭天壇이다.

홍산 우하량 유적에서는 3원元 구조로 된 거대한 제천단이 발굴되었다. 이는 그 길이가 동서로 160미터, 남북으로 50미터나 되는 대형 제천단이다. 특히 이 제단은 하늘은 둥글고 땅은 방정하다는 사상을 담은 천원지방형天圓地方形 구조로 되어있다.[8]

홍산문화의 주인공은 한민족의 조상인 동이족으로 알려져 있다. 홍산의 유물·유적 등으로 볼 때 그 지역에는 고국古國이 있었고, 그 고국에 곰과 관련된 유적이 많은 것으로 보아 곰 토템을 가지고 있었음을 알 수 있다. 이러한 곰 토템에서 환웅과 웅녀 등이 신화의 형태로 남아있는 고조선에 관한 기록들은 홍산문화의 주체가 동이족이면서 고조선을 세운 족속임을 알 수 있다.[9] 이러한 동이족의 제천단은 상제를 모시는 제사의 증거로서 신교를 상징하는 유적이다.

또한 신교의 제천의식은 동북아의 패권을 상징하는 천자국天子國의 고유 권한이었다. 천제天帝의 아들로 상제의 가르침을 받아 나라를 다스리는 대행자가 바로 천자天子이며, 그 천자가 다스리는 나라가 천자국이다. 「광개토대왕비문廣開土大王碑文」에 기록된 "천제지자天帝之子"는 곧 고구려

---

8) 김선주, 『홍산문화, 한민족의 뿌리와 상제문화』, 대전: 상생출판, 2011.
9) 하정룡 교감 역주, 『삼국유사』 및 『환단고기』 「삼성기」 등의 기록으로 이를 확인할 수 있다.

가 북부여의 맥을 이은 천자국임을 선언한 것이다. 『삼국사기』에서도 "일전에 천신天神이 나에게 강림하여 이르기를, 장차 나의 자손으로 이곳에 건국케 하려하니 너희는 다른 곳으로 피하라. 동해 가에 가섭원이란 곳이 있으니 토양이 기름지고 오곡에 알맞으니 도읍할 만하다 하였다"[10] 고 하여 천신의 자손이 나라를 세운다고 하였다. 이로써 홍산문명에서 보이는 제천문화를 고구려가 이어받았음을 알 수 있다.

이맥의 『태백일사』「환국본기」에서는 『조대기』를 인용하여 삼신께 올리는 천제가 이미 환국시대에서부터 시작되었음을 기록하고 있다.

> 옛날에 환인이 계셨다. 천산天山에 내려와 거처하시며 천신께 지내는 제사를 주관하셨다. 백성의 목숨을 안정되게 보살피고, 세상의 뭇 일을 겸하여 다스리셨다.[11]

천신께 지내는 제사가 곧 천제이며, 천제는 곧 신교의 상징이다. 환국의 지도자인 환인桓仁에 의해 천제가 지내지고 있음은 이미 신교가 백성을 다스리는 바탕이었음을 알 수 있다. 『조대기』는 환국시대 신교에 대해서 기록할 뿐 아니라 신교가 어떤 종교인가에 대해서도 자세히 기록하고 있다.

> 옛날에 환국이 있었는데 백성이 많고 살림은 넉넉하였다. 처음에 환인께서 천산에 머물며 득도하여 장생하시고 몸을 잘 다스려 병이 없으셨다. 하늘을 대행하여 교화를 일으켜 사람들로 하여금 싸움이 없

---

10) 신호열 역해, 『삼국사기』「고구려국본기」, 서울: 동서문화사, 2007.
11) 안경전, 『환단고기』「태백일사」, p. 338. "昔有桓仁 降居天山 主祭天神 定命人民 攝治羣務"

게 하시니…¹²

『조대기』의 이 구절은 매우 중요한데, 그 이유는 삼신 상제에게 천제를 올리며 신교를 받았던 환인은 제사장이자 통치자로서 천산에 머물며 수도하여 득도하였다는 내용을 담고 있기 때문이다. '득도장생得道長生'이나 '치신무병致身無病'은 모두 선가仙家의 특성으로 볼 수 있다. 즉 신교가 신의 가르침을 따라 삶을 살았다는 것은 곧 선仙을 바탕으로 수행하여 도를 얻어 무병장수하는 종교적 특징을 갖고 있다는 것을 뜻한다. 이러한 민족 전통의 신교가 곧 선과 연관됨을 다음에서 알 수 있다.

> 신시씨의 일을 듣는 사람들은 대개가 많은 의심을 하며 지금까지도 단군만을 높일 줄 알고 그 이전에 신시씨가 개천開天한 사실을 알지 못하고 있다. 세상에서는 근본 유래를 알지 못하고 단지 중국책에 의지하여 선교仙敎는 황로黃老의 줄기에서 뻗어 나왔다고 하나, 신으로써 가르침을 베푸는 신교神敎가 신시시대 때부터 비롯되었다는 것을 알지 못하고 있다.¹³

북애자가 말하고자 하는 것은 우리가 단군만 알뿐 그 기원인 신시를 모르듯이, 중국 문헌을 통해 황노의 선仙만 알뿐 그 기원인 신교에 대해서는 모르고 있다는 것이다. 그러나 본래 선은 배달 신시시대 신교에서 비롯된 것임을 말하고 있다. 이렇게 볼 때 신교와 선은 불가분의 관계를 갖고 있다. 결론적으로 신교의 종교적 특성이 바로 선이라고 할 수 있다.

---

12) 안경전, 『환단고기』, 「태백일사」, p. 342. "昔有桓國 衆富且庶焉 初桓仁居于天山 得道長生 治身無病 代天興化 使人無兵"
13) 북애 저, 고동영 역, 『규원사화』, 「단군기」, 서울: 한뿌리, 1986. p. 41. "…仙教是黃老餘流殊不知以神設教實自我神市之世也"

2) 선과 조화

 신교의 종교적 특성이 바로 선仙에 있음을 살펴보았다. 한국의 역사에서 볼 때 신교와 선은 서로를 규정하는 개념이다. 최치원의 「난랑비서鸞郎碑序」는 이를 잘 보여주고 있다.

> 최치원이 「난랑비鸞郎碑」의 서문에서 말하기를, "나라에 현묘玄妙한 도道가 있으니 풍류風流라고 한다. 가르침의 근원은 『선사仙史』에 자세히 실려 있는데, 실로 곧 삼교三敎를 포함하여 뭇 백성을 교화하는 것이다. 이를테면 집에 들어와서는 효를 행하고 나가서는 나라에 충성을 하는 것이 노魯나라 사구司寇의 가르침이요, 자연 그대로 일을 하면서도 말없이 가르침을 실천하는 것이 주周나라 주사柱史의 근본이요, 모든 악惡을 만들지 말고 모든 선善을 받들어 행하는 것이 축건 태자竺乾太子의 가르침이다."라고 하였다.[14]

 『삼국사기』에 최치원이 지은 「난랑비서」의 일부가 실려 있어 그나마 신교와 선의 관계를 추측할 수 있다. 여기서 말하는 풍류도는 신라의 국교로서 그 가르침의 뿌리는 『선사』에 기록되어 전해온 것이라고 하였다. 비록 최치원이 신라 말의 인물이지만 그가 말하는 풍류도는 예부터 전해오던 고유의 가르침으로서 신교라고 할 수 있다. 『선사仙史』에 기록되었다는 것은 신교와 선의 관계를 말해주는 것이고, 그 가르침 속에 이미 유불도 삼교의 가르침이 포함되어 있다는 것이다. 이는 다른 말로 신교에

---

14) 『삼국사기』 「신라본기」 진흥왕 37년. "崔致遠鸞郎碑序曰, 國有玄妙之道, 曰風流, 設敎之源, 備詳仙史, 實乃包含三敎, 接化羣生, 且如入則孝於家, 出則忠於國, 魯司寇之旨也, 處無爲之事, 行不言之敎, 周柱史之宗也, 諸惡莫作, 諸善奉行, 竺乾太子之化也."

서 유불선 삼교의 가르침이 흘러나왔음을 말하는 것이다.

한국고대사학자인 이도학은 1988년 초에 「대종교와 근대민족주의사학」[15]이라는 논문에서 일제하 민족종교로 자리매김한 단군교와 대종교의 뿌리를 최치원의 삼도통합의 풍류도와 그 이전의 선교仙敎적 전통에서 찾고 있다.

> 대종교의 국사인식과 서술에 결정적인 역할을 한 것은 선교仙敎였다… 이 선교는 고유 신앙을 정신적 기반으로 하여 성립하였는데 최치원의 「난랑비서」에서 '현묘지도'라고 언급한 풍류도이기도 했다.[16]

이도학의 이러한 주장은 선교가 신라보다 훨씬 이전(고조선 및 배달국시대)부터 내려온 우리 민족의 종교임을 강조한 것이다. 또한 고려시대 사서인『삼국유사』는 고조선의 단군이 1908세를 살고 산신山神(신선)이 되었다는『고기』의 문장을 인용하고 있고[17],『삼국사기』에서는 "평양은 선인 왕검의 택지였다"[18]고 하여, 선교의 맥이 고조선에 있음을 간접적으로 보여주고 있다. 물론 이러한 선교의 원류는 바로 신교이다.『도전』은 이를 다음과 같이 기록하고 있다.

> 하루는 상제님께서 공사를 보시며 글을 쓰시니 이러하니라. 불지형체佛之形體요 선지조화仙之造化요 유지범절儒之凡節이니라 불도는 형체를 주장하고 선도는 조화를 주장하고 유도는 범절을 주장하느니라. 수천지지허무受天地之虛無하여 선지포태仙之胞胎하고 수천지지적멸受天地之寂滅

---

15) 이도학, 「대종교와 근대민족주의사학」,『국학연구』1집, 한국전통문화연구회, 1988.
16) 이도학, 「대종교와 근대민족주의사학」, p. 61.
17) 하정룡,『교감 역주 삼국유사』, 서울: 시공사, 2003, p. 81
18) 신호열 역해,『삼국사기』(「고구려본기」권5, 동천왕 21년), p. 342.

하여 불지양생佛之養生하고 수천지지이조受天地之以詔하여 유지욕대儒之浴帶하니 관왕冠旺은 도솔兜率 허무절멸이조虛無寂滅以詔니라. 천지의 허무(無極)한 기운을 받아 선도가 포태하고 천지의 적멸(太極의 空)한 기운을 받아 불도가 양생 하고 천지의 이조(皇極)하는 기운을 받아 유도가 욕대 하니 이제 (인류사가 맞이한) 성숙의 관왕冠旺 도수는 도솔천의 천주가 허무(仙) 적멸(佛) 이조(儒)를 모두 통솔하느니라.(『도전』 2:150)

이 『도전』 구절에서 우리는 유불선 삼도를 모두 포함한 관왕의 도가 바로 증산 상제의 가르침이며, 관왕의 도는 이를 모두 통솔한다는 것을 알 수 있다. 최치원이 풍류의 뿌리인 신교에서 삼교가 나왔다고 했다면, 이제 가을 개벽의 때에 이르러 앞으로 유불선 삼교를 통합하는 새로운 가르침이 나온다는 것이다. 그것이 관왕의 도로서 증산 상제의 가르침이다. 여기서 말하는 관왕의 도는 곧 후천의 선도를 말한다.[19]

여기서 중요한 구절은 증산 상제가 선의 특성을 조화로 규정한 것이다. 불도의 특성이 형체이고 유도의 특성이 범절이라면 선도의 특성은 곧 조화(선지조화仙之造化)라는 것이다. 선의 특성이 조화라는 것은 최치원의 「난랑비서」에서도 짐작할 수 있다. 최치원은 풍류도를 '현묘한 도(玄妙之道)'라고 규정하였다. '현묘한 도'라는 것은 '무언가 규정할 수 없는 심오한 가르침'으로서 앞에서 말한 '조화'의 특징이며, 따라서 현묘지도는 조화지도라는 말과 통할 것이다. 즉 현묘지도는 곧 조화지도로서 선도를 말함이다. 그래서 최치원은 이러한 선도의 근원은 '선사仙史'에 기록되어 내려온 것이라 말한다.

---

[19] 태모 고 수부는 증산 상제로부터 도맥을 이어받고 대흥리에 최초의 교단을 세웠다. 당시 교단의 신도들이 교의 이름을 묻자 다음과 같이 말한다. "하루는 성도들이 태모님께 여쭈기를 '교 이름을 무엇으로 정하시렵니까?' 하니 말씀하시기를 '천하를 통일하는 도道인데 아직은 때가 이르니 선도仙道라고 하라.' 하시니라." (『도전』 11:29:27)

현묘지도를 풍류라고 이름한데서도 신교와 선도의 특성을 유추할 수 있다. 풍류風流는 글자그대로 보면 '바람의 흐름'으로 해석되지만 이 해석이 현묘지도를 일컫는 풍류도의 특징을 잘 드러낸다고 볼 수 있다. "풍風은 신神으로 해석되거나 신의 상징으로 쓰인다. 따로 한 곳에 머물지 않지만 가지 않는 곳이 없는 바람에서 신을 떠올리는 것이다. 예컨대 신이 일으키는 조화의 활력을 신바람이라고 부르는 것을 상기해보라"[20] 보이지 않고, 없는 곳이 없는 신의 특징을 바람으로 잘 묘사한 것이 바로 풍류의 내포된 의미라는 것이다.[21] 이렇게 본다면 한국 고유의 도인 현묘지도를 풍류라고 부른 것 역시 신도의 조화적 특성을 드러내고 있다.

나아가 신선神仙, 혹은 신神이라는 글자 역시 조화와 연관된다. 신선은 신령스러운 선인仙人이라는 뜻이다. 혹은 신의 능력을 가진 선인이라고 해도 될 것이다. 여기서 신과 연관된 인간을 부르는 신선은 결국 신의 조화적 특성을 가진 사람이라는 뜻으로 풀이할 수 있다.

이렇게 선인을 신선으로 부른 것과 함께, 선인仙人에서 선仙이라는 글자를 보아도 그 속에 내포된 조화의 뜻을 읽을 수 있다. 仙은 人+山으로 '산에 사는 사람'을 지시한다.

> 선인의 선仙자는 산山과 인人이 합쳐진 데에서 나온 글자라는 것에서 쉽게 알 수 있는 것처럼 선인들은 산에 살고 있다고 믿어져 왔다...그래서 예부터 선인이 사는 산은 여러 이름들이 알려져 왔으나 그 중

---

20) 황경선, 『신교』, 대전: 상생출판, 2011, p. 17.
21) 이외 황경선은 풍류의 어원을 따져서 "풍류에서 풍은 붉을 이두문식으로 표기한 글자다...류는 흐를 류 또는 다다날 류로 읽는다. 풍류의 류는 땅을 의미하는 달을 한자로 적기 위해 빌린 것이다. 그렇다면 풍류 혹은 풍월은 밝달, 배달을 의미한다."(황경선, 같은 책, p. 17)고 주장한다. 즉 풍류는 배달에서 이어온 현묘한 도의 이름으로 이 역시 신교 혹은 선교를 지시한다고 볼 수 있다는 것이다.

에서도 서왕모西王母가 살고 있다고 하는 곤륜산이라든지, 태산泰山을 비롯한 오악五岳, 진의 시황제가 불사약을 구하였다고 하는 봉래, 방장, 영주 등의 삼신산三神山이 유명하다.[22]

왜 산에 사는 사람을 '선'으로 표현하는가는 분명하다. 도시의 시장과 가장 대비되는 장소는 깊은 산속이다. 즉 산은 복잡하고 계산적인 현실적 세상과 대비되는 고요하고 이상적인 장소를 의미한다. 지리산智異山이나 속리산俗離山, 묘향산妙香山, 삼신산 등의 산명을 보아도 그 탈속脫俗의 이미지를 읽을 수 있다. 또한 명산의 고봉을 천왕봉天王峯, 혹은 천황봉天皇峯이라 부르니 이 또한 천신과 가장 가까운 곳으로 그 신성성을 상징하기 위해 붙인 이름일 것이다. 결국 산에 붙은 이름이 상징하는 신성한 곳, 속세를 등진 곳, 신묘한 기운이 있는 곳 등은 바로 선의 특징을 함께 공유하고 있다. 앞에서 본 것처럼 '환인이 천산에 내려와 득도하고 오래 살았다'는 『태백일사』「환국본기」의 기록 역시 이를 말함이다. 그것은 바로 이성과 논리가 아닌 신성과 조화의 특징을 말한다.

> 신선사상이란 인간이 스스로가 개발한 신선방술에 의해서 불사의 생명을 향유하는 동시에 신과 같은 전능의 권능을 보유하여 절대적 자유의 경지에 우유優遊하는 존재가 될 수 있다고 믿는 사상이다.[23]

불사의 생명도 조화요, 신적인 능력 역시 조화이며, 어디에 억매이지 않는 절대적 자유 역시 조화의 경계라고 할 수 있다. 즉 선仙은 곧 신이

---

22) 쿠보 노리타다 저, 정순일 역, 『도교와 신선의 세계』, 서울: 법인문화사 p. 55.
23) 도광순, 『중국고대의 신선사상』, p.13~14.(황견선, 『신교』, 대전: 상생출판, 2011. p. 22. 재인용.)

며, 자유이며, 조화이다.

3) 근대의 신교, 동학의 조화사상

동학의 창도자인 수운 최제우는 당시 조선의 몰락한 양반의 아들로 태어나 과거를 준비했으나 뜻을 이루지 못하고, 생활고에 시달리며 여러 직업을 가졌으나 가난을 벗어나지 못했다. 장사에 종사하여 조선 팔도를 다니면서 수운은 당시 민중의 참혹한 삶의 현장을 목격하게 된다. 자신의 생활고와 민중들의 억압받는 삶을 보면서 새로운 세상과 미래의 희망을 갈구하게 된다. 표영삼은 이를 '수운의 과제'로 표현한다.[24] 수운은 30대 후반의 늦은 나이지만 비참한 인간의 삶을 벗어날 법도를 찾기 위해 여시바윗골에서부터 천성산, 그리고 다시 용담정으로 와서 수행과 기도에 전념하게 된다.[25]

1960년 4월 초, 그날도 수운은 지성으로 하늘에 기도하고 있었다. 마침 조카의 생일이라 초대되어 갔지만 어쩐 일인지 몸이 떨리고 정신이 혼미한 상태에 집으로 돌아왔다. 그날 수년간의 기도와 수행에 대해 응답하듯 하늘에서 선어仙語[26]가 들려왔다.

> 두려워하지 말고 두려워하지 말라. 세상 사람들이 나를 상제라 이르거늘 너는 어찌 상제를 알지 못하느냐.[27]

---

24) "19세기 당시 무너져 가는 낡은 삶의 틀을 대체할 수 있는 길을 찾는 것이 수운의 과제상황이었던 것이다."(표영삼, 『동학』, 서울: 통나무, 2004. p. 67.)
25) 표영삼, 같은 책, p. 65. 이하 참조.
26) 수운은 『동경대전』에서 분명히 선어라고 표현하고 있다. "신선의 말씀이 있어 문득 귀에 들리므로(有何仙語 勿入耳中)"(『동경대전』, 「포덕문」)
27) 『동경대전』 「포덕문」. "曰勿懼勿恐, 世人謂我上帝, 汝不知上帝耶."

수운과 상제의 만남이 이루어지는 순간이었다. 수운이 새로운 세상을 꿈꾸며 하늘에 기도하였고, 그 기도에 응답하여 선어가 들렸다는 것이다. 중요한 것은 그 선어의 주인이 상제라는 사실이다. 유교의 국가 조선에서 오랫동안 등한시 되던 상제신앙이 19세기 말 수운에 의해 다시 되살아난 것이다. 수운에게 스스로의 위격을 상제로 밝힌 후 내려진 것은 바로 신교神敎, 즉 신의 가르침이었다.

내 마음이 곧 네 마음이니라...너는 무궁무궁한 도에 이르렀으니 닦고 단련하여 그 글을 지어 사람을 가르치고 그 법을 바르게 하여 덕을 펴면 너로 하여금 장생하여 천하에 빛나게 하리라.[28]

상제는 수운에게 무궁한 도(무극대도無極大道)에 이르게 하였으며, 그 도를 닦고 글(주문)을 지어 사람들을 가르치며 무극대도의 진법을 바르게 펴라는 천명을 내렸다. 이것이 바로 신의 가르침으로 신교이며, 수운은 천명에 따라 새로운 법으로 무극대도를 선포하게 되었다. 이러한 상제의 가르침이 수운에 의해 주문으로 완성되었으니 그 21자 주문은 다음과 같다.

侍天主造化定 永世不忘萬事知 至氣今至願爲大降[29]
시천주조화정 영세불망만사지 지기금지원위대강

이 주문은 앞의 첫 세 글자를 따서 시천주 주문이라 부른다. 시천주는 '천주, 즉 상제를 모신다.'는 뜻이지만 이 때 모심은 곧 '지극한 마음으로

---

28) 『동경대전』「논학문」. "曰吾心卽汝心...及汝無窮無窮之道 修而練之 制其文敎人 正其法布德 則令汝長生 昭然于天下矣"
29) 『동경대전』「呪文」

상제를 신앙하는 것'이다. 그 신앙의 결과 인간에게 주어지는 것이 곧 조화이다. 이 주문에서 본 글의 주제와 관련하여 주목해야할 부분은 바로 '조화정'에 있다.

수운은 『동경대전』「논학문」에서 시천주 주문 전체에 대한 해석을 하고 있다. 이 중 '조화정'에 대해서는 다음과 같이 풀이한다.

> 조화造化라는 것은 무위이화요 '정定'이라는 것은 그 덕에 합하고 그 마음을 정한다는 것이요.[30]

이러한 수운의 해석에 따르면 무위이화는 조화의 다른 표현이다. 즉 조화는 '하고 하지 않고의 의지적 선택 없이 그 자체 스스로 그러함'이다. 시천주를 통해 모심의 마음이 지극에 이르면, 내가 받고 받지 않음에 상관없이 나도 모르게 내 속에 생겨나는 것이 조화이다. 상제에 대한 지극한 신앙은 상제의 조화가 내게 무위이화로 내려지는 경지에까지 이르게 된다는 뜻이다.[31]

그리고 그러한 무위이화로서 조화가 인간에게 '정하여 짐'을 수운은 '합기덕정기심合其德定其心'이라고 풀이하고 있다. '그 덕에 합하여 그 마음을 정한다.'는 뜻이다. 결국 '시천주조화정'은 "상제를 지극히 모시면 상제의 조화가 무위이화로 내려져 나의 덕은 그 덕에 합하고 내 마음은 그 마음에 정해진다."라는 문장으로 해석된다. 여기서 '그 덕'과 '그 마음'은

---

30) 『동경대전』「논학문」. "造化者 無爲而化也. 定者合其德定其心也."
31) 동학연구가인 조용일은 시천주조화정을 풀이하여 "수운이 이른바 守其心 正其氣, 즉 이미 나에게 품수되어 있는 한울님 조화의 참된 그 마음을 고이고이 삼가 지켜 이를 공경하고 믿음으로써 그 기운을 바로 함이 곧 無爲而化의 조화를 자각하여 이를 力行에까지 실현하는 바 人道로서의 우리 인간의 창조적 참여임을 알 수 있거니와..."(조용일, 『동학조화사상연구』, 서울: 동성사, 1988, p. 25~26.) 라고 해석하고 있다. 비록 필자와는 조금 다른 해석이지만 조화와 관련해서 그의 견해는 받아 들일만 하다.

분명하다. 바로 상제의 덕과 상제의 마음이다. 그러나 상제의 덕과 상제의 마음이 그 자체로 존재하는 것이 아니라 인간의 덕과 마음에 합하여 내려지는 것이다. 이것이 바로 '정定'의 뜻이다. 수운의 해석은 곧 상제의 존재를 깨닫고 그 존재를 지극히 모심으로 신앙한 결과 나에게는 특별한 신비체험이 발생하는데 그 신비체험이 바로 '조화정'이다.[32]

신교의 맥을 이어 상제의 가르침을 받고 그 가르침을 21자 주문으로 완성하면서 수운은 '조화'를 강조하였던 것이다. 왜 조화였을까? 그것은 간단히 '천주를 모시고 조화를 정하니'로 풀이되고 있지만, 그것이 조화인 것은 신앙의 신비로 밖에 말할 수 없기 때문이다. 증산도『도전』에서는 이를 '인간 세상에 오신 천주를 모시고 무궁한 새 세계의 조화를 정하나니'(『도전』 4:141:3)로 해석하고 있다. 여기서 조화정은 '무궁한 새 세계의 조화를 정하는 것'으로 풀이된다. 수운은 자신의 지극한 기도에 응답한 상제를 신앙하고, 상제에 대한 신앙과 그 가르침의 결과로 '새로운 나', '조화의 경계에 이른 나'로 새로 태어난 것이다. 동학연구가인 조동일 교수는 이를 "이처럼 시천주로서만 가능한 인간의 창조적 참여로서의 이 조화정에 있어서는…천덕과 인덕이 다를 리 없고 인심과 천심이 둘일 수 없다."[33]고 말한다. 그 새로운 나는 '조화'로 '무위이화'로 상제와 하나 되어(합기덕, 정기심) 새로운 세상, 즉 조화의 세상을 열어나가는 주체가 되는 것이다. 수운은 신(상제)과 합일된 경지에서 내려지는 신비로운 권능과 그 실현을 '조화'라는 말로 표현하고 있다.

이처럼 수운에 있어 조화는 시천주로 상제와 하나 된 인간이 갖게 되는 새로운 경계이며, 이 조화의 경계에서 '무위이화'로 열리는 조화의 세

---

32) 유철, 「동학의 시천주주문」, 유철 외 공저, 『잃어버린 상제문화를 찾아서』, 대전: 상생출판, 2010, p. 101 이하 참조.
33) 조용일, 같은 책, p. 29.

계를 말한다. 이러한 조화에 대한 수운의 믿음은 『동경대전』 첫 문장에서도 알 수 있다.

> 저 옛적부터 봄과 가을이 갈아들고 사시가 성하고 쇠함이 옮기지도 아니하고 바뀌지도 아니하니 이 또한 한울님 조화의 발자취가 천하에 뚜렷한 것이로되[34]

즉 천지만물의 생성변화는 모두 상제님의 조화력이 만들어낸 조화의 산물이라는 것이다. 수운이 상제의 자취를 모두 조화라고 말하는 것은 신교와 선의 상관성을 밝힌 앞의 내용과도 일치한다. 즉 수운은 『동경대전』의 곳곳에서 '선仙'에 대해 언급하고 있다. 먼저 오랜 수행과 기도로 천상 상제의 응답을 들을 때 이를 '선어仙語'라고 표현했다. 하늘에서 들려오는 음성의 그 현묘함과 초월함에 어리둥절하여 '신선의 말씀'으로 받아들인 것이다. 나아가 상제가 내린 신령스러운 부적은 곧 '선약仙藥'으로 받아들인다.[35] 수운은 이 선약으로 장생하리라는 상제의 말씀대로 영부靈符를 받아써서 태워 그 재를 물에 타서 마셔보니 몸이 윤택하여져 이를 선약으로 받아들이게 된다. 영부가 몸을 윤택하게 하니 이 또한 수운에게는 상제의 조화가 나타난 것이 아닐 수 없다. 또한 상제는 수운에게 말하기를 "입도한 세상사람 그날부터 군자되어 무위이화 될것이니 지상신선地上神仙 네아니냐"[36]고 하였다. 즉 상제의 가르침인 천도를 받아들이는 모든 사람이 지상신선으로 화하게 됨을 의미한다. 그리고 선약을 먹고 난 후 "선풍도골仙

---

34) 『동경대전』 「포덕문」. "盖自上古以來 春秋迭代四時盛衰 不遷不易 是亦天主造化之迹 昭然于天下也"
35) 『동경대전』 「포덕문」. "吾有靈符 其名仙藥(나에게 영부 있으니 그 이름은 선약이요)"
36) 『용담유사』 「교훈가」.

風道骨 내아닌가…불노불사不老不死 하단말가"37)라고 하였으며, 오만 년 운수를 받으니 "나도 또한 신선이라."38)고도 하였다. 수운에게 있어 신교와 선과 조화는 서로가 서로를 공유하는 관계에 있다.

> 동학에서 말하는 후천개벽은 앞으로 이 지상에 일체의 죄고罪苦가 없는 천국을 건설한다는 것인데 이 지상천국을 곧 지상선계라 한다. 이 지상선계의 이상은 모든 사람이 신선으로 화하여 장생불사하는 세계를 건설하는 데 있다.39)

수운에게 있어 신교와 선도와 조화는 천도이며 그 가르침은 동학이었다. 수운은 하늘의 가르침을 받아 도를 통했다는 소문을 듣고 찾아온 선비들이 수운이 받은 도가 무엇인지 묻자 다음과 같이 말한다.

> 대답하기를 천도天道이니라…우리 도는 무위이화라. 그 마음을 지키고 그 기운을 바르게 하고 한울님 성품을 거느리고 한울님의 가르침을 받으면 자연한 가운데 화해나가는 것이요…내가 또한 동東에서 나서 동에서 받았으니 도는 비록 천도나 학인 즉 동학이라40)

수운이 자신이 받은 도를 천도라고 한 것은 하늘에 기도하여 하늘에서 받았기 때문이다. 물론 이 때 천도는 『동경대전』과 『용담유사』의 내용을

---

37) 『용담유사』 「안심가」
38) 『용담유사』 「용담가」
39) 한국도교사상연구회편, 『도교와 한국사상』, 서울: 범양출판사, 1988, p. 175.
40) 『동경대전』 「논학문」. "曰天道也…曰吾道無爲而化矣 守其心正其氣 率其性受其敎 化出於自然之中也…吾亦生於東受於東 道雖天道學則東學"

통해서 볼 때 곧 무극대도를 의미한다.[41] 수운이 자신이 받은 도를 무위이화라고 하고 상제의 가르침으로 '자연한 가운데 화하는 것'이라고 한 것은 곧 '조화'를 의미한다. 신의 가르침으로 신교를 이은 수운이 그 가르침을 이름하여 '동학'이라 하였고, 동학이 추구하는 상제 신앙의 핵심, 즉 시천주는 새로운 조화세상을 여는 것이었다.

---

41) 너는 무궁무궁한 도에 이르렀으니 닦고 단련하여 글을 지어 사람을 가르치고 그 법을 바르게 하여 덕을 펴면...(「논학문」)
그 운수를 타고 그 도를 받은 시절은 경신년 사월이러라.(「수덕문」)
만고없는 무극대도 여몽여각 득도로다...어화세상 사람들아 무극지운 닥친 줄을 너희 어찌 알까보냐...무극대도 닦아내니 오만년지 운수로다.(「용담가」)
만고없는 무극대도 이 세상에 창건하니 이도 역시 시운이라.(「권학가」)

4 증산도의 조화사상

 신교는 천신 즉 상제의 가르침으로 나라를 열고 백성을 다스린 인류 시원종교였다. 이러한 신교의 흔적은 『서경』, 『예기』, 『사기』 등 여러 사서들에 기록된 천제天祭에서 알 수 있다.[42] 특히 홍산 유적지에서 발견된 제천단과 세계 각국의 제천단은 신교의 흔적이 남은 유적으로 신교가 고대에는 보편 문화였음을 잘 보여준다. 우리 한민족에게 있어 신교의 제천의식은 고조선 천제의 흔적인 강화도 마리산의 제천단과 고조선의 국통을 이은 북부여, 그리고 북부여에 뿌리를 둔 고구려, 백제, 신라에서도 그 흔적을 찾아볼 수 있다.[43] 그러나 고려의 불교이념과 조선의 유교이념을 거치며 쇠퇴하여 그 명맥을 찾아보기 힘들게 되었다.

 잊혀진 신교문화는 조선말에 이르러 수운 최제우의 동학과 고종이 건원칭제하며 올린 원구단의 제천의식으로 되살아났지만 일제와의 한일합방으로 천자국 조선은 명을 다하게 된다.[44] 수운의 동학 역시 성공하지 못한 채 사그라들었고 수운은 형장의 이슬로 사라졌다. 9년 뒤, 무극지운이 닥친다는 수운의 예언대로 이 땅에 상제가 직접 강세하게 된다.

---

42) 안경전, 『천지성공』, 대전: 상생출판, 2010, p. 95. 이하 참조.
43) 부여의 영고迎鼓, 예의 무천舞天, 고구려의 동맹東盟 등 한국 고대의 천제에 대한 기록이 남아 있다.(강영한, 『동방조선의 천제』, 대전: 상생출판, 2014. p. 87. 이하 참조.)
44) 원구단은 지금은 사라지고 없지만 사적 제157호로 지정되었다. 하늘을 상징하여 제단의 형태는 둥근 모양이었다. 고대국가 때부터 제천의식이 행해졌으나 고려 성종 때 지배체제를 확립하고 왕권의 초월성을 강조하기 위해 제도화했으나, 고려 말 배원친명 정책 이후 원구제는 폐지되었다. 세조 때인 1457년 원구제가 거행되기 시작했으나 1464년을 끝으로 다시는 거행되지 않았다. 원구단이 다시 건립된 것은 1897년 조선이 국호를 대한제국으로 바꾸면서 천제를 지내면서였다. 그러나 어렵게 만들어진 원구단 또한 일제강점기인 1914년에 철거되고 일제는 그 자리에 조선 호텔을 건축했다.

1871년 인간으로 내려온 증산 상제의 가르침으로 다시 이 땅에 신교가 그 모습을 온전히 드러내게 되었다.

1) 신교의 맥, 참동학 증산도

근대에 이르러 새롭게 상제의 가르침으로 창도된 동학은 인류 역사에 있어 상제 신앙과 무극대도를 전하면서 잊혀진 신교의 맥을 이었다. 하지만 조선의 부패한 조정과 일본 제국주의는 새로운 세상을 열고자 하는 동학의 외침을 탄압하였고 수운은 좌도난정左道亂政의 죄목으로 대구 관덕정에서 참수형을 당하였다. 그러나 동학의 실패는 단지 당시 정치적 박해로만 해석되지 않는다.

> 최수운崔水雲에게 천명天命과 신교神敎를 내려 대도를 세우게 하였더니 수운이 능히 유교의 테 밖에 벗어나 진법을 들춰내어 신도神道와 인문人文의 푯대를 지으며 대도의 참빛을 열지 못하므로 드디어 갑자(甲子 : 道紀前 7, 1864)년에 천명과 신교를 거두고 신미(辛未 : 道紀 1, 1871)년에 스스로 이 세상에 내려왔나니 『동경대전東經大全』과 『수운가사水雲歌詞』에서 말하는 '상제'는 곧 나를 이름이니라.(『도전』 2:30:14~17)

수운에게 내려진 천명과 신교는 곧 상제의 명이고 상제의 가르침이었다. 이를 『동경대전』에서 수운은 "너를 세상에 내어 사람에게 이 법을 가르치게 하니 의심하지 말라...나의 영부를 받아 사람을 질병에서 건지고 나의 주문을 받아 사람들을 가르쳐서 나를 위하게 하라"[45]고 말하였고,

---
45) 『동경대전』「포덕문」

『용담유사』에서는 "천은이 망극하여 경신사월 초오일에...만고없는 무극대도 여몽여각 득도로다."[46]라고 전하고 있다. 이처럼 증산 상제는 강세하기 전 하늘에 기도하던 수운에게 나타나 스스로 상제의 신원을 밝히며 가르침을 내렸다. 수운이 그 가르침으로 동학을 창도하였으나 유교의 한계를 벗어나지 못하여 무극대도의 참 빛, 즉 진법을 밝히지 못하였다는 내용이다. 수운을 통해 내린 가르침, 즉 신교가 올바로 전해지지 못하자 상제는 인간으로 직접 강세하였으며, 인간으로 강세한 상제인 증산 상제는 스스로 인간에게 가르침을 베풀어 신교를 이 땅에 실현하였다.

> 동학 주문에 '시천주 조화정侍天主造化定'이라 하였나니...서양 천개탑에 내려와 천하를 둘러보며 만방의 억조창생의 편안함과 근심 걱정을 살피다가 너의 동토東土에 인연이 있는 고로 이 동방에 와서 30년 동안 금산사 미륵전에 머무르면서 최제우에게 천명天命과 신교神敎를 내려 주었더니 조선 조정이 제우를 죽였으므로 내가 팔괘 갑자八卦甲子에 응하여 신미(辛未 : 道紀 1, 1871)년에 이 세상에 내려왔노라. 궁을가弓乙歌에 '조선 강산 명산이라 도통군자 다시 난다.'는 말은 이를 두고 이른 말이니라. 최제우는 유가儒家의 낡은 틀을 벗어나지 못하였나니 나의 가르침이 참동학이니라.(『도전』 2:94:2~9)

여기서 중요한 말은 '참동학'이다. 수운과 증산 상제의 인연은 수운의 간곡한 기도에 응하던 때, 금산사 미륵전에 임어해 있던 그 때였다. 수운은 1960년 4월, 일명 '천상문답사건'으로 하늘의 음성을 듣고 깨달음을 얻었다. 선어로 표현된 그 목소리는 바로 천주, 상제의 음성이었다. 수운의 동학이 상제의 가르침에 바탕하고 있지만 유교의 틀에 갇힌 수운은

---

46) 『용담유사』「용담가」

그 사명을 다하지 못했다. 결국 증산 상제가 본 동학은 천명과 신교를 올바르게 펴지 못한 미완의 신교였다. 그 미완의 신교는 직접 이 땅에 온 상제의 가르침으로 완성되었으니 이를 이름하여 참동학이라고 한다는 것이다. 왜 참동학이라 하였는가? 그 이유는 한편으로 그 이전의 동학이 틀렸다거나 난법이라는 뜻이 아니라 미완에 그쳤기에 이를 완성한다는 의미가 담겨 있으며, 다른 한편 상제가 직접 인간으로 내려와 참된 법을 내었으므로 비로소 무극대도의 참빛이 밝혀졌다는 것을 의미한다.

> 동학 주문에 '시천주조화정侍天主造化定'이라 하였으니 나의 일을 이름이라. 내가 천지를 개벽하고 조화정부를 열어 인간과 하늘의 혼란을 바로잡으려고 삼계를 둘러 살피다가 너의 동토에 그친 것은 잔피孱疲에 빠진 민중을 먼저 건져 만고에 쌓인 원한을 풀어 주려 함이라. 나를 믿는 자는 무궁한 행복을 얻어 선경의 낙을 누리리니 이것이 참동학이니라.(『도전』 3:184:9~12)

"나를 믿는 자는 무궁한 행복을 얻어 선경의 낙을 누린다. 이것이 참동학이다"는 구절에서 참동학의 의미를 유추할 수 있다. '나를 믿는 자'는 '시천주'를 의미한다. 앞에서 필자는 시천주는 천주, 즉 상제를 지극히 모시는 것을 의미하는데, 그 모심이란 지극한 신앙과 같다고 하였다.[47] 결국 나를 믿는 자는 시천주하는 자를 의미한다. 그 다음 '무궁한 행복을 얻는다.'는 말은 '무극대도를 받는다.'는 말과 같다. 상제의 가르침인 무극대도를 받아 무궁한 행복, 참 행복을 얻는다는 것을 뜻한다. 그리고 다음 구절은 시천주와 무극대도를 받은 것으로 우리는 '선경의 낙을 누린다.'는 것이다. '선경의 낙을 누린다.'는 것은 '선의 경지에 든다.'는 것과

---

47) 3장 3절 〈근대의 신교, 동학의 조화사상〉 참조.

같은 말로 이는 시천주조화정에서 '조화정'을 의미한다. 앞에서 필자는 조화정은 상제 신앙의 결과 인간이 얻게 되는 조화의 경지, 인간이 신과 하나 되어 만드는 조화의 세상을 뜻한다고 하였다. 이렇게 본다면 참동학은 시천주와 조화정의 가르침을 담은 신교 외 다름 아니다.

인용문의 첫 구절에서 "동학 주문에 '시천주조화정侍天主造化定'이라 하였으니 나의 일을 이름이라"고 한 것 역시 참동학이 곧 시천주조화정의 가르침이며, 이것이 곧 인간으로 강세한 증산 상제의 신원과 그에 대한 신앙의 올바름을 강조한 것으로 해석될 수 있다. 결국 이러한 참동학의 가르침을 이어 증산 상제의 무극대도를 전하는 곳이 증산도이다. 증산도는 '증산 상제의 무극대도'를 의미하면서, '증산 상제를 신앙하는 단체'를 의미하기도 하기 때문이다.

이처럼 인류 시원종교인 신교와 그 신교의 맥을 이은 동학, 그리고 인간으로 강세한 증산 상제의 가르침으로서 참동학이 고스란히 담긴 경전이 증산도 『도전』이며, 그 『도전』에서 신교의 '조화'를 읽을 수 있을 것이다.

2) 『도전』 1편 1장에 나타난 우주 생성의 조화

지금까지 논의 결과 신과 신교, 선과 조화 등은 서로 밀접한 관련이 있는 용어라는 것을 알 수 있다. 『도전』에 나타난 조화 역시 이러한 맥락에서 바라봐야 한다. 증산도 조화사상은 천지만물의 생성변화를 과학적 인과가 아니라 신의 개입으로 일어나는 목적적(창조적) 변화, 즉 조화로 설명한다. 물론 신의 개입 역시 하나의 원인이라고 본다면 조화에도 인과논리가 적용된다. 문제는 조화는 물리적 인과로 설명될 수도 있고, 설명되지 않을 수도 있다는 것이다. 만일 모든 변화가 신의 개입으로 일어난다고 하더라도 그것이 물리적 변화로 모두 설명된다면 굳이 조화라는 말을 사용할 필요가 없다. 조화는 모든 변화를 설명할 수 있으며, 따라서 물리적 인과로 설명되지 않는 것도 설명할 수 있다. 보어(Niels Bohr, 1885~1962)나 하이젠베르크(Werner Karl Heisenberg, 1902~1976) 등 양자물리학의 거장들이 그 탐구의 과정에서 종래의 물리학의 생명이라 할 수 있는 인과율을 본의 아니게 포기하지 않을 수 없게 된 것은[48] 그 이면에 작용하는 조화의 힘이라고 볼 수 있을 것이다. 그 대표적인 경우를 증산도의 우주생성론에서 찾을 수 있다. 필자는 『도전』 1편 1장을 토대로 우주 생성의 조화적 측면을 살펴보고자 한다.

『도전』의 첫 구절은 우주의 생성과 신의 작용에 대해 기록하고 있다. 여러 문장으로 구성되지만 전체를 이해하는 중심 용어는 조화이다. 『도전』의 첫 장에서 나타나는 조화사상은 증산도에서 만물의 생성과 변화를 설명하는 대표적인 논리이다.

> 태시太始에 하늘과 땅이 '문득' 열리니라. 홀연히 열린 우주의 대광명大光明 가운데 삼신三神이 계시니, 삼신三神은 곧 일신一神이요 우주의 조화성신造化聖神이니라. 삼신께서 천지만물을 낳으시니라.(『도전』 1:1:1~3)

『도전』의 첫 세 문장이다. 이 문장의 핵심은 태초의 시간[49]과 우주 생성

---

48) 프리초프 카프라, 이성범 김용정 역, 『현대 물리학과 동양사상』, 서울: 범양사, 1999, p. 11. 1927년 열린 제5회 솔베이 물리학 회의에서 닐 보어와 아인슈타인이 벌였던 양자역학 해석에 대한 논쟁이 유명하다. 아인슈타인은 이 회의에서 "신은 주사위 놀이를 하지 않는다."며 하이젠베르크의 불확실성 원리를 비판했고, 닐 보어는 이런 아인슈타인의 견해를 비판한 것으로 알려져 있다.
49) 우주의 시원 시간을 기독교 성경에서는 '태초'라고 표현한다. "태초에 하나님이 천지를 창조하시니라."(『창세기』 1:1). 『도전』에서 태시는 태초와 같은 뜻의 다른 표현이다. 『열자』 「탐문」에서 우주 시원 시간의 단위를 태역太易, 태초太初, 태시太始, 태소太素의 네 단계로 구분

에 관한 것이다. 여기서 '태시'는 가장 시원의 시간에 대한 형용사이다. 태시에 일어난 생성변화의 과정에 처음부터 모든 것과 함께 하는 존재가 신(삼신, 일신, 조화성신)이다. 즉 만물의 변화는 신이 함께 하는 변화이며, 이 신적인 변화현상의 중심에 조화성신(삼신이요 일신)이 존재한다. 중요한 것은 우주 생성의 첫 과정에 대한 설명에서 '조화'가 등장하고 있다는 점이다.

그럼 왜 조화(성신)인가? 『도전』 1편 1장에서 우주의 가장 원초적 모습을 묘사하여 대광명이라고 하였다. 『태백일사』 「삼신오제본기」는 "우주의 큰 빔 속에 빛이 있으니 이것이 신의 모습이로다.[50]"라고 하였다. 이러한 광명사상은 과학이 말하는 우주의 시원과 상통한다.[51] 즉 물리학이 말하는 우주 생성의 첫 단계는 바로 빅뱅이다. 특정할 수 없는 어느 순간(특이점)에 무한대의 밀도를 가진 물질이 폭발하여 팽창하면서 현재의 거대한 우주가 생성되었다는 것이다. 여전히 팽창하고 있는 현재의 우주가 이 가설을 증명하고 있다고 한다. 빅뱅은 물질이 스스로의 힘에 의해 스스로 자화自化해 나가는 것으로 우주의 생성 변화를 설명하고 있다. 단지 과학은 그들에게 보이는 현상을 설명하는 가설로 빅뱅을 받아들이며, 그 자화하는 우주의 생성과정에 대해서는 인과론으로 해석가능하다고 본다. 그러나 빅뱅이라는 그 순간의 현상은 설명할 수 없으며, 그래서 이를 특이점이라고 부른다. 과학에서는 이 특이점의 시간을 10-43초라고 하

하는데 여기서 태시는 세 번째 단계이다. 『도전』에서의 태시는 성경의 태초와 마찬가지로 이러한 시간 구분과 무관하게 가장 시원적 시간대를 뜻하는 보통명사로 보아야 할 것이다.
50) 안경전 역주, 『환단고기』, p. 500. "大虛有光 是神之象"
51) 물리학에 의하면 빅뱅이후 우주 나이 10-43~10-35초의 기간에는 원자핵도 존재할 수 없는 극한의 온도 속에, 빛과 입자의 원료들이 뒤섞인 형태의 에너지만이 존재한다. 물리학의 4가지 기본 힘인 중력, 전자기력, 약력, 강력 중에서 중력을 제외한 나머지 3가지 힘은 이 시기에 대통일력으로 통합되어 존재했을 것으로 추정하며, 이 시간을 대통일 이론 시대라고 부른다. 중요한 것은 이 태초의 시간에 빛이 존재했다는 물리학적 설명이다.

는데, 이는 하이젠베르크의 불확정성 원리에 따라 계산된 것으로 물리학이 정의할 수 있는 최소의 시간단위이다. 문제는 플랑크 시간이라 불리는 이 시간보다 짧은 시간에 대해서는 과학은 어떠한 설명도 할 수 없다는 것이다. 결국 특이점은 조화로 풀이될 수밖에 없을 것이다.

'홀연히 열린'은 빅뱅의 신학적 표현이다. 『도전』은 만물의 시원적 현상을 빛이며 광명으로 표현하고 있다. '우주의 대광명 가운데 삼신이 계시니'라는 구절은 만물은 빛에서 시작되며, 그 빛과 함께 존재하는 것, 혹은 빛 자체가 바로 삼신임을 말해준다. 성경이 빛과 신을 구분하고[52] 빅뱅이 빛을 그 결과로 본다면 『도전』은 이 삼신과 빛을 동일시한다. 대광명 가운데 있는 삼신은 곧 대광명이며, 태초에 빛으로 존재하는 어떤 것을 삼신이라 부른 것이다. 왜냐하면 태시에 빛이 있었는데 그 빛 속에 삼신이 있다면 빛과 삼신은 구별될 수 없다는 것이다. 그럼에도 이러한 구분을 한 것은 설명을 위한 것일 뿐, 삼신은 곧 빛이며 빛은 곧 삼신이라는 말과 같다. 예로부터 우리가 신을 신명神明으로도 불렀던 것은 신의 특성이 밝은 빛이었기 때문이다.

그 삼신을 다시 이름하여 '조화'성신이라고 하였다. 만물의 시원적 생성과 변화('태시에 하늘과 땅이 문득 열림', 『도전』 1:1:1)는 삼신과 함께하는 '조화'작용이며, 그 조화작용의 주체는 바로 삼신으로서 조화성신이다. 이는 "하늘과 땅의 문득 열림=대광명=삼신=조화성신"으로 등식화 된다. 삼신은 우주의 원신으로서, 태시에 문득 열린 천지 만물의 근원이며 바

---

52) "태초에 하나님이 천지를 창조하시니라. 땅이 혼돈하고 공허하며 흑암이 깊음 위에 있고 하나님의 신은 수면에 운행하시니라. 하나님이 가라사대 빛이 있으라 하시매 빛이 있었고…"(「창세기」 1장) 사실 이 성경구절은 앞뒤가 서로 정합하지 않는다. 태초에 하나님이 천지를 창조했다는 것은 하나님이 천지만물을 창조했다는 대전제이며 선언이다. 그 다음의 구절은 땅과 어둠이 있었다기보다는 혼돈과 어둠으로 표현된 무질서와 무를 깨고 하나님이 가장 먼저 빛을 창조했다는 것으로 해석된다. 사실 하나님이 빛을 가장 먼저 창조했다는 것은 하나님은 곧 빛이라는 말과 같은 것으로 볼 수도 있다.

탕인 빛 자체이며, 빛으로서 삼신은 만물로 스스로 변화하여 형상화된 존재이므로 '조화'성신이다. 따라서 모든 존재의 생성과 변화의 기원은 창조적 변화, 즉 '조화'로 규정될 수 있다.

이렇게 『도전』을 이해할 때. 우주 만물은 절대신의 창조로 만들어진 것이 아니라 만물에 깃든 신성의 작용에 의해서 생겨나고 또 그 스스로의 힘에 의해서 변화해 나간다. 즉 만물의 생성변화를 일으키는 제3의 독립적 창조자는 없다는 것이다.[53] 그래서 천재물리학자 스티븐 호킹(Stephen Hawking, 1942~2018)은 "누가 혹은 무엇이 우주를 창조했느냐는 질문은 정당하지만 그 질문에 신이 창조했다고 대답하는 것은 원래의 질문을 누가 신을 창조했느냐는 새로운 질문으로 바꾸는 것에 불과하다…우리는 온전히 과학의 범위 안에서 어떤 신적인 존재에도 호소하지 않고 위의 질문들에 대답할 수 있다고 주장한다."[54]고 말한다. 물론 세계의 존재를 신 없이 과학으로 설명할 수 있다는 주장이지만 분명한 것은 창조론에 대한 비판이다. 창조자가 없다면 만물이 스스로 자기 자신으로 화하는 방법뿐이다. 신이 곧 만물이며, 만물이 곧 신이다. 이러한 일원론적 세계관이 증산도 신학적 생성론의 결론이다.

이런 의미에서 증산도 우주관은 신도우주관이다. 그리고 신에 바탕한 생성변화는 물질적이든 정신적이든 모두 신과 함께 하는 것으로 '조화'로 표현되어야 한다. 여기서 그 시원의 특이점(물리학의 빅뱅처럼)에 대해서

---

53) 성서가 말하는 신과 천지만물의 대립은 서양의 이원론이 만든 불필요한 구분일 뿐이다. 「창세기」의 가장 기본 논리는 이분법이다. 신과 세계가 분리되고, 낮(빛)과 밤(어둠)이, 궁창아래의 물과 궁창 위의 물, 땅과 바다, 씨 맺는 채소와 열매 맺는 나무, 큰 광명과 작은 광명 등등.(「창세기」 1장 참조) 이러한 이분법은 신과 신이 창조한 만물에서 비롯된 논리의 필연적 전개였다. 이러한 주객분리가 서양 문명과 사상의 바탕이 되었음은 익히 알려져 있다.
54) S. Hawking, The Grand Design, 전대호역, 『위대한 설계』, 서울: 까치, 2010. p.216. 여기서 위의 질문이란 "왜 무가 아니라 무엇인가가 있을까?, 왜 우리가 존재할까?, 왜 다른 법칙들이 아니라 이 특정한 법칙들이 있을까?" 이다.

설명하는 단어가 바로 '문득'이다. 우주의 시초에 하늘과 땅이 '문득' 열리게 되었다고 표현하고 있다. '문득'은 어떤 현상적, 과학적 설명으로 표현하기 어려운 그 시초의 상황을 나타내는 '형용어'이다. 만일 그것이 다 설명되고 이해되었다면 굳이 불확정적 단어인 '문득'을 사용할 필요가 없을 것이다.[55] '문득'에는 만물생성의 불가측한 방법과 시간과 형상까지 모두 포함되어 있으며, 이를 설명하는 가장 올바른 표현은 바로 '조화'이다. 그래서 증산도가 밝히는 만물의 생성과 변화는 '천지조화'이면서 '신명조화'이다. 그 둘은 같은 현상의 다른 표현이다. 천지만물의 변화는 모두 외적 초월적 존재의 계획적 결과가 아니라 천지가 스스로 나타나고 사라지는 '조화'이며, 이를 표현하여 천지조화라고 한다. 그리고 그 천지만물에 깃든 것이 신이므로 천지만물의 변화인 '천지조화'는 곧 '신명조화'이기도 한 것이다.

3) 조화성신造化聖神의 '조화'

조화성신造化聖神이란 우주에 충만해 있는 성령이며 신성이다. 『도전』 1편 1장에서는 "우주의 대광명 가운데 삼신이 계시니… (삼신은) 조화성신이니라."고 하였다. 즉 태시에 대광명과 함께 존재한 삼신은 곧 조화성신이라는 것이다. 조화성신이란 우주의 생성과 변화라는 조화작용의 주체로서 '원신元神'[56]을 말한다. 그래서 조화성신은 조화造化작용으로 우주만

---

55) 하이젠베르크의 불확정성 원리가 그 원인을 규정할 수 없는 변화들을 전제하는 것처럼, 불확정적 용어 '문득' 역시 규정할 수 없는 어떤 순간을 의미하는 형용어이다.
56) 신은 천지만물의 생명의 근원이다. 신은 크게 원신元神과 주신主神으로 구분할 수 있는데, 원신은 천지에 내재한 보편적 신성으로 모든 생명활동의 본성이 되는 비인격적 신을 말한다. 반면 주신은 그 사물을 주재하는 인격신이다.(안경전, 『증산도의 진리』, 대전: 상생출판, 2014, p. 238. 참조.)

물에 신성과 생명력을 부여하는 역할을 한다. 그러나 엄격한 의미에서 우주만물의 신성과 생명성은 곧 조화성신 그 자체이다. 증산도 신관에서 삼신을 "우주의 조화성신"(『도전』 1:1)으로 정의하는 이유이다.

조화성신은 만물의 근원으로 그 속에 내재하는 보편적 신령이며 존재의 바탕이 되는 신성이므로 줄여서 성신이라고 부르고, 그 신적 존재성은 원신元神(primordial God)이다. 원신의 전통적 명칭은 삼신三神이었다. 우리 한민족의 정통 역사철학서인 『환단고기』에서는 "삼신은 우주를 만들고 만물을 지으신 일신"[57]이라고 하였다. 여기서 일신一神은 우주만물의 근원적 존재를 의미하며 삼신과 같다고도 말한다. 일신은 우주 원신으로서 삼신인 것이다. 그러나 알다시피 이 삼신은 신이 셋이라는 뜻이 아니라 일신으로서 바로 원신이자 조화성신이다.[58] 조화성신의 존재성은 다음 구절에서 더 명확히 알 수 있다.

> 홀연히 열린 우주의 대광명 가운데 삼신이 계시니, 삼신은 곧 일신이요 우주의 조화성신이니라.(『도전』 1:1:2)

이 구절에서 대광명, 삼신, 조화성신은 같은 대상을 지칭하는 다른 표현들이다. 그런데 우리가 이 구절에서 주의해야할 표현은 "홀연히 열린 우주"이다. '우주가 홀연히 열렸다' 함은 태초의 우주가 저절로, 자연적으로 시작되었음을 말하는 것이다. 자연적으로 시작된 것은 누군가에 의한 창조가 아니라는 것이며, '열림'은 '개벽'을 뜻한다. 여기서 주목할 용어는

---

57) 안경전, 『환단고기』, p. 392. "夫三神者卽創宇宙造萬物之天一神也"(태백일사 신시본기)
58) 안경전, 『증산도의 진리』, p. 404. "동방의 신교문화에서는 예로부터 우주의 조물주 하느님을 삼신이라 불러왔습니다. 조물주 하느님은 만유 생명의 절대 근원으로서 일신이지만 현실세계에서 세 가지 신성으로 작용하기에 삼신이라 한 것입니다. 삼신은 만물을 낳는 조화신, 만물을 기르고 가르치는 교화신, 그리고 만물의 질서를 열어나가는 치화신으로 자신을 드러냅니다."

'홀연히'인데 우주가 열리는 근거나 방식 또는 모습을 표현한 말이다. '홀연忽然히'는 '어느 순간에 그러하다'는 뜻이다. 즉 '홀연히'는 '알 수 없는 순간에, 알 수 없는 방법으로'라는 뜻이다. 지금까지의 논의로 볼 때 '홀연히'의 다른 표현은 바로 '조화'이다. 우주 생성의 시원적 사태에 대한 명확한 인과적 설명이 불가능한 것, 그러나 그 사태의 실재성을 표현하여 '홀연히'라고 하였고, 그러한 사태에 대한 증산도적 표현은 '조화'이다.

홀연히 열린 우주 시원의 자연 상태는 바로 '대광명'이다. 즉 우주의 가장 원초적 상태를 표현하여 '큰 빛'이라고 하였다. 이 빛을 철학적 용어로 대치할 경우 그것은 '기氣'이다. 다시 말해 우주의 가장 원초적 존재성은 무형의 기氣일 것이며, 이런 원시적 기는 종교적으로 표현하여 신이라고 할 수 있다. 기와 신은 서로가 서로를 함유含有한다. 기와 표리관계表裏關係를 이루는 최초의 신은 고등종교의 대상이 되는, 인격적 모습을 갖춘 그런 신이 아니다. 증산도 신관에서 이 최초의 신성은 곧 원신이며, 동방 신교神敎의 전통에서는 "삼신"이라 부른다. 삼신으로 부르지만 가장 원초적이고 근원적인 실재라는 의미에서 곧 "일신" 혹은 일자一者라고 할 수 있다.[59] 『도전』 1편 1장에서 그 삼신을 "조화성신"이라 하는 것이다.

일신이자 삼신인 조화성신은 만물의 근원이요, 그 자체 근원적 실재이므로 스스로의 변화와 발전이 곧 우주만물의 생성이며 변화이며 발전이다. 즉 우주만물은 삼신의 현현顯現 혹은 화현化現인 것이다. 그래서 만물을 낳는 삼신의 자발적 변화를 '조화'로 부를 수 있다. 즉 삼신은 조화신이며, 그래서 조화성신이라고 부른다. 조화성신의 '조화'는 다음의 구절에서 잘 드러난다.

---

[59] 천부경 첫 구절 '일시무시일一始無始一'에서 일一은 만물의 근원으로서 궁극적 존재를 뜻하며, 플로티노스에서 있어 일자一者 역시 만물을 존재하게 하는 가장 근원적 존재자이다.

삼신께서 천지만물을 낳으시니라.(『도전』 1:1:3)

"삼신이 만물을 낳는다."고 한 이 구절은 우주 생성의 시원적 상태에 대해 창조 작용으로 해석되어 삼신이 따로 있고 그 삼신이 삼신과 구별되는 만물을 만든 것으로 해석될 수도 있다. 그러한 해석이 바로 기독교의 창조론이다. 그러나 만일 삼신이 세상을 창조한다면 삼신과 세상은 두 가지 독립된 존재가 될 것이다. 이는 '태시에 하늘과 땅이 문득 열리니', 혹은 '홀연히 열린' 등과 모순된다. 나아가 동양의 신관과 세계관은 결코 주객이 구분되는 이러한 이원론이 아니라 우주전체를 하나의 유기체로 보는 일원론이다.

'낳음'은 '창조'가 아니다.[60] 여기서 '낳음'은 '만듦(창조)'이 아니라 '드러남(화현)'이다. 예를 들어 '어머니가 아이를 낳았다.'고 표현할 때 '낳았다'는 '창조했다'는 뜻이 아닌 것과 같다. 어머니 속에서 새로운 생명을 길러 어머니의 분신으로 아이가 태어나는 것이다. 어머니가 아이를 낳는 것은 어머니의 모든 속성을 가진 새로운 생명체가 세상에 드러나는 것이다. 이는 삼신이 신성을 갖는 만물을 낳는 것과 같다. 어머니가 아이를 낳는 것이 창조가 아니듯, 삼신이 만물을 낳는다는 것 역시 창조가 아니다. 빅뱅이 창조가 아니듯, 삼신이 낳는 것 역시 창조가 아니다. 삼신이 만물로 '화해 드러남(화현)'을 일컬어 『도전』은 삼신이 만물을 '낳는다.'고 표현한 것이다. 그러한 드러남이 삼신이 만물을 낳은 '조화'작용인 것이다. 이것이 '삼신은 조화성신'이라고 말한 이유이다.

---

60) 기독교 성서는 분명히 하나님이 천지를 창조하였다고 기록한다. 그 다음 구절들은 창조의 순서와 방법이 기록되어 있다. '창세기'는 '세상을 창조한 이야기'이다. 이러한 생각에 젖어 있으면 '삼신이 만물을 낳았다'는 삼신이 만물을 창조한 것으로 해석될 수도 있다. 만일 그렇다면 '창조하였다'고 하지 '낳았다'고 표현할 필요가 없을 것이다.

4) 조화주 상제

조화성신인 삼신은 곧 일신이라고 하였다. 삼신과 일신의 관계는 두 가지로 설명될 수 있다. 하나는 삼신은 우주의 원신이며, 이 우주원신은 하나이지만 세 위격을 가지므로 삼신이라고 부른다는 것이다. 삼신은 우주원신의 이름이며 '삼'신인 이유는 조화造化, 교화敎化, 치화致化라는 그 작용에 따라 조화신, 교화신, 치화신의 위격으로 존재하기 때문이다.[61] 또 다른 하나는 이 삼신과 하나 되어 우주를 주재하는 일신을 지칭하는 것이다. 즉 우주의 원신인 삼신과 그 신성을 함께하며 우주만물을 다스리는 최고의 신이 있으니 일신이며, 상제이다. 주체는 일신이지만 각기 따로 신이 있는 것이 아니며 작용으로 보면 삼신과 함께 하는 것이다. 그래서 『환단고기』에서는 '삼신은 곧 한분 상제님'[62]이라고 하였다.

상제는 우주의 조화성신(삼신)과 그 신성을 함께 하기에 삼신 상제이며, 삼신일체상제三神一體上帝[63]라고도 표현한다. 즉 원신으로서의 삼신과 그 신성과 능력과 위격이 같다는 것이다. 그러나 상제는 우주를 주재하고 다스리는 최고신으로 인격성을 지니고 있다. 즉 원신인 삼신과 하나된 신이지만, 인격성을 가지고 우주만물을 주재하고 통치하는 최고의 인격신이다. 그래서 이 일신인 우주 주재신을 삼신 상제라고 부른다. 아래

---

61) 안경전, 『환단고기』, p. 302. "稽夫三神曰天一曰地一曰太一 天一主造化 地一主敎化 太一主治化"

62) 안경전, 『환단고기』, p. 300. "三神卽一上帝"

63) 안경전 역주, 『환단고기』, p. 670. "『환단고기』에서 제기되고 있는 동서 신관의 중심 언어인 '삼신일체상제三神一體上帝'란 무엇인가? '조물주로서 얼굴 없는 하나님인 삼신과 한 몸이 되어 직접 우주 만유를 낳고 다스리시는 인격적 하나님'을 말한다. 비인격적인 삼신만으로는 이 우주에 어떠한 창조와 변화도 일어나지 않는다. 우주 질서의 주권자이신 삼신일체상제의 조화 손길이 개입될 때 비로소 천지만물이 창조되고 변화한다. 삼신일체상제, 이 한 마디에는 조물주가 어떤 원리로 우주를 다스리는지 그 해답이 담겨 있다."(안경전 역주, 『환단고기』, p. 105.)

인용은 앞에서 인용한 『도전』 1편 1장의 다음 구절이다.

> 이 삼신과 하나 되어 천상의 호천금궐昊天金闕에서 온 우주를 다스리시는 하느님을 동방의 땅에 살아온 조선의 백성들은 아득한 예로부터 삼신상제三神上帝, 삼신하느님, 상제님이라 불러 왔나니 상제는 온 우주의 주재자요 통치자 하느님이니라.(『도전』 1:4~5)

지금까지 우리는 우주의 원신으로서 삼신은 곧 일신이며 조화성신이라고 하였다. 위 구절은 이러한 원신과 함께 하는 우주주재자로서 일신이라는 새로운 신격을 밝히고 있다. 즉 조화성신인 삼신과 하나 되어 우주를 통치하시는 인격신을 삼신 상제, 혹은 줄여서 상제라고 부르며, 상제는 곧 우주 통치자 하느님이라는 것이다. 일신이며 주신인 상제의 위격과 작용에 대해 이맥은 『태백일사』에서 다음과 같이 말한다.

> 천상 세계에 곧 삼신이 계셨으니 곧 한분 상제님이시다. 주체는 일신이시니 각기 따로 신이 있는 것이 아니라 작용으로 보면 삼신이시다. 삼신은 조화로 만물을 빚어내고 헤아릴 수 없는 지혜와 능력으로 온 세상을 다스리지만 그 형체를 나타내지 않으신다.[64]

결국 상제님은 조화의 신인 조화성신과 하나 되어 천지만물을 다스리는 최고신이므로 그 다스림의 결과 역시 조화의 산물이 아닐 수 없다. 그래서 『도전』에서는 상제님을 '조화주' 하느님, '조화주' 상제님이라고 부른다.

---

64) 『태백일사』, 「삼신오제본기」

상제님께서 열석 달 만에 탄생하심은 황극수皇極數인 384수에 맞추어 인간으로 오심이니, 우주의 조화주로서 천지 변화의 조화 기틀을 품고 강세하심이라. (『도전』 1:16)[65]

만물의 생성과 변화와 함께 하는 '조화성신'인 '조화삼신', 그 조화삼신과 하나 되어 우주만물을 다스리시는 한 신이신 상제를 우주의 '조화주'라고 부른다. 조화주는 천지만물의 조화의 주체, 혹은 조화의 주인이란 뜻이다. 왜냐하면 앞에서 말한바 모든 조화의 근원인 조화삼신과 하나 된 위격이므로 조화주이며, 따라서 조화주 상제님이 하시는 모든 일은 '조화'로 일어나고, 조화로 변화하며, 조화로 결실을 맺기에 조화주인 것이다. 그러므로 천지조화와 신명조화를 모두 주재하시는 사제는 최고의 신성을 가진 일신이며, 모든 조화의 근원인 조화주이다.

---

[65] 이처럼 『도전』에서는 상제님을 조화주로 표현하고 있다. "상제님께서 신축(辛丑 : 道紀 31, 1901)년 7월 7일 모악산 대원사에서 천지대신문을 여시고 삼계대권을 주재하여 후천을 개벽하시니 호천금궐昊天金闕의 조화주시요 백보좌白寶座 하느님이시니라."(『도전』 3:1) "상제님께서 신축(辛丑 : 道紀 31, 1901)년 음력 7월 7일에 성도成道하시고 조화주 하느님으로서 대우주일가一家의 지상선경仙境을 여시기 위해 신명조화정부神明造化政府를 세우시니"(『도전』 4:1)

5 조화의 근원, 신명조화

지금까지 우리는 『도전』 1편 1장을 중심으로 증산도 조화사상의 가장 본질적 부분을 검토했다. 우주의 생성과 변화의 바탕에서 원신과 삼신, 조화성신, 조화주 상제님 등 신성이 개입하여 있는 것을 보았고, 그래서 그 신의 작용이 곧 '조화'임을 살펴보았다. 즉 천지만물의 생성변화의 바탕에는 언제나 신이 함께 하며, 그 신으로 인해 일어나는 변화 모두를 일컬어 '신명조화'라고 한다.

1) 천지조화, 신명조화

인류의 역사는 신과 함께 한 역사이다. 동서양을 막론하고 인간의 삶에서 신이 떠난 적은 없다. 앞에서 말한바와 같이 단지 그 신의 존재를 받아들이는 방식이 서로 달랐을 뿐이다. 서양의 기독교 신관에서 신이 천지만물을 창조했다고 하는 창조신관을 주장한다면, 동양에서는 천지만물의 생성은 우주법칙에 따른 스스로의 변화발전에 의한 것으로 설명된다. 창조자도 피조물도 없는, 천지가 신이고 신이 천지인 신관이다. 당연히 천지만물의 변화는 신을 떠나서 설명되지는 않는다. 즉 현상적 사물의 이면에는 신이 존재하고 신은 변화의 바탕에 내재되어 있다. 이러한 신관을 창조신관과 구별해서 주재신관主宰神觀이라고 말한다.[66] 즉 천

---

[66] 주재란 맡아서 주관하고 다스린다는 뜻이다. 창조가 신의 일회적 작용이라면, 주재는 신의 영원적 작용이다. 신과 만물이 서로 교섭하는 증산도 신관에서 주재는 우주와 함께하는 신의 필연적, 영원적 작용이다. "상제는 온 우주의 주재자요 통치자 하느님이라"(『도전』 1:1:5) 카프라가 "동양의 세계관은 본질적으로 역동적이며 시간과 변화를 본래부터 내포하고 있는

지만물의 변화를 신이 주재한다는 것이다.

증산 상제는 우주를 다스리는 주재신이며 최고신이다. 그러나 오직 증산 상제만이 신이고 신성을 소유한 것은 아니다. 천지에 가득한 것이 신이며, 증산 상제는 그 모든 신들 중에서 최고의 위격을 가진 한 신(일신-神)이며, 그렇지만 모든 신을 주재하는 통치신이다. 모든 신들은 동일한 신성을 가진 존재들이다. 상제조차 신으로서 동일한 신성을 소유하고 있지만 그 위격은 서로 다른 것이다. 여기서 『도전』 1편 1장의 다음 구절을 보자.

> 동방의 조선은 본래 신교의 종주국으로 상제님과 천지신명을 함께 받들어 온 제사문화의 본고향이니라.(『도전』 1:1:7)

동방 한민족의 신관은 최고신으로서 상제님과 천지만물에 내재한 다양한 신(천지신명)을 인정하는 일원적 다신관임을 알 수 있다. 상제는 조화의 주체로서 조화주라면 천지신명은 천지에 내재한, 천지와 함께하는 신으로서 천지변화의 구체적 주체들이다. 천지의 변화는 신이 함께 하는 천지조화인 것이다. 그래서 증산도 사상에서 조화의 다른 표현은 천지조화이다.

천지조화란 천지만물이 조화주 상제의 주재 하에서 변화하는 모든 과정을 말한다. 하늘과 땅과 인간을 주재하시는 조화주 증산 상제는 삼계의 모든 일을 다스리며, 그 다스림의 바탕에 무수히 많은 신들이 함께 한다. 인간으로 강세한 증산 상제의 모든 행위 역시 이와 같다. 증산 상제

것이다. 우주란 영겁토록 움직이고, 살아 있고, 유기적이며, 정신적인 동시에 물질적인 하나의 불가분의 실재로서 보여지는 것이다."(프리초프 카프라, 『현대물리학과 동양사상』, p.35)라고 한 것이 이러한 맥락에서 이해될 수 있다.

의 말은 천지조화를 낳고, 천지조화로서만이 천지의 일이 말씀대로 이루어질 수 있다.

> 나의 일은 무위이화無爲以化니라. 신도神道는 지공무사至公無私하니라. 신도로써 만사와 만물을 다스리면 신묘神妙한 공을 이루나니 이것이 곧 무위이화니라. 내가 천지를 주재하여 다스리되 생장염장生長斂藏의 이치를 쓰나니 이것을 일러 무위이화라 하느니라.(『도전』 4:53)

무위이화는 '함이 없이 이루어지는 것'을 말한다. 함이 없이 이루어지는 것을 노자는 '자연自然' 즉 스스로 그러함이라고 하였다. 즉 도의 작용은 무위이화이고, 그 도는 곧 자연을 본받는 것이다.[67] 만물이 어떤 작용 없이 스스로 변화하는 것을 조화라고 한다면, 무위이화는 곧 조화작용의 본질이다. 증산 상제는 말씀으로 천지만물의 변화를 짓는 '조화권능'을 지니고 이로써 천지를 다스리니 그 조화권능이 실현되는 법이 바로 '무위이화'이다.[68] 무위이화와 상제의 다스림으로서 주재가 서로 대립하는 개념으로 생각할 수도 있다. 그러나 "나의 일은 무위이화"라고 하였고, "내가 천지를 주재하여 다스린다."고 하였으니 결국 주재의 방식은 무위이화가 될 것이다. 이는 증산 상제의 주재는 주재의 법이 곧 무위이화인 것으로, 이는 달리 '조화'라고 밖에 부를 수 없을 것이다.

증산 상제의 무위이화는 신도로써 실현되므로 이를 신명조화라고 부른다. 신명조화란 모든 변화의 바탕에 신이 깃들어 있기 때문에 모든 변

---

[67] "도는 언제든지 억지로 일을 하지 않습니다. 그러나 안 된 것이 없습니다."(『도덕경』 37장. "道常無爲而無不爲" "도는 자연을 본받는다."(『도덕경』 25장. "道法自然")

[68] 주재와 생장염장의 이치와 무위이화는 서로 상통한다. 천지를 주재하는 것은 '생장염장의 이치를 쓰는 것'인데 생장염장은 자연이 스스로 돌아가는 원리이다. 따라서 주재는 곧 무위이화가 되는 것이다.

화는 곧 신의 작용이며 신적 변화라는 것을 의미한다.

> 천지간에 가득 찬 것이 신神이니 풀잎 하나라도 신이 떠나면 마르고 흙 바른 벽이라도 신이 떠나면 무너지고, 손톱 밑에 가시 하나 드는 것도 신이 들어서 되느니라. 신이 없는 곳이 없고, 신이 하지 않는 일이 없느니라.(『도전』 4:62)

'천지간에 가득 찬 것이 신'이란 말로써 이 우주의 바탕은 신임을 알려주고 있으며, '손톱 밑에 가시 하나 드는 것도 신이 들어서 된다.'는 말로써 이 우주의 모든 변화는 신이 짓는다는 것을 알려주고 있다. 즉 신도 우주관에서 모든 변화는 신의 무위이화이며, 신의 조화이다. 즉 신이 깃든 변화이다. 이러한 천지조화를 신명조화로 보지 못하면, 즉 모든 변화에 깃든 신의 작용을 보지 못한다면, 자연은 오직 물질이며 모든 자연의 변화는 물질적 인과관계에 따른 변화로 인식될 뿐이다. 그래서 카프라는 "운동과 변화가 사물의 근본적 속성이기 때문에 그 운동을 일으키는 힘은 고대 그리스의 관점에서처럼 그 내부에서 통어하는 하나의 원리인 것이다. 따라서 신성에 대한 동양의 이미지는 이 세계를 위에서부터 지배하는 통치자가 아니라 모든 사물을 그 내부에서 통어하는 하나의 원리인 것이다"[69]라고 한 것이다.

『물은 답을 알고 있다』의 저자 에모토 마사루는 물에 대한 관찰과 실험을 통해 물이 그냥 물(H_2O)이 아니라 영성을 가진 존재라고 주장하였다. 물론 물은 우리 주위에서 가장 흔히 볼 수 있는 물질이면서 인간의 생명과 밀접한 관련이 있어서 물에 대한 다양한 상징과 신화가 존재하는 것은 사실이다. 에모토 마사루는 이러한 상징과 신화를 과학적 방법으로

---
[69] 프리초프 카프라, 『현대물리학과 동양사상』, p. 35.

설명하고 있다. 즉 물은 과학적 관점에서는 물질의 하나이지만 단지 물질이 아니라 마음과 신성을 가진 존재라는 것이다.[70] 이러한 주장은 물을 대상으로 한 실험의 결과였지만 단지 물에만 해당되지 않는다. 이러한 실험이 가능하다면 천지만물의 신성을 입증할 수도 있을 것이다. 에모토 마사루의 결론은 우주전체가 영적 메커니즘으로 연결되어 있다는 것이며 이를 물을 매개로 증명했다는 것이다. 그래서 그는 "물을 안다는 것은 우주 전체를 아는 것과 같다"고 과감히 주장한다.[71]

저자는 만물을 파동으로 보는데 인간의 의식과 사물 역시 고유의 파동으로 서로 작용하고 있으며 이를 통해 만물의 생성과 변화 역시 파동으로 설명될 수 있다고 한다.[72] 이러한 주장은 "천지간에 가득 찬 것이 신이다"는 말과 같으며, "신이 하지 않는 일이 없다"는 주장과 상통한다. 단지 신의 작용을 파동으로 대체하고 있을 뿐이다. 다음의 인용문에서 이를 확인할 수 있다.

> 한 성도가 여쭈기를 "'다가오는 세상 난리는 신명의 조화임을 알지 못한다.'는 말이 있사온데 과연 그러합니까?" 하니 상제님께서 말씀하시기를 "천지개벽을 해도 신명 없이는 안 되나니, 신명이 들어야 무슨 일이든지 되느니라. 내 세상은 조화의 세계요, 신명과 인간이 하나 되는 세계니라." 하시니라. 또 말씀하시기를 "내 일은 인신합덕 人神合德으로 되느니라." 하시니라.(『도전』2:44)

"신명이 들어야 모든 일이 된다."는 말과 "내 세상은 조화의 세상"이라

---

70) 에모토 마사루 저, 양억관 역, 『물은 답을 알고 있다』, 서울: 나무심는사람, 2003, p. 33. 이하참조.
71) 에모토 마사루, 같은 책, p. 94~95
72) 에모토 마사루, 같은 책, p. 104 이하 참조.

는 말을 종합하면 '신의 조화로 모든 일이 생성소멸한다.'는 뜻이다. 이를 한마디로 표현하면 '천지조화'는 곧 '신명조화'라는 것이다. 일상의 눈으로 볼 때 그 변화가 모두 신명조화임을 알지 못할 뿐이다. 선천은 신명과 인간이 원활히 상호작용하지 못해 서로가 하나임을 알지 못할 뿐, 증산 상제의 모든 일은 인간과 신명의 합덕으로, 즉 인간의 모든 일에 신명이 함께 함으로써 조화로 열리게 됨을 말한 것이다. 우주가 생겨난 그 태시에 빛이 있고 그 빛이 곧 신이며, 신의 자기 현현이 우주만물이므로 신과 만물과 인간은 서로 분리되지도, 분리할 수도 없는 통일적 존재이다.

"귀신鬼神은 천리天理의 지극함이니, 공사를 행할 때에는 반드시 귀신과 더불어 판단하노라."(『도전』 4:87)

귀신은 신명이며, 신명은 천지변화 이치의 바탕이니 모든 공사는 반드시 신명의 참여하여 행해진다는 말씀이다. 그러므로 증산도의 조화사상에서 볼 때 조화성신, 천지조화, 신명조화, 인간조화는 모두 같은 말이며, 모든 생성변화에 대한 증산도적 설명이다.

2) 조화주 증산 상제의 조화법

천지만물의 변화가 다 조화이지만 그 조화가 과학적 이성적으로 이해되지 않을 때 그런 조화를 현묘불측한 공덕, 즉 신통묘법神通妙法이라고 부른다. 우리는 모든 것에 명확한 인과관계를 설정하고 그것에서 벗어나는 것은 신비라고 말하여 과학의 영역 밖으로 밀어버린다. 일명 과학지상주의科學至上主義인데[73] 신도에 무지하기 때문이다. 그러나 어떤 비과학

---

[73] "경험적 과학과 종교 간의 갈등은 언제나 그래왔듯이 종교의 유사 과학적 측면과 과학의

적, 비상식적 신비라도 그것은 신도의 조화로 설명되지 않는 것이 없다. 증산 상제의 언행은 모두 '조화' 권능의 표현이며, 그 결과가 신명조화 아님이 없으므로, 증산 상제의 언행은 항상 신묘불측한 공덕을 이룰 수밖에 없다.

6월 16일에 객망리 댁을 떠나 전주 모악산母岳山 대원사에 이르시어 칠성각七星閣에서 도를 닦으시니라. 이 때 겹겹이 싸인 깊은 숙연宿緣을 닦으시고 미래의 세상을 살피시어 장차 온 천하가 대개벽기의 운세에 닥쳐 멸망당할 것을 걱정하시며 무궁한 조화의 법을 통하시어 움직이지 않고 고요히 앉아 수일을 지내기도 하시고, 천지의 풍운변화의 조화법을 시험하기도 하시니라…공부를 마치시고 도문道門을 여신 뒤에 각국 제왕신과 24장을 부르시어 충북 청주군 청천면淸州郡 靑川面 만동묘萬東廟에 응집시켜 놓으시고 성도들에게 말씀하시기를 "금후 이 자리가 쑥대밭이 되면, 이 제왕신과 24장이 모두 금산사金山寺에 와서 옹위하리니 이 신명들을 잘 대접하라." 하시니라.(『도전』 2:3)

증산 상제가 도통하기 전의 한 장면이다. 인간으로 강세한 상제로 삼계대권을 회복하기 전에도 '무궁한 조화의 법'에 통하시고, 또 '풍운변화를 일으키는 조화법'을 시험하기도 하였다. 모두 인과원리에서 벗어난 변화의 원리인 조화법을 사용하는 조화권능을 보여주는 것이다. 제왕신

유사 종교적 측면 간의 갈등이다…이는 일종의 범주오류, 즉 신학자가 과학자가 되려하거나 과학자가 신학자가 되려하기 때문에 발생한 것으로 볼 수 있을 것이다. 과거에는 신학자가 과학자가 되려고 애쓰는 것이 가장 일반적인 상황이었다. 그리스도의 말씀을 역사적 사실로서, 창조를 경험적 사실로서, 동정녀 출산을 생물학적 사실로서 보려는 것이 그것이다."(켄 윌버, 『아이투아이』, p. 103) 켄 윌버는 과학의 눈으로 종교를 부정하는 것, 혹은 종교가 과학적 지식을 주장하는 것 모두 범주오류라고 말한다. 과학과 종교의 영역은 서로 다른 기준으로 진리를 받아들이므로 어느 한쪽이 다른 쪽의 진리에 대해 평가하는 것은 잘못이라고 한다.

과 24장을 자유자제로 부르는 권능 역시 신도에 관련된 조화법이 아닐 수 없다.

  증산 상제의 수많은 공사와 기행이적奇行異蹟은 모두 신명과 함께 하는 신도공사이며, 그 공사가 도수로 정해지고 또 현실화 되는 과정과 그 결과는 모두 신명조화의 산물이다. 그래서 "신명조화가 아니고서는 고쳐낼 도리가 없다."고 하였다.

  하루는 마을 사람들이 상제님께 소와 개를 잡아서 올리거늘 상제님께서 "신명이 같이 해야지, 신명 없이는 일을 하지 못하느니라." 하시며 제를 지내 신명 대접을 하신 뒤에 나누어 먹게 하시고…(『도전』 4:53)

  신명이 모든 일에 같이 할 때 일이 이루어진다는 말씀이다. '신명대접'은 신명이 함께 하는 모든 일에, 그 일이 조화로 잘 풀려가길 바라는 마음에서 하는 의례이다. 우리 민족의 천제문화나 제사문화, 기우제나 산신제 등은 모두 신명대접의 한 모습이다. 제祭에는 항상 제물祭物이 따르며, 그 제물을 신명이 흠향歆饗한다고 믿는 것이다.

  증산 상제의 조화법은 신을 부리는 것에서 시작한다. 주로 말씀으로 신을 부리지만 대부분 말씀과 부적符籍을 함께 사용한다. 부적은 신과 통하는 문서인 셈이다.

  상제님께서 밤에 혼자 계실 때도 자주 문명을 써서 불사르시며 공사를 행하시는데 아침이 되면 그 재를 형렬에게 치우도록 하시니라. 하루는 한 성도가 여쭈기를 "글이나 부적을 쓰시어 공사를 행하신 후에는 모두 불살라 버리시니 그 까닭이 무엇입니까?" 하니 상제님께서 말씀하시기를 "사람은 나타남(現)으로 알고 귀신은 불사름(燒)으로 아느니라. 내가 옥황상제로서 천지공사를 행하는 고로 반드시 불 살라야 하느니라. 부符는 귀신의 길이니라." 하시니라.(『도전』 4:67)

천지공사는 부적을 그리고 이를 불사름으로써 신명을 부리고, 신명조화를 일으키는 것으로 현실화 된다는 것이다. '부적은 귀신이 조화를 행하는 길'이라는 말씀이 생소하지만 매우 인상적이다.[74] 이러한 공사의 구체적인 모습은 다음과 같다.

> 태인 덕두리德斗里에 사는 최덕겸崔德兼의 부친이 학슬풍鶴膝風으로 앓아 누웠거늘 덕겸이 상제님의 신이하심을 듣고 마침 새울 최창조의 집에 머물고 계신 상제님께 약을 구하러 찾아오니라. 그러나 덕겸이 아무리 기다려도 약을 지어 주시지 않으므로 포기하고 돌아가려 하니 그제야 상제님께서 물으시기를 "네가 약을 지어 주지 않는다고 그러느냐? 그럼 내가 병을 낫게 해 주면 쌀 열 섬을 내겠느냐?" 하시거늘 너무도 반가운 말씀이라 덕겸이 "예! 쌀 열 섬을 사람 목숨에 대겠습니까? 병만 낫게 해 주신다면 기꺼이 드리겠습니다." 하고 대답하니라. 이에 다짐을 받으시고 부적을 써서 청수에 적셔 불사르시며 말씀하시기를 "너의 집에 가 보면 알 것 아니냐." 하시거늘 덕겸이 집에 돌아와 보니 부친이 생기를 얻어 일어나 있는지라 너무 반갑고 놀라워 부친께 회복된 시각을 물으니 바로 상제님께서 부적을 쓰신 시각이더라.(『도전』 3:177)

---

74) 이강오는 "증산이 남긴 현무경은 한국의 선도나 중국의 도교에서 부적으로서는 미증유의 대작이며 걸작이다."(한국도교사상연구회편, 『도교와 한국사상』, p. 182.)고 말한다. 이러한 평가 자체가 부적절하긴 하지만 현무경을 보더라도 증산 상제와 부적은 불가분의 관계에 있는 것은 사실이다.

1907년 어느 날 증산 상제의 언행을 기록한 내용이다. 이 증언의 기록에서 우리는 증산 상제의 신이함이 당시 조선의 전 지역에 널리 퍼져있었다는 것을 알 수 있다. 최덕겸은 부친의 병고에 한없이 걱정하다가 전라도 땅에서 때론 신인으로, 때론 하느님으로 불리던 증산 상제를 찾아갔다. 그러나 증산 상제는 병을 치유할 약은 내리지 않고 부적을 써서 불사르며 집으로 돌아가라고 하였다. 집에 오니 부친의 병이 완치되어 있었다. 이 하나의 장면에서 우리는 증산 상제의 치병에서 신명조화와 신명대접이 어떤 것인지 알 수 있다. 부를 그려 신명을 부리고, 그 신명조화로 병을 고친 것이며, 쌀 열 섬은 신명대접을 위한 제물이었다.

증산 상제가 인간으로 강세하여 행한 9년 천지공사 역시 신명과 함께, 신명을 부려서 도수를 짜는 것이므로 신명공사라고도 한다.[75] 그 당시 천지공사를 볼 때 수종을 든 많은 종도들은 공사가 곧 신명조화로 이루어지는 것을 직접 체험하였다. 다음은 천지공사 중 '49일 동남풍공사'의 한 장면으로 신명조화가 실현되는 것을 볼 수 있는 분명한 예다.

> 상제님께서 전주에 계실 때 천지대신문을 열고 날마다 공사를 행하시며…성도 서너 명을 거느리고 남고산성南固山城으로 가시어 만경대萬景臺에서 49일 동남풍 공사를 행하시니라…이어 상제님께서 "너희

---

75) 천지공사가 신명공사인 것은 조화정부결성에서도 알 수 있다. 신명조화를 통해 천지조화를 이루어 개벽과 선경仙境을 이루기 위해 만든 천상신명조직이 바로 조화정부이다. 정확한 표현은 신명조화정부이다. 증산 상제가 선천 5만년동안 상극의 원한에 사무친 이 땅에 인간으로 강세한 것은 병든 세상을 치유하기 위함이었고, 올바른 가르침을 인류에게 전하기 위함이었다. 이러한 상제의 일이 바로 천지공사였다. 그런데 이 천지공사의 핵심은 바로 신도공사이다. 즉 천지공사의 기초는 신도의 일을 새롭게 하는 것으로 시작된다. 지금까지 선천은 천·지·인天地人 삼계가 모두 혼란스럽고 닫혀있어서 서로 조화롭게 교류하지 못하였다. 이를 통일시키는 첫 번째 공사가 조화정부결성으로 나타난다. 모든 변화는 신神의 매개로 일어나게 되므로 그 신도의 세계를 새롭게 조직함으로써 후천 신문명 건설의 토대를 마련하는 것이 바로 조화정부결성이다.

들은 바람이 불거든 오라." 하시고 남고사南固寺로 들어가시매 과연 조금 후에 동남풍이 크게 부는지라 성도들이 들어가 아뢰니 상제님께서 말씀하시기를 "차길피흉此吉彼凶이로다." 하시고 산성을 내려오시니라. 그 후 상제님께서 49일을 한 도수로 계속하여 동남풍을 불리실 때 미처 기한이 다 차기도 전에 먼 곳에서 한 여인이 찾아와 자식의 병을 고쳐 주십사 애걸하거늘 상제님께서 공사에 전심하고 계시므로 병욱이 상제님께 아뢰지 못하고 돌려보내니 그 여인이 한을 품고 돌아가매 갑자기 동남풍이 그치는지라 상제님께서 이 사실을 아시고 급히 그 여인에게 사람을 보내어 공사에 전심하심으로 인해 미처 대답지 못한 사실을 말하여 안심하게 하시고 곧 자식의 병을 고쳐 주시니 즉시 바람이 다시 일어나거늘 "한 사람의 원한이 능히 천지 기운을 막는다." 하시니라. 그 뒤로 과연 일러전쟁이 일어나더니 일본 군사가 승세를 타고 해륙전에서 연속하여 러시아를 물리치니라.(『도전』 5:53)

이 공사에서 우리는 신과 사건의 전개에 대해 많은 것을 알 수 있다. 무엇보다 천지공사가 신명과 함께 하는 공사라는 것을 확인할 수 있다. 즉 증산 상제는 '천지대신문'을 열고 신도를 통해 공사를 행하며, 이 공사로 인해 신명조화가 일어나 러일전쟁에서 일본이 승리하는 결과를 낳았다.[76] 그리고 '아이의 병을 치유하기 위해 상제님을 찾아온 한 여인'의 한

---

[76] 러일전쟁은 오선위기 상씨름 중에서 애기판에 속하는 전쟁이었다. 증산 상제는 "내가 너의 화액을 끄르기 위하여 일러 전쟁을 붙여 일본을 도와 러시아를 물리치려 하노라"(『도전』 5:50:6)라고 하였다. 전략적으로 불리한 일본이 이 전쟁에서 승리한 것은 갑자기 일본함대에 유리한 '동남풍'이 불었기 때문이었다. "일본이 유럽의 초강대국 러시아를 물리칠 수 있었던 것은 기적이었다. 일본의 승리를 점치는 사람은 없었다. 일본의 승리 배경에는 알 수 없는 힘이 작용하였다…일본은 동남풍이 매서운 북서풍을 몰아내듯 한반도의 북서쪽에서 내려오는 러시아를 물리치기에 유리했다. 이것은 바로 신의 도움이었다. 바로 전주 남고산 만경대에서

이 천지에 사무쳐 신명조화가 흐트러져 공사에 차질이 생긴 것에서 그 여인의 한은 결국 그 여인과 함께 하는 신명의 한으로, 천지공사에 억울한 하나의 신명이라도 있다면 조화가 일어나지 않는다는 것을 알려준다. 그래서 "천지개벽을 해도 신명 없이는 안 되나니 신명이 들어야 무슨 일이든지 되느니라…파리 죽은 귀신이라도 원망이 붙으면 천지공사가 아니니라."(『도전』 4:48)고 하였다.

증산 상제는 다양한 공사에서 늘 말씀하기를 개벽도 천지공사도 '신명 없이는 안 된다.'고 하였다. 더구나 '억울하게 죽은 파리귀신의 원망'이라도 있으면 공사가 불가한 것처럼, 신명이 원한을 품으면 어떤 공사도 조화를 일으킬 수 없음을 단언하고 있다.

증산 상제의 천지공사는 신명과 함께 하며 신명조화를 일으키지만, 또한 인간을 공사에 참여시켜 그 정성과 기운으로 조화를 내기도 한다.

하루는 상제님께서 하운동 이환구李桓九의 집에서 공사를 행하실 때 환구에게 이르시기를 "네 아내가 49일 동안 정성을 들일 수 있는지 잘 상의하여 보라." 하시므로 환구가 아내에게 그 뜻을 물으니 그의 아내는 형렬의 누이동생으로 상제님의 신성하심을 익히 들은 터라 굳게 결심하고 대답하거늘 상제님께서 다시 다짐을 받게 하시고 날마다 목욕재계한 후에 떡 한 시루씩 찌게 하시니라. 여러 날이 지나매 그 아내가 괴로워하며 불평을 품으니 이 날은 나무 한 짐을 다 때어도 떡이 익지 않는지라 환구의 아내가 크게 당황하여 어찌할 바를 몰라 하니 상제님께서 환구에게 이르시기를 "떡이 익지 않는 것은 성심誠心이 풀린 까닭이라. 네 아내가 심히 걱정하는 듯하니 내 앞에 와

증산 상제가 본 동남풍 공사에 따른 것이었다."(강영한, 『전쟁으로보는 세계정치질서』, 대전: 상생출판, 2016. p. 116. 이하 참조.)

서 사죄하게 하라. 나는 비록 용서하고자 하나 신명들이 듣지 않느니라." 하시니라. 환구가 아내에게 말씀을 전하니 아내가 깜짝 놀라 사랑에 와서 상제님께 사죄하고 다시 부엌에 들어가 시루를 열어 보니 떡이 잘 익었더라. 이로부터 일심으로 정성을 들여 49일을 마치니 상제님께서 친히 부엌에 들어가시어 그 정성을 치하하시니라. 이에 그 아내가 한결같이 정성을 들이지 못하였음을 송구스러워하거늘 상제님께서 위로하시며 "너의 정성이 하늘을 움직이고 신명을 감동시켜 이제 신명들이 너의 공덕을 기리고 있느니라. 믿지 못하겠거든 저 달을 보라." 하시매 하늘을 쳐다보니 오색채운五色彩雲이 달무리를 이루고 있더라.(『도전』 5:12)

환구의 아내가 공사에 참여하여 49일 동안 떡을 찌고 그 떡을 매개로 공사를 행하는 장면이다. 여기서 떡을 찌는 여인의 불평이 신명에게 닿아 아무리 불을 때도 떡이 익지 않는 사태를 낳았고, 결국 공사가 제대로 진행되지 못하였으나 상제님께 사죄하고 정성을 다하매 떡도 익고 공사도 잘 진행되었다. 불을 때도 떡이 익지 않는 것도 조화이며, 마음을 깨우치자 다시 떡이 익는 것도 조화이다. 이 모든 과정이 신명조화로 이루어졌음을 다시 하늘의 오색구름으로 그 조화를 확인해 보여주고 있다.

증산 상제의 천지공사는 모두 천지조화와 신명조화로써 행해지고 그 결과 역시 조화로 입증된다. 즉 천지공사는 신명이 함께 후천개벽을 주재하여 병든 세상과 인류를 구원하고 후천 새 세상을 이 땅에 만드는 것이다. 천지공사도, 개벽도, 후천의 새 세상이 오는 것도 모두 조화의 산물이다. 그래서 신명조화로 새롭게 열리는 후천 선경을 조화선경이라 부른다.

내 세상은 조화선경이니, 조화로써 다스려 말없이 가르치고 함이 없이 교화되며 내 도는 곧 상생이니, 서로 극克하는 이치와 죄악이 없는 세상이니라...후천은 온갖 변화가 통일로 돌아가느니라.(『도전』 2:19) "선천은 기계선경機械仙境이요, 후천은 조화선경造化仙境이니라." 하시니라.(『도전』 7:8)

후천선경을 조화선경이라고 한 것은 후천의 우주만물은 조화주 상제의 통치하에 모든 것이 조화로 열리기 때문이다. 그 조화의 세상은 모두가 모두를 살리고 잘되게 하는 조화 상생의 세상이며, 그러므로 죄악도 범죄도 없는 완전한 조화 도덕의 세상이다. 나아가 천지만물이 서로 조화調和를 이루어 어떤 변화도 분열과 대립이 아닌 통일로 돌아가는 조화造化통일의 세상이다. 결국 신명공사, 조화정부, 신명해원공사나 천지조화, 신명조화는 모두 조화선경을 위한 것이며, 이로써 후천의 모든 인류는 상생과 조화와 통일의 삶을 살아가게 된다.

6 맺는 말

　『도전』의 첫 장에서 시작된 증산도 조화사상은 『도전』 전체에 흐르는 중심 주제이다. 그래서 그에 담긴 함의를 읽지 못한다면 『도전』의 일점일획一點一劃도 제대로 이해할 수 없다고 해도 과언이 아니다. 증산 상제는 조화주이며, 조화대권을 써서 조화공사인 천지공사를 집행하였고, 그 결과 후천의 이상적인 세계인 조화선경이 이 땅에 열리게 된다.

　증산도 우주론, 상제관, 인간관, 구원관, 수행관 등 모든 진리체계에 대한 설명에서 조화를 빼놓을 수 없는 이유는 무엇일까? 그 답은 아주 간단하다. 바로 천지만물의 본성이 신이기 때문이다. 만물의 현상은 물질적이지만 그 현상의 이면에 담긴 본래의 존재성은 신성神性이라는 것이다. 과학은 현상에 몰두하지만 종교는 신성을 이야기한다. 여기서 두 관점의 차이가 시작된다. 과학이 존재의 본성을 물질에서 찾고 그 변화원리를 물리법칙에서 찾고 있는 한, 과학은 물질적, 경험적 한계 밖의 문제에 대해서 침묵할 수밖에 없다. 칸트가 말하듯 인간은 감각적으로 경험된 것만 알 수 있을 뿐 그 현상 너머에 있는 물자체에 대해서는 알 수 없다. 알 수 없으니 침묵해야 한다. 반면 종교적 관점에서 현상은 현상일 뿐 중요한 것은 그 현상이 현상으로 존재하고 변화하도록 하는 신의 작용이다. 그러한 관점을 설명하는 가장 분명한 용어가 '조화'인 것이다. 증산 상제의 언행을 기록한 『도전』은 우리가 볼 수 없는 세계의 존재성을 밝혀주고 있으며, 그 세계의 모든 변화가 신에 의한 것이며, 그래서 그 변화가 곧 조화임을 알려주고 있다. 한마디로 조화는 만물의 생성소멸에 관련된 신적 설명이다. 그렇다고 조화가 물리적 변화를 부정하는 것은 아니다. 오히려 물리적 변화 역시 신에 의한 변화로서 조화임을 말하고 있다.

> 한 성도가 여쭈기를 "'다가오는 세상 난리는 신명의 조화임을 알지 못한다.'는 말이 있사온데 과연 그러합니까?" 하니 상제님께서 말씀하시기를 "천지개벽을 해도 신명 없이는 안 되나니, 신명이 들어야 무슨 일이든지 되느니라. 내 세상은 조화의 세계요, 신명과 인간이 하나 되는 세계니라." 하시니라.(『도전』 2:43:4~6)

한 성도의 물음이 바로 현대 과학의 물음과 같다. 세상의 난리는 곧 개벽을 의미할 것이다. 개벽은 우주 만물의 총체적 변화를 말한다. 그러나 이는 단지 자연과 문명과 인간의 문제에서 발생하는, 그래서 그 원인과 결과를 진단하고 치유하는 방법을 과학으로 찾을 수 있는 문제가 아니라는 것이다. 증산 상제의 해답은 오직 '신명의 조화'에 있다. 그리고 우리가 이 글에서 말하고자 한 것은 바로 이를 확인하는 것이었다. 이글을 읽는 모든 사람에게 증산도 조화사상을 이해할 수 있는 '조화'가 일어나길 바란다. "시천주 조화정!"

참고문헌

단행본

- 『도전』
- 『도덕경』
- 『동경대전』
- 『용담유사』
- 『삼국유사』,
- 『삼국유사』
- 『성서』
- 『환단고기』
- 강영한, 『동방조선의 천제』, 대전: 상생출판, 2014.
- 강영한, 『전쟁으로 보는 세계정치질서』, 대전: 상생출판, 2016.
- 김선주, 홍산문화, 『한민족의 뿌리와 상제문화』, 대전: 상생출판, 2011.
- 다음백과사전, 포탈사이트 다음.
- 도광순, 신선사상과 도교, 서울: 범우사, 1994.
- 북애 저, 고동영 역, 『규원사화』, 서울: 한뿌리, 1986.
- 스티븐 호킹, 전대호 역, 『위대한 설계』, 서울: 까치, 2010.
- 안경전, 『이것이 개벽이다』, 서울: 대원출판사, 1995.
- 안경전, 『증산도의 진리』, 대전: 상생출판, 2014.
- 안경전, 『천지성공』, 대전: 상생출판, 2010.
- 안경전 역주, 『환단고기』, 대전: 상생출판, 2012.
- 에모토 마사루, 양억관 역, 『물은 답을 알고 있다』, 서울: 나무심는사람, 2003.
- 조용일, 『동학조화사상 연구』, 서울: 동성사, 1988.
- 증산도도전편찬위원회, 『증산도 도전』, 서울: 대원출판, 2003.
- 코보 노리타다, 정순일 역, 『도교와 신선의 세계』, 서울: 법인문화사, 2007.
- 표영삼, 『동학』, 서울: 통나무, 2004.
- 켄 윌버, 김철수 역, 『아이 투 아이』, 서울: 대원, 2004.

- 프리초프 카프라, 이성범 외 역,『현대물리학과 동양사상』, 서울: 범양사, 1999.
- 한국도교사상연구회편,『도교와 한국사상』, 서울: 범양, 1988.
- 황경선,『한민족의 문화원형, 신교』, 대전: 상생출판, 2010.

논문

- 유철,「동학의 시천주 주문」, 유철 외 공저,『잃어버린 상제문화를 찾아서』, 대전: 상생출판, 2010.
- 이도학, 대종교와 근대민족주의 사학, 국학연구 1집, 한국전통문화연구회, 1988.

태을천존 신앙의 연원

안동준
경상대학교

1. 문제 제기
2. 선행 연구 검토
3. 동방의 천신으로서 동황태을
4. 천황대세와 태을천존
5. 남은 과제

필자 약력

안동준

한국학중앙연구원 문학박사.
경상대학교 국문과 교수.

주요 논저

『도교와 여성』

『도교문화15강』

「고구려계신화와 도교」

「고조선지역의 무교가 중원 도교문화에 미친 영향」

「북방계 신화의 신격유래와 도교신앙」

1 문제 제기

무엇을 믿는다는 것은 믿을 만한 구석이 있기 마련이다. 특정한 신격을 믿는 것은 신앙의 대상이 권능을 지녔기 때문이고, 그러한 권능은 신앙의 대상 그 자체가 지니고 있다고 신봉하지만 때로는 오랜 전통에 힘입어 신앙 집단이 묵시적으로 부여한 권위에 의존하는 경우가 많다. 태을천존太乙天尊[1] 신앙의 경우도 마찬가지이다. 태을천존이란 명호에서 알 수 있듯이 '천존天尊'은 그 자체로 존엄한 천신이며 오랜 세월에 걸쳐 도교란 종교조직 내부에서 검증된 신격이다. '태을太乙' 또한 교단도교가 성립되기 이전부터 지금까지 수천 년에 걸쳐 최고의 신으로 숭앙되었다는 것을 입증하는 수식어이다. '태을'을 '태일太一'이라 하는 까닭도 막강한 권력을 가진 황제마저 최고의 유일신으로 높이 받들어 모셨기 때문이다.

그러나 도교신앙의 핵심적 어휘인 '태을' 또는 '태일'에 관한 논의가 신앙적 차원과 별도로, 종교학·천문학·고고학·역사학에서 지속적으로 제기되어왔다. 연구사를 따로 마련할 만큼 방대한 작업이 진행되었다. 얼핏 보면 추상적이거나 관념에 치우친 논쟁으로도 비치지만, 도교학의 중요한 주제에 그치지 않고, 동아시아 사상사의 전반적인 문제와도 관련된 사안이기 때문이다.

두루 알려진 바와 같이 '태일'이란 용어는 진한秦漢시대의 문헌에 본격적으로 나타난다. 그러나 전국시대 문헌인 『초사楚辭』에 이미 '동황태일東

---

[1] 여기서 언급하는 '태을천존太乙天尊'은 널리 알려진 '태을구고천존太乙救苦天尊'의 다른 이름이다. 태을구고천존은 '태일천존太一天尊'이라 부르기도 하고, '대을구고천존' 또한 '태일구고천존太一救苦天尊'이라도 부른다. '태을'이나 '태일'로 부르게 사정에 대해서는 나중에 논의한다.

皇太一', 또는 '동황태을東皇太乙'이란 말이 있는 것을 간과하지 못한다. 이에 따라 진한시대의 태일과 전국시대의 동황태일이 같은 개념인가, 아니면 다른 개념인가 하는 논쟁도 치열하다. 동황태일을 다루는 『초사』에 대한 주석이 대체로 후한시대 이후의 것이고, 게다가 '동황'이란 수식어는 하늘 중심의 북극성을 염두에 둔 진한시대의 태일 개념과 다르기 때문이다. 더군다나 한무제는 태초력太初曆을 시행하면서 천문현상에 바탕을 둔 상고시대 제례의 시공간을 비틀어 놓아서 진시황 당시의 연제燕齊 방사들이 숭배하던 태일신太一神에 대한 제의가 과연 한무제 시절의 그것과 같은 것인지도 의문이 들도록 만들었다. 분명한 점은 현존하는 문헌자료들은 대다수 후한시대 이후의 것인 탓에 춘추전국시대의 수많은 고전들이 한대 이후의 화이관華夷觀으로 재단되었을 여지를 얼마간 감안해야 한다는 사실이다. 그러한 측면에서 동방 중심주의를 암암리에 주장하는 '동황태일'은 뜨거운 감자일 수밖에 없다. 도교신앙의 하나로 널리 숭배되는 태을천존과 그러한 신앙의 연원을 다루는 과제도 이러한 문제의식에서 결코 자유롭지 못하다.

그러나 태을천존 신앙의 연원이 고대 '태일신太一神' 숭배사상으로부터 유래한다는 것은 현재 도교학계의 정설이다.[2] 그럼에도 굳이 이 자리에서 새삼스럽게 논의하고자 하는 의도는 기존의 정설을 확인하고 그 내용

---

2) 태을구고천존에 대한 학계의 연구는 李養正이 1989년『道教概説』(中華書局, 1989, 254쪽)에서 간략하게 언급한 이후, 단독 논문으로 소개된 것은 梁崇雄의「道教尊神太乙救苦天尊」(『中國道教』, 2004.3.)에서 비롯한다. 그 이후로 주목할 논문들이 속출했는데, 文豪가 2005년 11월에「關于道教的太一救苦天尊」(『天府新論』, 2005年 11月)을 발표하고, 2006년 5월과 11월에 蘇登福이「道教地獄救贖與太乙救苦天尊信仰」(江蘇省 無錫縣: 太湖論道國際學術研討會, 2006. 5.)과「試論道佛兩教的地獄教主—道教太乙救苦天尊與地藏菩薩」(『第屆道教仙道文化國際學術研討會論文集』, 國立中山大學中文系出版, 2006. 11., p. 471~502쪽)을 발표했다. 2010년 8월에 李遠國이「論道教的"太一救苦天尊"信仰」(『開拓者的足跡: 卿希泰先生八十壽辰記念文集』, 巴蜀書社, 2010.8. p. 652~660)을 발표하여 일단락지었다.

을 소개하는 데 있지 않다. 진한시대에 흥기한 태일신 숭배사상은, 전국시대까지 만연했던 동방 중심주의가 고조선 멸망 이후 등장한 중화中華[3]란 말에 담겨 중원 중심주의로 옮겨가는 근거가 되었을 뿐만 아니라, 후대에는 본말이 전도되어 소중화小中華란 말까지 남겼다. 하지만 동방 중심주의의 흔적이 '동황태을' 또는 '태을천존'이란 말로서 남아있기 때문에 심층적 연구가 절실히 요청된다. 이에 따라 통념으로 수용했던 태일신앙 및 그와 관련한 여러 선행 연구들을 다각도로 검토할 필요가 있다. 그 과정에 의문점이 드러나면 연구자로서 그 해결책을 모색하는 태도가 바람직하다. 그러나 이 글에서는 신앙적 숭배 대상의 연원 문제가 종교신학과 관련한 예민한 주제란 점을 감안하여 태을천존 신앙의 계보를 간략하게 제시하는 선에서 태을천존 신앙의 연원에 대한 복잡한 논의를 마무리하고자 한다.

---

3) '중화中華'란 말은 '중국'과 '화하華夏'를 결합한 뜻으로 널리 사용하고 있다. 최초의 전고典故는 『穆天子傳』卷二, 郭璞(276~324) 주석에 있다. "서막은 사막이 있는 지방으로 바깥 지역을 말한다. 사람의 이름과 사물이 중화中華와 같지 않다. 西膜沙膜之鄕, 以言外域, 人名物與中華不同."는 대목이다.

2 선행 연구 검토

태을구고천존에 대한 논의는 21세기에 접어들면서 중국 대륙에서 본격적으로 이루어졌다. 태을천존 신앙의 연원 문제를 중심으로 그동안 이루어진 중국 학계의 주요 연구성과를 정리하면 다음과 같다. 일찍이 이양정(1989)이 도교의 여러 대신大神 가운데 하나인 "태을구고천존은 청현상제라고도 칭한다. 太乙救苦天尊 亦稱青玄上帝"라고 주장한 이후, 양숭웅(2004)은 사어四御에 남극장생대제南極長生大帝를 포함시킨, 육어六御의 반열에 '태을구고천존'이 있다고 했다. 뒤이어 문호(2005)는 태을구고천존이 '육어'보다 한 등급 위에 자리한 선천존신先天尊神이며 오로천존五老天尊의 하나라고 했다. 곧 오로천존 가운데 동방목공로東方木公老의 화신이 '태을구고천존'이라 주장하면서, 태을구고천존은 "동화제군東華帝君의 화신과 연계되기에 동왕공東王公 또는 동왕부東王父라 하기도 하며, 때로는 '동황태을東皇太乙'이라 하는 것도 모두 이를 말한다."4고 했다. 이에 따라 태을구고천존의 계보를 "동방목공로 → 동방청제東方青帝 → 동극청화대제東極青華大帝 → 태을구고천존"으로 제시했다.

그러나 이와 같은 선행연구에서는 '태을구고천존'이란 명호에서 "태일" 또는 "태을"이 반드시 수반하는 문제를 다루지 않았다. 물론 문호(2005)의 논문에서 동황태을이 태을구고천존의 연원과 일정한 관계가 있을 것으로 언급했지만, 동황태을을 태일신앙과 관련지어 구체적으로 다루지 않았다. 이 문제를 본격적으로 다룬 중국의 도교학자는 소등복, 진요정, 이원국이다.

---
4) 文豪, 앞의 논문, p. 277.

먼저 소등복(2006a)은 태을구고천존의 신격 형성이 주대周代의 '대을大 乙' 사상에서 비롯되었다고 했다. '태일'이란 명호는 신격의 대소에 따라 나타나는데, 진시황 때와 한무제 때는 천계를 지배하는 최고의 신격이었 다가 위진시대 중엽에 다시 '태을구고천존'이란 이름으로 흥기했다고 한 다. 문호(2005)가 태을구고천존의 연원이 동왕공에서 비롯한다고 했지 만, 2009년에 소등복은 재차 다른 견해를 주장했다. '태을구고천존'은 영보파靈寶派의 신격으로서, 상청파上淸派에서 모시는 부상대제扶桑大帝 동 왕공과 견주어 동방을 다스리는 천신인 점에서는 일정한 관련이 있다고 했다. 하지만 '태을구고천존'이란 명호는 '부상대제 동왕공'이란 말이 등 장한 이후에 나타나는 것이며, 태을구고천존의 연원을 동황태일까지 소 급한다고 하더라도 동왕공과 함께 모두 원시천존에서 파생한 신격으로 간주해야 한다고 주장했다.[5] 동왕공과의 관련성에 대해 다소 모호한 태 도를 취한 소등복과는 달리, 진요정(2009)[6]은 태을구고천존은 태일성신 에서 비롯하나, 태일성신에서 연원한 태일천존은 후대의 태을구고천존 과 다르다고 파악했다. 태을구고천존은 당오대唐五代에 비로소 등장한 신 격이라 주장했다. 이러한 진요정의 주장에서 주목할 점은, 당나라 초기 의 관음신앙에서 유래한 '구고천존'과 진한시대의 태일신이 송대宋代에 와서 결합하고, 명대明代 이후에 도교과의道敎科儀의 주요 신격으로 자리를 잡았다는 것이다.

마지막으로 이원국(2010)은, 후한 이후 도교가 성립하면서 상고시대의 태일신앙을 흡수하여 장각張角의 태평도太平道에서 종전의 태일신을 '중황 태일'이라 부르며 숭배하다가, 후대로 내려오면서 '태일중황太一中黃'·'태

---

5) 蕭登福, 『扶桑太帝東王公信仰硏究』, 臺北: 新文豐出版有限公司, 2009, p. 357~363..
6) 陳耀庭(2009)의 「關于太乙救苦天尊」(『太乙濟度錫福寶懺』, 香港: 靑松出版社, 2009.)은 『陳耀 庭道敎硏究文集』(上下卷)(上海書店出版社, 2015.)의 p. 113~134에 재수록되었다. 이 글에서는 『陳耀庭道敎硏究文集』을 참고했다.

일원군太一元君'·'태일상원군太一上元君'·'태일진인太一眞人'·'태일구고천존'
이란 다양한 명호로 나타난 것이라 했다. 이러한 이원국(2010)의 관점은
소등복(2006a)의 주장을 구체화한 것으로, "태일신 → 중황태일 → 태일
구고천존"으로 정리된다. 이러한 관점은 문호(2005)가 제시한 계보에서
'동황태일'을 '중황태일'로 대체한 점에서 눈길을 끈다.

  이밖에도 초楚나라의 무속과 관련지어 다룬 흥미로운 논문이 있다. 오
성국(2014)[7]의 주장에 따르면, 초나라 사람들이 남다르게 숭배했던 '동황
태일'을 후대의 도교에 수용하여 변모한 것이 '태을진인' 또는 '태을천존'
이고, 나중에 '천황태을天皇太乙'[8]이라 받들고 제사까지 지내게 된 것이라
한다. 게다가 태을구고천존을 모시는 도교과의 절차나 구체적 동작도
『초사』「구가九歌」의 '동황태일'을 노래하는 초나라 무사巫師의 행위에서
유래했을 가능성을 시사했다.

  이상의 논의에서 드러난 공통점은 '태을구고천존'이 '태일신'에서 유래
되었다는 사실이다. 그러나 태일신이 전국시대의 동황태일에서 유래하
는가, 아니면, 진한시대의 태일신에서 유래하는가에 따라 서로 다른 견
해를 보였다. 문호(2005)는 동황태일에서 유래한 동왕공이 태을구고천존
으로 변모되었다고 주장하고, 오성국(2014)은 '동황태일'에서 '천황태을'
로 변모하다가 나중에 태을구고천존으로 일컫게 된 것이라 한다. 반면
에, 소등복(2009)과 진요정(2009)은 동황태일과의 직접적인 관련성을 인
정하지 않고 있으며, 이원국(2010)은 이러한 두 가지 대립적 관점에서 절
충하는 태도를 보여주었다. 또한 태을구고천존의 등장 시기에 대해서도
소등복과 진요정은 각각 위진시대와 송대로 다르게 파악했다. 진요정이

---

7) 吳成國,「楚文化中的星神崇拜及其對道教的影響」(潘崇賢·梁發 主編,『道教與星斗信仰』, 濟南: 齊魯書社, 2014.), p. 214~218.
8) '천황태을'이란 전거는 당나라 때의 도교경전『無上秘要』와『太乙金鏡式經』등에서 찾을 수 있다.

근거로 제시한 것은 태일신의 제사 성격이다. 태일신 제사가 국가의 제천의례이기 때문에 민간에서 사사로이 행하는 것은 불가능하며, 초기 도교 경전에서도 진한시대의 태일신 제사와 유사한 과의科儀 형태를 찾아보기 어렵다고 했다. 이러한 진요정의 주장은 '심성구고천존尋聲救苦天尊'에서 태을구고천존의 연원을 모색한 소등복의 시각에서 한 걸음 더 나아가, '심성구고천존'의 명칭과 성격에 초점을 두고 불교의 관음신앙을 수용한 흔적으로 이해했다.

그러나 이와 같은 선행 연구에서 몇 가지 문제점이 드러난다. 첫째, 태을천존 신앙이 태일신을 숭배하는 고대 신앙에서 비롯한다고 하지만, 태일신앙의 연원 문제는 여전히 미결 과제로 두었던 것이다. 비록 곽점郭店 초간楚簡에서 "태일생수太一生水"[9]란 문구가 발견되어 '태을'을 '태일'로 확정했지만, 관방의 제례 또는 도교신앙의 차원에서 숭배되는 '태일신'과 『초사』의 '동황태을' 문제를 설득력 있게 설명하지 못한 한계가 있다.

둘째는 동황태일과 진한시대 태일신과의 관계에서, 태을천존이 본래 동황태일에서 유래한 것인지, 아니면 진한시대 태일신에서 직접 유래한 것인지, 또는 동황태일이 태일신으로 변모하고 태일신이 나중에 도교에 수용되어 태을구고천존으로 등장한 것인지 그 연원과 계보를 분명하게 해명하지 않았다는 점이다.

셋째는 태일신에서 파생한 신격 가운데 당송 이후에 등장하는 태일상원군太一上元君과 태을천존의 관련성이다. 태일상원군이 전국시대의 동황태일이나 진한시대의 태일신과 어떠한 관련이 분명하게 밝히지 않았다. 뿐만 아니라, 위진시대에 이미 『포박자』에서 '태을원군太乙元君'이 언급되고, 당송 이후의 도교문헌에 '태일상원군'이 태상노군의 모친으로 화생했다는 무상원군無上元君이 나타나는데, 이러한 도교의 여신이 낭나라 말

---

9) 초간楚簡을 판독한 실제의 원문은 "太一生水"가 아니라 "大一生水"이다.

기 또는 송대에 출현한 태을천존과 어떤 관련이 있는지 미결의 과제로 남겼다. 진요정(2009)은 『포박자』에 나오는 '태을원군'이란 신격이 사실상 '원군'이라는 여성 신격으로 표현한 '태일신'에 해당하는 것이지만 태을천존과는 계보가 다르다고 했다.[10]

 이러한 세 가지 의문점은 '태일'에 대한 이해를 단선적으로 파악한 연구 방법에 일정한 한계가 있다는 것을 의미한다. 태일을 '궁극적 실체'로 간주하는 철학적 사유와 문헌상으로 산견되는 자료를 열거하는 것만으로 이러한 문제를 해결하는 데는 일정한 한계가 있는 것이다. 철학적 사유는 관련 문헌에 근거할 때 설득력이 있고, 문헌에 의존하는 역사학적 접근은 대상의 실체를 만날 때 신빙성을 의심받지 않는다. 이에 따라 태을천존의 연원 문제를 살피기 위해서는 우선적으로 초기 도교의 문헌자료부터 재검토해야 하는 것이 마땅한 순서이고, 그런 다음에 고고학적 유물이나 천문학적 자료를 보강하여 설득력을 갖추어야 한다.

---

10) 陳耀庭, 앞의 책, p. 123~127.

3 동방의 천신으로서 동황태을

앞서 태을천존 신앙의 연원 문제가 태일신의 정체성과 밀접하게 얽혀 있다고 언급했다. 진한시대의 태일신과 전국시대의 동황태일이 '태일'이란 점에서는 공통되지만, 한나라 때 숭배했던 태일신은 북극성을 중심으로 형성된 '중황태일'이란 신격이고, 전국시대의 태일은 '동황태을'[11] 또는 '동황태일'로 전승되어 엄밀한 의미에서 같은 신격을 지칭하는 신격으로 보기 어렵다. 그 이유는 두 가지로 들 수 있다.

하나는 '동황東皇'이란 수식어이다. 전국시대의 '황皇'이 절대적 존재이기 때문에 '동황'은 동서남북에 각기 존재하는 '오제五帝'의 하나인 '동제東帝'로 규정하는 후대의 주석은 정곡正鵠을 얻었다고 보기 어렵다. 그 어떤 문헌에서도 '서황태일西皇太一'이란 어휘를 찾아볼 수 없는 것이 결정적 증거이다.[12] 시각을 달리해서 천신을 동방에 위치한 절대 신격으로 간주하는 경우를 찾아보면, 『주례周禮』「춘관春官·대종백大宗伯」에서 그 사례를 읽을 수 있다. 『주례』에서는 "창벽蒼璧으로 천신께 예를 올리고, 황종黃琮으로 지신에게 예를 올린다. 以蒼璧禮天 以黃琮禮地"고 했다. 여기서의

---

11) 굴원의 『초사』에서 처음 등장하는 '동황태을'이 『文選』의 王逸注에서 '東皇太乙'로 표기되는 경우가 허다하다. 대표적인 것이 四部叢刊의 『六臣注文選』(建州本)이며, 현존하는 판본 가운데 비교적 오래된 涵芬樓所藏 宋刊本 『六臣註文選』의 王逸注에도 '太乙'로 표기하고 있다.
12) 여기서 '동황태을'에 대한 『초사』「구가」의 전통적인 주석인 '東帝'를 부정하는 까닭은, '태일'이란 존재가 전통적으로 오제五帝를 거느리는 위치에 있기 때문이다. 태일을 오제의 하나인 동제로 파악할 경우에는 서제는 물론 남제와 북제까지 태일로 규정해야 하는 모순이 있다. 또한 『초사』「원유遠遊」에 "鳳皇翼其承旂兮, 遇蓐收乎西皇."이리 하여 이른바 '서황태일'의 존재 근거로 모색할 수도 있지만, '서황'은 욕수蓐收와 같은 서방의 신명에 지나지 않으며, 그 어디에도 '서황태일'이라고 합칭한 문헌은 보이지 않는다.

'예천禮天'은 '예태일禮太─'과 같은 뜻이다.[13] 또한 창벽은 '창천蒼天'에 대응하는 예물이고, 봄하늘을 가리키는 창천[14]의 '창蒼'은 '동방'을 상징하는 색깔이기 때문에[15] '창벽예천蒼璧禮天'은 곧 '동방의 하늘'에 예를 올리는 것을 뜻한다.[16] 이로 미루어 동황태을은 동방의 절대 신격을 숭배하는 춘추시대의 전통과 무관하지 않다는 사실을 짐작할 수 있다.

다음으로 '태일'과 '태을'의 문제이다. 궁극적 실체로서의 '태일' 개념은 전국시대 이전의 각종 문헌에서 그 연원을 유추해 볼 수도 있지만, 절대적 신격으로서 구체적인 명호가 등장한 것은 전국시대이다. 『초사』「구가」의 '동황태을'이 바로 그것이다. 잘 알다시피 '동황태을'을 놓고 당시에는 '태을'이었는지, 아니면 '태일'의 잘못된 표기인지 오랫동안 논쟁이 지속되었다. 잠정적으로는 '태을'과 '태일'은 통용되는 어휘라고 인정하다가 1993년에 전국시대 초나라 무덤에서 출토된 곽점郭店 초간楚簡에서 '태일생수太─生水'란 문구를 발견하면서 사정이 일변했다. 중국 대륙의 학자들은 이를 '태일'로 확정하고 그동안의 논쟁을 종식시켰다. 그러나

---
13) 『文選』卷十九, 「宋玉高唐賦幷序」, "醮諸神, 禮太一."
14) 『爾雅』「釋天第八」, "春爲蒼天, 夏爲昊天."
15) 갑골문에 오방五方 개념 등장하고, 오행五行 개념은 추연鄒衍 이전에 춘추시대에 이미 유행했다는 것은 학계의 정설이다. 이에 대해 謝耀亭의 「"五行說"完成的歷史考察」,(『安徽史學』, 2013年 第4期, p. 98~102)을 참고하기 바란다.
16) 이렇듯 동방의 천신에게 천자가 옥벽玉璧으로 예를 올리는 연유는 『죽서기년竹書紀年』의 '경성출익景星出翼'에 잘 나타나 있는데, 황제와 요순 시절에 동짓날 자정 무렵 남방 주작朱雀이 동방에 떠오를 때 주작의 눈에 해당하는 경성景星을 숭배하는 제례에서 엿볼 수 있다. 경성은 후대로 '귀성鬼星'이라 개칭되었다. 참고로 새 토템의 형태로 나타나는 '태을'은 진한시대의 태일신처럼 북극의 일정한 지점에 고정되어있는 존재가 아니다. 일년 중 동짓날 자정에 태미원太微垣 자리에 그 존재를 드러내어 일년 동안 주인이 없었던 五帝星을 장악한다. 이때 남방의 주작이 거대한 새의 형상으로 떠올라 동방의 하늘로 이동한다. 상고시대의 춘제春祭는 후대와 달리 동짓날에 지내는데, 『죽서기년』의 기록에 따르면 춘제를 올릴 때 황제나 요순과 같은 성군聖君도 이 별을 관찰하면서 두려워했다고 한다. 그런 의미에서 태을은 '존재하면서 존재하지 않는 중심'이며, '움직이는 중심'이라 할 수 있다. 조선시대 태일제太一祭에서도 이러한 특징이 잘 드러난다.

학계에서 주도한 태일 논쟁이 민간신앙이나 각종 도교문헌에 출현한 '태을'이란 수식어까지 '태일'로 교정해야 한다는 것을 의미하지 않을 것이다. '태일'과 '태을'의 문제는 이론적 사유의 대상이 아니라 전통과 관습의 문제이다. 특히 '태일'이란 용어가 진한시대의 관방에서 장악했던 절대신의 명호라는 점에서 세심하게 검토해야 할 여지가 있다.

앞서 진요정(2009)이 왕조에서 독점하는 태일신을 민간에서 공유하기 위하여 갈홍이 『포박자』에서 '태을원군'로 지칭했다고 주장했다. 그러나 관직으로 나아가고자 하는 문인文人들의 필독서인 소통蕭統(501~531)의 『문선文選』에 '동황태을'이 나타나는 곡절까지 해명하지 못한다. 또한, 경세치국의 대표적 문헌으로 널리 유통되었던 당대唐代의 『태을금경식경太乙金鏡式經』이나 원대元代의 『태을통종보감太乙統宗寶鑑』에서 '태을신太乙神'을 절대 신격으로 신앙하는 태도는 태일신과 다른 계통의 '태을신' 신앙이 존재했다는 사실을 암시한다. 더군다나 '새鳥'라는 '을乙' 자와 '하나'라는 '일一'은 '태일'이란 특정 용어에서만 통용되는 글자이다. 후한시대의 『설문해자說文解字』에서는 '을鳦'을 현조玄鳥라 하고, 제나라와 노나라에서는 '을乙'이라 한다고 했다. 전국시대의 금문金文의 '을乙'의 글꼴은 '飞'이다. 그리고 '태을太乙'이 '대을大乙'과 통용된다는 점을 고려하여 '대大'의 상형象形을 검토해보면, 초계楚系 간백문자簡帛文字에서는, '夨'과 '木'로 나타난다. 이는 꽁지가 없는 큰새大鳥가 좌우로 날개를 활짝 펼쳐서 하늘 위로 나르는 형상이다. 또한 갑골문과 금문에서의 '대大'의 상형이 '亻'이고, 사람 '인人' 자가 '亻'인 것으로 미루어 생각하면, '大'는 '人'과 '一'의 회의會意문자가 아니다. 이를 감안하면 최소한 전국시대 초나라에서는 '태을'을 '큰새'로 간주한 것이 아닌가 여겨진다. '태을'의 원형을 이렇게 본다면, 신화와 전설로 나타나는 『장자』 「소요유」의 대붕大鵬이나 『신이경神異經』의 희유希有와 같은 거대한 새도 태을의 다른 형상일 수 있고, 고대 천문학에서 순鶉[17] 또는 주작朱雀이라 일컫는 별자리도 '태을'을 형상화했던 것으로 해석할 수 있는 것이다.

또한 한대 화상석에 나타나는 동왕공을 두고 태일신으로 해석하기도 하는데,[18] 태일신의 형상을 보여주는 동왕공이 다른 한편에서는 인신조면人身鳥面으로 나타나는 경우도 있다. 아래 그림이 그러한 동왕공의 형상이다.

〈도상1〉[19] 〈도상2〉[20] 〈도상3〉[21]

---

17) 『文獻通考』 卷279, 「象緯考二」, "師曠禽經, 鶉, 鳳也. 青鳳謂之鶡, 赤鳳謂之鶉, 白鳳謂之鷫, 紫鳳謂之鷟. 盖鳳生扵丹穴. 鶉又鳳之赤者, 故南方七宿取象焉."
18) 자세한 내용은 顧穎, 「漢代天文觀念與漢畫像"太一"圖式」,『江蘇師範大學學報(哲學社會科學版) 第42卷 第6期, 2016, p. 137~142)을 참고하기 바란다. 여기서의 '태일'은 엄밀하게 구분하면 '동황태을' 계열의 신격이란 뜻이다. 서왕모와 짝을 이루는 동왕공이 곧 '태일신'이라는 주장은 그 자체로 모순이지만 진한시대에 '태일신'의 신격이 등장한 이후, 제도권에서 배제된 『초사』의 '동황태을' 사상이 후한시대의 묘제墓制에서 다시 나타나 동왕공의 형상에 반영된 흔적이라고 여겨진다. 『산해경』에서는 서왕모가 독자적인 존재였으나 한무제 이후의 자료에서는 동왕공의 배우자로 등장하는데, 본래는 각자 독립된 존재였던 것이 아닐까 한다. 참고로 漢代 화상석에 나타난 동왕공은 태일신과 태양신의 양면을 지니고 있다. 서왕모의 짝이 되는 동왕공은 대개는 태양신이고, 현재까지의 연구성과에 비추어 절대적 신격인 태일신과도 일정한 관련이 있다는 점도 부정하지 못한다.
19) 楡林古城灘墓門右立柱畫像(『中國畫像石全集』 第5冊, 河南美術出版社·山東美術出版社, 2000, p. 3), 후한 시대(25~220)의 도상으로 1958년 陝西省 楡林市 牛家梁鄕 古城灘村 출토.
20) 米脂黨家溝墓門右立柱畫像(『中國畫像石全集』 第5冊, p. 37.), 후한 시대의 도상으로 1981년 陝西省 米脂縣 黨家溝 출토.

닭처럼 생긴 인신조면 도상을 동왕공의 형상[22]으로 간주하는 까닭은, 다음에 소개하는 〈도상4〉와 〈도상5〉에서 나타나는 바와 같이 부상수扶桑樹 위에 앉아있는 모습을 표현한 구도가 동왕공을 묘사한 다른 형상과 대체로 일치하기 때문이다.

〈도상4〉[23]   〈도상5〉[24]

참고로 동왕공을 태일신으로 파악하는 근거는 다음의 〈도상6〉에서 찾을 수 있다. 사방에 청룡·백호·주작·현무가 있고 그 중앙에 앉아있는 인물이 태일신으로서의 동왕공이다. 동왕공 특유의 삼유관三維冠을 쓰고 있기 때문이다.[25]

---
21) 綏德墓門右立柱畵像(『中國畵像石全集』 第5冊, p. 99), 후한 시대의 도상으로 1976년 陝西省 綏德縣에서 徵集.
22) 『中國畵像石全集』의 해설자는 鷄首人身像을 서왕모로 간주하지만 의문스럽다. 한대 화상석에서 동왕공과 서왕모가 좌우 돌기둥에 나란히 표현되는 경우에는 통상 동왕공이 우측 기둥에 위치하고, 神木大保當墓門門楣(『中國畵像石全集』, 第5冊, p. 162~163.) 화상석의 牛首人身像이 두꺼비와 같이 있고, 鷄首人身像은 삼족오 곁에 있는 것으로 미루어 동왕공으로 보는 것이 타당하다.
23) 綏德墓門畵像(『中國畵像石全集』 第5冊, p. 91), 후한 중후기의 도상으로 1976년 陝西省 綏德縣 출토.
24) 楡林古城界墓門畵像(『中國畵像石全集』 第5冊, p. 11), 후한 중후기의 도상으로 1992년 陝西省 楡林市 紅石橋鄕 古城界村 출토.
25) "木公, 亦云東王父, 亦云東王公. 蓋靑陽之元氣, 百物之先也. 冠三維之冠, 服九色雲霞之服,

〈도상6〉[26]

이상의 논의를 정리하면, 『초사』의 동황태을은 춘추시대에 절대 신격으로 숭배되었던 동방 하늘의 천신이며, 거대한 새의 형상으로 표현되는 존재라고 볼 수 있다. 다시 말해 새 토템을 가진 상고시대의 집단이 동방의 하늘을 숭배한 흔적이 '동황태을'로 남아있는 것이다.[27] 이 말은 특정 시기에 일어난 새 토템 종족의 소멸이 절대 신격의 지지층과 그 위상의 변화에 직접적으로 영향을 끼쳤다는 것을 의미한다.

참고로 상고시대의 새 토템 종족은 한대 이후의 역사기록에서 도이島夷로 알려진 조이鳥夷이다. 이에 대해 고힐강은 다음과 같이 말한다.

亦號玉皇君. 居于雲房之間, 以紫雲爲蓋, 靑雲爲城."(『太平廣記』 권1의 『仙傳拾遺』)
26) 南陽麒麟崗 天象圖(『中國畫像石全集』 第六冊, p. 102~103), 후한(25~220) 시대, 1988년 河南省 南陽 臥龍區 麒麟崗 漢墓出土.
27) 참고로 중국 내륙의 중심부에 위치한 초나라의 『초사』에서 새 토템을 가진 동황태을 사상이 어떻게 나타났는지에 대한 여러 가지 의문이 있을 수 있다. 이에 대해 간략하게 언급하면, 먼저 초나라의 위상부터 고려할 필요가 있다. 초나라를 멸망시키고 등장한 것이 한나라이고, 한무제 이후 사상적 변혁이 일어났다고 앞서 말한 바가 있다. 그런 역사적 배경을 고려하면 『초사』는 한무제 이전의 동아시아 전통사상의 원형을 잘 보존한 것으로 여겨진다. 또한 형초荊楚 지역은 전통적으로 새 토템이 유행한 곳이고, 중국 동남쪽 연해沿海 지역에서 태평도와 천사도가 유행한 것으로 미루어 요동과 산동의 해상교역로를 통하여 동이족의 새 토템 신앙이 유입되었을 가능성도 감안할 필요가 있다.

고대에 이처럼 큰 하나의 종족으로서, 그에 대한 문헌자료가 극도로 희소한 것은 상상도 할 수 없다. 한나라 이후의 사람들이 일찍이 이러한 종족의 존재를 잊었거나 '도이島夷'로 곡해하고, 심지어 '조鳥'를 '도島'로 바꾸어 그 흔적마저 인멸할 지경에 이르도록 이처럼 천박하게 감추려고 했으니, 어찌 탄식하지 않겠는가.[28]

---

28) 顧頡剛,「鳥夷族的圖騰崇拜及其氏族集團的興亡」,『顧頡剛古史論文集』卷十(下), 北京: 中華書局, 2011, p. 918.

4 천황대제와 태을천존

 그러나 고힐강의 이러한 탄식과 달리, 초기 도교경전에서는 새 토템의 천신天神을 '상상태일도군上上太一道君'이라 하여 후한시대까지 숭배해 왔다. 그 증거를 후한시대의 저작으로 밝혀진[29] 『노자중경老子中經』[30]에서 찾을 수 있다.[31]

 『노자중경』「제일신선第一神仙」의 기록에 따르면, '상상태일上上太一'은 '도지부道之父'라 하여 '도道' 이전의 존재라는 것을 시사한다. 그 명호는 알 수 없지만, 크다고 하면 천하 팔방의 바다를 감싸는 거대한 존재이고, 작다고 손끝으로 만질 수 없는 미세한 존재로서 원기元炁 그 자체라 한다. 그 형상은 '인두조신人頭鳥身'으로 나타나고, 수탉雄鷄이나 봉황과 같은 모양이라 한다. 불로장생의 염원을 이루어주는 기복의 대상인 점에서 '천추千秋'로 널리 알려진 인면조人面鳥와 같은 의미를 지니고, 거대한 크기로 미루어 희유希有와 같은 종류이다. 또한 '태일'의 상위 개념을 두 차원 상승시켜 높여 '상상태일'이라 했다.

 이러한 내용을 담은 『노자중경』의 논리에 따르면, 태일신은 세 등급으

---

29) 『노자중경』의 후한 저작설은 1999년 Kristofer M. Schipper의 「老子中經'初探」(『道家文化研究』 第16輯, 北京: 生活·讀書·新知 三聯書店, 1999, p. 204~216)에서 처음으로 제기되었고, 이후 吳双의 「再探'老子中經'的成書年代」(『甘肅廣播電視大學學報』 第27卷 第6期, 2017. 12. p. 53~55.)에서 이를 재검토하고 후한 저작설을 지지했다.
30) 『노자중경』은 일명 『태상노군중경』이라고도 한다. 여기서 『노자중경』이라고 한 까닭은 초기의 판본인 『운급칠첨雲笈七籤』에서 취했기 때문이다.
31) 『老子中經』 卷上, 「第一神仙」, "上上太一者道之父也, 天地之先也. 乃在九天之上, 太清之中, 八冥之外, 細微之內, 吾不知其名也. 元炁是耳. 其神人頭鳥身, 狀如雄鷄鳳凰, 五色珠衣, 玄黃正在兆頭上去兆身九尺, 常在紫雲之中, 華蓋之下, 住兆見之言曰, 上上太一道君, 曾孫小兆王甲潔, 志好道願得長生."

로 나누어진다. 존재를 알 수 없는 최상층의 태일신이 인두조신의 '상상태일도군'이라면, '상태일'은 '무극태상원군無極太上元君 천황대제天皇大帝'이고,32) 그 아래의 '태일'은 '황천상제皇天上帝 중극북신중앙성中極北辰中央星',33) 곧 북극성에 해당한다. '상태일신'과 그 아래의 '태일신'은 '상상태일도군'과는 달리 모두 '구덕지관九德之冠'을 쓰고 있는 것으로 미루어 사람의 형상을 갖춘 것임을 알 수 있다.

일반적인 통념에는 태일신의 절대 신격이고, 그 존재는 유일한 것이며, 후대에 많은 도교의 신을 파생시키는 신앙의 원천으로 여긴다. 그러나 『노자중경』의 시각은 다르다. '무극태상원군'은 "상상태일의 아들이나 그 아들이 아니며 원기가 저절로 이루어진 존재 上上太一之子也 非其子也 元炁自然耳"라고 했다. 또한 "태미원太微垣의 구진句陳 안에 있는 요백보耀魄寶란 별이다. 太微勾陳之內一星是也 號曰天皇大帝耀魄寶"고 한다. 이와는 별개로 「제오신선第五神仙」에서 언급한 '황천상제'라는 태일신은, 성이 제황씨制皇氏이고 이름은 상황덕上皇德, 자字는 한창漢昌이며, '중극북신중앙성'이라고 언급하면서 '무극태상원군 천황대제'와 구별하고 있다. 두 별은 모두 구진 6성에 있지만, '북극 중앙의 별'은 구진 6성의 제1성으로 현재의 북극성이고, 천황대제는 구진 6성에 있는 제2성·제1성·제5성·제6성이 사각형을 이루는 정중앙에 위치한 별이다. "태미원 구진句陳 안에 있는 하나의 별이다. 太微勾陳之內一星"는 말이 이를 뜻한다. 『회남자淮南子』 「천문훈天文訓」에서 "태미는 태일의 조정이다. 太微者 太一之庭

---

32) 『老子中經』卷上, 「第二神仙」, "無極太上元君者, 道君也. 一身九頭, 或化爲九人, 皆衣五色珠衣, 冠九德之冠, 上上太一之子也, 非其子也, 元炁自然耳. 正在兆頭上紫雲之中, 華蓋之下住. 兆見之, 言曰,皇天上帝, 太上道君, 曾孫小兆王甲好道, 願得長生. 養我有我, 保我護我, 毒蟲猛獸, 見我皆墊伏, 令某所爲之成, 所求之得. 太清鄕, 虛無里, 姓朱愚, 名光, 字帝卿, 乃在太微勾陳之內一星是也, 號曰, 天皇大帝耀魄寶."

33) 『老子中經』卷上, 「第五神仙」, "道君者一也. 皇天上帝, 中極北辰中央星是也. 乃在九天之上, 萬丈之巓, 太淵紫房宮中. 衣五色之衣, 冠九德之冠. 上有太清元氣, 雲曜五色華蓋九重之下."

也"고 한 까닭은 집무의 공간인 태미원으로 이동하여 오제성五帝星의 보좌를 받기 때문이다. 위진시대의 『태상동방내경주太上洞房內經註』에서 "태미는 황천상제의 궁궐이다. 太微 皇天上帝宮也"라고 하는 의미와 상통한다. '태미'에 대한 한나라 때 고유高誘의 주석에는 "태미성은 태을천신의 이름이다. 太微星 名太乙天神"고 하지만, 태미성이 따로 있는지는 현재로서는 알 길이 없다. 다만 위진시대의 『상청태상팔소진경上淸太上八素眞經』에서 '태미천제군太微天帝君'이란 명호가 등장하는데 36천天의 여러 천제天帝 가운데 가장 존귀하다고 한다.

이러한 사실을 염두에 두면, 상상태일도군과 무극태상원군은 한무제 시기의 태일신에서 파생한 신격으로 볼 수 없다. 마찬가지로 한무제 시기의 태일신이 그 이전의 북극성인 천황대제에서 파생한 것이라는 주장도 성립되지 않는다. 태일신이란 점에서는 공통되지만, 숭배 대상이 있는 실제의 위치가 상이하기 때문이다. 연원이 서로 다른 존재를 같은 것으로 간주하는 것은 통념에 기인한 신앙의 문제이고, 사실의 차원과 다르게 해석될 수도 있다. 여기서 드러난 사실은 태일신에 대한 신앙이 고정불변하는 '하나'에 대한 것이 아니라, 정치적 제도의 변혁이나 시대적 상황에 따라 예전의 태일신이 퇴장하거나 새로운 존재가 태일신으로 부상하기도 한다는 점이다. 후한시대 태평도에서 외친, "창천은 이미 죽었으니 황천이 서야 한다. 蒼天已死 黃天當立"는 구호가 이를 의미한다. 전국시대 『초사』「구가」에서 언급된 '동황태일'이 '창천'이라면, 진한시대에 북극성 중심으로 '중황태일'이 등장한 시대가 '황천'인 것이다. 갑골문 학자로서 고대 신화를 심도있게 다룬 정산(1901~1952)은 동방 중심의 신앙인 동황태일이 북극성 중심으로 바뀐 현상을 가리켜, "태황신격泰皇神格의 극대한 변화일 뿐만 아니라 우주 중심의 극대한 변화"[34]라고 했는데,

---

34) 丁山, 『中國古代宗教與神話考』, 上海文藝出版社, 1988, p. 463.

다분히 이러한 사정을 염두에 둔 것이라 하겠다.

잘 알려진 바와 같이, 태일신은 진한시대의 연제燕齊 방사들이 숭배하는 최고의 천신이었고, 불사약을 얻기 위해서 태일신에게 기도하는 것이 방사의 책무였다. 기원전 213년에 불사약을 얻는 데 실패한 진시황은 방사들을 대거 숙청하였다. 그 유명한 분서갱유焚書坑儒 사건이 그것이다. 그러나 실제로 처형된 숫자를 놓고 보면 방사가 대부분이었고, 방사와 연좌된 일부 유생들만 함께 처형되었다.[35] 여기서 진시황이 자행한 분서갱유 사건 이후로 방사들의 전문특허인 태일신에 대한 내밀한 지식도 방사들과 함께 인멸되었을 것으로 추측할 수 있다. 그러다가 기원전 104년에 또 한차례 큰 변혁이 일어났다. 한무제가 태초력太初曆을 시행한 것이 그것이다. 태초력이 시행되면서 춘추전국시대의 동지 정월이 입춘 정월로 바뀌고, 동지 정월의 춘사春祠[36]가 입춘 정월로 옮겨짐에 따라 춘추시대의 전통적 역법曆法이 단절되었다. 새로운 역법의 시행이란 대변혁의 여파로 이른바 '창벽제동蒼璧祭東'의 원칙이 무너지고, 태일신 제례가 북극성 제례로 옮겨갔다. 『주례』의 "창벽제천蒼璧禮天"에 대한 정현鄭玄의 주석에서 이러한 혼란상이 여실히 드러난다. 그에 따르면, "동짓날 하늘에 예를 올리는 대상을 일러 천황대제라 하고 북극에 있다. 禮天以冬至 謂天皇大帝 在北極者"라고 한다. 제천행사는 동짓날에 지내지만, 그 대상이 천황대제이다. 천황대제의 존재가 『진서晉書』「천문지天文志」에서도 언급되는 점에서,[37] 정현의 주석이 오류를 범한 것이라 보기 어렵다. 그런데 천황대

---

35) 王肖依·劉森垚,「試論'秦不絶儒學'」, 四川省 樂山師範學院, 『樂山師範學院學報』, 2013年 第8期, p. 80~83.
36) 『한서漢書』「교사지郊祀志」에 "옛 천자는 춘추에 동남 성문 밖에서 태일에 제사를 올린다. 古者天子 以春秋祭太一東南郊"고 한다. 태일신에게 올리는 춘제春祭를 천하에 새해의 시작을 알리는 뜻을 지녀서 춘추시대에서는 춘사春祠라 하는데, 오늘날 사람들이 생각하는 봄철의 제사가 아니다.
37) 『晉書』「天文志」, "鉤陳口中一星, 曰天皇大帝, 其神曰耀魄寶, 主御羣靈執萬神圖."

제가 북극에 있다는 정현의 주석은 정작 천황대제가 태미원에 있는지 아니면 자미원紫微垣에 있는지 불분명하다. 다만 한무제 때 입춘 정월에 지내는 태일신으로 알려진 자미원의 북극성이 아닌 것은 분명하다.[38]

그러나 이러한 모순점은 『노자중경』의 논리로 이해하면 간단하게 풀린다. 태초력이 시행되면서부터 상상태일도군을 숭배하는 '창벽제동'의 제천행사가 진한시대 이후로 그 대상을 잃어버려서 잠정적으로 태미원의 별자리를 의식하면서 동짓날에 진행되었고, 그러한 과도기에 상상태일도군 계열의 천황대제 무극태상원군이 태일신으로 숭배되었다고 해석할 수 있는 것이다. 『태상청정원동진문옥자묘경太上淸静元洞眞文玉字妙經』에서 "황천상제 태일원군은 하늘 중앙의 별이 그것이다. 皇天上帝太一元君者 天中央星是"[39]고 하거나, 송대宋代 육전陸佃이 『할관자鶡冠子』의 주석에서, "태일은 천황대제이다. 泰一 天皇大帝也"[40]라고 언급한 것도 이러한 맥락에서 이해된다. 이는 태일신 숭배신앙이 기원전 104년을 전후로 변화되었다는 사실을 알려준다.[41]

한편, 이러한 과도기를 거치면서 태일신의 정체성이 혼란을 거듭하자

---

38) 천황대제 요백보는 동짓날 자정에 태미원이 이동하면서 북극성 아래로 들어서는데, 이 무렵에 그동안 비워둔 채로 있었던 태미원의 오제五帝 위에 위치한다. 아마도 『노자중경』의 "太微勾陳之內一星"은 이를 이르는 것으로 보인다. 도교의 '태미대제太微大帝'는 아마도 이를 가리킨 것으로 보인다.
39) 『太上淸静元洞眞文玉字妙經』, "皇天太上帝君, 無極太上元君者, 道君, 東之王父者, 靑陽之氣, 萬神之先, 無爲. 西王母, 太陰之氣, 生在自然. 皇天上帝太一元君者, 天中央星是." 『태상청정원동진문옥자묘경』는 위진시대에서 수당隋唐시대에 이르는 기간 동안 이루어진 도교경진인데 『正統道藏』「太玄部」에 수록되어있다.
40) 欽定四庫全書, 『鶡冠子』卷中,「泰鴻第十」, 陸佃 解, "泰一, 天皇大帝也."
41) 이를 고려할 때, 『초사』의 '동황태을'이 '동황태일'로 개칭되었을 사정을 어렵지 않게 이해할 수 있게 된다. 앞서 문호(2005)가 태을구고천존을 동왕공과 관련지어 언급하고, 후한 이후의 도교문헌에서 동방의 천신을 동왕공 또는 동화제군東華帝君이라 일컫게 된 사정도 왕조에서 강요한 역법과 전래의 태일신 숭배신앙이 마찰을 빚고 절충한 흔적이 아닌가 여겨진다. 이를 방증하는 다른 근거가 앞서 소개한 한대 화상석의 동왕공 형상에 잘 나타나기 때문이다.

무극태상원군의 신격도 예외없이 파란을 겪었다. '무극태상원군'이란 명호가 위진시대에 이르러 태을원군太乙元君・태상원군太上元君・무상원군無上元君으로 다양하게 나타났던 것이다. 동방삭東方朔이 지었다고 전하는 『영기경靈棋經』에서는 무극태상원군을 일러 '천지부모 태상원군 天地父母 太上元君'이라 칭했고, 『포박자』에서는 황제와 노자에게 신선술을 가르치는 '태을원군'으로 묘사했다.42 또한 『상청태상황소사십사방경上淸太上黃素四十四方經』의 축원문에서는 "태상원군은 선도대신이다. 太上元君 仙都大神"이라고 했다. 태상원군은 신선들이 모여서 살고 있는 선도仙都를 다스리는 큰 신이란 뜻이다. 뿐만 아니라 『적송자장력赤松子章曆』에서도 '태상고존太上高尊 무상원군無上元君 자부성모慈父聖母'라 일컫고 지극히 높은 천신으로 숭배했다. 그러다가 수당시대로 접어들면서 무극태상원군을 '도군道君'이라 하고, 태일원군은 '황천상제 북극성'이라고 하면서 두 가지 신격을 구분하기 시작했다.43

당나라 때의 상청파 도사 두광정杜光庭은 『용성집선록墉城集仙錄』 첫머리를 노자의 어머니 성모원군聖母元君을 첫 번째로 소개하는 여선열전女仙列傳을 남겼다.44 성모원군이 '현화지기玄和之炁'의 화신으로 노자의 어머니로 다시 태어났다는 말에서 무극태상원군의 화신으로 드러나지만, 「성모원군」 항목의 후반부에 '태미태일원군太微太一元君'을 따로 언급하고 있는

---

42) 『正統道藏』(涵芬樓版), 『抱朴子內篇』 卷之十三, 「極言」, "然按神仙經, 皆云, 黃帝及老子奉事太乙元君, 以受要訣."
43) 『太上淸静元洞眞文玉字妙經』, "皇天太上帝君, 無極太上元君者, 道君, 東之王父者, 青陽之氣, 萬神之先, 無爲. 西王母, 太陰之氣, 生在自然. 皇天上帝太一元君者, 天中央星是." 『태상청정원동진문옥자묘경』은 위진과 수당시대의 도사들에 의해 가필된 것으로 알려지는데, 『정통도장』「태현부」에 수록되어 있다.
44) 『墉城集仙錄』 卷之一, 「聖母元君」, "聖母元君者, 乃洞陰玄和之炁凝化成人, 亦號玄妙玉女, 爲上帝之師, 太上老君先天毓神歷劫行化, 應接隱顯不可稱論. 其欲示生於人間. 表物之有始也. 故散形分神, 寄胞于元君焉, 而更生也."

점에서는[45] 각기 다른 신격으로 인식하고 있다는 사실을 알려준다. 그런데 비슷한 시대의 상청파 계열의 『석삼십구장경釋三十九章經』에서는 태일상원군이 만선萬仙을 관장하고 사방 산악의 진기眞氣를 주재하며 생사를 결정짓는 신이라고 한다.[46] 위진시대의 태상원군과 같은 위상을 지닌 점에서 당나라 시기의 태일원군도 여전히 태상원군과 같은 신격으로 숭배되었던 사실을 엿볼 수 있다. 심지어 북송시대의 도교문헌 『유룡전猶龍傳』과 같이, 성모원군과 태일원군을 동일한 신격으로 이해하는 경우도 있으며,[47] 남송시대의 도사 여원소呂元素가 편찬한 『도문정제道門定制』에서는 '선천태후先天太后 태을원군太乙元君'이라 일컬으며 태을원군을 성모원군과 동일시하기도 했다.

성모원군과 태을원군이 확연하게 둘로 나누어 서로 다른 존재로 규정하게 된 시기는 송말원초宋末元初 이후이다. 성수만년궁聖壽萬年宮 도사 조도일趙道一이 『역세진선체도통감후집歷世眞仙體道通鑑後集』을 편찬하면서 「무상원군無上元君」과 「태일원군太一元君」이란 별도의 항목을 만들어 기술한 내용이 그 증거이다. 무상원군은 두광정이 『용성집선록』에서 성모원군이라 지칭한 여신이고, 태일원군은 『포박자』의 태을원군이다. 『용성집선록』에서 한 항목에 넣어 다루었던 것이 『역세진선체도통감후집』에서는 별개의 항목으로 다루게 됨에 따라 노군성모老君聖母와 노자의 스승으로서 두 신격으로 분화되어 각각 '무상원군'과 '태일원군'으로 불리게 되었던 것이다. 또한 선천적 원기元炁로 이루어졌다는 '원군元君'이란 의미도[48]

---

45) 『墉城集仙錄』卷之一,「聖母元君」, "昔傳至眞大仙天帝上帝太微太一元君, 下及玄女黃帝, 皆得道矣."
46) 『雲笈七籤』卷之八,『釋三十九章經』,「第二十五章」, "太一上元禁君曰, 太一上元君者, 萬仙之司, 主方嶽眞氣也, 主除死籍, 刻書生簡."
47) 『猶龍傳』卷之三, "聖母在天即, 號玄妙玉女, 既誕育大聖, 即爲太一元君."
48) 이에 대해 앞서 소개한 『노자중경』의 내용을 참고하기 바란다. 위진시대의 초기경전인 『洞神八帝妙精經』,「三皇三一經」에도, "帝君治太極宮紫房, 與太一混合, 亦號太一元君, 非男非女,

퇴색되어 후대에 와서는 여선女仙을 지칭하는 수식어가 되었고, 무극태상원군은 태상노군의 어머니로서 '무상원군'이란 명호를 얻어 마침내 서왕모까지 '금모원군金母元君'이라 부르면서 수하에 거느리는 여선의 우두머리가 되었다.

그러나 이처럼 태을원군의 연원이 복잡하듯이 태을천존의 연원도 복잡하지만, 한결같이 '태을신'과 관련한 도교의 신이란 점은 부정하지 못한다. 태을원군이 태을신과 관련한 '원군'이란 점을 고려하면 도교에서 원군의 칭호를 최초로 드러낸 무극태상원군과 무관하지 않을 것이다. 그 중간 고리에 해당하는 문헌적 근거가 당나라 시기의 저술로 알려진 『구황신경주해九皇新經註解』이다. 여기서는 태을구고천존이 '태을상원지기太乙上元之炁'라고 이르는데,49) 태을상원지기가 무극태상원군을 가리킨다는 것은 앞서 살펴본 바와 같다. 이는 진한시대의 태일신이나 '심성구고천존'과 다른 계보인 『노자중경』 계열의 도교에서 파생된 것으로 여겨지는, 일부의 도교 세력이 존재한다는 것을 의미한다. 이들은 존상법存想法의 핵심인 '수일守一' 수행에 있어서 그 하나를 '태일'이라 하여 '태일구고천존'의 성호聖號를 암송하면서 수행을 하는 영보파 계열의 도사들이다. 그들의 대표적인 경전이 송말원초에 정사초鄭思肖가 남긴 『태극제련내법太極祭鍊內法』이다. 『태극제련내법』에서는 태일천존을 '원신元神'으로 규정한다.50) 그런데 여기서의 '태일'은 진한시대의 북극성 태일신이 아니다. 상황에 따라 영아嬰兒이거나, 왼손 벽옥碧玉 사발과 오른손에 버들가지를 들고 있는 천존의 성상聖像으로 화형化形하는 존재이다. 이러한 점에서 무극

光明妙絶, 或爲老君, 或爲嬰兒, 應感無窮, 變化無極也."이라 하여 태일원군을 여성의 신격으로 특정하지 않았다.
49) 孚佑上帝純陽呂祖天師註, 『九皇新經註解』 卷中, "太乙救苦天尊, 卽太乙上元之炁者."
50) 『太極祭煉内法議略』 卷中, "世人惑於形像, 泥於高遠, 謂太一天尊必在九霄之上東極宮中, 殊不知, 太一天尊卽是自己元神."

태상원군 계열의 '태일'이고, 태일을 존상하여 감로甘露를 생겨나게 하는 점에서51) '태일생수'의 '수水'가 태일 존상存想과 일정한 관련이 있음을 시사한다.

참고로 태일신을 갓난아기로 표현한 자료를 소개하면 다음의 〈도상7〉과 같다.

〈도상7〉 백제 무령왕릉 청동거울

〈도상7〉은 1971년 여름에 공주 송산리 백제 무령왕릉에서 출토된 청동거울이다. 여기에는 신수神獸 네 마리와 사람이 새겨져 있다. 이러한 도상은52) 용호봉린龍虎鳳麟이란 초기의 사령四靈을 표현한 사신도四神圖에 신인神人이 나타난 변이형인데, 상단 부분에 창을 들고 우측으로 향하고 있는 반라半裸의 신인은 갓난아기 모습의 태일신이다.53)

---

51) 『太極祭煉內法』卷上, "即想兆泥丸宮中, 太一天尊左手執碧玉盂, 右手執空青枝, 密默懇奏, 乞降甘露漿入此, 清淨水默呪曰, 太一天尊降甘露七遍. 遂見太一天尊在空玄中, 聖像極大, 了了分明, 右手灑甘露, 下注水盂中, 淨水變成甘露."
52) 자세한 내용은 안동준의 「진주오광대놀이와 민간도교신앙」(한서대학교 동양고전연구소, 『동방학』 제29집, 2013.11., p. 157~162.)을 참고하기 바란다.
53) 『洞眞太上素靈洞元大有妙經』, 「太上道君守元丹上經」, "太一眞君, 貌如嬰兒始生之狀 …(中略)…左手把北斗七星, 右手把北辰之綱."

이상과 같은 복잡한 논의를 도표로 간략하게 정리하면 다음과 같다. 아래 도표에서 표시한 점선은 간접적인 영향 관계를 말한 것이며, 실선은 직접적인 계승 관계를 나타내었다. 이를 통하여 태을천존 신앙의 원형이 '중황태일'이 아니라 '동황태을'이며, 동황태을 계열의 '무극태상원군'이 태을주에 등장하는 '태을천 상원군'의 원형일 가능성을 제시했다. 물론 사상사적 편년으로는 '태을천존'보다 '태을상원군'이 먼저 등장한다.

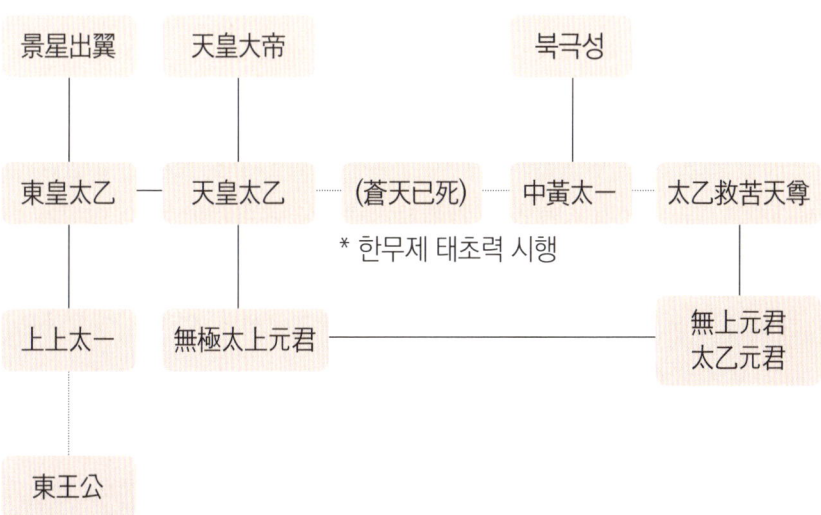

5 남은 과제

 이상의 논의를 통해 태을천존 신앙의 연원을 '동황태을'에서 모색했는데, '태일'과 '태을'의 문제가 자구字句 상의 문제에 그치지 않는다는 사실을 알았다. 무엇보다도 '태을'이 새 토템과 관련이 있는 점에서 동이족의 전통신앙 문제와 깊은 관련이 있는 점은 주목할 부분이다. 새 토템 형태의 상고시대 신앙은 동이계 난생신화와 어떤 형태로든지 관련이 있는데, 홍산문화의 새 토템 신앙을 그 문화의 주체인 동이족의 시각에서 탐색하는 측면도 있을 뿐만 아니라, 전국시대와 위진시대에 걸쳐서 유행한 신선사상을 '동방 중심주의'란 시각에서[54] 새롭게 조망해야 하는 의미가 있기 때문이다.

 그러나 태을천존의 연원을 다룬 기존의 연구에서는, 앞서 살펴본 바와 같이 '천황대제 무극태상원군'이 한동안 태일신으로 숭배되었다는 사실을 본격적으로 논의하지 않았다. 다만 진요정과 이원국의 논문에서 태을원군이 진한시대의 태일신에서 파생된 것이라 하여 태을천존의 연원과 관련하여 부분적으로 언급할 뿐이었다. 널리 알려진 바와 같이 '태을구고천존'이란 명호는 당나라 말기에 두광정이 편찬한 『도교영험기道敎靈驗記』에 처음 등장하고, 태을원군은 태을구고천존보다 6백년 정도 앞서서

---

54) 위진남북조 시대에 서방의 극락정토와 대비되는, 도교의 이상향을 '동극부려토東極扶黎土'라고 일컬었다. 동극부려토를 주재하는 최고의 신격을 '부려원시천존扶黎元始天尊' 또는 '원시천존'이라고 하는데, 위진시대의 도불논쟁道佛論爭에서, "도교의 절대적 신격이, 고구려와 백제와 같이 더러운 무리가 있는 동방에 있다."고 해서 혹독한 비판을 받기도 했다. 이러한 고대의 '동방 중심주의'는 오늘날 '청구□丘'란 이름으로 남아있다. '황제동도설黃帝東到說'을 '청구'와 관련지어 다룬 내용은 안동준의 □신선사상 기원설에 대한 비판적 검토 - '황제동도설'을 중심으로 - □(□단군학연구□ 제43집, 2020. 12.)를 참고하기 바란다.

4세기경 갈홍의 『포박자』에 처음 등장한다. 진요정의 주장에 따르면, 갈홍은 진한시대의 태일신이 왕조의 국가제례란 점을 염두에 두고 이를 회피하고자 태일신에 '태을원군'이란 명호를 부여한 것이라고 파악하며, 불교적 성향을 드러내는 태을구고천존과는 근본적으로 계보가 다르다고 주장했다.

한편, 『노자중경』과 같은 갈홍 이전의 초기 도교경전에서는 태일신에 대한 관념이 한무제 시절의 태일신과 다르게 나타난다. 그러한 측면에서 갈홍이 생각하는 태일신이 진한시대의 태일신이라고 단정하기 어렵다. 도교 수행과 신앙적 차원에서 살펴보면, 진한시대의 태일신은 저 하늘 멀리에 있는 성신星神으로서, 중생의 요구에 부응하여 구체적 형상으로 화신하는 그런 존재가 아니다. 관음신앙의 영향을 받았다는 '심성구고천존尋聲救苦天尊'처럼 중생의 다양한 요구에 맞추어 갖가지 모습으로 화신하기 위해서는 원기 상태로 머물며 변화하는 무극태상원군이 그에 합당한 신격이다. 도교사에 나타난 태을원군의 복잡하고 다양한 모습이 바로 이를 증명한다. 그 점에서 태을천존의 연원은 태을원군에서 비롯하고, 태을원군은 전국시대 이후의 초기 도교문헌에서 나타나는 무극태상원군의 다른 모습이라고 할 수 있다.

그러나 이 글에서는 태을천존의 연원을 무극태상원군을 중심으로 살펴보는 데 그쳤고, '동황태을'과 관련한 '상상태일'과 '동왕공'에 대해서는 미결 과제로 남겼다. 상고시대에 새 토템을 숭배하는 종족'과 관련되었을 것으로 추정되는 '상상태일'에 대한 연구는, 태을천존의 연원을 중점적으로 다룬 이 글에서는 간략하게 언급하는 선에서 그쳤다. 그에 대한 본격적인 논의는 추후 다른 기회로 돌리고자 한다.

또한 태일신과 관련한 동왕공에 대해서도 '동황태을'과 관련지어 충분히 논의하지 못했다. 동왕공이 태일신과 관련한 동방의 신선이라는 점이 주목되지만, 동왕공이 곧 태일신이라 간주하는 관점은 별도로 다루어야 할 과제이다. 일부 학자들은 동왕공이 상고시대의 태양신 '동모東母'에서 비롯했다55)고 하는데, 이들의 주장을 수용하면, 『초사』「구가」의 '동군東君'과 '동황태을'의 관계가 다시 복잡한 문제로 떠오른다. 왜냐하면 '동군'이 태양신이란 것이 학계의 정설이고, 동황태을은 성신星神이기 때문이다. 성신설星神說을 부정하면, 『초사』「구가」에서 두 가지 태양신을 노래했다는 모순을 낳는다. 게다가 한대 화상석에서 동왕공을 인신人身과 조면인신鳥面人身의 두 가지 형상으로 표현하고 있는데, 조면인신의 형상을 태양조로 이해하면 동왕공은 태양신으로 파악하는 것이 설득력이 있지만, 한무제 이후 북극성으로 간주해왔던 태일신이 과연 태양신이었던가 하는 의문은 해결되지 않는다. 더욱이 동왕공의 문제는 부여계의 대표적인 신화인 동명신화와 직접 관련이 있다. 부상대제 동화제군의 정체가 동왕공이고, 동왕공의 중심 무대가 동방에 있기 때문이다. 이와 같은 미결 과제는 인접 학문이 공동으로 참여하여 해결해야 하는 방대한 작업이다. 이 글은 그러한 후속 작업에 조그만 디딤돌이 되는 것으로 만족한다.

---

55) 丁山(1988)과 蕭登福(2009)의 주장이 대표적이다.

참고문헌

- 涵芬樓版 『正統道藏』
- 欽定四庫全書本 『鶡冠子』
- 『中國畫像石全集』, 鄭州·濟南: 河南美術出版社·山東美術出版社, 2000.
- 顧頡剛, 『顧頡剛古史論文集』卷十(下), 北京: 中華書局, 2011.
- 蕭登福, 『扶桑太帝東王公信仰研究』, 臺北: 新文豐出版有限公司, 2009.
- 李養正, 『道教概說』, 北京: 中華書局, 1989.
- 丁山, 『中國古代宗教與神話考』, 上海文藝出版社, 1988.
- 陳耀庭, 『陳耀庭道教研究文集』(上下卷), 上海書店出版社, 2015.
- 顧穎, 「漢代天文觀念與漢畫像"太一"圖式」, 『江蘇師範大學學報(哲學社會科學版)』 第42卷 第6期, 2016.
- 文豪, 「關于道教的太一救苦天尊」, 『天府新論』, 2005. 11.
- 謝耀亭, 「"五行說"完成的歷史考察」, 『安徽史學』, 2013年 第4期.
- 蘇登福, 「道教地獄救贖與太乙救苦天尊信仰」, 太湖論道國際學術研討會 江蘇省 無錫縣, 2006. 5.
- 蘇登福, 「試論道佛兩教的地獄教主─道教太乙救苦天尊與地藏菩薩」, 『第届道教仙道文化國際學術研討會論文集』, 國立中山大學中文系出版, 2006.
- 梁崇雄, 「道教尊神太乙救苦天尊」, 『中國道教』, 2004. 3.
- 王肖依·劉森垚, 「試論'秦不絕儒學'」, 四川省 樂山師範學院, 『樂山師範學院學報』, 2013年 第8期.
- 吳双, 「再探'老子中經'的成書年代」, 『甘肅廣播電視大學學報』 第27卷 第6期, 2017. 12.
- 吳成國, 「楚文化中的星神崇拜及其對道教的影響」(潘崇賢·梁發 主編, 『道教與星斗信仰』, 濟南: 齊魯書社, 2014.
- 李遠國, 「論道教的"太一救苦天尊"信仰」, 『開拓者的足跡: 卿希泰先生八十壽辰記念文集』, 巴蜀書社, 2020.
- Kristofer M. Schipper, 「"老子中經"初探」, 『道家文化研究』 第16輯, 北京: 生活·讀書·新知 三聯書店, 1999.

- 안동준, 「진주오광대놀이와 민간도교신앙」, 한서대학교 동양고전연구소, 『동방학』 제29집, 2013. 11.
- 안동준, 「신선사상 기원설에 대한 비판적 검토 - '황제동도설'을 중심으로 - 」, 『단군학연구』 제43집, 2020. 12.

증산도甑山道의 신선神仙 사상思想 고찰考察

서대원
충북대, 창의융합교육본부

1. 들어가며
2. 도교 신선[仙]의 의미
3. 증산도 신선 사상 고찰
4. 증산도 신선 사상에 대한 평가
5. 결론

필자 약력

서대원

연세대학교 철학과.
중국 북경대학교 철학박사.
충북대학교 기초교육원 교수.
충북대 창의융합교육본부 창의교육센터장.

주요 논저

「鐘呂의 修煉觀考察―도교 기질변화설의 한 예로」
「중국 도교의 문제와 수행법(修行法)」
「鐘呂의 宇宙觀考察」

1 들어가며

우리는 '신선神仙'이라는 단어를 많이 들어보았다. 이 어휘는 기본적으로 도교道敎[1]의 어휘이다. 아마도 이 어휘는 어릴 적에 많이 들어보았을 것이다. 그런데 이 '신선神仙'은 두 개의 단어가 합쳐서 하나의 어휘가 된 것이다. 그러므로 '신神' '선仙' '신선神仙'으로 분류해 볼 수 있을 것이다.

이 셋은 어느 정도 엄밀하게 분류할 수도 있지만 사실상 혼용이 된다. 그리고 그 의미도 협의狹義와 광의廣義로 나눌 수 있으며 협의로 나눌 경우 도파道派에 따라 그 의미가 동일하지 않을 것이며, 광의로 사용할 경우 이 세 용어의 차이와 외연을 확실하게 말하기 어렵다. 여기에서는 우선 '신선神仙'이란 어휘를 사용하겠다.

이 글은 증산도甑山道[2]의 신선관神仙觀에 대해 살펴보는 것이다. 단지 이것은 위의 설명에 따르면 좀 광의의 신선관神仙觀이라 할 수 있다. 왜냐하면 증산도의 신선관神仙觀은 재래在來 어느 도파의 신선관과도 완전하게 일치하지 않기 때문이다. 이런 이유로 만일 어느 일파의 협의적狹義的인 신선으로 논한다면 신선이다 신선이 아니다 하는 논의가 앞설 것이다.

필자는 증산도甑山道를 포함한 어느 한쪽이 신선관이 맞는가에 대해서는 관심도 없고 논의를 할 의향도 없다. 단지 이 글에서는 '증산도'의 신선관에 대해 살펴보고자 할 뿐이다.

---

1) 물론 도가道家를 포함한 도교道敎를 의미한다. 그리고 엄격하게 말하면 '선仙'이란 용어는 도교가 정식으로 성립하기 이전부터 존재하였다. 단지 일반적으로 넓게는 이 모든 것을 '도교道敎'라고 부르기도 한다.
2) 증산도는 강증산 상제의 가르침에 따르는 종교이다. 『도전』 등에서는 주로 "증산甑山 상제上帝"라 칭하고 있다. 이 글에서는 특별한 이유가 없으면 '증산' 상제이라 칭할 것이다.

그러나 '신선神仙'이란 본래 중국 도교의 개념이기 때문에 '증산도'의 신선관도 중국 도교의 신선관神仙觀과 무관할 수도 또 그 영향이 없을 수 없다. 이런 이유로 이 글에서는 먼저 도교의 신선관을 서술하고 다시 증산도의 신선 사상을 고찰하여 그 특징과 의미 등을 살펴보겠다.

2 도교 신선[仙]의 의미

위의 세 가지 - '신神' '선仙' '신선神仙' - 중에 우선 '선仙'을 살펴보자. 왜냐하면 일반적으로 말하는 신선도 어떤 사람의 경지 혹은 상태를 말하기 때문이다. 그렇다면 우리가 말하는 '신선神仙' 혹은 중국의 구어口語에서 말하는 '신선神仙'도 사실상 '선仙'을 말한다고 볼 수가 있기 때문이다.

1) 신선의 초기 의미

'선仙'은 본래 (亻+ 䙴 -辶)과 같은 자형을 가지고 있었다. 단지 이 글자는 갑골문甲骨文이나 선진先秦 서적에 보이지 않는다. 아마도 한대漢代에 출현하였을 것이다.

『자원字源』[3]에서는 다음과 같이 설명한다.

> 장생불사長生不死, 하늘로 올라가는 사람[升天而去] …『설문說文』에는 "오래 살다가 옮겨 감이다." …『석명釋名』에서는 "나이 들어도 죽지 않는 사람을 선仙이라 한다."라고 하였다. 산山으로 옮겨 감이다. 그래서 인人과 산山으로 구성되어 있다."

그리고 『한어대사전漢語大辭典』[4]에서는 다음과 같이 설명하고 있다.

---

3) 李學勤 主編,『字源』, 天津古籍出版社, 天津, 2013, p. 720~721.
4) 羅竹風 主編,『漢語大辭典』, 上海辭西出版社. 上海, 1986, p. 1138.

세상에 초탈하여서 장생불사하는 사람

자형字形을 고려해 볼 때, 아마도 산으로 거처를 옮기는 사람이란 의미가 있으며 이것은 세상과 두절하고 초탈하게 사는 사람을 의미하는 듯하고,[5] 여러 설명을 볼 때, 장생불사가 기본적인 의미로 보인다.

즉 장생불사하며 세상을 초탈한 사람이란 의미일 것이다. '선仙'의 본래 의미는 대략 위와 같은 것이었을 것이나, 역사상 보이는 '선'은 이와 일치하지 않는다. 그것은 위의 설명이 너무 간략해서일 수도 있고 역대의 '선관仙觀'의 변화와 밀접한 관련이 있기 때문이기도 할 것이다. 이런 점은 그 연원이 된다고 할 수 있는 선진先秦에서부터 그러하다.

'선'의 연원 격에 해당하는 『장자莊子』의 묘사를 보자.

> 막고야藐姑射의 산에 신묘한 사람이 살고 있다. 피부는 빙설氷雪 같고 부드러운 몸은 처녀 같다. 오곡을 먹지 않고 바람과 이슬을 먹고 살며, 운기雲氣를 타고 비룡飛龍을 부리며 사해의 밖에까지 유람한다. 그 정신이 모아지면 만물이 병들이 않게 하고 풍년이 든다.[6]

이 글은 본래, "大而無當, … 不近人情焉" 즉 "황당하여 실상에 부합하지 않는" 이야기라 하며 인용되고 있다. 단지 위 인용문은 좀 주목해 보아야 할 점이 있다. 우선 산속에 신인神人이 산다는 이야기이다. 이것은 속세를 떠났다는 의미의 '(亻 + 遷 -辶)'이나 산에 사는 사람이란 '선仙'의

---

5) 물론 仙의 古形을 춤추는 사람으로 이해하기도 한다.
6) 『莊子』「逍遙遊」藐姑射之山, 有神人居焉. 肌膚若氷雪; 綽約若處子. 不食五穀; 吸風飲露. 乘雲氣; 御飛龍, 而遊乎四海之外. 其神凝, 使物不疵癘而年穀熟. 여기에서 '藐姑射'를 아득히 멀리 떨어져 있는 姑射山이라 번역하기도 한다. 단지 여기에서는 이런 부분이 중요하지 않기에 일반적인 번역을 따른다. 나머지 부분도 마찬가지이다.

자형 모두에게 적용된다. 아울러 특수한 능력이 있다는 것도 알 수 있다. 사람들이 먹고 사는 음식으로가 아니라 특별한 방식으로 삶을 영위하고 있으며 특별한 능력도 가지고 있다. 우리는 여기에서 어렵지 않게 선仙 선인仙人 신선神仙을 연상할 수 있다. 즉 이런 풍문 혹은 전설이 전국 시대 이미 널리 유행하고 있었음을 알 수 있다. 신선에 대한 개념은 최소한 전국 시대 이미 존재하고 있다고 볼 수 있으며 그 양상은 크게 세 가지로 보여진다. ① 인간 세상을 떠나 산중에 산다. ② 인간의 생황방식과 다른 방식으로 삶을 영위한다. ③ 특별한 능력을 가지고 있다.

단지 현재 높은 신빙성을 가지고 있다고 하는 선진 고전에는 어떻게 하면 신선이 되는지 그 임무나 역할이 무엇인지 등에 대한 자세한 설명은 존재하지 않는다. 사실상 후대의 신선술과 밀접한 관련이 있는 『장자莊子』의 진술이 정말 신선술인지도 확언하기 어렵다. 즉 진인眞人과 선仙의 관계도 『장자』 원문을 검토해 보았을 때 그리 명료하지 않다. 그럼에도 『장자』의 여러 사상과 선仙은 후일 매우 밀접한 관계를 가지게 된다. 뿐만 아니라 선仙의 의미도 여러 변화를 겪으며 구체적으로 변모된다.

2) 통신通神의 선仙

도교 성립가의 초기 도교 이론을 볼 수 있는 서적 중 가장 대표적인 것은 『태평경太平經』이다. 이 『태평경』에서는 어떻게 서술하고 있는지를 살펴보자.

『태평경』에 의하면, 우주는 본래 기氣로 이루어져 있고 거기에서 정精과 신神이 파생된다. 『태평경』의 설명을 직접 들어보자. 『태평경』에서는 태초太初에 대해 다음과 같이 형용하고 있다.

천지가 나누어지기 전 최초로 시작하였을 때에는 안으로는 위·아래 해와 달 삼광三光이 없어서 위 아래로 어두컴컴하였다. 어두컴컴하여 분별이 없었다. 비록 분별이 없었으나 그 안에는 절로 상하上下·좌우左右·표리表裏·음양陰陽이 있어 서로서로 버티고 있어서 분별이 없었다.[7]

그리고 이러한 상태를 원기元氣라고 부르며 『태평경』에서는 매우 자주 언급된다. 단지 이 원기는 천지가 나우어지기 이전이나 이후에나 존재하는 영원하며 최초이며 최후이고 어떤 의미로는 최고의 개념이라 볼 수 있다. 그리고 "기생정氣生精, 정생신精生神"의 구조로 천지만물과 사람을 설명한다. 즉 정기신精氣神의 구조로 우주와 그 안의 삼라만상을 설명하는 것이다. 그렇기에 다음과 같이 설명하고 있다.

천지의 사이 모든 사물에는 각기 스스로 정精과 신神이 존재한다.[8]

왜냐하면 기氣가 있으면 자연스럽게 정精이 생겨나고, 정精이 발생하면 신神이 생겨나기 때문이다. 그런데 위의 표현을 보면 마치 천지간天地間 만물萬物에만 이 논리가 적용되는 듯하지만 사실상 천지도 마찬가지이다. 왜냐하면 천지도 앞에서 말한 기氣에 의해 이루어진 것이기 때문이다.

그러므로 원기에는 원기元氣의 정신精神이 있다. 다시 말하면 원기元氣에는 원기의 신이 있다. 천지에는 천지의 신이 있다. 그런데 신은 비록 기氣에 의해 발생하지만 발생된 후에는 기氣와 정精을 통솔하고 관리한다. 단지 기氣가 쇠퇴하게 하면 결국 신神도 고갈되기 때문에 정기신의 협력이

---

7) 「三者爲一家陽火數五訣」天地未分, 初起之時, 內無有上下日月三光, 上下洞冥, 洞冥無有分理. 雖無分理, 其中內自有上下左右表裏陰陽, 具俱相持, 而無分別.
8) 『太平經』「辛部不分經」天地之間, 凡事各自有精神.

중요하다.

그런데 여기에서 중요한 것은 만물만사에 신神이 있다는 점이다. 원기元氣에도 신神이 있고 천지天地에도 신神이 있으며 사람에게도 신神이 있으며 사람의 백체百體에도 각기 신이 있어 관리를 한다. 즉 우주는 기氣로 이루어져 있으나 각처에 신神이 있어 기가 운용되고 관리 되는 것이다. 그리고 최고신이 있고 그 아래 신들의 조정朝廷이 있어 전체 우주를 움직이는 것이다.

이처럼 우주에 기氣가 충만하지만 마찬가지로 신神도 충만하다. 이것은 신神들 간間의 교류가 가능한 근거가 된다. 정기신精氣神으로 이루어진 사람이 타물他物의 신神과 교류할 수도 있다는 것이다. 더 나가 원기元氣의 신神 혹은 천지의 신神과의 교류도 가능하다. 그리고 자기의 직무를 제대로 이행하지 못해 파직된 신神이나 해를 끼치는 사신邪神과의 교류도 가능할 수 있다. 그렇다면 이러한 신神과 교류하는 사람이 존재하게 된다. 즉 통신자通神者이다. 이런 『태평경』에 의하면 매우 여러 명칭이 있지만 이런 자를 '선仙' 혹은 '선인仙人'이라 할 수 있을 것이다. 이 선인仙人을 등급에 따라 대략 다음과 같이 나눌 수 있다.

명칭	소통지신所通之神	비고
神人	元氣之神	그 神性은 元氣(之神)과 유사하지만 元氣之神과 달리 형태가 있다.
眞人	大地之神	그 神性은 大地(之神)과 유사하지만 元氣之神과 달리 형태가 있다.
仙人	四時之神	위와 같은 방식
道人	五行之神	위와 같은 방식. 도인은 미래와 길흉을 잘 안다 함.

이것은 매우 대략적인 것이다. 단지 여기에서 몇 가지를 알 수 있다. 사실상 원기지신元氣之神은 천제天帝 혹은 상제上帝라 불리우는 존재로서 최고신을 지칭한다. 그래서 『태평경』에 의하면 신인神人은 진인眞人 이하의 선인仙人이나 일반인도 경외敬畏하지만 원기지신元氣之神도 그를 존중하며 그 이하 신神들도 그를 경외한다고 한다.

뒤에서 살펴보겠지만, 이와 같은 선인관仙人觀 혹은 신선관神仙觀은 뒤에 다른 선인관仙人觀 신선관神仙觀으로 교체된다. 그렇지만 이 형태 그대로는 아니지만 통신지인通神之人을 숭배하던 관념은 현재 알려지기로 상대商代에 이미 유행하였다. 그렇다면 이런 사유 형태는 그 근원이 상대商代 혹은 그 이전부터 존재하였을 것이며 주대周代의 민간에 흐르던 것이[9] 한대漢代에 집성集成되었을 것이다. 그리고 이런 경향은 단지 중국뿐만이 아니라 아시아 더 나가 세계적인 경향을 보이며 우리도 마찬가지였을 것이다.

뿐만 아니라 후일 중국 도교의 선인관仙人觀 혹은 신선관神仙觀이 단학丹學을 통한 선인관仙人觀 혹은 신선관神仙觀으로 대세가 변모하지만 태평경류의 선인관仙人觀 혹은 신선관神仙觀이 사라진 것은 아니다. 도교 내부에 일부 전해져 내려오고 있으며 민간 도교에서는 상당한 세력을 가지고 있었다. 현재 중국 도교의 신 가운데 중국의 지역을 벗어나 다른 나라에게까지 영향력을 행사하는 마조媽祖는 송대宋代의 여인으로 출발점은 이무里巫였다고 한다. 즉 동네 통신자通神者이다. 그를 신선神仙 혹은 선인仙人으로 받들어, 송원명청 시기를 거쳐 현대에는 더욱 번성하고 있다. 뿐만 아니라 민간에서 통신자通神者를 '선仙' 혹은 '신선神仙'이라 지칭하는 경우는

---

[9] 현재 선진 죽간들이 대량 발굴됨에 따라 당시 일반적인 상황도 알 수 있게 되었다. 방술方術 혹은 통신通神 등의 전통이 선진에도 매우 풍부하게 존재하였음을 알 수 있다. 李寧 등의 연구를 참고하라.

현대에까지 내려오고 있다. 명청 시기 도교의 민간 교단에서는 이런 일이 더욱 흔했다고 알려진다.

그런데 이런 선인관仙人觀 혹은 신선관神仙觀은 선진 특히 『장자莊子』 혹은 『설문해자說文解字』 등의 설명과 차이가 있다.

우선 『태평경太平經』의 선인仙人 혹은 신선神仙은 기본적으로 신神의 전령傳令 혹은 전의傳意 더 나가 해설자解說者들이다. 『태평경太平經』의 주장에 의하면 『태평경太平經』의 내용은 모두 신의 뜻을 전해 기록한 것이다. 하나의 인용문을 살펴보자.

"여쭙습니다. 도가 참으로 마땅하고도 즐거이 실현한다고 하셨습니다. 어떻게 그것을 증명하실 수 있습니까?"
신인께서 대답하셨다. "나는 이 문서를 천상 여러 신들에게서 받았고, 여러 신들께서는 말씀해주셨다. 나는 음과 양, 바람과 비, 추위와 더위 등과 더불어 응한다고 들었다. 이것이 커다란 증험이다. …"[10]

일반적으로 육방진인六方眞人이라는 사람이 등장하여 질문을 하고, 천사天師 혹은 신인神人이라는 사람이 이에 대해 답변을 한다. 그런데 이 천사는 자기의 말을 하는 것이 아니라 위에서 보듯이 '제신諸神'이나 '천신天神'의 뜻을 전달해 주고 있다. 이런 점은 『장자莊子』 혹은 『설문해자說文解字』 등에 보이지 않는다.

다음의 특징은 더욱 중요하다. 이들은 인간사회 전반을 구제하거나 개혁하려 한다. 즉 선仙이 세속을 초월해 있거나 불개입하는 입장이 아니라, 세속에서 세속을 개혁하거나 구제하려 하고 있다. 그들은 나름의 이

---

10) 「明師証文延帝命法」請問, 夫道審當樂欲行, 何爲明效? 神人言, 吾受此文於天上諸神, 諸神言, 吾聞與陰陽風雨寒暑相應也, 以是爲大效.

론을 통해 신도를 모으고 어떤 신통술(?) 등을 동원하여 세상을 구제하려 하고 있다. 만일 세상이 그들의 말을 따라 개혁되면 그 결과 신들은 인간 세상에 태평기太平氣를 준다고 한다. 즉 신이 인간에게 주는 약속이다.

또 한 가지 특징을 꼽으라면, 위에서 일부 보이듯이 기氣·음양陰陽·오행五行을 중심으로 광범위하고 나름대로 치밀한 방술체계와 존재에 대한 해석 체계를 구축하고 있다는 점이다.

필자가 보기로는, 이런 영향은 중국의 태평천국의 기의起義에까지도 이르기까지 이어지고 있으며 지금도 존재하고 있다고 판단한다.

3) 외단外丹의 선仙

아마도 황건기의黃巾起義의 실패로 인해, 도교는 변화가 불가피하였을 것이다. 그리고 그 결과 새로운 선인관仙人觀이 발생한다. 갈홍葛洪 포박자抱朴子는 이런 입장을 대표한다고 볼 수 있다.

우선 선인仙人이란 무엇인가? 포박자의 말을 들어보자.

> 인간의 삶[人道]은 마땅히 다음과 같은 것이 이상[貴]이 된다. 맛있는 음식을 먹고, 가벼우면서도 따뜻한 옷을 입고, 높은 지위에 처하고, 눈은 잘 보이며 귀는 잘 들리고, 골절은 튼튼하고, 안색은 즐거우며 윤기가 흐르고, 늙어도 (기가) 쇠하지 않고, 장수하며 모든 일을 잘 처리하고, 왕래가 자유롭고, 추움 더움 바람 습기가 내 몸을 손상시키지 못하고, 모든 무기와 병원균이 나에게 침범하지 못하고, 근심이나 즐거움 비방과 칭찬이 부담되지 않는 삶을 누리는 것이다.[11]

---

11) 『抱朴子』「對俗」人道, 當食甘旨, 服輕暖, 處官秩, 耳目聰明, 骨節堅强, 顔色悅澤, 老而不衰, 延年久視, 出處任意, 寒溫風濕不能傷, 鬼神衆精不能犯, 五兵百毒不能中, 憂喜毀譽不爲累, 乃

연년익수延年益壽하여 장생구시長生久視하며 무병건강하여 욕망을 자유롭게 발휘할 수 있는 사람이 바로 선인仙人이다. 여기에서 보면 선인仙人의 사회적 기능에 대한 서술이 없다. 기본적으로는 개인이 영구적으로 안녕하며 능력이 발전하고 발휘되는 것[12]이다.

그렇다면 어떻게 선인仙人이 될 수 있는가? 외단外丹이라는 방법으로 선인仙人이 될 수 있다고 한다.

> 신선이란 약물藥物로 몸을 보양保養하고 술수를 사용하여 장수를 하며 안으로는 병이 발생하지 않게 하고 밖으로는 우환이 들어오지 않게 하며 비록 장구한 시간동안 활동을 하지만 죽지 않고 본래의 육체가 변하지도 않는다.[13]

이처럼 외재外在하는 약물을 복용하여 신선이 되는 것을 외단外丹이라 부른다. 포박자에 의하면 외단이 선인仙人이 되는 유일한 수단이다. 그렇다면 포박자 류의 선인仙人을 정리해 보자.

첫째, 인간의 능력을 극대화하고 실현하는 것이다. 즉 소극적으로 생명을 유지하는 것이 아니라 왕성한 생명력[命]을 만들고 그것을 유지하는 것은 선인仙人이라 한다.

둘째, 건강해지거나 연년익수延年益壽하는 방법은 여러 가지가 있으나

爲貴耳
12) 이에 대해서는 다음과 같은 포박자의 말을 참조해 보자. "모든 사람들이 분주하게 추구하는 것은 권세와 이익과 각가지 욕망들이다. (그런데) 만일 내 몸이 온전하지 못하다면 비록 고위 관직에 앉아 막강한 권력을 가지고 있고 태산만한 재산을 가지고 있고 아름다운 여자 천만명이 늘어서 있다 해도 내가 향유할 수가 없다.(凡人之所汲汲者, 勢利嗜欲慾也. 苟我身之不全, 雖高官重權, 金玉成山, 研艷萬千, 非我有也.)"
13) 『抱朴子』「論仙」若夫仙人, 以藥物養身, 以術數延命, 使內疾不生, 外患不入. 雖久視不死, 而舊身不改.)

그 효과는 제한적이며 선인이 되기 위한 유일한 방법은 외단外丹이다.

셋째, 사회저인 역할이나 기여보다는 개인의 안녕과 영구함이 기본 가치이다. 이점은 아마도 외단外丹이라는 이론보다는 당시 도교가 사회적 활동을 적극적으로 하기가 힘든 상황에 대한 적응으로 보이다. 그런데 이런 의미에서 선仙이 가지고 있는 사회에서 벗어나 초탈해 있다는 본래의 이미지에는 더욱 가까워졌다.

4) 내단內丹의 선仙

외단外丹을 통해 선인이 되는 조류는 상당기간 유지되다가 수대隋代 정도 때부터 내단內丹의 사유가 발생하고 당말唐末 이후 종려학파鍾呂學派에 의해 확립된 후 현재에 이르기까지 종단 도교의 정통이 되어 있다. '종려鍾呂'는 종리권鐘離權과 여동빈呂洞賓을 지칭한다. 내단內丹은 이들 일군一群의 도사들이 창시한 방법이다.

이미 앞에서 보았듯이 도교에서는 사람 더 나가 만물은 정기신精氣神으로 되어 있다고 여겨져 왔었다. 이점은 외단外丹 도교에서도 마찬가지이다. 단지 이 정기신을 외재하는 약물로 변화시키겠다는 것이다.

내단內丹에서는 이와 같은 관점을 바꾸었다. 약물은 외재하는 것이 아니라 인간 성명性命의 내부적 구조인 정기신精氣神에 내재하고 있다고 보는 것이다. 그래서 이것을 내단內丹이라 부른다. 즉 외재적인 약물이 아니라 내재적인 정기신을 수련하여 선인仙人이 되겠다는 이론이다. 그리고 이 방법만이 가장 확고하고 우수한 방법이라 여긴다. 이들도 일반적으로 입산수단入山修丹을 한다. 후일 성명쌍수性命雙修 중 우선성과 구체적인 수련법을 놓고 파별이 나누어지기는 하지만 기본적인 이론은 동일하다. 이런 이론은 송대宋代에 매우 유행하였고 후일 전진교全眞敎에서 흡수 계승하여 중국 도교의 정통이자 주류가 되었다. 물론 정통과 주류라는 말에는 비정통과 비주류가 존재하고 있었음도 내포한다.

그럼 내단 선인에 대해 정리해 보자.

첫째, 인간의 능력을 극대화하고 실현하는 것이다. 이 점에 대해서는 외단과 같다고 할 수 있으나 전진교 등 주류에서는 방중술 등이 배제된다. 즉 욕망에 대한 입장이 과거와 동일하다고 볼 수 없다.

둘째, 선인이 되는 유일하고 확실한 방법은 내단內丹이다.

셋째, 기본적으로는 외단과 마찬가지로 세속에 대해 초탈적이나 외단에 비해서는 친세속적이다.

5) 여론餘論

이미 위에서 말했듯이 내단학內丹學 혹은 내단술內丹術은 송대 이후 중국 도교의 정통과 주류가 되었다. 실제로 외단外丹은 상당히 쇠미해 진 것으로 보인다. 물론 소멸되지는 않았다. 그리고 내단이 중국 도교의 정통이 되었다는 것은 기본적으로 교단敎團 도교에 대한 것이다. 앞에서 설명한 『태평경』은 천사도가 되었다가 상청파가 되었고 그것을 계승한 모산파茅山派 도교가 존재할 뿐 아니라 현재까지도 그 후손들인 정일도正一道는 상당한 세력을 가지고 중국 도교를 양분하여 그 일부를 차지하고 있다. 그들은 아직도 신神 중심의 도교 이론을 가지고 있다. 뿐만 아니라 상당한 민단 도교들에서는 이런 경향이 강하게 보인다. 그들은 신탁이나 예언 신통력 혹은 술수들을 바탕으로 자기들을 유지하였다.

특히 청대淸代에 이르러 민단 도교들이 성행盛行하였고 이런 이론들이 다시 전진교에도 영향을 주었다. 다시 말하면 과거의 신 중심의 도교도 여전히 존재하고 있으며[14] 지금까지 내려오고 있으며 청대에는 매우 강력했다. 이 부분은 비교적 중요하다.

---

14) 사실상 외단이나 내단도 신과 절연한 것은 아니다. 도교는 도를 신앙하고 동시에 신을 신앙한다.

3 증산도 신선 사상 고찰

1) 신선의 개념

필자는 '신선神仙'이라는 개념으로 증산甑山 상제上帝를 분석해 보고자 한다. 이 논의를 진행하기에 앞서 증산甑山 상제上帝를 신선관으로 분석해도 되는지를 먼저 살펴보고자 한다.

증산도甑山道『도전』을 읽어 보면, 증산도 교리에는 유불도와 기독교 등이 모두 섞여 있음을 어렵지 않게 알 수 있다. 단지 섞여 있다는 것이 빈주賓主가 없다는 것을 의미하지 않는다. 유불도 기독교 중 무엇이 중산교甑山敎의 주主이고 무엇이 빈賓일까?

『도전』에 이에 대해 비교적 분명하게 논술되어 있다. 다음을 보자.

> 선도와 불도와 유도와 서도는 세계 각 족속의 문화의 근원이 되었나니, 이제 최수운은 선도의 종장이 되고, 진묵은 불도의 종장이 되고, 주회암은 유도의 종장이 되고, 이마두는 서도의 종장이 되어 각기 그 진액을 거두고, … 나의 도道는 사불비불似佛非佛이요, 사선비선似仙非仙이요, 사유비유似儒非儒니라. 내가 유불선 기운들 쏙 뽑아서 선仙에 붙여 놓았느니라.[15]

필자가 보기에 이 인용문은 매우 중요하다. 증산 상제가 스스로를 선도仙道에 분속시키는 내용은 다른 곳에도 보이나 그 성격까지 보여주는 것이 이 글이 제일 명료해 보인다.

---

15)『도전』 4 : 8 : 1~9

우선 마지막 구절인 "내가 유불선 기운들 쏙 뽑아서 선仙에 붙여 놓았느니라."에서 증산도가 선도仙道임을 선포하고 있다.

그러나 기존의 어떤 선도를 그대로 가져온 것이 아니라 유불 등의 장점을 모아 선교의 기본 가르침 위에 녹여 넣은 선도仙道이다. 필자가 "유불 등"이라 말한 것은, 증산 상제는 이마두 즉 마테오 리치[Matteo Ricci]의 천주학天主學까지 참조하고 있기 때문이다. 즉 증산도는 유불서儒佛西를 비교 참작하여 만든 선도仙道라고 볼 수 있다.

사실상, 증산도가 도교이던가 아니면 도교에 가깝다는 알 수 있는 자료는 매우 많다. 단지 두 가지는 매우 흥미롭다. 『도전』에서 보면, 증산 상제는 약방을 개설하여 생업을 하며 가르침을 전파하였다. 이것은 수많은 도사들의 행적과 유사하다. 그리고 또 한 가지는 증산 상제는 주문과 부적을 자주 사용하는데 이것 자체가 도교적일 뿐 아니라 부적에는 "급급여율령急急如律令"과 같은 도교 부적에서 사용하는 용어가 그대로 보이고 있다. 즉 매우 도교적이란 의미이다.

그렇다면 증산 상제는 선도 즉 도교의 인물이고 아울러 우선 그를 '대선인大仙人'으로 간주해야한다. 이런 이유로 증산甑山 상제上帝를 도교 신선의 개념으로 분석하는 것은 정당하다고 생각하며, 그것은 기본적으로 증산도의 신선관神仙觀이라 할 수 있을 것이다.

우선 『도전』 어디에서도 성명性命에 대한 수련을 다루고 있는 글은 없다. 더욱이 외단성선外丹成仙의 이야기도 없다. 이 점은 증산도의 신선관이 '외단' '내단'과는 별로 관계가 없다는 것을 의미한다. 즉 단도丹道에 의한 신선神仙이 아니다. 그런데 이 점은 상당히 흥미로운 부분이다. 삼국시대를 발굴 자료를 보면 외단술外丹術이 이미 한반도에 전래되었던 듯하며, 아울러 내단술內丹術도 들어왔던 듯하다.[16] 그리고 조선시대에 와서는 조

---

16) 종려학파에 속하는 金可紀가 신라로 들어왔다가 중국에 가서 신선이 되었다고 전해진다.

선초부터 내단술內丹術이 전래되었을 뿐만 아니라 유학자儒學者들도 이에 대해 상당히 긍정적이었던 것으로 보인다.[17] 그리고 민간에서도 많은 수련자가 있었던 듯하다. 그럼에도 『도전』에는 단학丹學의 흔적이 보이지 않는다. 그렇다면 증산도의 성선成仙은 단학과 관련이 없다고 보아야 할 것이다. 즉 이전의 신선관과는 변화가 있는 것이다.

일반적인 설명에 의하면, 증산 상제는 1901년 모악산에 있는 대원사에 들어가 수도를 하여 성도成道를 하여 9년간 이적을 보이고 천지공사를 하며 전도를 하고 인간의 모든 병을 대속하여 선거仙去하였다.

그런데 『도전』의 묘사에 의하면 증산 상제는 상제가 하범下凡한 것이다. 즉 인간세계로 내려온 상제上帝이다. 그래서 그를 증산甑山 상제上帝라고 부르는 것이다. 사실상 "인간세계로 내려온 상제上帝"는 매우 많은 이론적 설명을 필요한 서술이다. 단지 『도전』은 이론서라기보다는 이적과 말씀의 기록으로 이루어져 있어 이 점은 학자들의 해석을 필요로 할 것이다.

『도전』에는 흥미로운 기록이 보인다.

> 어느 해인가 하루는 상제님께서 오랜만에 고향에 가시니 마침 당고모의 혼례일이라 집안의 남녀노소가 많이 모였는데, 상제님께서 들어서시자 친척들이 모두 반가이 맞으며 말하기를 "어이 일순이, 너 본 지 오래구나. 듣자니 너는 비상한 조화를 부린다던데 우리는 전혀 보지를 못했으니, 오늘 너 잘 만났다. 어디 그 술법 좀 구경 좀 하자꾸나!" 하시거늘 … 사람들이 혼비백산하여 "아이구, 제발 거두게!" 하며 바닥에 엎드려 고개를 들지 못하니라. …[18]

과거에는 전설로 여겨졌으나 현재 그의 비문이 발견되면서 사실이었음이 밝혀졌다. 그렇다면 『영보필법』을 위시로 한 내단 수련법이 우리나라에 들이와 전래되었다는 것을 알 수 있다.
17) 이것은 주자 등 송대 유자들이 내단內丹을 익히는 경우가 많았던 것과 관련이 있을 것이다.,
18) 『도전』 4:137:1~15

위 글을 볼 때, 아마도 강증산 – 즉 증산 상제 – 이 어렸을 때에는 특별한 이적이 없었던 듯하다.[19] 그리고 이런 추측이 맞다면 증산 상제가 이적을 보이고 새로운 주장을 한 것은 성도成道이후이거나 그 이전 어떤 시점 이후부터일 것이다. 그렇다면 '상제하범上帝下凡'은 두 가지 방법으로 해석할 수 있을 것이다.

첫째, 상제上帝가 강일순姜一淳으로 태어나 비범함을 숨기고 있다가 어느 때부터인가 능력과 가르침을 나타낸 것이다.

둘째, 강일순姜一淳이 어느 순간부터 상제上帝가 된 것이다. 즉 그 어느 시점부터 '상제하범上帝下凡'이 된 것이다. 그 때부터가 '증산甑山 상제上帝' 혹은 '상제上帝님'인 것이다.

필자는 두 번째의 가능성이 보다 크다고 생각한다. 만일 그렇다면 그 때의 강증산姜甑山은 그야말로 신선神仙이다. 내면으로는 신神이고 외면으로는 선仙인 신선神仙이라 할 수 있다. 그렇다면 이런 선인관仙人觀은 기본적으로 『태평경太平經』에 보이는 선인관과 유사하다. 만일 첫 번째의 해석을 따른다면 비록 매우 많은 설명 거리가 존재하지만 그것을 접어두고 사실로 인정한다면 비록 동일하지는 않지만 마찬 가지로 한말漢末 도교의 작품인 『노자상이주老子想爾注』의 내용과 비슷하지만 그럼에도 차이가 존재한다.

어떤 입장을 취하던 신神이 육체를 가진 인간을 통해 이적과 교설을 전파하고 있다는 것은 부정할 수 없다. 그렇다면 역시 일종의 '통신通神의 선인관仙人觀'이라 볼 수 있다.

단지 여기에서 몇 가지를 더 논의해 보자.

우선 일반적인 통신通神이라기 보다는 상제하강上帝下降과 강일순姜一淳의 몸에 머물고 있다는 점이다. 물론 『도전』에 의하면, 잠잘 때는 다시

---

19) 태어날 때부터 특이한 현상은 있었다 한다.

하늘로 올라가서 업무를 본다고 하니 '상주常住'라 할 수는 없지만 생활 시 강일순姜-淳이 필요에 따라 상제上帝를 부르거나 묻는 형식이 아니다. 즉 강일순姜-淳이 바로 상제上帝이다. 이 내용은 『도전』의 여러 곳에 보인다. 이럴 때 강일순姜-淳이 바로 '증산甑山 상제上帝' 혹은 '상제上帝님'이다.

또 한 가지, 필자의 주장은 증산도의 선인관仙人觀이 『태평경太平經』과 기본적인 면에서 상통相通하고 닮았다는 것이지 『태평경太平經』에서 근원하였다거나 그 영향하에서 형성되었다는 것은 아니다. 그것은 불가능하다. 당시 『태평경太平經』은 읽을 수도 없었다. 필자기 보기에, 당시 민간 중국 도교 및 일부 도교 유파와 분명 관련이 있을 것이며, 우리나라 고래 古來의 사상과도 관련이 있을 것이며, 구한말舊韓末 우리의 상황 혹은 현실과도 밀접한 관련이 있을 것이다. 이것들이 복잡하여 얽혀서 이와 같은 신선관神仙觀을 형성하였을 것이다.

2) 신선의 능력

『도전』에는 심심치 않게 '천조天朝'란 어휘가 보인다. 하늘에 있는 조정朝廷이란 의미이다. 이 표현은 갑골문과 『태평경太平經』 등에 보이는 '제정帝廷'과 거의 동일한 개념으로 보인다. 즉 국가정부에 공무원 조직이 있듯이 하늘에도 공무원 조직이 있으며 그 최고봉에 상제上帝가 있다. 그렇다면 상제上帝 이하의 신神들은 모두 상제上帝의 명命을 받들어 행사를 하게 된다.

더욱이 증산甑山 상제上帝는 상제친림上帝親臨의 상태이다. 신들이 어찌 그의 명을 받들지 않을 수 있겠는가! 이것이 증산 상제의 기본적인 능력이다.

여기에서 한 가지는 매우 중요하다. 『도전』에 의하면, 모든 곳에 신神이 있다. 『도전』의 설명을 들어보자.

> 상제님께서 말씀하시기를 "천지간에 가득 찬 것이 신神이니, … 신이 없는 곳이 없고 신이 하지 않는 일이 없느니라."하시니라.[20]

이 설명에 의하면 만사만물萬事萬物에 신이 있다. 그러므로 인체에도 수많은 신이 있으며 산천에도 신이 있을 것이다. 그렇다면 이런 신들은 기본적으로 천조天朝의 명을 받들 것이다. 그렇다면 결국 상제의 명命에 따를 수밖에 없을 것이다. 결국 신선神仙의 능력이란 이 귀신들을 움직이는 능력이다. 증산甑山은 상제上帝이기 때문에 어떠한 신선보다도 능력이 크다고 보아야 한다.

사실상 『도전』에서는 모든 일이 이루어짐에 귀신의 도움이 필요함을 여러 곳에서 강조하고 있다. 그 중 한 설명을 들어보자.

> 말씀하시기를 "산 사람이 일을 한다고 해도 신명이 들어야 쉽게 되느니라."[21]

또 다음과 같이 말하고 있다.

> 천지개벽을 해도 신명 없이는 안 되나니 신명이 들어야 무슨 일이든지 되느니라. 그 때 그 때 신명이 나와야 새로운 기운이 나오느니라.[22]

---

20) 『도전』 4 : 62 : 4~6
21) 『도전』 4 : 96 : 9
22) 『도전』 4 : 48 : 1~2

여기에서 신명은 '신명神明'이다. 즉 천지신명天地神明의 신명이니 귀신鬼神을 지칭한다. 범사에 신명이 있으니 그의 도움이 있어야 일이 이루어진다는 것이다.

그런데 매우 흥미로운 설명이 보인다. 『도전』의 설명을 들어보자.

> 정미년에 하루는 호연이 "사진이나 박을 줄 알면 내 사진이라도 박을 텐데, 왜 그런 재주가 없어요?" 하고 투덜거리니, … 말씀하시기를 "그것도 다 이치가 있어야 하지, 모든 일이 이치 없이는 못하는 것이다." 하시니라.[23]

이 말에 의하면, 세상의 일이 귀신의 도움이나 능력만으로 되는 것은 아니다. 더 나가 상제上帝의 의지로만 이루어지는 것도 아니다. 거기에는 그럴 만한 이치 즉 이理가 있어야 한다. 그리고 문맥의 흐름이나 전체적인 내용으로 볼 때, 이 이理는 상제上帝나 귀신鬼神이 만든 것이 아닌 그보다 선재하는 어떤 것인 듯하다.

그렇다면 신선의 능력도 이 이理의 한계 안에서 이루어질 것이다. 단지 이 이理가 허용하는 한에서는 상제와 귀신의 능력과 의지에 따라 세상을 바꿀 수 있을 것이다. 이것이 신선神仙의 능력이다.

여기에서는 단지 증산甑山 상제上帝에 대해서는 논의하였으므로 그 능력은 광대하여 거의 무소불능으로 보일 것이다. 단지 『도전』에 보면 부적으로 신명神明을 불러 통신을 하게 해주는 장면이 나온다. 그렇다면 그도 신선神仙의 반열에 오를 것이다. 그 이후 그의 능력에 대한 자세한 기술이 나오지는 않지만 그의 능력은 그 신명의 능력에 비례할 것이다. 상제와 비교가 되지 않을 것이다.

---

23) 『도전』 4 : 84 : 1~4

즉 통신의 대상에 따라 능력의 광협고하廣狹高下가 결정될 것이다.

3) 신선의 공능

신선은 사회에 어떤 공능功能을 가지는가? 우선 『도전』의 말을 들어보자.

> 하루는 여러 성도들을 앞에 놓고 말씀하시기를 "최수운이 성경신이 지극하기에 내가 천강서天降書를 내려 대도를 열게 하였더니, 수운이 능히 대도의 참 빛을 열지 못하므로 그 기운을 거두고 신미년[24]에 직접 강세하였노라."[25]

그렇다면 여기에서 대도를 열게 한다는 것은 무엇을 의미하는가? 다시 『도전』의 말을 들어보자.

> 하루는 상제님께서 말씀하시기를 "내가 이 공사를 맡고자 함이 아니로되 천지신명天地神明이 모여들어 '상제님이 아니면 천지를 바로잡을 수 없다' 하므로 괴롭기는 한량없으나 어찌할 수 없이 맡게 되었노라." 하시었다.[26]

결국 천지를 바로잡는 공사를 하고자 하는 것이다. 여기에서 천지를 바로잡는 공사란 무엇을 의미하는가? 다시 『도전』의 말을 들어보자.

---

24) 1871년은 증산 상제의 탄생년이다.
25) 『도전』 4 : 9 : 1~2
26) 『도전』 4 : 155 : 1~2

증산 상제님은 후천개벽 시대를 맞아 인간으로 강세하시어 인존시대 人尊時代를 열어주신 통치자 하느님이시니라. 상제님께서 신축년 음력 7월 7일에 성도하시고 조물로 하느님으로서 대우주 일가一家의 지상 선경仙境을 여시기 위해 신명조화정부神明造化政府를 세우시니 선천 상극 세상의 일체 그릇됨을 개혁하시어 후천 오만년 선경세계를 건설하시고 억조창생의 지각문知覺門을 열러 주시어 불로장생의 지상낙원에서 영생케 하시니라. 이에 기유까지 9년 동안 천도天道와 인도人道와 신명계神明界의 대개벽 공사를 행하시니라.[27]

여기에서 여러 가지를 읽어 낼 수가 있다. 우선 증산 상제에게 있어서, 신선神仙이란 천지를 세우는 공능을 가지고 있으며 그것을 우주를 다시 개벽하는 것이며 인간세계를 선경仙境으로 바꾸어 주는 것이다.

소극적으로 산중에 거하거나 하늘에서 세상을 바라보는 것이 아니라 천지신명의 뜻에 따라 세상에 나와 세상을 혁신시키는 공능이 있다. 비록 신명을 대표하지만 실상은 매우 입세적入世的이며 인간 생활에 매우 강한 관심과 연민을 가지고 있다.

『도전』에 보면 상당히 많은 내용이 천지공사天地公事를 하였다는 것이다. 그것은 바로 "천도天道와 인도人道와 신명계神明界의 대개벽"을 이루어 5만 년간의 선경을 만드는 작업이다.

이러한 우주를 바꾸는 큰 일 뿐만 아니라 인간에 대한 연민 관심 그리고 사랑은 『도전』 곳곳에 보인다. 그리고 더 나가 한민족 단군 후손들에 대한 사랑도 여러 곳에 보인다. 이것은 한민족이 가진 업보와 관계가 있다고 설명하고 있다.

물론 모든 신선이 증산 상제와 같은 능력과 공능이 있지는 않을 것이

---

27) 『도전』 4:, 1:1~6

다. 그러나 전반적인 내용을 볼 때 신선은 세속을 떠나 초연하게 존재하는 어떤 것이 아니라 세속에 관심을 가지고 법술 등으로 세상을 바꾸는 역할을 하는 존재이다. 물론 세상을 바꾸는 것은 천도와 인도에 근거하고 신명의 도움을 받아야 한다.

4 증산도 신선 사상에 대한 평가

증산도 신선 사상에 대해 평가를 하기에 앞서 증산도 이전 재래 사상과의 대략적인 비교를 한 번 해 보자.

증산도와 단학丹學 도교와는 매우 다르다. 우선 성선成仙의 방법이 다르고 신선神仙 능력이 발생하는 이유도 다르며 사회적 공능도 다르다. 그러므로 여기에서는 다루지 않겠다.

한대漢代 도교인 『태평경太平經』과 비교해 보면, 매우 많은 유사한 점이 있다. 가장 큰 차이점은 상제하강上帝下降의 내용이나 이것도 크게는 통신通神의 범위에 들어갈 수 있을 것이다. 이 점 이외에 신선神仙 능력이 발생하는 이유와 능력의 범위에 대한 이론들은 『태평경太平經』과 거의 흡사하다. 뿐만 아니라 인간세계에 대한 관심과 개혁 더 나가 혁명하려는 의지 등도 『태평경太平經』과 별반 차이가 없다. 구체적인 내용에 들어가 차이가 있을 뿐이다. 그러므로 증산도 신선 사상은 거칠게 보면 『태평경太平經』류의 신선 사상이라 볼 수 있을 것이다.

여기에서 천주학과 잠시 비교를 해 보자. 왜냐하면 이마두 즉 마테오 리치Matteo Ricci의 천주학天主學을 참조하였기 때문이다. 다음 두 가지는 비교적 중요한 듯하다.

첫째, 증산 상제上帝와 예수를 비교하면 - 상제上帝가 곧 하느님이라면 - 증산 상제가 한 등급 위라고 보아야 할 듯하다. 왜냐하면 증산은 상제이고 예수는 상제의 명을 듣고 따르는 아들이기 때문이다. 물론 복잡하게는 삼위일체 등을 논해야 할 것이나 크게는 이럴 것이다. 그러나 증산 상제上帝가 성립하기 위해 혹은 해명하기 위해 매우 많은 이론적인 문제들이 있을 것이다.

둘째, 상제上帝와 천주교 하느님을 비교해 보자. 필자가 보기로는 천주교 하느님의 이론적인 능력 범위가 더 크다고 느껴진다. 왜냐하면 우주를 창조하고 항상 자유로우면 무소불지 무소불능한 방면, 상제는 신명들의 여론도 살펴야 하며, 상제의 마음대로 되지 않는 이치[理]라는 것이 있기 때문이다. 상제도 그것에 의거해야만 일을 할 수 있다. 앞에서 살펴본 대로 천지공사란 단순한 상제의 의지와 선택이 아닌 상제의 의지와 천지신명들의 동의나 의지에 의하고 이理에 근거하여 이루어지는 일들이다. 만일 기독교라면 그런 방식으로 일을 하지는 않았을 듯하다.

왜 이런 현상이 벌어졌을까? 필자가 보기에는 앞의 인용문이 이에 대해 답을 줄 수 있을 것이다. 다시 한 번 들어보자.

> 선도와 불도와 유도와 서도는 세계 각 족속의 문화의 근원이 되었나니, 이제 최수운은 선도의 종장이 되고, 진묵은 불도의 종장이 되고, 주회암은 유도의 종장이 되고, 이마두는 서도의 종장이 되어 각기 그 진액을 거두고, … 나의 도道는 사불비불似佛非佛이요, 사선비선似仙非仙이요, 사유비유似儒非儒니라. 내가 유불선 기운들 쏙 뽑아서 선仙에 붙여 놓았느니라.[28]

위 인용문에 의하면 증산도는 선도의 기초위에 유불과 천주교의 장점 혹은 정화를 취하여 만들어 놓은 신선도新仙道이다. 단지 필자가 『도전』을 거칠게나마 통독한 후 느낀 것은 구체적인 불교의 영향은 별로 보이지 않았다. 구체적으로는 유학 구체적으로는 주자학의 영향이 비교적 많

---

28) 『도전』 4 : 8 : 1~9

고 사이사이 천주학의 영향이 보이는 듯하다. 이 이외 역학易學29)의 영향도 적지 않게 보인다.

사실상, 유도불합일 사상은 후기 도교의 큰 특징이기도 하다. 만일 중국 후기 도교와 비교한다면 유학의 영향은 상대적으로 작다고 볼 수 있다. 그러나 조선의 특징인 주자학과 비교한다면 영향력의 대소는 쉽게 말할 수 없을 것이다.

유학의 민본 사상은 선말 더욱 강화되는 분위기였고 이理의 중요성은 당시 조선인에게 일종의 상식이었을 것이다.

그렇다면 증산도의 신선관은 선말의 조선 상황에서 유불과 천주교 등을 종합하고 개선하여 창출한 것이라 볼 수 있을 것이다.

이런 특징은 우주의 주재자는 상제上帝와 단군의 후손이라는 증산甑山 상제의 말이 서로 모순되지 않고 어우러져 있다고 보아야 할 것이다.

---

29) 특히 상수역학과 일부 역학의 영향이 강하게 보인다.

5 결론

『도전』에 보면 '원시반본原始返本'이란 어휘가 자주 등장한다. 근본으로 돌아간다는 의미이다. 필자가 보기에, 증산도의 여러 사상들을 연구하면 그 연원淵源이 있고 줄기가 있을 것이다. 여기에서 연원과 줄기를 조금 멀리까지 살펴보면, 『태평경太平經』류의 사고와 유불의 사고 그리고 천주교의 사고 등이 있을 것이고 좀 더 가까이 살펴보면 주자학과 상수역학 그리고 김일부의 역학 등이 있을 것이다.

그러나 정말 다시 '원시반본原始返本'을 해 본다면 민족 고유의 사상과도 밀접하게 연관이 있을 것이다. 만일 민족 고유의 사고에 이런 사유가 없었다면 증산도는 성립조차 어려웠을 것이다. 이미 앞에서 말하였듯이, 『태평경太平經』이 아니라 『태평경太平經』류의 사고는 상대商代의 갑골문에 널리 보이고 뿐만 아니라 아시아 전역에서도 보인다. 우리도 마찬가지였을 것이다. 그것은 바로 『도전』에서 자주 언급하는 '신도神道' 문화이다. 이 신도 문화는 - 필자가 보기에 - 증산학의 핵심이라 보여진다. 그리고 신선관을 포함한 여타의 모든 것은 이 신도 문화를 어떻게 전개하느냐에 따라 파생되는 문제라고 보여진다.

『도전』을 잠시 읽어 보자.

> … 동방의 조선은 본래 신교神敎의 종주국으로 상제님과 천지신명을 함께 받들어 온, 인류 제사 문화의 본고향이니라. … 상제님께서 원시반본原始返本의 도道로서 인류 역사의 뿌리를 바로잡고 병든 천지를 개벽開闢하여 인간과 신명을 구원하기 위해 이 땅에 인간으로 강세하

시니라. …30)

이 이야기는 『태평경太平經』류의 사고는 우리 조선의 고유한 사고일 뿐 아니라 세계에서 가장 잘 지키는 민족이기에 이 땅에 강세하였다는 것을 알려 주고 있다. 그리고 원시반본原始返本의 도道는 결국 '신도神道'를 지칭할 것이다. 즉 고유의 사고가 시기가 되자 증산도를 탄생시킨 것이다. 그렇다면 그 이유는 무엇인가? 바로 "인류 역사의 뿌리를 바로잡고 병든 천지를 개벽開闢하여 인간과 신명을 구원"하기 위함이다. 그러나 그것은 그냥 이루어지는 것이 아니다. 이미 앞에서 살펴보았듯이 많은 요소의 결합으로 새로운 선경仙境을 열 수 있는 것이다.

그것을 이루기 위해, 상제가 친히 강세한 것이다. 이처럼 인류와 신명을 구원하기 위해 신도를 행하는 사람을 증산도에서는 신선神仙 즉 선인仙人이라 하는 것이다.

신선 혹 선인은 단순한 예언가도 아니고 신통력을 가진 대인물도 아니다. 예언도 하고 신통력을 보이기도 하지만 궁극적으로는 병든 천지를 개벽하여 조화선경造化仙境을 만드는 주역이다. 즉 어떤 의미로 인간과 신명들에게 새로운 운명과 생명을 부여하는 창조자이다.

---

30) 『도전』 1 : 1 : 6~8

참고문헌

- 『道典』
- 『字源』李學勤 主編, 天津古籍出版社, 天津, 2013
- 『莊子』사부비요본
- 『太平經』중화서국본
- 『抱朴子』사부비요본
- 『漢語大辭典』羅竹風 主編, 上海辭西出版社. 上海, 1986
- 『莊子』사부비요본

삼선仙 후천개벽

후천개벽과 천지굿
· 원정근 ·

선후천과 개벽
· 양재학 ·

홍익인간과 상생
· 황경선 ·

이제 온 천하가 큰 병大病이 들었나니

내가 삼계대권을 주재하여

조화造化로써 천지를 개벽하고

불로장생不老長生의 선경仙境을 건설하려 하노라.

나는 옥황상제玉皇上帝니라.

- 『도전』 2:16:1-3 -

후천개벽과 천지굿
-신명풀이를 중심으로-

원정근
상생문화연구소

1. 후천개벽과 풀이문화
2. 신명풀이란 무엇인가
3. 천지판과 신명풀이
4. 천지굿과 신명풀이
5. 신명풀이의 의의

> 필자 약력

원정근

고려대학교 철학박사.
현재 상생문화연구소 연구위원.

주요 논저
『도가철학의 사유방식-노자에서 노자지귀로』
『도와 제』
『진묵대사와 조화문명』,
『충의의 화신 관우』
「곽상 천인조화관의 연구」
「위진현학의 자연과 명교의 논쟁」
「왜 천지공사인가」
「증산도의 조화관-동학의 조화관과 연계하여」

1 후천개벽과 풀이문화

19세기 말 조선 후기는 대내외적으로 모순과 부조리가 판치는 혼란한 시대였다. 대내적으로는 조선 왕조의 정치적 무능과 부패로 인하여 민중의 삶이 도탄에 빠졌으며, 대외적으로는 세계열강의 제국주의적 침탈과 야욕에서 벗어나지 못하고 있었다. 이 시기에 조선의 민중들은 힘겹고 고달픈 일상생활 속에서 허덕이고 신음하면서 새로운 세상을 꿈꾸었다. 그들이 꿈꾸던 세상은 인간의 삶을 옥죄고 옭아매는 올가미에서 벗어나서 신명나고 신바람나게 살 수 있는 아름다운 세상이었다. 가진 것 없고 힘없는 민중들은 살얼음판처럼 위태로운 세상 속에서 온 생명이 오순도순 살아가면서 덩실덩실 춤추고 즐겁게 노래할 수 있는 그야말로 살맛나는, 살판나는 세상을 바란 것이다.

19세기 후반, 신명나는 세상을 갈구하던 조선 민초들의 열망에 부응하여 동학과 참동학의 개벽사상이 등장한다. 그 대표적인 것이 수운水雲 최제우崔濟愚(1824-1864)의 '다시 개벽'과 증산甑山 강일순姜一淳(1871-1909)의 '후천개벽後天開闢'이다. 개벽세상을 꿈꾸는 이들은 온 생명이 살고 있는 판에 대한 새로운 이해를 모색한다. 인간과 사회뿐만 아니라 우주 그 자체를 거대한 하나의 판으로 보고, 그 판에서 벌어지고 있는 문명에 대한 새로운 인식과 발상의 전환을 기획한다. 기존의 천지와 문명은 대립과 투쟁의 상극 질서가 난무하는 죽임의 난장판이기 때문에 나도 살고 남도 살리는 상생 질서로 연결된 살림의 축제판으로 새 판짜기를 시도하지 않을 수 없다는 것이다. 그리하여 조선 후기의 선각자들은 천지와 인간과 문명을 따로 또 하나로 융합할 수 있는 신세계의 새 판을 만들기 위한 노력을 기울인다. 이런 판에 대한 이론은 19세기 조선 후기문화의 참신한 발상이다.

개벽세상의 새 판을 짜기 위한 방안으로 대두되는 것이 풀이문화이다. 풀이란 말은 말 그대로 응어리진 것을 푸는 것을 뜻한다. 죽임의 기운을 풀어서 살림의 기운으로 전환하려는 것이 바로 풀이문화의 근본특성이다. 모든 생명은 우주라는 하나의 커다란 판 속에서 상호 유기적 연관성을 맺고 있다. 문제는 우주라는 거대한 판 안에서 살아가는 온 생명이 그 생명의 창조적 변화작용을 제대로 발현하지 못할 때 각 개체생명끼리 상호 충돌과 대립을 빚을 수밖에 없다는 사실이다.

조선 후기 한국사상사에서 그 누구보다도 '신명풀이'[1]에 주목한 이는 바로 증산 상제다. 증산 상제는 우주라는 거대한 판을 새롭게 짜기 위해서는 천지만물의 조화작용을 수행하는 신령스러운 힘을 지닌 신명의 질서를 재편하는 것이 무엇보다 중요한 과제임을 자각한다.[2] 그렇다면 왜 신명의 질서를 다시 짜지 않을 수 없는가? 증산 상제는 신명의 질서를 새롭게 개편함으로써 생명 상호간의 갈등과 대립으로 응어리진 원한관계를 풀어버림과 동시에 생명 안에 깃들어 있는 신명의 무궁한 변화작용을 풀어내려고 한다.

증산 상제의 신명관이 독창성을 지니는 이유는, 기존의 천지신명과 인간신명에다 문명신명을 제기하고 있다는 점이다.[3] 증산 상제는 천지와 인간과 문명을 신명의 관점에서 하나로 융합하려고 한다. '신명풀이'가 바로 그것이다. 신명풀이는 '신명神明의 원한寃恨'을 풀어버림으로써 '신명神明의 조화造化'를 풀어내려는 것이다. 신명풀이는 두 가지 차원에서 이루어진다.

---

1) 기존의 신명풀이에 대한 논의는 주로 연행예술의 심미적 특성을 중심으로 이루어졌다. 하지만 신명풀이는 단순히 심미적인 기능만을 수행하는 것은 아니다. 그 연행 환경을 감안할 때, 사회적, 윤리적, 종교적 기능을 함께 수행한다고 볼 수 있다. 그러므로 신명풀이의 예술적 측면도 중요하지만 신명풀이의 사상적 측면도 소홀히 할 수 없다.(허원기, 『판소리의 신명풀이 미학』, 서울: 박이정, 2001, p. 15.)
2) 허원기, 앞의 책, p. 223.
3) 허원기, 앞의 책, p. 225.

신명의 원한을 풀어내는 '원한풀이'와 신명의 창조적 변화작용을 풀어내는 '조화풀이'[4]다.

아래에서 우리는 증산 상제의 신명풀이를 네 가지 측면으로 나누어 검토하려고 한다. 첫째, 신명이란 무엇이며 풀이란 무엇인가. 그리고 신명풀이란 무엇인가. 둘째, 신명풀이가 일어나는 천지판은 어떤 판인가. 셋째, 신명풀이를 위한 천지굿은 어떤 굿인가. 신명풀이의 천지굿은 언제 어디에서 어떻게 이루어지며, 궁극적으로 무엇을 지향하는가. 넷째, 신명풀이의 의의는 어디에 있는가. 이런 논의를 통해, 우리는 신명풀이가 자연과 인간과 문명을 새로운 차원으로 변화시켜 온 생명이 자유롭게 살아갈 수 있게 하는 개벽세상을 여는 원동력임을 밝히고자 한다.

---

4) 조용일, 『동학조화사상연구』, 서울: 동성사, 1990, p. 48.

2 신명풀이란 무엇인가

우리 민족은 예로부터 신명이 있는 민족이라고 한다. 우리네 일상생활에서 신명이란 말은 매우 다채롭게 쓰인다. "천지신명께 비나이다", "신명이 내렸네", "신명이 지폈네", "신명나게 춤추세", "신명나게 노래하세", "신명나게 놀아보세", "신명나게 일하세" 등이 그것이다. 신명이란 개념은 종교제의의 신격, 민속예술의 연행현장, 놀이판, 노동판 등 인간활동의 다양한 영역에서 사용하는 말이다.[5]

고대 중국에서 신명은 크게 세 가지 의미를 지니고 있다. 첫째, 천지 사이에 존재하는 모든 신을 말한다. 인간 밖에 존재하는 신앙의 대상으로서의 신격을 말한다. 『춘추좌전』 「양공14년」에 "백성이 자기의 군주를 받들되 부모와 같이 사랑하고 일월처럼 숭앙하며 신명처럼 공경하며 세찬 천둥소리와 같이 두려워한다면, 어찌 내쫓을 수 있겠는가?"[6]라고 하였다. 둘째, 인간의 오묘한 마음을 말한다. 『순자』 「해폐」에 "마음은 형체의 군주요, 신명의 주인이다."[7]라고 하였다. 셋째, 신명은 천의 얼굴처럼 갖가지로 변화하는 온갖 사물의 변화작용이 너무도 오묘하여 우리의 감각이나 지각으로는 도저히 헤아리기 어렵다는 뜻을 담고 있다. 공영달孔穎達은 『역』 「계사하」에 나오는 '신명神明의 덕德'에 대해 주석을 달면서, "만물이 변화함에 생겨나기도 하고 이루어지기도 하는데, 신명의 공덕이다."[8]라고 말한다.

---

5) 한양명, 「민속예술을 통해 본 신명풀이의 존재양상과 성격」, 『비교민속학』 제22집, 2002, p. 277.
6) 楊伯峻 編著, 『春秋左氏傳注』, 北京: 中華書局, 1983, p. 1016. "民奉其君, 愛之如父母, 仰之如日月, 敬之如神明, 畏之如雷霆, 其可出乎?"
7) 王先謙, 『荀子集解 下』, 北京: 中華書局, 1988, p. 397. "心, 形之君也, 神明之主也."
8) 『十三經注疏 上冊』, 北京: 中華書局, 1996, p. 89. "萬物變化, 或生或成, 是神明之德."

• 원정근

　신명神明이란 신에 명이 덧붙여져 이루어진 말이다. 신명에서 신은 천지 사이에 존재하는 모든 신을 총칭하는 것이고, 명은 만물을 주재하는 신의 창조적 변화작용이 한 치의 오차도 없이 명백하게 구현된다는 것을 강조하는 말이다.9) 신명은 신의 존재와 작용을 동시에 일컫는 말이다. 신과 신명을 신령神靈이라고 달리 표현하기도 한다. 신령은 신의 영명함을 더욱 강조하는 말이다. 따라서 신과 신명과 신령은 모두 신의 존재와 작용을 강조한다는 측면에서 같은 의미를 다르게 표현하는 것에 지나지 않는다.

　증산도에서 신명은 크게 세 가지로 나누어 볼 수 있다. 천지의 신명과 인간의 신명과 문명의 신명이다. 천지의 신명은 천지만물의 운행과 변화를 관장하는 신명을 말한다. 증산 상제는 "천지간에 가득 찬 것이 신(神)이니 풀잎 하나라도 신이 떠나면 마르고 흙 바른 벽이라도 신이 떠나면 무너지고, 손톱 밑에 가시 하나 드는 것도 신이 들어서 되느니라. 신이 없는 곳이 없고, 신이 하지 않는 일이 없느니라."(『도전』 4:62:4-6)10)고 한다. 모든 일은 신명의 힘으로 이루어진다. 이 세계에 존재하는 모든 것은 신명의 조화작용에 의해서 생겨나고 변화하기 때문에 신명이 없다면 그 어떤 경우에도 생명의 창조적 약동이 이루어질 수 없다. 이런 의미에서, 증산 상제는 "천지개벽을 해도 신명 없이는 안 되나니, 신명이 들어야 무슨 일이든지 되느니라. 내 세상은 조화의 세계요, 신명과 인간이 하나 되는 세계니라."(『도전』 2:44:5-6)고 강조한다.

　인간은 천지신명의 조화작용에 의해 태어나 살다가 천지신명의 조화작용으로 되돌아갈 수밖에 없는 존재이다. 인간의 신명이란 천지신명과 상호 감응과 소통을 이루면서 인간에 내재한 신명을 말한다. 인간을 인간이

---

9) 허원기, 앞의 책, p. 42.
10) 아래에서 『증산도 도전』, 서울: 대원출판사, 2003을 인용할 때는 (『도전』편:장:절) 형태로 줄여서 기술한다.

게끔 하는 신명으로서 모든 인간 활동의 존재근거이다. 천지의 신명이 인간에 내재된 것으로 볼 때, 인간의 신명은 곧 마음이다. 주희는 『맹자』「진심 상」의 주석에서 "마음이란 사람의 신명이니, 뭇 이치를 갖추고 모든 일에 응할 수 있는 까닭이다."[11]라고 하고, 또 『주자어류』에서 "마음은 신명의 집이요, 온몸을 주재하는 것"[12]으로 보았다. 인간에게 온몸을 주관하는 신명이 없다면, 지금 여기에서 잠시라도 인간으로 존재할 수 없다. 그래서 증산 상제는 "너도 있고 다른 사람도 있고 사람마다 몸속에 신이 있단다. 사람마다 그것이 없으면 죽는"(『도전』 4:54:8)다고 강조한다. 사람이 죽고 사는 것은 바로 이 신명의 조화작용에 달려 있는 것이다.

문명의 신명은 인류 문명을 개화시키는데 기여한 신명으로서, 문명에 정통한 신명을 말한다. 문명신은 역사에 실존했던 동서양의 종교가, 철학자, 과학자들의 신명으로 노자, 석가, 공자, 예수, 마테오 리치, 진묵 등을 말한다.[13] 여기서 우리가 말하는 문명이란 인간이 자연과의 관계맺음을 통해 이루어지는 모든 활동의 총체를 뜻한다. 철학, 종교, 예술 등이 포함되는 넓은 의미에서의 문화를 가리킨다.

풀이란 무엇인가? 우리는 흔히 '꿈풀이', '괘효풀이', '문제풀이', '예제풀이', '운수풀이', '화풀이', '분풀이', '살풀이', '원풀이', '한풀이', '원한풀이', '귀신풀이', '몸풀이'(解産), '마음풀이', '액풀이', '시름풀이', '심심풀이', '피곤풀이', '소원풀이', '욕심풀이', '애정풀이', '댕기풀이', '앞풀이', '뒤풀이', '신풀이', '기운풀이', '속풀이', '기분풀이', '울적풀이', '삼신풀이', '흥풀이', '성주풀이', '소풀이'(解牛) 등 여러 가지 다양한 방식으로 풀

---

11) 朱熹, 『四書章句集注』, 北京: 中華書局, 1999, p. 349. "心者, 人之神明, 所以具衆理而應萬事者也."
12) 黎靖德 編, 『朱子語類』, 北京: 中華書局, 1986, p. 2514. "心是神明之舍, 爲一身之主宰."
13) 안경전, 『증산도의 진리』, 서울: 대원출판사, 1993, p. 127.

이를 말하곤 한다.[14]

 그렇다면 풀이는 어떤 의미를 지니고 있는가? 크게 두 가지로 나누어 볼 수 있다. 첫째, 알기 어려운 심오한 뜻을 아주 쉽게 풀어서 밝히는 것이다. 대학입시를 위해서 여러 과목의 난제들을 모아 알기 쉽게 풀어서 밝혀 놓은 '문제풀이'나 '예제풀이'가 바로 그것이다. 둘째, 오해나 원한 따위의 맺힘을 풀어서 없애는 것을 말한다. "살이나 액을 풀어낸다"고 할 때의 '살풀이'나 '액풀이'가 바로 그것이다. 우리가 마음이나 가슴 속에 응어리진 어떤 맺힘을 풀거나 끄른다고 할 때에 여기에는 '끈의 비유'[15]가 적용되고 있다. 그러나 우리민족의 풀이문화에서 가장 큰 특성은 인간 활동의 다양한 영역(종교와 예술과 놀이와 노동 등)에서 활용되는 신명에 불을 지펴 신바람을 풀어내는 데 있다. 신명풀이가 바로 그것이다. 증산 상제는 주로 개인적, 사회적 차원에서 논의된 우리 전통문화의 신명풀이를 우주적 차원의 신명풀이로 확대한다. 인간과 문명의 신명풀이뿐만 아니라 우주의 신명풀이를 시도한다.

 증산도에서 풀이는 신명의 응어리진 원한의 해소와 신명의 조화작용의 발현이라는 이중적 의미를 동시에 지니고 있다. 소극적 의미에서는 우주생명의 감응작용을 가로막는 신명의 원한을 풀어버리는 것이지만, 적극적인 의미에서 보면 우주생명의 신묘한 변화작용, 즉 신명의 조화작용을 극대화하려는 것이다. 따라서 풀이는 우주생명의 교감관계를 가로막던 것이 풀리고 그 감응관계가 원활하게 수행되고 소통될 때 완성된다. 이런 의미에서 볼 때, 증산 상제에서 신명풀이란 우주생명의 원한관계를 풀어 없애버리는 것과 동시에 우주생명의 원동력인 신명성을 능동적으로 발현하려는 것이다.

---

14) 조용일, 『동학조화사상연구』, 서울: 동성사, 1990, p. 59-62.
15) 김열규, 『한국인의 원한과 신명-맺히면 풀어라-』, 서울: 둥지, 1991, p. 63.

3 천지판과 신명풀이

우리는 판이란 말을 자주 쓴다. 예컨대, '씨름판', '애기판', '총각판', '상씨름판', '모래판', '놀이판', '소리판', '축제판', '춤판', '탈판', '싸움판', '살얼음판', '난장판', '노름판', '윷판', '술판', '시장판', '모략판', '굿판', '정치판', '선거판', '잔치판', '먹자판', '놀자판', '울음판', '웃음판', '싸움판', '노동판', '생판', '장기판', '바둑판', '딴판', '들판', '벌판', '독판', '개판'등이 그것이다.

'판'이란 말은 외국어로는 제대로 번역할 수 없고 다른 민족은 그 미묘한 어감을 좀처럼 파악할 수 없는 우리 민족 고유의 특유한 말이다. 우리 민족의 판문화는 세계적인 저력을 지닌 것으로 '따로 또 함께'의 이중적 특성을 지니고 있다. 씨름을 하든, 탈춤을 추든, 판소리를 하든, 풍물굿을 하든, 놀이를 하든, 일을 하든 어떤 한 사람이 일방적으로 판의 흐름을 주도하는 것이 아니라 여러 사람들이 한데 어울려 각자 제 역할을 수행하는 가운데 다른 사람들과 조화를 이룬다.

판을 벌이기 좋아하는 우리민족이 가장 싫어하는 사람은 흥이 나는 판을 깨서 김새게 하는 사람이다. 판을 독식하려고 '깽판'을 치는 사람이나 판을 엉망진창의 '난장판'과 '싸움판'으로 만드는 사람을 막기 위해 우리 민족은 '멍석말이'를 시도했다. '멍석말이'란 한마디로 판을 깨는 사람을 집단적으로 '왕따'를 시키는 가혹한 형벌이다.[16]

그렇다면 판이란 도대체 무엇이며, 어떻게 볼 것인가? 판은 일반적으로 어떤 놀이나 일이 이루어지는 활동공간으로서의 마당을 의미한다. 그러나 증산도에서 판은 단순히 정치, 사회적 활동의 마당만을 지칭하지는 않는다. 왜냐하면 증산 상제는 우주 그 자체를 매 순간 끊임없이 변화하면서

---

16) 김성곤, 「한국인의 판문화」, 조선일보 문화비전 2002년 12월 27일.

살아 움직이는 거대한 하나의 판으로 보기 때문이다.[17] '천지의 판'(『도전』 5:6:1)이 바로 그것이다. 증산 상제에서 판은 인간과 문명을 포함한 우주만물이 살아 움직이는 역동적 장소를 말한다.

> 하늘과 땅이 교감하니 만물이 생겨나고 변화한다. 성인이 사람의 마음에 감응하니 천하가 평화롭다. 그 감응하는 바를 보면 천지만물의 실정을 볼 수 있으리라![18]

『역易』「함괘咸卦」에서 말하고 있는 것처럼, 이 세계라는 판은 본래 천지가 상호 감응하고 소통하는 유기적 연관관계 속에서 만물의 조화작용이 활발하게 이루어지는 온 생명의 한 마당판이다.

우리가 유의해야 할 것은 판에는 단순히 공간적인 장소만을 뜻하는 것은 아니라는 점이다. 판을 '한 판과 두 판' 또는 '첫판과 막판(끝판, 결판)'이라고 표현하듯이 "판 위에 숫자를 붙이면 시간 속에서 일어나는 횟수나 순서를 뜻하는 말이 되어" 시간의 개념이 함축된다.[19] 우주생명의 한마당으로서의 판은 온갖 사물이 연속적으로 흐르는 시간의 흐름 속에서 생명의 기운을 주고받는다. 생명끼리 소통이 없다면, 우주생명은 창조적 변화작용을 일으킬 수 없다. 따라서 우리가 살고 있는 이 세계라는 판은 고정적으로 불변하는 실체가 아니라 끊임없이 약동하는 과정적 존재로서 살아움직이는 생명체이다.

증산도에서 판은 시간의 측면에서 선천과 후천으로 나뉜다. 증산 상제는

---

17) 오인제, 「증산도의 선후천론에 대한 현대적 이해」, 『증산도사상』 창간호, 2000, p. 258.
18) 『十三經注疏 上冊』, 北京: 中華書局, 1996, p. 46. "天地感而萬物化生, 聖人感人心而天下和平; 觀其所感, 而天地萬物之情可見矣!"
19) 이어령, 「이어령의 미래가 보이는 마당: 쌍방향의 신바람 '판'」, 중앙일보 2001년 10월 24일 10판.

인류사를 포함한 우주사의 변천과정을 선후천이라는 우주 일년의 거시적 지평에서 진단한다. 판은 선천이든 후천이든 본래 상극과 상생의 일방지향적 판이 아니라 쌍방지향적 판이다. 우주만물은 상극과 상생의 양극성이 동시적 상관관계를 맺고 있는 가운데 연속적 순환과정을 이룬다. 생겨나고 자라나며 수렴收斂하고 함장含藏하는 '생장염장生長斂藏'(『도전』 2:20:1)이라는 사계절의 변화과정을 반복한다. 이런 순환작용은 미시적인 측면에서 보면 지구 일년을 단위로 이루어지고, 거시적인 측면에서 보면 우주 일년의 단위로 이루어진다. 지구에 사계절이 있는 것처럼, 우주에도 사계절이 있다. 지구 일년이 봄 여름의 생장단계와 가을 겨울의 염장단계로 나누어지는 것처럼, 우주 일년도 선천의 생장단계와 후천의 염장단계로 나누어진다.

우주만물의 상극과 상생의 관계를 우리는 민속놀이의 널뛰기에서 그 구체적인 예증을 찾아볼 수 있다. 널뛰기에서 널을 뛰는 두 사람은 대립적인 관계에 있다. 널을 뛰는 사람은 널을 뜀으로써 상대방을 널에서 떨어뜨려야만 이길 수 있기 때문이다. 하지만 널에서 상대편을 떨어뜨리기 위해서는 상대방을 높이 오르도록 힘껏 굴려줘야 하고, 힘껏 구르기 위해서는 상대편의 리듬과 타이밍을 잘 맞춰야 한다. 따라서 널뛰기에서 두 사람은 경쟁자(상극적)이면서 협력자(상생적)일 수밖에 없는 역설적인 관계를 이룬다. 널뛰기의 원리가 그런 것처럼, 모든 사물은 상극이 상생이 되고 상생이 상극이 되는 양가적 관계를 이룬다.[20]

하지만 선천은 후천과는 달리 상극관계가 상생관계보다 주도적 위치에 있을 수밖에 없다. 왜냐하면 선천세계는 천지만물이 생성하고 성장하는 우주의 봄과 여름의 발산단계에 있기 때문이다. "아이들은 싸우면서 큰다"라는 속언과 마찬가지로, 우주만물이 성장하고 발전하기 위해서는 불가피하게 응축과 수렴의 상생관계보다는 분열과 확산의 상극관계가 선도

20) 이어령, 「이어령의 미래가 보이는 마당: 널뛰기」, 중앙일보 2001년 8월 24일 10판.

적 위치를 점유하지 않을 수 없다.

그러나 우주의 가을철에 이르면 천지만물이 분열과 성장의 단계를 넘어서 모든 생명이 하나로 수렴되는 통일단계로 나아가기 때문에 상극질서보다는 상생질서가 주도적인 위치를 차지하게 된다. 여기서 우리는 다음과 같은 사실을 알 수 있다. 선천세계이든 후천세계이든 천지는 똑같이 상극과 상생의 동시적 상관관계로 운행하고 변화하지만, 그 판의 특성은 서로 다르다. 같은 천지판이 시간질서의 흐름에 따라 변화를 주도하는 판의 특성이 달라지는 것이다. 따라서 상극과 상생 가운데 무엇이 주된 위치를 차지하느냐에 따라 천지의 판세가 판연히 달라지는 것이다.

그렇다면 지금 여기서 왜 판이 문제인가? 지금 인류문명은 총체적 위기상황에 직면하고 있다. 그것은 인류문명의 마당판인 천지가 자연의 생태계의 위기상황으로 내몰려 내일을 기약할 수 없는 지경에 이르렀기 때문이다. 어찌 천지만 그러한가? 인간도 자기관계의 분열과 갈등으로 인하여 자아정체성의 상실위기에 직면하고 있다. 인간이 소우주이면서도 동시에 대우주와 하나로 연결된 전일적 존재라는 사실을 망각한 채 삶의 왜곡된 관계망 속에서 다른 사물이나 사람과의 통일적 연관관계를 단절하고 있을 뿐만 아니라 자기소외와 자기왜곡을 일삼고 있다. 또한 인간 활동의 총체성이 드러나는 마당인 사회도 인간과 인간 사이의 갈등과 대립이 심화되면서 공동체적 연대성이 붕괴되고 있다. 더욱 문제가 되는 것은 오늘날 현대 과학기술문명이 인간 삶의 편의를 위해 우주만물을 정복하고 지배하기 위한 수단으로 간주함으로써 급기야는 인간 자기 자신마저도 도구화하고 수단화한다는 사실이다.

그렇다면 우리는 어떻게 상극의 살기가 판치는 죽임의 판을 상생의 기운이 왕성하게 발현되는 살림의 판으로 되살려서 새 판을 만들 수 있는 것일까? 새 판짜기의 핵심적 방책은 과연 어디에 있는가?

4 천지굿과 신명풀이

　증산 상제는 "이제는 판이 워낙 크고 복잡한 시대를 당하여 신통변화와 천지조화가 아니고서는 능히 난국을 바로잡지 못하느니라."(『도전』 2:21:4)고 한다. 자연과 인간과 문명이 모두 중병이 들어 신음하고 있는 지금의 총체적 난국을 수습하기 위해서는 신통방통한 천지조화를 통해 판을 새롭게 짜지 않을 수 없다는 것이다. 증산 상제는 신명나는 세상을 만들기 위해 우주생명의 새 판짜기를 시도한다. 새 판짜기가 바로 '천지공사天地公事'다.

> 현하의 천지대세가 선천은 운運을 다하고 후천의 운이 닥쳐오므로 내가 새 하늘을 개벽하고 인물을 개조하여 선경세계를 이루리니 이때는 모름지기 새 판이 열리는 시대니라. 이제 천지의 가을운수를 맞아 생명의 문을 다시 짓고 천지의 기틀을 근원으로 되돌려 만방萬方에 새기운을 돌리리니 이것이 바로 천지공사니라.(『도전』 3:11:3-4)

　천지공사는 만물 사이의 우주적 교감을 수행하는 신묘한 힘인 신명의 질서에 새 생명의 숨길을 불어넣음으로써 자연질서와 문명질서를 동시적으로 전환시켜 신천지와 신문명을 건설하려는 후천개벽의 청사진을 담고 있다. 후천개벽의 삼대 과제는 자연개벽과 인간개벽과 문명개벽이다. 증산 상제는 "이 세상은 신명조화神明造化가 아니고서는 고쳐 낼 도리가 없"(『도전』 2:21:2)라고 하여, 신명의 조화를 어떻게 풀어낼 수 있느냐 하는 것이 후천세상의 새 판짜기의 핵심적 관건임을 분명히 한다.

천지공사의 일환으로 제시된 것이 신명풀이로서의 천지굿이다. 그렇다면 굿이란 무엇이고, 천지굿이란 어떤 특성을 지니고 있는가?

> 상제님께서 친히 장고를 치시며 말씀하시기를 "이것이 천지굿이라. 나는 천하 일등 재인才人이요, 너는 천하 일등 무당巫堂이니 우리 굿 한 석 해 보세. 이 당黨 저 당黨 다 버리고 무당 집에 가서 빌어야 살리라." 하시고 장고를 두둥 울리실 때 수부님께서 장단에 맞춰 노래하시니 이러하니라. 세상 나온 굿 한 석에 세계 원한 다 끄르고 세계 해원 다 된다네. 상제님께서 칭찬하시고 장고를 끌러 수부님께 주시며 "그대가 굿 한 석 하였으니 나도 굿 한 석 해 보세." 하시거늘 수부님께서 장고를 받아 메시고 두둥둥 울리시니 상제님께서 소리 높여 노래하시기를 "단주수명丹朱受命이라 단주를 머리로 하여 세계 원한 다 끄르니 세계 해원 다 되었다네." 하시고 수부님께 일등 무당 도수를 붙이시니라.(『도전』 6:93:4-10)

굿은 좁은 의미에서 무당이 신에게 제물을 바치고 노래와 춤으로 길흉화복 등의 인간의 운명을 조절해 달라고 비는 제의이다. 그러나 넓은 의미에서 보면 굿은 무당이 하는 굿 이외에 호남과 영남의 동신제나 징, 장구, 꽹과리 등의 풍물로 신바람을 일으키는 풍물굿을 포함한다. 증산 상제는 "여섯 살이 되시는 병자(丙子: 道紀 6, 1876)년에 풍물굿을 보시고 문득 혜각慧覺이 열려 장성한 뒤에도 다른 굿은 구경치 않으시나 풍물굿은 자주 구경"(『도전』1:19:1)하였다고 한다.

하지만 증산 상제에서 천지굿은 단순히 개인적인 차원의 굿이나 사회적 차원의 풍물굿이 아니다. 왜냐하면 개인과 사회를 포함한 천지만물의 차원에서 이루어지는 우주굿이기 때문이다. 개인적, 사회적 차원에서 우주적 차원으로 확대된 '천지해원굿'이자 '천지개벽굿'이자 '천지해방굿'이다.[21] 증산 상제의 천지굿은 천지와 인간과 문명 속에 내재한 상극의 기운을 털어버리고 상생의 기운을 다시금 불어넣으려는 것이다. "이제 만물의 생명이 다 새로워지고 만복萬福이 다시 시작되"(『도전』 2:43:7)게 하려는 우주적 살림굿이다.

천지굿이란 말은 본래 증산 상제가 천지인 삼계대권을 고수부高首婦(1880-1935)에게 넘겨주는 굿의식을 집행한 데서 유래한다. 천지굿은 음양의 조화를 바탕으로 삼아 천지와 인간과 문명의 꽉 막힌 '천지비天地否'(『도전』 2:51:1)의 선천 상극 세상을 뜯어 고쳐서 '지천태地天泰'(『도전』 2:51:1)의 후천 상생 세상을 건설하려는 데 그 궁극적 목표가 있다. 고수부는 "천지공사나 기도 시에는 천지 음양굿이라야 하나니, 남녀가 함께 참석하여야 음양굿이 되느니라. 남자만으로는 하늘굿이며 여자만으로는 땅굿이니 이는 외짝굿이라. 외짝굿은 원신寃神과 척신隻神의 해원이 더디느니라."'(『도전』 11:78:1-2)고 하여, 천지굿을 음양이 조화를 이루는 천지 음양굿으로 정의하였다. 증산 상제는 신명의 조화를 바탕으로 삼아 천지의 조화와 인간의 조화와 문명의 조화를 하나로 조화시킴으로써 후천개벽-자연개벽과 인간개벽과 문명개벽-을 이루려는 것이다. 따라서 천지굿은 바로 우주생명이 제자리를 찾아 돌아가는 원시반본에 근거하여 천지보은과 천지상생과 천지해원을 이루려고 하는 '천지개벽굿'이다.

우주생명을 살리려는 천지굿에서 주체로서 놀이꾼은 증산 상제와 고수부이며, 구경꾼은 온 인류이다. 우리 민족예술의 특성이 그런 것처럼, 천지굿도 놀이꾼과 구경꾼이 주객일체를 이룬다. 왜냐하면 구경꾼은 단순히 천지굿을 구경만 하는 것이 아니라 놀이꾼과 함께 추임새를 통해 천지굿판에 참여하여 신명의 조화를 추어올리는 역할을 수행하기 때문이다. 천지굿의

---

21) 김진, 『종교문화의 이해』, 울산: UUP, 1998, p. 35.

놀이꾼으로서의 증산 상제와 고수부는 고수와 명창의 역할을 번갈아 수행하고 있다. 이는 천지와 음양의 합덕관계를 뜻한다. 천지와 음양의 상관관계가 앞서거니 뒤서거니, 주거니 받거니 하는 전일적 화해和諧의 극치를 표현하고 있다. 이런 우주적宇宙的 대동세계大同世界를 추구하는 천지굿은, 고대 삼한시대의 제천행사 때부터 있어온 대동굿에서 비롯된 것이다. 고대 제천의식의 '군취가무群聚歌舞'하던 국중대회에서 찾아볼 수 있다.

천지굿에서 중요한 역할을 하는 것은 춤과 노래이다. 천지굿에서 춤과 노래는 신명이 발현되는 궁극적 상태를 표현하는 것이다. 특히 춤은 어떤 상황에서 어떤 목적으로 추어지든 우주생명의 신명성을 북돋우어 신명의 성취를 극대화시키는 역할을 한다. 춤의 본래의 뜻은 그 무엇인가를 부추겨 준다는 말이다.[22] 천지굿에서 춤은 곧 천지의 신명과 인간의 신명과 문명의 신명을 추어올림으로써 선천의 상극세계를 후천의 상생세계로 나아가게 하려는 것이다.

천지굿은 일차적으로 우주만물의 원한풀이를 그 목표로 한다. 우주생명의 마당판이 위기상황을 안게 된 가장 근본적인 이유는 우주변화의 원리에서 찾아볼 수 있다. 선천세계의 일차적 비극의 원인은 상극질서가 상생질서보다 주도적, 선도적 위치를 차지하기 때문이다. 선천세계의 모든 사물은 상극질서에 종속되거나 예속될 수밖에 없기 때문에 그 속에 존재하는 모든 사물은 갈등과 대립의 관계를 벗어날 수 없다.

"선천은 상극相克의 운運이라 상극의 이치가 인간과 만물을 맡아 하늘과 땅에 전란戰亂이 그칠 새 없었나니 그리하여 천하를 원한으로 가득 채"(『도전』 2:17:1-3)우기 때문에 우주와 인간의 역사는 바로 '원한의 역사'(『도전』 11:179:12)가 된 것이다. 원한의 궁극적 원인은 선천의 상극질서에 있다.

---

22) 임재해, 「우리 전통춤의 맥락과 현장에서의 본디 모습」, 『한국의 민속예술』, 1992, p. 447.

우주생명의 신명작용이 제대로 발현되지 못하는 것은 바로 상극질서에 근거한 원한의 기운이 우주만물의 신묘한 생명력을 가로막고 있기 때문이다. 그러기에 증산 상제는 "한 사람의 원한寃恨이 능히 천지기운을 막"(『도전』 2:68:1)는다고 강조한다.

원한寃恨은 원과 한의 복합어로서, 인간사회의 고통의 원인이자 결과이다. 『설문해자』에 따르면, "원은 구부린다는 뜻이다. 토와 멱으로 되어 있다. 토끼가 덮개 밑에 갇혀 달리지 못하여, 더욱 휘어져 꺾이는 것이다."[23] 원寃은 토끼가 올가미에 갇혀 오도 가도 못하는 모양을 형상화한 것이다. 그 어떤 장애물에 가로막혀 신음하는 모든 존재의 상징이다. 외부의 억압에 의해서 하고 싶은 것을 하지 못하여 마음속에 쌓이는 고통과 절망의 감정을 표현한다. 『설문해자』에서는 "한은 원망함이다."[24]라고 정의한다. 한恨은 인간의 가슴 깊이 알알이 맺힌 설움 같은 응어리로서 원망함을 품고 분노하는 감정이다. 원이 자기 밖에 있는 그 무엇인가에 대한 감정이라면, 한은 자기 마음속에 무엇인가를 희구하고 성취하려는 욕구가 좌절되는 데서 일어나는 감정이다. 예컨대 춘향전에서 한양으로 떠나간 이도령을 그리워하는 감정은 만나고 싶어도 만날 수 없는 한을 표현한 것이다. 만약 춘향이가 서울로 간 뒤 소식을 끊은 이도령을 미워했다면 그것은 한이 아니라 원이 되었을 것이다.[25]

문제는 원한이 개체의 차원에서 머무는 것이 아니라 살기殺氣로 터져 나와서 인간 자신뿐만 아니라 인간사회나 우주만물의 관계망을 폭발시킬 수도 있다는 사실이다. 증산 상제는 "선천에는 상극의 이치가 인간 사물을 맡았으므로 모든 인사가 도의道義에 어그러져서 원한이 맺히고 쌓여 삼

---

23) 許慎, 段玉裁注, 『說文解字注』, 臺北: 黎明文化事業股份有限公司, 1985, p. 477. "冤, 屈也. 從兔, 從冂. 兔在冂下, 不得走, 益屈折也."
24) 許慎, 段玉裁注, 『說文解字注』, 臺北: 黎明文化事業股份有限公司, 1985, p. 516. "恨, 怨也."
25) 이어령, 『떠도는 자의 우편번호』, 서울: 문학사상사, 1995, p. 160.

계에 넘치매 마침내 살기殺氣가 터져 나와 세상에 모든 참혹한 재앙을 일으"(『도전』 4:16:2-3)킨다고 한다.

증산 상제는 우리가 살고 있는 지금 이 시대를 우주만물의 원한관계가 선천 5만 년 동안 시공의 흐름에 따라 복잡다단하게 얼키고설켜 극한적 상태에 이르렀다고 규정한다. "천하의 크고 작은 모든 원한이 쌓여서 마침내 큰 화를 빚어내어 세상을 진멸할 지경"(『도전』 4:31:4)에 이르렀다는 것이다. 천지간에 존재하는 피맺힌 원한이 꼬리에 꼬리를 물고 맞물려 걷잡을 수 없을 정도의 극도의 위험수위에 도달한 것이다.

원한은 우주 전체적인 것이기 때문에 그 어떤 한 개체의 원한이 풀린다고 해결될 수 없다. 왜냐하면 우주만물은 개체와 전체가 따로 있는 것이 아니기에 그 어떤 하나의 개체의 원한이 해소된다고 하더라도 다른 개체의 원한이 남아 있다면 그것이 다시 다른 개체나 전체에 영향을 미치기 마련이기 때문이다. 그래서 증산 상제는 모든 생명의 원한관계를 근원적으로 해소할 수 있는 방안을 모색한다. 원한의 뿌리를 뽑기 위해서는 원한에 관계된 존재하는 모든 것의 원한풀이가 함께 이루어져야 한다. 증산 상제는 "선천 개벽 이래로 상극의 운에 갇혀 살아온 뭇 생명의 원寃과 한恨을 풀어"(『도전』 5:1:1)야 새 세상의 영원한 화평을 열 수 있다고 한다.

증산 상제의 신명풀이는 선천 개벽 이래로 상극의 운수에 갇혀 살아온 모든 생명의 원한을 해소함으로써 천지와 인간과 문명 속에 내재한 신명의 조화작용이 원활하게 발현하기 위한 것이다. 증산 상제의 신명풀이는 세 가지 측면에서 나누어 볼 수 있다.

첫째, 천지의 신명풀이다. 천지의 신명풀이는 구천지의 묵고 낡은 생명 기운을 새롭게 바꾸어 천지생명의 변화작용이 왕성하게 일어나는 '천지조화天地造化'(『도전』 11:77:3)가 발현되는 이상세계를 만들려는 것이다. "이제 하늘도 뜯어고치고 땅도 뜯어고쳐 물샐틈없이 도수를 굳게 짜 놓았으니 제 한도(限度)에 돌아 닿는 대로 새 기틀이 열리리라."(『도전』 5:416:1-2)가 바로 그것이다. 증산 상제는 천지의 상극적 기운을 상생적 기운으로 전환시켜서 '천지운화의 기틀'(天地運路)을 바꾸기 위해서는 무엇보다 먼저 천지만물의 원한관계를 해소해야 한다고 본다. .

선천은 하늘과 양만 존숭하고 땅과 음은 비천한 것으로 여긴 '천존지비天尊地卑'와 '억음존양抑陰尊陽'의 세상이었기 때문에 천지와 음양의 상관관계가 서로 감응과 소통을 이루지 못하였다.

> 선천은 천지비天地否요, 후천은 지천태地天泰니라. 선천에는 하늘만 높이고 땅은 높이지 않았으니 이는 지덕地德이 큰 것을 모름이라. 이 위에는 하늘과 땅을 일체로 받드는 것이 옳으니라.(『도전』 2:51:1-3)

> 선천은 억음존양抑陰尊陽의 세상이라. 여자의 원한이 천지에 가득 차서 천지운로를 가로막고 그 화액이 장차 터져 나와 마침내 인간 세상을 멸망하게 하느니라. 그러므로 이 원한을 풀어 주지 않으면 비록 성신聖神과 문무文武의 덕을 함께 갖춘 위인이 나온다 하더라도 세상을 구할 수가 없느니라. 예전에는 억음존양이 되면서도 항언에 '음양陰陽'이라 하여 양보다 음을 먼저 이르니 어찌 기이한 일이 아니리오. 이 뒤로는 '음양' 그대로 사실을 바르게 꾸미리라.(『도전』 2:52:1-5)

선천의 천지는 불통과 비색의 관계를 이루었다. '천지비天地否'가 바로 그것을 대변한다. '천지비'는 하늘은 양으로서 위에 있고 땅은 음으로서 아래에 있어 천지와 음양의 조화기운이 부조화를 이루는 상극관계를 상징한다. 이 때문에 묵은 하늘과 낡은 땅인 구천지는 크나큰 원한을 품게 된 것이다.

구천지舊天地 상극相剋 대원대한大寃大恨 신천지新天地 상생相生 대자대비
大慈大悲.(『도전』 11:345:2)

그렇다면 대원대한의 상극적 구천지를 어떻게 대자대비한 상생적 신천지로 만들 수 있는 것일까? 이를 위해서 증산 상제는 천지와 음양의 관계를 새롭게 설정하려고 한다. 구천지의 '천지비天地否'의 불통과 불화의 관계를 신천지의 '지천태地天泰'의 소통과 감응의 관계로 전환하려는 것이다. '지천태'는 땅은 음으로서 위에 있고 하늘은 양으로서 아래에 있어 천지와 음양의 조화기운이 상호 교감하는 관계를 상징한다. 이런 천지와 음양의 소통관계가 되살아나는 지천태의 신천지에서 비로소 천지의 신명들은 각기 자신의 고유한 신명력을 회복한다. 그것이 바로 천지와 음양의 조화기운이 한껏 펼쳐지는 '정음정양正陰正陽'(『도전』 4:59:2)의 신천지다.

둘째, 인간의 신명풀이다. 인간은 본래 하고 싶은 일을 하지 못하면 분통이 터져 원한이 맺힌다. 원한은 자기 자신을 병들게 할뿐만 아니라 다른 사람의 생명을 파괴하는 무서운 독기가 될 수 있다. 증산 상제는 "네 마음을 잘 풀어 가해자를 은인과 같이 생각하라. 그러면 곧 낫게 되리라"(『도전』 3:188:6)고 하여, 원한관계의 일시적 해결보다는 근원적 해소를 강조한다. 원한의 피해자와 가해자를 일체화함으로써 원한 그 자체를 뿌리에서부터 해소하려는 것이다. 인간은 본래 우주생명의 통일적 존재근거를 이루는 '무극대도無極大道'(『도전』 11:247:6)에서 생겨났다. 그런데 우주생명의 분화과정에서 인간이 독립된 개체를 지니게 되면서 우주생명의 원초적 생명성과 분리되는 비극적 현상이 일어나게 된 것이다.

인간의 신명풀이는 마음의 작용과 매우 밀접한 관계를 지닌다. 증산 상제는 마음이 모든 창조적 변화작용의 원천임을 이렇게 말한다.

천용지용인용天用地用人用이 통재어심統在於心하니 심야자心也者는 귀신지추기야鬼神之樞機也요 문호야門戶也요 도로야道路也라. 하늘이 비와 이슬을 내리고 땅이 물과 흙을 쓰고 사람이 덕화에 힘씀은 모두 마음자리에 달려 있으니 마음이란 귀신鬼神의 문지도리요 드나드는 문호요 오고가는 도로이라. 개폐추기開閉樞機하고 출입문호出入門戶하고 왕래도로往來道路에 신神이 혹유선或有善하고 혹유악或有惡하니 선자사지善者師之하고 악자개지惡者改之하면 오심지추기문호도로吾心之樞機門戶道路는 대어천지大於天地니라. 그 문지도리를 여닫고 문호에 드나들고 도로를 왕래하는 신이 혹 선하기도 하고 악하기도 하니 선한을 본받고 악한 것을 잘 고치면 내 마음의 문지도리와 문호와 도로는 천지보다 더 큰 조화의 근원이니라.(『도전』 4:100:6-7)

인간이 천지만물과 소통하고 교감할 수 있는 것은 마음 때문이다. 왜냐하면 마음은 신명세계를 열고 닫는 사령탑으로서, 신명이 머무는 집이자 오가는 문으로서 신명조화의 근원이기 때문이다. 신명은 인간의 마음 씀에 따라 각기 다르게 감응한다. 예컨대 인간이 마음속으로 성현을 생각하면 성현의 신명이 감응하고, 영웅을 생각하면 영웅의 신명이 감응하며, 장사를 생각하면 장사의 신명이 감응하며, 도적을 생각하면 도적의 신명이 감응한다.[26] 요컨대 사람이 무엇을 생각하느냐에 따라 그 감응하는 신명이 달라지는 것이다. 따라서 인간이 자신에 내재한 신명조화를 풀어내기 위해서는 무엇보다 먼저 천지보다 더 큰 조화의 근원인 마음을 제대로 다스릴 수 있어야 한다.

---

26) 『도전』 4:89:7-11. "마음이란 귀신이 왕래하는 길이니 마음속에 성현을 생각하면 성현의 신이 와서 응하고 마음속에 영웅을 생각하고 있으면 영웅의 신이 와서 응하고 마음속에 장사를 생각하고 있으면 장사의 신이 와서 응하고 마음속에 도적을 생각하고 있으면 도적의 신이 찾아와 응하느니라."

또한 증산 상제는 "이 때는 신명시대神明時代라. 이제 신명으로 하여금 사람 몸속에 출입하게 하여 그 체질과 성품을 고쳐 쓰리니 이는 비록 말뚝이라도 기운을 붙이면 쓰임이 되는 연고라."(『도전』 2:62:1-3)라고 하여, 신명이 뱃속의 오장육부에서 기운생동하게 작용할 때 인간의 생명활동이 온전하게 영위될 수 있다고 본다.

증산 상제는 이처럼 생명활동의 주체인 몸의 오장육부를 고도로 단련시킴으로써 새로운 인간으로 거듭날 수 있다고 본다. 따라서 마음과 몸의 신명풀이는 인간의 생명력의 조화기운이 완벽하게 구현되는 상태를 지향하는 것이다. 이렇게 볼 때, 증산 상제에서 이상적 인간이란 우주생명과 적극적인 교감작용을 통해 그 생명의 신명성을 온전히 드러낼 수 있는 신인간을 뜻한다고 하겠다.

셋째, 문명의 신명풀이다. 신명풀이는 기본적으로 부조리한 문명 속에서 막히고 갇힌 신명의 본래성을 발현하려는 데 있다.[27] 그렇다면 문명의 온갖 병적 현상은 어디에서 비롯되는 것일까? 선천세계의 문명이 갈등과 분열의 극단적 한계상황으로 내몰릴 수밖에 없었던 것은 음보다는 양이 우세한 '억음존양抑陰尊陽'의 상극질서에 종속되어 있기 때문이다. 이 때문에 선천세계의 문명은 강자가 약자를, 부귀한 자가 빈천한 자를, 남자가 여자를, 지배자가 피지배자를 지배하고 억압하는 마당이다.

증산 상제는 온갖 변화가 통일적 질서를 찾아 돌아가려고 하는 '원시반본原始返本'(『도전』 2:26:1)의 시대를 맞이하여 선천문명의 상극적 대립관계를 그 뿌리에서부터 바로잡으려고 한다. 자연과 인간, 인간과 신명, 인간과 인간이 따로의 자유와 하나로의 조화를 동시에 구현할 수 있도록 온 세상을 한집안으로 만들려는 '세계일가世界一家'와 '우주일가宇宙一家'와 '천지일가天地一家'의 문명개벽을 시도한다. 상극의 구문명을 상생의 신문명으로

---

27) 허원기, 앞의 책, p. 62.

전환하려는 것이다.

증산 상제는 세계 문명신을 통섭하여 문명신의 통일신단(문명신단)인 신명의 '조화정부造化政府'(『도전』 4:5:2)를 구축함으로써 문명신의 새로운 판갈이를 통해 문명의 신명풀이를 모색한다. 세계 문명신단의 핵심인물이었던 선교, 불교, 유교, 기독교의 4대 종장(선교의 노자, 불교의 석가모니, 유교의 공자, 기독교의 예수)을 각 문화권에서 가장 공덕이 높은 것으로 평가되는 최수운, 진묵, 주자, 마테오리치로 교체한다. 이는 어떤 의미를 함축하고 있는 것일까? 이것은 선천종교의 해묵은 기운을 거두어 새 기운을 불어넣음과 동시에 선천문명의 핵심정수를 뽑아내어 후천세계의 새로운 신문명의 기반을 구축하기 위한 것이다.

증산 상제의 신명풀이에 의해서 이루어지는 새로운 우주는 하늘과 땅, 사람, 만물이 다 같이 개별적 자유와 전체적 조화를 이루는 "천동天動 지동地動 인동人動 만물합동萬物合動"(『도전』 11:249:3)의 이상세계다. 여기서 우리가 주목해야할 점은 증산 상제가 후천개벽의 천지굿을 통해 신명의 원한풀이와 조화풀이가 동시에 이루어질 수 있도록 새 판을 짜놓았지만 그것을 완결시킨 것은 아니라는 점이다. 증산 상제는 어디까지나 세 세상이 열릴 수 있는 천지운로의 새 기틀을 짜 놓은 것뿐이다. 그러니 새 우주는 인간이 아무 일도 하지 않아도 거저 그냥 주어지는 것이 아니다. 새 우주는 어디까지나 인간의 손에 달려 있다. 이런 의미에서 증산 상제는 지금 이 시대를 인간이 우주의 이상을 실현할 수 있는 실천적 주체로 새롭게 거듭나는 '인존시대人尊時代'(『도전』 2:22:1)로 규정한다.

• 원정근

5 신명풀이의 의의

　지금까지 우리는 증산 상제의 후천 개벽사상을 천지굿의 신명풀이를 중심으로 살펴보았다. 신명풀이는 우리의 전통문화의 중요한 특성을 이루는 판문화와 신명문화와 풀이문화를 바탕으로 이루어진 것이다. 연행예술의 심미적 특성에 주안점을 두던 신명풀이는, 19세기 말에 이르러 민족종교의 개벽사상과 맞물리면서 신천지의 조화세상을 여는 새로운 대안으로 제시된다. 그 대표적인 것이 바로 증산 상제의 신명풀이다. 증산 상제의 신명풀이는 자연질서와 문명질서의 동시적 전환을 뜻하는 후천개벽-자연개벽, 인간개벽, 문명개벽-을 통해 모든 생명이 독자적 자유와 통일적 조화를 마음껏 누리는 신나는 신바람나는 조화선경造化仙境의 이상세계를 건립하는 데 그 궁극적 목표를 두고 있다.

　신명나는 세상은 천지와 인간과 문명 속에서 존재하는 우주생명의 창조적 변화작용이 온전하게 실현되는 세상이다. 자연과 인간과 사회가 다 같이 그 자체의 천변만화千變萬化하는 신묘한 조화작용造化作用이 완벽하게 구현되어 조화풀이가 이루어지는 세상이다. 이런 세상이 되기 위해서는 무엇보다 먼저 천지의 상호작용이 제대로 발현될 수 있도록 구천지의 상극질서를 신천지의 상생질서로 바꾸어야 한다. 또한 천지 속에서 우주만물과 교감하면서 살아갈 수밖에 없는 구인간과 구문명의 상극질서도 새롭게 바꾸어 신인간과 신문명을 만들지 않을 수 없다. 천지인天地人 삼계三界의 신묘한 조화작용을 온전히 풀어낼 수 있을 때라야 비로소 새로운 개벽세상을 만들 수 있다.

　이상의 논의를 요약하면 다음과 같다. 증산도의 신명풀이는 크게 세 가지 측면으로 나눌 수 있다. 첫째, 판론이다. 우주생명의 한마당은 천지와 인간과 문명으로 구성된다. 문제는 우주생명이 선천세계의 상극질서에 의해 상호 소통을 이루지 못하고 있다는 사실이다. 그래서 증산 상제는 모든 생명이 상호 유기적 질서와 조화를 이룰 수 있는 신천지의 새 판짜기를 시도한 것이다. 둘째, 풀이론이다. 선천세계에서 천지와 인간과 문명의 소통작용과 교감작용이 제대로 이루어지지 못하는 것은 상극질서에 예속된 우주만물 사이의 원한관계에서 비롯된다. 여기에서 천지만물의 원한관계를 어떻게 풀어버리고 신명의 조화작용을 온전하게 발현시킬 수 있는가 하는 과제로 신명풀이가 등장한다. 셋째, 개벽론이다. 판론과 풀이론은 궁극적으로 신명개벽을 통해 후천개벽-자연개벽, 인간개벽, 문명개벽-의 새 세상을 열기 위한 것이다.

증산 상제는 천지와 인간과 문명에 내재한 신명들을 한자리에 모아서 우주생명이 조화의 기운을 맘껏 발현할 수 있는 살림의 생명판으로 만들기 위해 천지공사를 집행한 것이다. 신명풀이는 천지공사의 일환으로 천지와 인간과 문명에 내재한 신명의 조화작용이 원활하게 발현하기 위한 것이다. 이런 신명풀이를 위해 벌인 굿이 바로 천지개벽굿이다.

천지개벽굿은 선천세계의 상극질서 아래서 서로 교감을 이루지 못하던 천지와 인간과 문명에 내재한 신명의 원한을 해소하여 모든 생명이 한데 어울려 조화롭게 살기 위한 우주적 대동굿 놀이로서, 신명나는 후천세계를 만들기 위한 것이다. 증산 상제의 신명풀이의 담론은 신명의 원한풀이로 선천세계의 상극질서를 허물고 신명의 조화풀이로 생명의 운화작용이 원활히 이루어지게 하는 후천세계의 상생질서를 지향한다.

참고문헌

1. 단행본

- 『十三經注疏 上冊』, 北京: 中華書局, 1996.
- 楊伯峻 編著, 『春秋左氏傳注』, 北京: 中華書局, 1983.
- 王先謙, 『荀子集解 下』, 北京: 中華書局, 1988.
- 許愼, 段玉裁注, 『說文解字注』, 臺北: 黎明文化事業股份有限公社, 1985.
- 증산도 도전편찬위원회, 『증산도 도전』, 서울: 대원출판사, 2003.
- 김열규, 『한국인의 원한과 신명-맺히면 풀어라-』, 서울: 둥지, 1991.
- 김성곤, 「한국인의 '판문화'」, 조선일보 문화비전 2002년 12월 27일.
- 김진, 『종교문화의 이해』, 울산: UUP, 1998.
- 박성규, 『주자철학의 귀신론』, 서울: 한국학술정보, 2005.
- 박희병, 『운화와 근대』, 서울: 돌베개, 2003.
- 안경전, 『증산도의 진리 제2강』, 서울: 대원출판사, 2001.
- 안경전, 『개벽 실제상황』, 서울: 대원출판사, 2005.
- 이어령, 『떠도는 자의 우편번호』, 서울: 문학사상사, 1995.
- 이어령, 『푸는 문화 신바람의 문화』, 서울: 문학사상사, 2003.
- 이재석, 『인류 원한의 뿌리 단주』, 대전: 상생출판, 2008.
- 조동일, 『카타르시스 라사 신명풀이』, 서울: 지식산업사, 1997.
- 조동일, 『이 땅에서 학문하기-새 천년을 맞이하는 진통과 각오』, 서울: 지식산업사, 2000.
- 조동일, 『탈춤의 원리 신명풀이』, 서울: 지식산업사, 2006.
- 조용일, 『동학조화사상연구』, 서울: 동성사, 1990.
- 허원기, 『판소리의 신명풀이 미학』, 서울: 박이정, 2001.
- 임재해, 『한국의 민속예술』, 서울: 문학과 지성사, 1994.
- 채희완, 『한국춤의 정신은 무엇인가』, 서울: 명경, 2000.

2. 논문

- 김기선, 「천지굿과 디오니소스 제의」, 『증산도사상』 제2집, 2002.

- 김익두, 「상생·해원·대동의 '천지굿' 비전과 신명 창출의 문체」, 『계간 시작』 제11권, 2012.
- 김진형, 「신명풀이의 변화양상과 판문화 콘텐츠적 계승방안」, 『비교민속학』 제58집, 2015.
- 오인제, 「증산도 선후천론에 대한 현대적 이해」, 『증산도사상』 창간호, 2000.
- 유철, 「증산도의 해원사상」, 『증산도사상』 제5집, 2001.
- 이어령, 「이어령의 미래가 보이는 마당:널뛰기」, 중앙일보 2001년 8월 24일.
- 이어령, 「이어령의 미래가 보이는 마당:쌍방향의 신바람 '판' 」, 중앙일보 2001년 10월 24일.
- 한양명, 「민속예술을 통해 본 신명풀이의 존재양상과 성격」, 『비교민속학』 제22집, 2002.

선후천과 개벽

양재학

상생문화연구소

프롤로그- 고뇌하는 지구촌
Ⅰ. 선후천의 교체가 왜 내일의 해답인가
Ⅱ. 신도로 열리는 후천개벽
Ⅲ. 생명과 시간의 새로운 창조
Ⅳ. 선후천 전환의 핵심- 조화선경
에필로그- 후천개벽은 앞을 내다보는 문화

필자 약력

양재학

충남대학교 철학박사.
상생문화연구소 연구위원.

주요 논저

『김일부의 생애와 사상』
『주역과 만나다』
『정역주의』
『정역도서』
『단군왕검의 국가통치법, 홍범사상』

프롤로그- 고뇌하는 지구촌

인류는 역사 이래 가장 큰 위기를 맞고 있다. 세계 기상학자들은 2006년을 정점으로 기후변화가 변곡점(Tipping Point)을 이미 지난 것으로 발표했다. 더욱 험악해지는 날씨와 심상치 않은 기후위기가 인류의 운명을 거머쥐고 있다는 것이다. 혹심한 기후이변으로 인해 북극과 남극의 만년설이 녹아내리면 십중팔구 인류의 생존환경에 커다란 위기로 닥칠 것이다. 이는 정치와 경제와 문화를 비롯한 현대문명의 패러다임이 이제 막다른 골목에 다다랐다는 것을 알려주는 징후라 할 수 있다.

만약 세계 곳곳에서 발생하는 쓰나미를 동반한 잦은 지진과 화산폭발, 생태계 파괴로 인한 숱한 자연재앙, 전쟁과 질병, 테러, 민족분쟁, 종교간의 갈등, 계층과 세대간의 충돌, 각종 종말론의 득세, 금융위기 등이 한꺼번에 일어난다면 이 세계는 어떻게 될까? 또한 남북극의 자기장 역전 현상으로 인해 가장 강력한 기상이변이 몰고 오는 새로운 빙하기의 도래, 세계경제의 붕괴, 이름 모를 전염병의 창궐과 전 인류를 공포에 떨게 하는 팬데믹과 covid-19의 출현, 식량과 자원의 주도권 싸움을 비롯한 전 지구촌에 문명전환이라는 거대한 변혁의 사이렌이 울리고 있다.

이들은 모두 19세기 동북아 후천개벽사상에서 말하는 개벽의 징조라고 할 수 있다. 개벽의 징후는 지구의 자전축을 움직일 만한 대재앙 수준의 지진과 기상이변 등(자연개벽), 극심한 빈부의 격차로 나타나는 경제상황의 악화와 국지적인 전쟁의 빈발, 정치를 비롯한 사회의 전반적인 혼돈(문명개벽), 물질문명의 폐단과 도덕의 타락으로 인한 병든 인간세상(인간개벽)으로 압축할 수 있다.

자연과 문명과 인간의 총체적 대변혁은 선후천의 교체를 통해서만 가능하다. 선후천 변화의 정체는 후천개벽이다. 후천개벽이 이루어지는 원리와 과정을 밝히는 작업이 바로 선후천론이다. 이 글은 선후천론의 사상적 배경을 비롯하여 왜 선천이 후천으로 전환되는가의 이유를 '우주1년'을 중심으로 논의할 것이다. 우주1년은 생명과 시간의 질서를 해명하는 시간의 방정식이기 때문이다.

　우주는 세 번의 굴곡을 거치면서 생장성生長成의 몸짓으로 변화하는 데, 완성[成]의 단계에서 일어나는 사건이 곧 후천개벽이다. 후천개벽의 결론은 조화선경의 건설에 있다. 조화선경은 우주를 주재하고 신명계를 통치하는 상제上帝가 이 땅에 내려와 인류 구원의 위대한 프로젝트가 구현되는 인존人尊의 세상이다. 그렇다고 후천의 조화선경은 저절로 이루어지는 게 아니다. 후천선경의 건설에 왜 인간의 능동적 참여가 필요하며, 후천을 준비하는 인간의 자세는 무엇인가를 살피는 것이 이 글의 목적이다.

• 양재학

1 선후천의 교체가 왜 내일의 해답인가

1) 19세기 동북아에서 싹튼 새로운 선후천론

선천과 후천이란 말은 『주역周易』에 가장 먼저 나온다. "하늘보다 앞서 가도 하늘이 어기지 않으며, 하늘보다 뒤로 해도 하늘의 시간을 받든다. 하늘이 또한 어기지 않는데 하물며 사람이며 귀신이랴!"[1] 그러나 공자 이후 1,500년 동안 선천과 후천에 대한 학술적 논의는 깊이 잠들었다가 송대宋代의 철학자들에 의해 본격적으로 탐구되기 시작했다.

선후천관의 입장에서 역의 세계를 들여다본 대표적 인물은 소강절邵康節(1011-1077)이다. 그가 선후천관을 수립한 목적은 자신이 살던 시대가 최고의 태평성대라는 사실을 객관적 우주론으로 입증하려는 의도 때문이었다. 그는 이 세상을 선천과 후천을 구분했다. 선천은 진리의 원형이므로 후천은 선천을 본받고 온몸으로 터득하여 이상적 인간이 되도록 노력하는 무대라는 결론이다.[2] 소강절이 말하는 선천이 후천의 근거라는 발상은 과거로의 회귀를 꿈꾸는 역사관의 전형이라 할 수 있다.

선천과 후천은 천지의 두 얼굴이다. 선후천론의 핵심은 선천과 후천이 맞물려 돌아간다는 점에 있다. 그것은 이원론(dualism)을 의미하지 않는다. 선후천론에 대한 혁명이 조선조 후기의 한반도에서 일어났다. 그것은 후천개벽사상에 이론적 근거를 제공한 김일부金一夫(1826-1898)의 정역사상과 동학을 창도한 최수운崔水雲(1824-1864)에 이르러 본격적으로

---

1) 『周易』 乾卦 「文言傳」, "先天而天弗違, 後天而奉天時, 天且弗違, 而況於人乎, 況於鬼神乎!"
2) 『皇極經世書』「觀物外篇」, "堯之前, 先天也; 堯之後, 後天也; 後天乃效法也. 昊天生萬物, 聖人生萬民."

논의되기 시작했다. 김일부는 선후천을 중심으로 세상을 인식하는 소강절의 사유를 이어받았다. 하지만 선천과 후천을 바라보는 두 사람의 관점은 현저하게 다르다.³ 인류가 살고 있는 '지금 여기(now and here)'라는 시간대를 놓고 볼 때, 소강절은 '지금 여기의 세상을 발생시킨 세계가 선천이고, 현재 인간이 살고 있는 세상이 후천'이라는 주장을 견지한다. 그러나 김일부는 '지금 이곳의 세상이 선천이고, 머지않아 다가올 미래가 ' 후천'이라는 것을 다양한 각도에서 조명했다.⁴

왜 선천과 후천의 문제가 중요한가? 진리의 최종근거는 하늘과 땅이며, 특히 하늘은 인식과 행위의 뿌리이며 준거이자 모든 시간적 변화의 표준이기 때문이다. 더욱이 선천과 후천이 교체할 때에 천지와 문명의 질서가 근본적으로 뒤바뀌어 인류의 생사가 결정되기 때문에 선후천 전환의 문제가 절실하게 부각되는 것이다.

그렇다면 지금의 우주가 생겨나기 이전과 이후는 어떻게 구분할 수 있는가? 이를테면 산과 바다와 하늘의 별자리가 존재하지 않았던 시공간 탄생 이전의 사태, 태초의 인간이 경험할 수 없는 세계가 선천개벽이다. 이런 의미에서 태초의 선천개벽은 경험 이전의 사태이고, 앞으로 전 인류가 맞이해야 할 세계인 동시에 지구촌의 모든 인간이 살아서 직접 극복해야 하는 전대미문의 대변혁이 바로 후천개벽인 것이다.⁵

음양이 변화하는 모습을 큰 틀에서 보면,⁶ 우주는 선천과 후천의 두 싸이클로 돌아간다. 우주의 전반기를 선천先天(the early heaven), 후반기를

---

3) 『도전』 2:31:5-7. "최수운은 내 세상이 올 것을 알렸고, 김일부는 내 세상이 오는 이치를 밝혔으며, … 일부가 내 일 한 가지는 하였느니라."
4) 선후천론에 관한 한 소강절은 선천을 토대로 후천을 말한 반면에, 김일부는 항상 후천을 먼저 언급한 다음에 선천을 말하는 논지를 펼친다.
5) 안경전, 『개벽 실제상황』, 서울: 대원출판, 2005, p.51 참조.
6) ① "천지개벽도 음양이 사시로 순환하는 이치를 따라 이루어지는 것이니라."(『도전』 2:20:4) ② "인생을 위해 일월이 순환 광명하느니라."(『도전』 11:118:5)

후천後天(the later heaven)라 부른다. 그러나 선천과 후천의 변화는 완전히 다르다. 선천은 천지기운이 안에서 밖으로 뻗쳐나가는 분열·확산 운동을 본질로 하기 때문에 무한생장의 시대로 불린다.

반면에 후천은 천지기운이 밖에서 안으로 응축됨으로 인하여 생장을 수렴하고 통일하는 성숙의 시대이다. 특히 우주의 여름에서 가을로 바뀌는 하추교역기夏秋交易期에는 천지의 기운이 완전히 역전逆轉되어 뒤집어지는 현상이 일어난다. 선후천의 전체 순환과정에서 근본적인 전환은 봄과 여름이 가을철로 접어드는 시기에 급격한 변화가 발생하는데, 이것이 바로 후천개벽이다.

전통의 선후천론은 우주가 선천과 후천으로 구성되며, 선천은 후천의 근거인 까닭에 인간은 마땅히 선천 세상이 생겨난 원리를 깨달아야 인간다운 삶을 영위할 수 있다는 이론으로 출발하였다. 이러한 선후천관은 19세기에 이르러 동북아 조선에서 새로운 형식과 내용을 담지한 후천개벽사상으로 나타났다.

동학東學과 정역正易과 증산도甑山道가 바로 그것이다. 이 3자의 공통점은 무극대도에 근거한 후천개벽에 있다. 동학은 시천주侍天主 신앙의 관점에서 무극대도의 출현을 예고했다면, 정역사상은 선후천의 전환이 이루어지는 과정을 이론적으로 밝혔으며, 증산도는 이 땅에 직접 강세한 상제上帝의 통치에 의해 무극대도의 지상선경이 건설된다고 하였다.

"최수운은 내 세상이 올 것을 알렸고, 김일부는 내 세상이 오는 이치를 밝혔으며, 전명숙은 내 세상의 앞길을 열었느니라."[7]

위 인용문의 공통 주제어는 '내 세상'이다. 그것은 새롭게 펼쳐질 무극

---

7) 『도전』 2:31:5

대도의 후천 세상을 뜻한다. 동학의 최제우는 미래에 만고 없는 무극대도의 세상이 세워질 것을 선언했으며, 김일부는 무극대도의 세상이 열리는 과정과 원리를 학술적으로 밝혔으며, 혁명아 전봉준은 무극대도의 세상을 여는 수레바퀴 역할을 했다는 것이다.

후천개벽에 의한 새로운 세상의 도래는 조화造化를 통해 가능하다. 조화는 창조創造와 변화變化의 합성어다. 창조는 온갖 생명체에게 고통을 안기는 궁극 원인인 상극원리가 선천이 후천으로 교체됨에 따라 만물의 존재 의미와 가치가 완전히 실현되는 상생원리로 바뀌는 새로움의 창조원리를, 변화는 낡고 묵은 선천 세상이 신천지로 거듭 태어난다는 거대한 변혁을 뜻한다.

19세기 조선의 후천개벽사상에서 말하는 조화는 천지의 틀 자체가 근본적으로 전환된다는 의미의 창조적 변화를 뜻한다. 특히 우주론적 의미의 조화는 129,000년 동안 단 한 번 자연의 대변혁을 일으키는 물리적 힘[金火交易]을 뜻하는 지극한 기운[至氣]과 동일한 개념이다. 지극한 조화의 기운으로 말미암아 무극대운이 열릴 것을 알리는 역할이 바로 동학의 사명이었다.

동학에서 말하는 선후천의 전환, 즉 후천개벽은 두 근원자에 의해 이루어진다. 하나는 창조적 변화의 기운[造化]이 무르익다는 뜻의 지기와 다른 하나는 상제가 있다. 최수운이 말하는 지기는 조물자造物者[8]로서 생명의 궁극적 근원자일 뿐만 아니라 선천을 후천으로 뒤바꾸는 실질적 힘(power)을, 상제는 이 세상의 온갖 생명체와 지기를 주재하여 새롭게 천지의 틀을 창조하는 통치자인 것이다.

---

8) 『東經大全』「不然其然」, "難必者不然, 易斷者其然. 比之於究其遠則不然不然又不然之事, 比之於造物者則其然其然又其然之理哉." 여기서의 조물자는 종교적 절대자, 성령(조화성신) 또는 지극한 기운이라는 이중적 의미를 품고 있다.

여기서 우리는 동학이 동서양의 신관을 융합하고 통일하려는 의도에서 지기와 상제[天主]의 연관성을 중시했다는 것을 발견할 수 있다. 지기는 천지의 근원적 생명인 동시에 천지의 근본 틀을 선천에서 후천으로 바꾸는 성숙된 창조적 변화의 에너지에 대응하고, 상제는 선후천의 천지생명을 주재하는 인격신에 대응한다. 조물자는 천지에 가득 차 있는 허령창창虛靈蒼蒼한 지극한 기운으로 만물을 빚어내는 창조의 주체이며, 상제는 만물을 질서와 조화로써 다스리고 창조적 변화를 주재하는 인격적 천주인 것이다. 이런 의미에서 '지기금지원위대강至氣今至願爲大降'이라는 주문과 '다시개벽'을 통해 후천개벽을 염원한 동학의 구원관을 읽을 수 있다.

『동경대전』에는 최수운과 그의 제자들이 '시천주'를 해석하는 부분에서, 후천개벽은 우주변화를 조화하고 주재하는 천주에 의해서 이루어진다는 것을 기록하고 있다.

> "무릇 예로부터 봄과 가을이 번갈아 갈마들고, 춘하추동 사계절의 번성과 쇠퇴가 옮기지 않고 바뀌지 않는 것은 또한 천주조화의 자취가 온 누리에 밝게 드러난 것이다."[9]
>
> "'시'라는 것은 안에 신령함이 있고 밖에 기화가 있어 온 세상 사람이 각각 알아서 옮기지 않는 것이다. '주'라는 것은 존귀함을 칭해서 부모와 더불어 같이 섬긴다는 것이다. '조화'는 무위이화다."[10]

상제[天主]와 지기가 하나로 연결될 수 있는 열쇠는 바로 조화에 있다. 그렇다고 상제가 곧 지기라고 단정할 수는 없다. 상제는 조화를 통해 선

---

9) 『東經大全』 「布德文」, "蓋自上古以來, 春秋迭代, 四時盛衰, 不遷不易, 是亦天主造化之迹, 昭然于天下也."
10) 『東經大全』 「論學文」, "侍者內有神靈, 外有氣化, 一世之人, 各知不移者也. 主者稱其尊而與父母同事者也. 造化者無爲而化也."

천을 후천으로 뒤바꾸는 우주의 주재자이며, 만약 조화만을 강조할 경우에는 조화기운을 주재하는 상제의 조화권능이 약화될 수밖에 없기 때문이다.

아쉽게도 『동경대전』에는 최수운과 그의 제자들이 '시천주'를 해석하는 부분에서, 후천개벽은 우주변화를 조화하고 주재하는 천주에 의해서 이루어진다는 것을 기록되거나, 또는 선후천변화가 일어나는 사건은 상제의 뜻이라는 관념적인 추상화의 길을 걷게 되었다. 그래서 최시형崔時亨(1827-1898)의 양천주養天主 신앙을 거쳐 손병희孫秉熙(1861-1922)의 인내천 사상으로 왜곡되기 시작하여 상제를 비인격적인 하늘 혹은 도덕성의 근원으로 인식하는 유학의 성격으로 되돌아가는 운명을 맞았다.

선후천 전환의 조화기운[至氣]을 주재하는 권능은 상제의 절대 권한이다. "동학 주문에 '시천주조화정侍天主造化定'이라 하였으니 나의 일을 이름이라."[11] 지상낙원을 건설할 수 있는 힘은 오로지 상제의 조화권능에 달려 있다. 이것이 바로 동학이 상제로부터 계시받은 가르침의 내용이다. 원래부터 동학의 가르침은 조화권능을 뜻대로 하는 상제신앙을 회복하는 사명과 함께 시천주 신앙을 통해 이 땅에 지상선경을 세우는 것으로부터 비롯되었던 것이다.

최수운 이후의 동학은 자연의 창조적 조화기운의 작용을 강조할뿐 지기至氣를 주재하는 상제의 조화권능을 망각함으로써 상제관의 왜곡을 가져 오는 직접적 원인을 제공했기 때문에 증산상제는 최수운의 동학과 증산도의 참동학은 본질적으로 다르다고 일깨웠다.

"최제우가 유가의 낡은 틀을 벗어나지 못하였나니, 나의 가르침이 참동학이니라. 동학교도가 모두 수운水雲의 갱생을 기다리나 죽은 자는

---

11) 『도전』 3:184:9

다시 살아나지 못하느니라. 내가 수운을 대신하여 왔나니 내가 곧 대선생이니라."[12]
"나를 믿는 자는 무궁한 행복을 얻어 선경의 낙을 누리리니, 이것이 참동학이니라."[13]

인간의 몸으로 직접 이 세상에 내려온 증산상제는 자신이 실질적인 '대선생'이라 밝히고, 최제우의 동학과 차별화하여 무극대도의 가르침이 '참동학'이라고 선언했다. 동학이 상제의 조화권능에 대한 깨달음과 수행을 통해 선경세상을 이룩하려고 했다면, 증산도는 인간의 몸으로 직접 이 땅에 강세하여 하늘과 땅과 신명계를 주재하는 상제의 조화권능에 근거하여 지상선경을 펼친 것으로부터 출현하였다. 상제는 인류의 이상향인 지상선경(신천지, 신문명, 신인간)을 건설하려고 선천을 후천으로 뒤바꾸는 천지공사를 집행한 우주의 조화주인 것이다. 천지공사의 목적은 조화선경의 건설에 있다.

2) 선후천과 후천개벽의 참뜻 – 상극에서 상생으로

선천과 후천은 어떤 원리로 움직이는가? 이러한 물음에 답하기 위해서는 먼저 우주는 어떤 원리에 근거하여 생겨나고 작동하는 방식을 알아야 한다. 선천과 후천이 우주의 구성에 대한 존재방식이라면, 시간의 질서에 따라 이루어지는 선후천의 교체는 우주의 운행방식을 뜻한다.
선후천을 통틀어 이 세상을 지배하는 것은 음양의 원리이다. 만물은 양의 분열운동과 음의 통일운동으로 변화한다. 만물은 음과 양의 두 시원적

---
12) 『도전』 2:94:9-11
13) 『도전』 3:184:12

인 힘이 이원적으로 분화함으로써 산출되고 유지되는 것이다. 이 세상의 온갖 사물은 한 순간의 멈춤이 없이 음양운동을 하며 변화해간다. 그래서 역易은 변화에 주목한다. 이 세상에 변하지 않는 것은 없기 때문이다. 변화하지 않는 것은 변화하지 않는다고 생각하는 인간의 의식일 뿐이다.

서양인들이 불변의 영원을 추구했다면, 동양인들은 변화의 영원을 추구했다고 할 수 있다. 영원불변한 것은 '변화의 지속'일 따름이다. 변화에는 현상적으로 일어나는 구체적 변화와 우주질서의 근본적 전환을 뜻하는 우주변화가 있다. 현상적 변화는 과학의 탐구대상이며, 우주변화는 역이 전하고자 했던 본질적 영역이다. 따라서 역의 핵심명제는 우주변화다. 증산상제는 『주역』을 천지개벽과 직결된 우주변화의 텍스트라고 밝혀주었다.

"주역周易은 개벽할 때 쓸 글이니 주역을 보면 내 일을 알리라."[14]
"천지의 모든 이치가 역易에 들어 있느니라."[15]
"장차 도통道通은 건감간진손리곤태乾坎艮震巽離坤兌에 있느니라."[16]

개벽의 문자적 의미는 '천개지벽天開地闢' 또는 '개천벽지開天闢地'의 줄임말이다. 이 천지개벽은 태시太始에 가볍고 맑은 양陽 기운은 위로 올라가 하늘이 되고[天開], 무겁고 탁한 음[陰]기운은 가라앉아 땅이 되었다[地闢]는 천지 생성론에서 온 말이다. 서양문화의 '창조'에 대응되는 말이 동양문화의 '개벽'이다. 전통적 의미에서 우주의 혼돈(무극)으로부터 하늘과 땅이 열림(분화)을 뜻하는 원시의 천지개벽의 의미가 있다.

---

14) 『도전』 5:248:6
15) 『도전』 2:20:5
16) 『도전』 10:35:1

"선천에도 개벽이 있고 후천에도 개벽이 있나니 옛적 일[上古之事]을 더듬어 보면 다가올 일을 아느니라. 다가올 일[到來之事]을 알고 다가올 일을 알면 나의 일을 아느니라."[17]

"이제 온 천하가 대개벽기를 맞이하였느니라. … 후천은 온갖 변화가 통일로 돌아가느니라."[18]

증산상제는 지금의 우주는 시간적으로 이미 성숙의 단계에 돌입하는 대격변기라고 그 현주소를 진단해주었다. 증산도의 우주관은 인류는 지금 어디에 와 있는가라는 시간을 묻는 것으로부터 성립한다. 시간과 공간의 틀 자체가 바뀌어 온갖 변화가 통일로 돌아가는 후천개벽은 선천과 후천의 교체를 뜻한다.

선천이란 우주의 봄과 여름을 뜻한다. 선천개벽 이래 지금까지 우주는 상극의 원리가 인간과 만물을 지배해왔다. 상극은 문자적으로 서로 상相, 이길 극克으로서 '서로 극한다, 제어한다, 대립한다, 경쟁한다'는 뜻이다. 상극이 주는 긴장과 갈등은 변화와 창조의 힘으로 작용한다. 상극은 시공간 안에 존재하는 만물이 서로 대립하고 경쟁하며 발전하는 성장의 원리이다. 상극질서는 대립과 경쟁과 투쟁이 발전의 덕목인 것이다.

"선천은 상극上克의 운運이라. 상극의 이치가 인간과 만물을 맡아 하늘과 땅에 전란戰亂이 그칠 새 없었나니, … 상극의 원한이 폭발하면 우주가 무너져 내리느니라."[19]

"선천은 억음존양抑陰尊陽의 세상이라."[20]

---

17) 『도전』 11:122:1-3
18) 『도전』 2:42:1/2:19:7
19) 『도전』 2:17:1-5
20) 『도전』 2:52:1

동서양 문명의 초기에 만들어졌던 모든 종교의 신관, 창조관, 인간에 대한 사고는 남성 중심, 하늘 중심으로 돌아가는 '억음존양'의 문화를 성립시켰다. 즉 선천은 음양의 부조화로 인해 양 중심의 문화로 흘러왔다.

특히 선천의 상극질서 속에서 태동한 현대 산업사회의 기계문명은 지구촌 곳곳에 환경오염과 생태계의 파괴를 부추겨 자연과 문명과 인간이 총체적으로 망가지고 있다. 이들은 서로 상승효과를 일으켜 인류역사를 상극의 파티장으로 만들고 있다.

> "선천에는 상극의 이치가 인간 사물을 맡았으므로 모든 인사가 도의道義에 어그러져서 원한이 맺히고 쌓여 삼계에 넘치매 마침내 살기殺氣가 터져 나와 세상에 모든 참혹한 재앙을 일으키나니 …"[21]

상극의 이치로 인해 선천에는 원한의 기운이 하늘과 땅을 가득 메워 살기를 뿜어내고 있다는 것이다. 상극의 원한은 가정과 사회의 갈등과 분쟁을 비롯하여 국가 사이의 전쟁, 심지어 세계평화를 뒤흔드는 부정적인 동력원이 된다. 서로 경쟁하고 대립함으로써 생기는 원한의 충격은 인간과 신명계를 물들이고 천지에 쌓이게 된다. 그 보복으로 다시 원한은 눈덩이처럼 불어나는 악순환을 불러일으켜 세상을 온통 대혼란에 휩싸이게 만든다.

하지만 우주의 가을, 즉 후천이 되면 생장을 매듭짓고 성숙시키는 원리가 작동한다. 우주의 봄과 여름은 양陽이 흘러넘쳐 음陰이 모자란 시대라면, 가을의 질서는 음양이 조화된 정음정양正陰正陽의 세계이다. 정음정양은 선천의 상극질서에 의해 생겨났던 온갖 죄악과 고통을 비롯한 삶의 업장 등이 모두 해소되는 것을 뜻한다. 그것은 어둡고 어지러운 혼돈의

---
21) 『도전』 4:16:2-3

시대를 지나 광명의 황금시대, 진정한 조화의 시대가 열리는 상생의 조화선경을 가리킨다.

"나의 도는 상생相生의 대도이니라. 선천에는 위무威武로써 승부를 삼아 부귀와 영화를 이 길에서 구하였나니, 이것이 곧 상극의 유전이라. 내가 이제 후천을 개벽하고 상생의 운을 열어 선善으로 살아가는 세상을 만들리라."[22]

가을우주의 새로운 질서는 상생相生이다. 따라서 상생의 의미를 단순히 '함께, 더불어 사는 공생共生' 정도로 이해한다면 곤란하다. 상생은 선천의 닫힌 우주에서 후천의 열린 우주로 넘어가는 근본 질서의 전환을 뜻하기 때문이다. 지금은 대립과 경쟁, 모순과 투쟁이라는 분열·팽창의 선천시대를 끝장내고 우주의 여름에서 가을로 넘어가는 후천시대로 접어들고 있는 것이다.

증산상제는 양陽의 에너지를 뿜어내던 우주가 음陰의 에너지로 대체되는 가을의 계절로 진입하고 있음을 밝혀주고 있다. "지금은 온 천하가 가을운수[秋運]의 시작으로 들어서고 있느니라. 내가 하늘과 땅을 뜯어고쳐 후천을 개벽하고 천하의 선악善惡을 심판하여 후천선경의 무량대운無量大運을 열려 하나니 … 이때는 천지성공 시대니라."[23]

지금의 우주는 이미 성숙의 단계에 진입하는 격동기라는 진단이다. 성장이 극한에 이르면 우주만물은 필연적으로 '극즉반極卽反의 원리'에 의해 반대방향의 창조운동을 시작한다. 분열의 정점에 이르면 다시 통일의 기운이 싹트고, 반대로 통일의 정점에 도달하면 다시 분열의 기운이 싹트

---

22) 『도전』 2:18:1-3
23) 『도전』 2:43:1-4

는 것이다. 우주의 가을철에 이르면 팽창운동은 성숙의 운동으로 바뀌면서 인간과 문명의 열매를 거두는 일이 벌어진다.

"현하의 천지대세가 선천은 운을 다하고 후천의 운이 닥쳐오므로 내가 새 하늘을 개벽하고 인물을 개조하여 선경세계를 이루리니 이때는 모름지기 새판이 열리는 시대니라. 이제 천지의 가을운수를 맞아 생명의 문을 다시 짓고 천지의 기틀을 근원으로 되돌려 만방萬方에 새기운을 돌리리니 이것이 바로 천지공사니라."[24]

이 세상에 새로운 환경이 조성되는 가을의 통일정신이 바로 후천개벽이 지향하는 궁극 목적이다. 가을개벽의 숱한 고난의 과정(병겁, 상씨름, 지축정립)을 거치고 나면 정치, 경제, 사회, 문화를 비롯한 인간 삶의 모든 것이 질적으로 비약한다. 가을개벽은 인류문명의 틀이 근본적으로 전환되는 혁명적 사건인 것이다.

3) 생장염장과 방탕신도

증산상제는 우주가 운동하는 기본질서, 즉 제 1법칙인 우주창조의 근본원리가 '생장염장生長斂藏'이라고 밝혀 주었다.

"나는 생장염장生長斂藏 사의四義를 쓰노니 이것이 곧 무위이화無爲以化니라."[25]

"내가 천지를 주재하여 다스리되 생장염장의 이치를 쓰나니 이것을

---

24) 『도전』 3:11:3-4
25) 『도전』 2:20:1

일러 무위이화라 하느니라."[26]

생장염장은 우주가 만물을 창조하는 근본이법으로서 창조의 법칙은 낳고[生], 기르고[長], 성숙시키고[斂], 휴식하는[藏] 4개의 리듬을 가지고 운행하는 과정을 가리킨다. 자연계의 모든 생명이 태어나 성장하여 열매를 맺고 저장하는 전체 과정이 바로 생장염장인 것이다.

생장염장은 우주를 구성하는 여러 질서 가운데 어떤 하나의 운행원리가 아니라, 전 우주에 작용하는 질서의 총화로서 하늘의 으뜸가는 보편원리를 의미한다. 우주가 일정한 원칙을 지키면서 영원토록 운행할 수 있는 까닭은 생장염장의 리듬으로 변화하기 때문이다. 이는 우주변화의 본성, 우주가 일정한 시간대에 맞추어 자기 정체성을 확인하는 생명패턴의 정보라 할 수 있다.

따라서 아침과 저녁, 낮과 밤이 번갈아 바뀌는 하루의 시간질서도 생장염장이요, 초하루와 보름과 그믐이라는 일정한 주기를 가지고 반복하는 한 달의 시간질서도 생장염장이며, 4계절이 순환하는 1년의 시간질서도 생장염장이다. 한마디로 생장염장은 우주생명의 순환적 질서의 핵심이다. 그것은 자연의 질서인 동시에 인간 삶의 질서요, 문명과 역사를 관통하는 최고원리인 것이다.

또한 우주만물은 '방탕신도放蕩神道'라는 4가지 특성을 가지고 변화한다. 앞에서 말한 생장염장이 창조성의 원리라면, 방탕신도는 사물들의 변화현상을 쉽게 설명할 수 있는 개념이다. 방탕신도는 사물들의 변화를 이해하는데 생장염장보다 훨씬 구체적이다.

"방탕신도放蕩神道는 천지변화의 큰 법도와 기강[統]이니라. 봄기운은

26) 『도전』 4:58:4

만물을 내어놓는 것[放]이고, 여름기운은 만물을 호탕하게 길러내는 것[蕩]이요, 가을기운은 조화의 신[神]이며, 겨울기운은 근본인 도[道] 이니라. 내가 주재하는 천지 사계절 변화의 근본 기강은 기[氣]로 주 장하느니라."[27]

천지만물을 싹틔우려는 속성을 지닌 봄의 '방放', 만물을 왕성하게 흩어지게 하는 속성을 지닌 여름의 '탕蕩', 만물을 신묘하게 조화시키려는 속성을 지닌 가을의 '신神', 만물을 본래의 근원적 질서로 환원하려는 속성을 지닌 겨울의 '도道'가 바로 그것이다. 이는 하늘이 걸어가는 길로서 천지만물의 변화정신이라 할 수 있다. 이처럼 생장염장과 방탕신도는 시간적으로는 춘하추동의 사계절로, 공간적으로는 동서남북의 사방위로 전개되는 것이다.

천지만물의 변화정신은 시간의 흐름을 타고 움직이는 천지기운이 본래부터 지니고 있는 4단계의 리듬이다. 천지변화의 시간표를 최초로 작성한 사람은 송대의 소강절邵康節(1011-1077)이다. 증산상제는 "알음은 강절의 지식에 있나니 다 내 비결이니라"[28]고 그의 업적을 인정해 주었다.

소강절의 『황극경세서皇極經世書』는 우주역사의 시간표 작성으로부터 시작된다. 그는 우주 전체의 생장염장의 순환과정을 시간으로 계산하는 작업을 추진하였다. 소강절은 우주를 자연의 시계에 따라 규칙적으로 움직이는 거대한 몸체로 간주하고, 그것을 수리철학으로 환원하여 우주변화의 시간대를 객관화시켰던 것이다.

---

27) 『도전』 6:124:9
28) 『도전』 2:32:1-2

4) 후천개벽과 우주1년

인류사는 우주사의 과정과 함께 '1원-元'을 주기로 삼아 순환한다. 1원이란 우주가 한 번 문을 열었다가 닫고 다시 여는 거대한 시간의 틀이다. 지구의 1년은 우주사의 그것과 똑같은 패턴으로 한 싸이클을 이루고 있다는 점이 주목된다. 한마디로 지구1년의 봄, 여름, 가을, 겨울에 대응하는 과정이 우주사에도 그대로 적용된다는 뜻이다.

현대 과학은 모든 생명체의 내부에 생물학적 시계의 리듬이 존재한다는 것을 사실로 입증하고 있다. 지구는 자전하면서 태양을 꼭 껴안고 공전한다. 태양계의 행성들이 그 주기와 모양새는 각각 다르지만, 태양을 안고 돈다는 공통점이 있다. 이러한 천지일월성신天地日月星辰의 변화를 우리는 물리적인 시간의 변화로 인식한다.

주지하다시피 지구는 스스로 하루에 한 번씩 자전하면서 태양을 한 바퀴 도는데 1년이 걸리고, 달은 지구를 한 바퀴 도는데 약 30일이 걸린다. 따라서 지구와 태양과 달이라는 3자의 입체적 운동의 주기성을 바탕으로 우리는 시간의 흐름을 객관화할 수 있는 것이다. 지구는 하루에 360도의 자전운동을 함으로써 하루라는 시간대를 형성하고, 이것이 1년 360일 동안 계속 순환하여 1년 4계절의 변화도수인 360도 × 360일 = 129,600도를 빚어낸다.

소강절은 우주가 한 번 문을 열었다 닫는 커다란 주기를 129,600년으로 삼아 선후천이론을 수립했다. 선천이 다하면 후천이 시작되고, 후천이 다하면 다시 다음의 선천이 시작되는 순환 주기 속에서 서로 번갈아가며 머리와 꼬리가 되어 끊임없이 지속된다는 것이다. 선후천의 시간적 시스템은 1원元 = 12회會, 1회會 = 30운運, 1운運 = 12세世, 1세世 = 30년年으로 이루어진다. 이를 우주1년에 맞추어 도표를 그리면 다음과 같다.

지구1년의 변화		우주1년의 변화	
년年	12달	원元	129,600년[12會]
월月	30일	회會	10,800년[30運]
일日	12시간	운運	360년[12世]
시時	1시간	세世	30년

 천지가 일으키는 변화에서 가장 중요한 것은 지구의 1년처럼 우주도 4계절의 변화를 일으키면서 변신한다는 점이다. 우주는 129,600년이라는 생장염장의 순환궤도를 계속 도는 살아 있는 거대한 생명체이다. 우주1년에서 129,600년을 주기로 한 번 운동을 마치고 다시 새로운 주기로 접어들 때를 기준으로 보면 앞의 절반은 선천세상이며, 다음 절반은 후천세상이다. 그런데 문제는 선후천운동이 자연질서에만 국한되지 않는다는 것에 있다. 그것은 선후천운동이 자연과 인간과 사회와 역사의 진행방향, 그리고 인류문명의 흥망성쇠에까지 침투하여 우주1년의 시간대라는 물결을 타고 연출되는 장엄한 드라마이기 때문이다.

 인간을 비롯하여 만물은 선후천에 의해 생성변화한다. 시간의 입장에서 말하면 과거는 미래에 대해 선천이요 미래는 과거에 대한 후천이다. 자연의 입장에서 말하면 1년에서 동지로부터 하지에 이르는 6개월은 선천이요, 하지에서 동지에 이르는 6개월은 후천이다. 한 달에서 초하루로부터 보름까지가 선천이라면, 16일부터 그믐까지는 후천이다. 하루에서 자시子時부터 사시巳時까지가 선천이고, 오시午時부터 해시亥時까지는 후천이다. 이처럼 순간에서 영원의 차원을 꿰뚫는 원리가 곧 선후천인 것이다.

 증산도사상은 인류가 출현하여 지금까지 살아 온 세상을 선천이라 하고, 앞으로 다가 올 세상을 후천이라 말한다. 선천과 후천은 129,600년을 하나의 주기로 삼는다. 이 129,600년을 '우주1년'이라 부른 것은 증산

"129,600 수에 얽힌 신비롭고 놀라운 이야기"

129,600의 수는 어떤 근거에서 생겨났는가? 그것은 태양과 달의 규칙적인 운동을 밝히는 천문학에서 비롯되었다. 현재 인류가 사용하고 있는 캘린더에서 1년은 엄밀히 말해서 365¼일이지만 정음정양이 이루어진 후천의 1년은 360일이다. 그렇다면 360일을 기준으로 양력 365¼일과 음력 354일에서 나머지인 플러스 5¼과 마이너스 6일의 의미는 무엇인가? 인체에는 원래 체온과 염도를 유지하는 자율적인 항상성恒常性이 있듯이, 캘린더의 주기에도 시간의 항상성 즉 360의 정도수正度數가 작동하는 이치와 같다. 지구는 하루에 360도 자전하면서 1년 360일 동안 태양을 껴안고 공전하기 때문에 360도 곱하기 360회 하여 총 129,600도를 돈다. 이는 우주 차원에서도 똑같은 공식이 적용되는데, 360년을 한 주기로 해서 360회 순환 반복함으로써 우주1년의 시간대가 이루어지는 것이다.

129,600수는 시간의 주기일 뿐만 아니라 우주와 인체를 꿰뚫는 음양변화의 본질적인 도수라 할 수 있다. 조선이 자랑하는 대표적 의학서인 『동의보감』을 보면, 보통의 성인들은 하루에 맥박과 호흡의 두 맥을 합해서 129,600회의 생명활동을 한다. 1분에 성인의 평균 맥박 수는 72회이니까 하루의 총 맥박은 103,680회(72회×60분×24시간)이며, 1분 당 호흡 수는 평균 18회이니까 하루의 총 호흡은 25,920회(18회×60분×24시간)라는 계산이 나온다. 이 둘을 합하면 103,680회 + 25,920회 = 129,600이 이루어진다. 따라서 360과 129,600 수는 자연과 인간과 문명의 질서에 내재하는 신비의 극치라고 할 수 있다.

도가 최초이다. 안운산 태상종도사님은 도생들을 가르치고 기르기 위한 방법으로 '지구1년'에 빗대어 '우주1년'을 쉽고 간략하게 설명해주었다.

"지구년이란 지구가 태양을 안고 한 바퀴 돌아가는 주기 - 즉 1년 - 를 말한다. 지구년에는 봄, 여름, 가을, 겨울의 사계절 질서가 무한적으로 반복되면서 만물이 생성된다. 이 지구년과 같은 이치로 대우주 천체권에는 낳고, 기르고, 거두고, 쉬는 거대한 주기가 있는데, 이것을 우주년이라 한다. 우주년도 지구가 태양을 안고 한 바퀴 돌아가

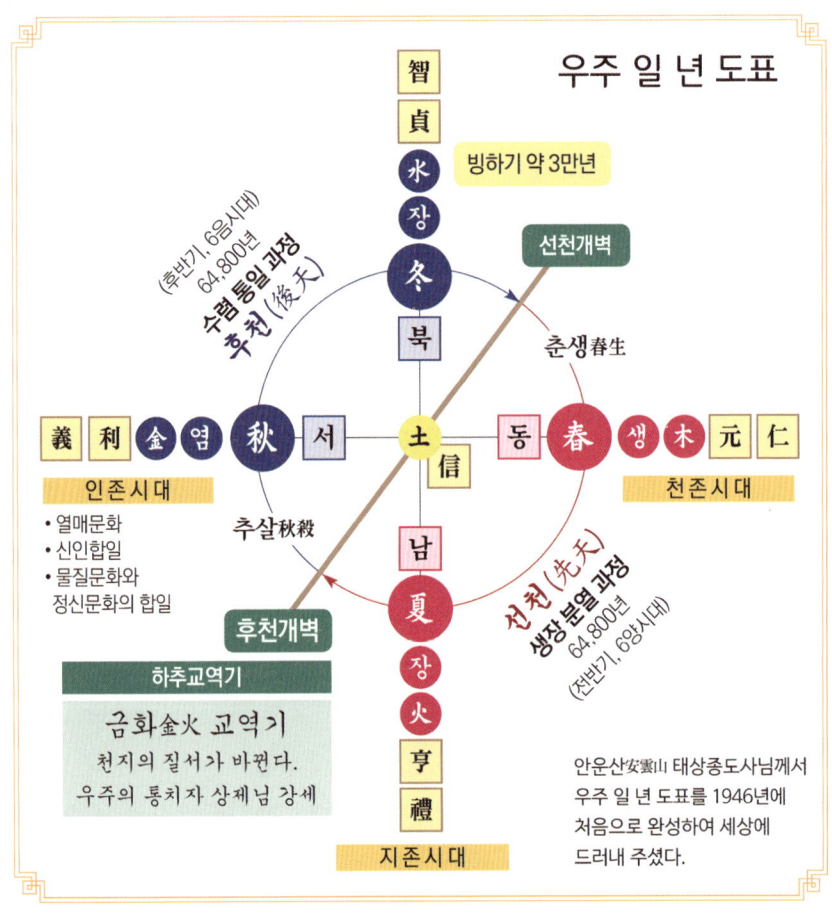

는 것과 똑같은 방법으로 큰 1년, 큰 춘하추동 사계절의 질서로 돌아
간다. 지구년은 하루에 360도를 도는데, 여기에 1년 360일을 곱하
면 지구의 1년 시간법칙은 360 × 360 해서 12만9천6백도로 돌아가
게 된다. 이와 마찬가지로 대우주 천체권이 한 바퀴 돌아가는 주기년
은 360 × 360 해서 12만9천6백 년이 된다. 우주1년인 12만9천6백
년 가운데 봄과 여름에 해당하는 6만4천8백 년을 선천이라 하고, 가
을과 겨울에 해당하는 6만4천8백 년을 후천이라 한다."[29]

우주변화의 최종 결론은 후천개벽이다. 후천개벽은 우주의 여름과 가
을이 교체되는 시기에 일어난다. 지금은 선천이 후천으로 뒤바뀌어 가을
개벽으로 다가가는 막바지 징검다리, 즉 여름의 끝자락에 와 있다. 이때
에는 우주운행의 중심축(天地에서 地天으로)이 뒤집어져 새 하늘과 새 땅
이 열리는 과정에서 엄청난 변국이 수반된다.

"선천의 모든 악업惡業과 신명들의 원한과 보복이 천하의 병을 빚어
내어 괴질이 되느니라. 봄과 여름에는 큰 병이 없다가 봄·여름의 죄
업에 대한 인과응보가 가을에 접어드는 환절기換節期가 되면 봄여름
의 죄업에 대한 인과응보가 큰 병세病勢를 불러일으키느니라."[30]

전혀 이름조차 알 수 없는 병겁은 선천의 상극질서가 빚어낸 여러 형태
의 모순과 인간들의 모든 악행, 신명들의 보복으로 그 원인을 돌릴 수밖
에 없는 괴질이 아닐 수 없다. 대병겁은 신명이 일으킨다. 병겁의 실체는
가을기운을 타고 내려온 신명들의 심판인 셈이다. 따라서 후천개벽의 실

---

29) 안운산, 『천지의 도, 춘생추살』, 대전: 상생출판, 2018, p.23-29.
30) 『도전』 7:38:2-3

상은 시간질서가 바뀌는 현상과 함께 신명들에 의한 병겁심판으로 드러난다고 할 수 있다.

환절기의 "난은 병란病亂이 크기"[31] 때문에 "동서양 전쟁은 병病으로써 판을 고르게"[32] 하여 신천지의 세상으로 진입하기 위한 불가피한 절차이다. 그것은 영성으로 가득 찬 신도세계를 주재하는 최고신의 주재로 이루어진다. 우주1년이 가치중립의 우주원리라면, 주재자는 실제로 천지도수를 뜯어고치는 인격적 존재이다. 신도우주의 주인공은 우주1년의 질서를 주재하는 인격신이다. 인격신은 우주질서를 주재할 뿐만 아니라 인류구원이라는 숭고한 목적에서 신도를 통치하고 개입시킨다. 이것이 바로 천지개벽이 일어나는 궁극적 원인인 동시에 결과라는 점에서 증산도 우주관의 압권이다.

---

31) 『도전』 7:34:4
32) 『도전』 7:32:4

2 신도로 열리는 후천개벽

1) 신도로 돌아가는 세상

　인류문화의 시원은 신교神敎였다. "본래 유儒·불佛·선仙·기독교[西仙]는 모두 신교에 연원을 두고 각기 지역과 문명에 따라 그 갈래가 나뉘었다"[33]는 말처럼, 유교와 불교와 선교와 기독교는 모체종교인 신교로부터 그 생명력을 이어받아 줄기문화로 성장하였다. 신의 가르침인 신교문화의 진정한 주인은 만물을 주재하는 지고무상의 존재인 절대자다.

　동양에서 가장 오래된 서적중의 하나인 『서경書經』의 첫머리는 생명의 본원이자 통치자인 상제에게 제사 올리는 것으로부터 시작된다. 그러나 공자는 인격적 상제관을 도덕적인 천天으로 변모시킴으로써 이후 동양사상의 성격을 비틀어 놓았다. 심지어 송대에 흥성한 성리학性理學은 종교적 색채마저 제외시켜 한층 추상화의 길로 치달았던 것이다.

　그 이후로 동양에서는 새로운 신관의 출현을 목말라 했다. 동학의 최제우는 잃어버린 신을 되찾고자 혼신의 힘을 기울였다. 그는 새로운 우주의 탄생을 예고하는 비인격의 '지극한 기운[至氣]'과 인격신인 '천주天主'를 결합하려고 시도했다. 하지만 지기至氣의 실체는 무엇이며, 하늘의 원래 주인인 천주는 과연 인격적 존재인가 아니면 비인격적 존재인가를 심도 있게 다루지 못했다. 단지 새로운 세계의 도래를 선언하는 수준에 머물렀던 것이다.

　최제우는 종교체험을 통해 발견한 천주가 처음에는 누구인지를 몰라 당황하였다. 증산상제는 1860년 4월에 성령으로 최제우에게 임하여 "두

---
33) 『도전』 1:6:1

려워 말고 겁내지 말라. 세상 사람들이 나를 상제라 이르거늘 너는 상제를 알지 못하느냐"[34]라고 하면서 천주(상제)가 바로 자신이라는 사실을 알려주었다. 그 증거로 최제우에게 '시천주侍天主 주문呪文'을 주었고,[35] 인류구원을 위해 직접 이 땅에 강세했다고 밝혔다. 그리고 "이제는 신명시대神明時代라"[36]고 하여 이 세계는 천지인 삼계 이외에도 이들을 상호소통시키는 신도세계가 엄연히 실재함을 처음으로 밝혀주었던 것이다. 다음은 신도우주관을 안내하는 귀중한 대목이다.

"이마두利馬竇(Matteo Ricci: 1552-1610)는 세계에 공덕을 끼친 사람이라. 현 해원시대에 신명계의 주벽主壁이 되나니 이를 아는 자는 마땅히 경홀치 말지어다. 그러나 그 공덕을 은미隱微 중에 끼쳤으므로 세계는 이를 알지 못하느니라. 서양 사람 이마두가 동양에 와서 천국을 건설하려고 여러 가지 계획을 내었으나 쉽게 모든 적폐積弊를 고쳐 이상을 실현하기 어려우므로 마침내 뜻을 이루지 못하고 다만 동양과 서양의 경계를 틔워 예로부터 각기 지경地境을 지켜 서로 넘나들지 못하던 신명들로 하여금 거침없이 넘나들게 하고 그가 죽은 뒤 동양의 문명신文明神을 거느리고 서양으로 돌아가서 다시 천국을 건설하려 하였나니 이로부터 지하신地下神이 천상에 올라가 모든 기묘한 법을 받아 내려 사람에게 '알음귀'를 열어 주어 세상의 모든 학술과 정교한 기계를 발명케 하여 천국의 모형을 본떴나니 이것이 바로 현대의 문명이라. 서양의 문명이기文明利器는 천상 문명을 본받은 것이니라. 그러나 이 문명은 다만 물질과 사리事理에만 정통하였을 뿐이요, 도

---

34) 『도전』 1:8:13
35) 『도전』 1:8:16
36) 『도전』 2:62:1/7:26:1

리어 인류의 교만과 잔포殘暴를 길러 내어 천지를 흔들며 자연을 정복하려는 기세로 모든 죄악을 꺼림 없이 범행하니 신도神道의 권위가 떨어지고 삼계三界가 혼란하여 천도와 인사가 도수를 어기는지라. … 최수운崔水雲에게 천명天命과 신교神敎를 내려 대도를 세우게 하였더니 수운이 능히 유교의 테 밖에 벗어나 진법을 들춰내어 신도神道와 인문人文의 풋대를 지으며 대도의 참빛을 열지 못하므로 드디어 갑자甲子(1864)년에 천명과 신교를 거두고 신미辛未(1871)년에 스스로 이 세상에 내려왔나니 동경대전東經大全과 수운가사水雲歌詞에서 말하는 '상제'는 곧 나를 이름이라."[37]

여기에는 지난 인류문명에 대한 총 평가와 함께 이마두의 공덕과 신도세계의 실재성이 내포되어 있다. ① 신도가 개방되지 않은 닫혀 있는 선천은 각종 문명이 충돌하는 역사로 점철되었다는 사실, ② 지상문명은 천상문명의 복사판이라는 것, ③ 신명계의 실재와 그 주벽은 이마두이며, 또한 앞으로의 문화는 신성과 인간의 역사적 통합을 추구해야 한다는 방향성, ④ 상제가 직접 이 땅에 강세한다는 사실이 제시되어 있다. 그것은 우주가 어떻게 구성되고 움직이는가를 밝힌 성명문이다. 과거의 모든 학설들은 신도세계의 존재에 대해 전혀 무지했다. 신도는 그만큼 역할이 중요하다는 것이다.

2) 신으로 가득 찬 천지

증산도의 진리체계는 '이理·신神·사事'의 원리로 이루어져 있다. 이理는 현실의 밑바탕이 되는 우주변화의 이법을 뜻한다. 신神은 이법세계와 현

---
37) 『도전』 2:30:1-17

실세계의 매개자 역할을 한다. 신이 중간에서 매개하여 이법이 인간의 현실세계에서 실현된 것이 바로 사건이 바로 사事이다.

우주의 모든 곳에는 신성이 깃들어 있다. 신도는 모든 생명현상을 주관하는 활력소이며, 만물 속에 깃들어 있는 영성의 실체가 바로 신神이다. 따라서 우주에 가득 찬 신성의 현현顯現이 곧 천지만물인 것이다. 자연질서의 극치는 신의 세계이다. 인격신과 자연신은 우주를 꽉 메우고 있다. 자연신과 천지기운의 되먹힘이라는 작용이 신의 세계의 지극한 경계이다. 신은 어디에 국한되지 않고(non locality), 곳곳에 존재한다. 신은 시공간의 경계를 뛰어 넘어 어디든지 존재한다. 그러므로 신은 고정되거나 획일적으로 규정할 수 없는 것이다.[38]

"천지간에 가득 찬 것이 신神이니, 풀잎 하나라도 신이 떠나면 마르고 흙 바른 벽이라도 신이 떠나면 무너지고, 손톱 밑에 가시 하나 드는 것도 신이 들어서 되느니라. 신이 없는 곳이 없고 신이 하지 않는 일이 없느니라."[39]

신은 많은 얼굴을 가지고 있다. 얼굴 있는 신이 있고 얼굴 없는 신도 있다. 이 세상에 겉으로 드러난 모든 것은 신의 작용이다. 각양각색으로 존재하는 신의 역할과 기능은 무한할 수밖에 없다.

자연과 인간계에서 벌어지는 모든 사건과 현상들은 신명계의 매개 작용을 통해 이루어진다. 우주의 이법과 신명계를 소통시키는 열쇠는 천명

---

[38] 『周易』에서는 이를 일컬어 '神无方, 易无體'라고 한다. 신은 특정한 공간에만 내재하는 것이 아니기 때문에 일정한 실체가 아니라는 것이다. 신은 감각으로 포착될 수 없는 보편적 존재이다. 가시적 영역과 불가시적 영역을 가득 채우는 신성으로 이루어진 세계가 바로 우주이다. 그러므로 우주는 거대한 靈體라고 할 수 있다.
[39] 『도전』 4:62:4-6

天命이다. "천하의 모든 사물은 하늘의 명이 있으므로 신도에서 신명이 먼저 짓나니 그 기운을 받아 사람이 비로소 행하게 되느니라"[40] 말처럼, 어떤 일이 현실화되기 전에 먼저 신명계에서 그 일이 선행하여 일어나며, 신명계에서 일어난 일 또한 어떤 조짐을 통해 인간에게 지각되기도 한다. 또한 현실적으로 존재하는 모든 생명체는 신도의 손길로 태어나며, 신도와의 끊임없는 교섭을 통해 생명을 유지한다. 신도는 천지인 삼계에 두루 편재한다. 다만 선천은 닫힌 세계였던 까닭에 신명계가 그 기능을 충분히 발휘하지 못했을 따름이다. 따라서 자연의 대변국을 수반하는 천지개벽도 신도의 개입 없이는 불가능하다.

"천지개벽을 해도 신명 없이는 안 되나니, 신명이 들어야 무슨 일이든지 되느니라. 파리 죽은 귀신이라도 원망이 붙으면 천지공사가 아니니라."[41]

신명은 천지개벽공사의 아주 큰 몫을 담당한다. 천지개벽의 전제조건은 신도의 정리사업으로부터 시작되기 때문이다. 특히 지금은 천지도수天地度數가 정리整理되는 시기인 까닭에 모든 생명체는 우주의 가을철에 이르면 신도의 조율로 성숙되어 결실을 맺는다.

"나는 판밖에서 일을 꾸미노라. … 신도는 지공무사至公無私하니라. 신도로써 만사와 만물을 다스리면 신묘한 공을 이루나니 이것이 곧 무위이화니라."[42]

---
40) 『도전』 2:72:2-3
41) 『도전』 4:48:1-4
42) 『도전』 4:58:2-3

"이 때는 천지성공시대라. 서신西神이 명命을 맡아 만유를 지배하여 뭇 이치를 모아 크게 이루나니, 이른바 개벽이라."[43]

가을우주를 주재하는 서신西神이 천지를 다스리는 방식은 우주원리에 근거한 신도神道이다. 신도는 천지를 경영하는 방법이다. 즉 우주를 다스리는 경영자가 최고신이라면, 세계에 대한 최고신의 독특한 경영방식이 바로 신도인 것이다.

증산도에서 말하는 다신多神[自然神과 人格神]은 천지간 구석구석에 널리 퍼져 존재하는 어떤 개체적 신이라면, 그러한 신들은 천지를 가득 메워 신명계를 형성한다. 이 세상을 가득 메운 신명은 천상계와 지상계와 지하신명계를 연결시켜 생명 활동을 부추긴다. 신이 없으면 천지는 생명력을 잃을 수밖에 없기 때문이다.

신도는 인간의 이성적 능력만으로 포착되지 않는 초합리의 세계이다. 예컨대 우레라는 현상은 과학적으로 음전하와 양전하가 만났을 때 일어나는 방전현상이다. 하지만 우레를 일으키는 보이지 않는 또 하나의 손길이 있다. 그것이 바로 신도이다. 따라서 우주는 거대한 천지신명계의 연합체이며, 이러한 신 가운데 나머지 모든 신들을 새로운 창조적 전진으로 이끄는 존재가 바로 최고신으로서의 상제上帝이다.

신명은 독자적으로 하늘의 이치를 창출할 수 없다. 하지만 상제는 신도세계를 통치하여 천지인 삼계를 소통시켜 무상의 권능을 행사한다. 증산상제는 신도를 주재하고 통제하는 무극상제無極上帝로서[44] 병든 하늘과 땅을 바로잡는 천지의 조화 권능을 뜻대로 하는 행위에 근거하여 나타난다.

---

43) 『도전』 4:21:1-2
44) 『도전』 1:11:6

증산상제는 선천 상극역사를 매듭지어 천지의 새 판을 짜고, 천지인 삼계를 가득 메운 인간과 신명의 원한을 풀어 병든 천지를 건지기 위해서는 '모든 법을 합한 신통변화와 천지조화의 신권을 써야 한다'고 강조하면서 가장 먼저 천상의 신도세계를 바로잡고 통일하여 조화정부造化政府를 조직하였다. 조화정부란 상제의 천명을 받들어 천지개벽의 전 과정을 기획하고 집행하는 중심센터이다. 우주의 삼계대권을 쓰는 통치자인 상제의 조화권으로 세계를 경영하는 사령탑인 까닭에 조화정부라 일컫는 것이다.

3) 상제의 존재방식

그렇다면 우주의 주재자인 상제는 어떻게 존재하는가? "나는 천지일월天地日月이니라. 나는 천지天地로 몸을 삼고 일월日月로 눈을 삼는다"[45]는 말로 요약되듯이, 상제는 천지일월의 존재양식으로 자신의 정체를 드러낸다. 그러니까 천지일월의 운행은 상제의 의지에 따라 움직이는 것이다. 상제는 천지일월을 자신의 분신으로 활용하여 그 운행질서를 주재하기 때문에 천지와 더불어 영원한 동반자라고 할 수 있다. 증산상제는 "내가 참하늘이니라"[46] "나는 천지와 더불어 동행하노라"[47]고 스스로의 신분을 밝혔다. 상제는 천지일월과 하나되어 절대 조화권을 발동하여 신천지를 여는 실질적인 조화주造化主라고 할 수 있다.

상제가 천지인 삼계의 통일을 실현하려는 목적은 어디에 있는가? "내가 삼계대권을 주재하여 조화造化로써 천지를 개벽하고 불로장생不老長生

---
45) 『도전』 4:111:14-15
46) 『도전』 4:66:2
47) 『도전』 9:76:5

의 선경仙境을 건설하려 하노라. 나는 옥황상제玉皇上帝니라."[48] "모든 것이 나로부터 다시 새롭게 되도록"[49] 하는 데에 있다. 이는 기존의 관념론적 사상가나 종교가들이 외쳤던 도덕적 가르침이 아니다. 천지개벽은 옛 일을 이어받는 것도 아니요, 더욱이 역사법칙에 종속되는 일도 아닌 것이다. 달리 말해서 천지개벽은 오직 상제만이 직접 우주를 뜯어고쳐 재조정하는 사업을 뜻한다. "선경세계는 내가 처음 건설하나니, 나는 옛 성인의 도나 가르침으로 하지 않느니라."[50] "이것이 곧 천지개벽天地開闢이라. 옛 일을 이음도 아니요, 세운世運에 매여 있는 일도 아니요, 오직 내가 처음 짓는 일이니라"[51]는 말은 이를 증명하는 발언이다.

천지인 삼계가 꽉 막힌 선천은 인간과 자연, 사회와 문명, 의식과 역사가 서로 대립하여 날마다 싸우는 공간이었다. 선천은 천지도수와 음양이 고르지 못하여[偏陰偏陽] 원한의 역사가 되도록 하는 미성숙한 우주이다. 선천은 음양의 불균형으로 인한 상극질서에서 비롯되었다. 상극질서는 인간의 삶과 문명에 부정적인 결과를 가져 왔다. 그것은 인간과 인간, 문명과 문명 사이에 격렬한 대립을 야기하여 온갖 불화와 참혹한 싸움과 전쟁을 불러일으켰다.

인류사에 불거져 나온 숱한 모순과 갈등과 투쟁 등 인간의 모든 비극은 깊은 원한에서 비롯된 것이다. 이러한 원한은 인간의 내면세계를 분열시킴으로써 온갖 죄악을 저지르는 악순환을 잉태한다. 이 원한이 하늘과 땅과 역사 속에 축적되어 상극의 극점인 여름철 말기에 이르면 한꺼번에 폭발한다. 이러한 원한의 찌꺼기가 완전히 뽑혀야만 천지와 인간이 총체적인 성숙의 과정으로 진입할 수 있는 것이다.

---

48) 『도전』 2:16:2-3
49) 『도전』 2:13:5
50) 『도전』 2:41:1
51) 『도전』 2:42:4-5

"이에 천지신명이 이를 근심하고 불쌍히 여겨 구원해 주고자 하였으되 아무 방책이 없으므로 구천九天에 있는 나에게 호소하여 오매 내가 이를 차마 물리치지 못하고 이 세상에 내려오게 되었느니라. 그러므로 이제 내가 큰 화를 작으로 화로써 막아 다스리고 조화선경造化仙境을 열려 하노라."[52]

천지간의 모든 신들의 하소연으로 말미암아 이 땅에 강림한 상제의 조화권에 의해 선천의 낡은 옷을 벗어던지고 마침내 새롭게 태어나는 신천지가 탄생되는 것이다. 우주의 여름철에서 가을로 접어드는 이때, 성숙된 인생을 살지 않는다면 참다운 인간이 될 수 없다. 가을개벽의 정신을 깨닫고 그 뜻을 이루려는 인간만이 신천지의 주인공이 될 수 있는 것이다.

가을이 되면 우주는 선천 봄여름에 낳아 길러온 다양한 문화를 성숙된 하나의 문화권으로 통일시키고, 결실문명으로 인간 참열매, 즉 참인간 종자를 추수한다. 증산도 안경전 종도사님은 인간농사가 우주가 변화하는 목적이라고 다음과 같이 밝히고 있다.

"인간농사! 이것이 우주가 끊임없이 생장염장으로 순환, 변화하는 존재이유이다. 나아가 우주가 인간농사 짓는 목적은 바로 가을철에 인간생명을 추수하고 성숙한 문명을 내기 위해서이다. 천지는 가을철에 '인간열매'를 추수함으로써만 그 뜻을 성취하는 것이며, 인간은 우주의 가을철에 결실문명을 만나 천지의 열매가 됨으로써만 천지와 더불어 성공하는 것이다."[53]

---

52) 『도전』 2:17:6-8
53) 안경전, 『개벽실제상황』, 서울: 대원출판, 2005, p.54.

하지만 아직까지도 현재의 우주관은 과학의 힘을 빌리지 않고는 잠시도 버티지 못하는 처지가 되었다. 한낱 불변의 실체는 무엇인가라는 낡은 물음에 매달려서는 현재와 미래의 일을 해결할 수는 없다. 객관적 사실만을 고집하는 자연과학은 자연으로부터 신성神性을 제거하는 재앙을 남겼다. 그리고 성령聖靈 체험은 주관적인 것에 불과하다고 제한하여 아예 신도의 실재성을 포기함으로써 인류에게 수많은 폐단을 유산으로 남겼다. 우리는 과거의 자격상실한 우주관을 뛰어넘는 획기적인 우주관이 출현되어야 한다는 당위성에 직면하고 있는 것이다. 우리의 희망은 과거로의 회귀가 아니라, 미래를 지향하기 때문이다.

3 생명과 시간의 새로운 창조

1) 천간지지天干地支에 담긴 시간의 비밀

증산도사상의 종지인 원시반본原始返本은 시간의 본성에 대한 규정이라 할 수 있다. 원시반본의 시간적 상징체가 60갑자甲子 이론이다. 60갑자는 천간지지天干地支로 이루어져 있다.[54] 천간지지는 천지일월의 변화현상을 객관적으로 설명하는 술어로서 천문학을 비롯하여 일상생활 곳곳에 뿌리박혀 동양인의 삶을 지배했다. 천간은 하늘의 줄거리, 지지는 땅의 가지를 가리킨다.

동양인들은 하늘의 음양운동을 '천간天干'으로, 땅의 음양운동은 '지지地支'로 표현했다. 천간지지를 줄여서 보통 '간지干支'라 부른다. 동양인의 시간의식은 '천간지지天干地支'에 투영되어 있다. 왜 하늘의 질서는 10단계이며, 땅의 질서는 12단계인가? 여기에는 우주변화의 신비가 함축되어 있다. 하늘의 질서[天干]와 땅의 질서[地支]로 구성된 천간지지에는 하늘의 섭리가 땅에서 축복으로 구현된다는 비밀이 숨겨져 있다. 특히 '십이지지十二地支'를 중심으로 시간의 질서가 원시반본되는 이치를 밝힌 것이 바로 천지의 위대한 숨결과 조화造化[天地之用]라는 명제다.

천간지지는 태고의 도술로서 시간의 규칙적 흐름과 작용의 핵심을 함축하고 있다. 이런 점에서 증산도의 시간관은 천간지지天干地支에 담겨 있다고 할 수 있다. 『도전』에는 시간, 역사, 신도, 우주의 신비를 밝히는 가르침이 압축되어 있다.

---

54) 『皇極經世書』「관물외편觀物外篇」上, "十干, 天也. 十二支, 地也. 支干配天地之用也. 干者幹之義, 陽也. 支者枝之義, 陰也. 干十而支十二, 是陽數中有陰, 陰數中有陽也."

"하루는 상제님께서 '세계 민족이 자축인묘진사오미신유술해子丑寅卯辰巳午未申酉戌亥에 매여 있으니 십이물형十二物形을 그려라' 하시고 '수신제가치국평천하'를 쓰시고 그 글자 위에 점을 찍으시며 '이것은 비복신법飛伏神法이라. … 하루는 상제님께서 말씀하시기를 '후천은 축판丑板이니라' 하시니라."[55]

'자축인묘진사오미신유술해'는 시간의 법칙을 헤아리는 술어이며, '수신제가치국평천하'는 천하를 다스리는 방법[歷史와 文明]이며, '비복신법'은 신도를 꿰뚫는 방법이며, '축판'은 선천이 후천으로 뒤바뀌는 우주변화의 극치를 뜻하는 용어다.

생명은 '자축인묘진사오미신유술해'의 과정을 거쳐 성숙되고, 시간은 과거에서 현재로 현재에서 미래로 흘러 그 목적을 완수한다. 이러한 사실은 생명의 탄생과 죽음의 신비를 시간의 순환 형식으로 언급한 대목에서 확인할 수 있다. 10단계인 하늘의 운행은 12단계의 땅의 질서로 성숙하는 절차를 밟는다. 그것은 하늘의 원리가 땅에서 완수된다는 것을 시사한다. 크게는 무형에서 유형의 형상이 생겨나서 쇠퇴하는 과정과, 작게는 인간의 한많은 인생의 곡절을 되새기게 하는 시간과 생명의 원리이다. 한마디로 천간지지는 우주원리를 이해하는 최고의 코드인 것이다.

땅의 걸음걸이를 뜻하는 12지지 속에는 생명과 시간이 새로운 내용으로 완성된다는 뜻이 담겨 있다. 그것도 천지개벽의 파도를 타면서 선천이 후천으로 바뀐다는 개벽의 시간관이다. 왜냐하면 선천은 자판子板이라면 후천은 축판丑板이기 때문이다. 선천에서는 시간이 자궁에서 잉태되어 생겨났다면, 후천에서는 판板이 통째로 바뀌어 시간과 생명의 옹달샘이

---

55) 『도전』 2:144:1-4

'축丑의 자리'로 자리바꿈한다는 뜻이다.[56]

"상제님께서 십이지지十二地支 물형부物形符를 가르쳐 말씀하시기를 '이는 태고太古 시대의 도술道術이니 선경세계를 건설할 때 크게 쓸 것이니라. 익히 공부하여 두라' 하시니라."[57]

"최덕겸崔德兼이 '천하사는 어떻게 되옵니까' 하고 여쭈니 상제님께서 '자축인묘진사오미신유술해子丑寅卯辰巳午未申酉戌亥'라 가로로 쓰신 후, 다시 그 위에 '갑을병정무기경신임계甲乙丙丁戊己庚辛壬癸'라 쓰셨다."[58]

천간지지에는 천상의 질서가 지상의 질서로 전환함으로써 조화선경이 건설되는 방법이 압축되어 있다. 증산상제는 '천간'보다는 '지지'에 훨씬 비중을 두었던 것이다. '도술'에서의 도道는 진리와 시간의 원형을, '술術'은 도를 구체적으로 실현하는 수단과 방법을 가리킨다. 도는 술을 통해 전개되고, 술의 목적은 도를 구현하는데 있다.

이곳에서 말하는 도술의 구체적 내용은 무엇인가? 그것은 동양의 역법이 대변한다. 역법에는 태음력太陰曆과 태양력太陽曆과 이들의 결합체인 태음태양력太陰太陽曆이 있다. 태음력은 달의 운행주기를 역법의 기초로 삼은 것이고, 태양력은 태양이 춘분점에서 출발하여 다음의 춘분점으로 돌아오는 회귀년에 근거한 역법이다. 1년을 대략 354일(29.5 × 12 = 354)로 사용하는 태음력은 농경생활에 부적절하다. 농부는 계절의 변화와 밀접한 태양력을 바탕으로 농사지어야 편리한 까닭에 태음력에 태양의 주기

---

56) 소강절이 제시한 '天開於子, 地闢於丑, 人起於寅'은 선천개벽(원시개벽) 이래로 하늘과 땅과 인류문명이 순차적으로 열리는 시간대를 뜻한다. 즉 하늘과 땅이 근본적으로 板이 바뀌어 성숙된다는 의미의 후천개벽과는 약간 다르다.
57) 『도전』 2:143:1-2
58) 『도전』 10:35:3-7

를 결합시킨 역법인 태음태양력이 등장했던 것이다.

여기에는 중대한 문제가 도사리고 있다. 태음력은 1년 360일을 중심으로 6일이 모자라고, 태양력은 5¼일이 넘쳐 있다. 한마디로 사계절이 항상 1년 360일이라면, 태음력과 태양력을 억지로 꿰어 맞추는 불편이 사라지지 않을까? 그것은 하늘과 땅의 근본적 변화가 아니고는 불가능하다. '하늘과 땅의 위대한 숨결[天地之用]'이라는 명제는 생명의 본성과 시간 흐름의 질서와 작용을 밝힐 수 있는 하도낙서의 시간관을 담지하고 있다.

하도낙서에 대한 시간 흐름의 질서를 표현한 것이 바로 천간지지로 이루어진 60갑자이다. 하도낙서와 60갑자는 조직론의 극치이다. 도수의 조직으로 디자인된 것이 바로 이 세상이라는 뜻이다. 기독교가 "태초에 말씀이 계셨다"고 말했다면, 동양에는 갑자甲子로 시작해서 계해癸亥로 끝나는 합리적 조직론이 존재했다.

육갑은 달이 찼다가 이지러지는 달의 주기 혹은 계절의 규칙적 교대와 태양의 운행에 의해 이루어지는 천지의 율동상을 토대로 삼는다. 자연현상의 시간표를 보여주는 어떠한 징후일지라도 그것은 인간의 생존에 지대한 영향을 끼친다. 서양 격언에 "신은 낮과 밤을 만들었고, 인간은 달력을 만들었다"는 얘기가 있다. 달력이 없다면 생활의 리듬이 뒤죽박죽이 될 것이 뻔하다. 이처럼 달력은 인간의 위대한 발명품이다.

2) 시간의 방정식- 순역운동

달력 구성의 근거는 음양의 변화에 있다. 음양의 변화를 달리 표현하면 '순역운동順逆運動'이다. 예컨대 봄과 여름을 뽐내는 나무는 뿌리로부터 생명수를 위로 날라서 잎과 가지를 풍성하게 자라게 한다. 이처럼 뿌리라는 본래의 자리에서 멀어지면서 성장해가는 양陽의 과정을 '역逆의 운동'이라 부른다. 이와는 달리 성장의 극한에서 다시 본래의 자리로 돌아와 수렴하는 음陰의 과정은 '순順의 운동'이라 한다. 이때 원래의 자리로 돌아오는 원리가 바로 '원시반본原始返本'이다. 따라서 원시반본은 생명이 순환하는 대원칙이며, 시간의 본성을 뜻하기도 한다.

현대인은 너나할 것 없이 건강을 위해 산에 오른다. 등산가가 땀을 흘리면서 힘들게 산에 오르는 것은 '역逆의 과정'이고, 정상에 올라 목청을 돋아 '야호~'하고 소리를 지른 다음에 콧노래를 부르면서 내려오는 것은 '순順의 과정'이다. 이와 마찬가지로 사람은 호흡을 통해 내 몸에서 나가는 날숨과 다시 들어오는 들숨이 순역운동을 반복함으로써 생명을 유지한다. 순역운동은 뱀이 제 꼬리를 입에 문 형상처럼 원시반본의 순환을 지속하는 것이다. 순역운동에서 신도가 개입하여 역逆의 질서가 순順의 질서로 바뀌는 결정적 역할을 맡는다.

증산도 우주관은 상생과 상극의 원리가 근간으로 형성되어 있다. 상생상극은 후천개벽의 과정과 목적을 해명하는 우주변화의 결정판이다. 그것은 하도낙서河圖洛書라는 그림 한 장에 온전히 담겨 있다.

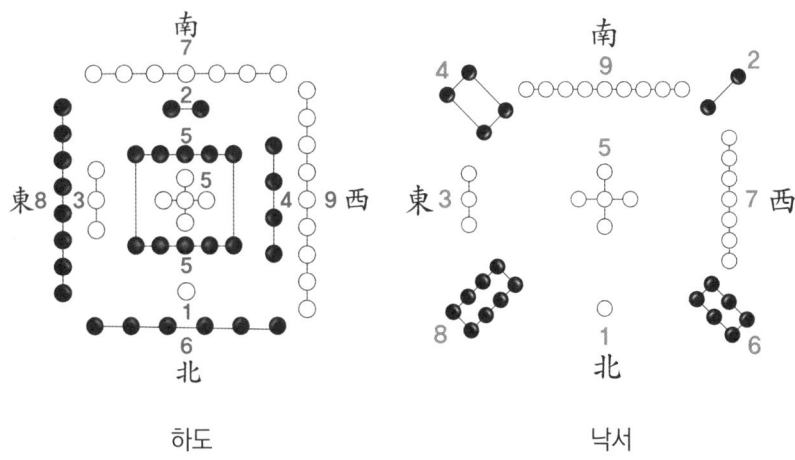

하도   낙서

하도낙서의 설명체계가 곧 역도수逆度數와 순도수順度數이다. 역도수란 상극질서를, 순도수란 상생질서를 뜻한다. 낙서는 상극질서를, 하도는 상생질서를 가리킨다. 이때 상극세상을 상생의 세상으로 바꾸는데 신도가 막중한 역할을 책임진다.

그러니까 하도낙서에는 우주사와 문명사와 역사의 전개양상이 총체적으로 압축되어 있다고 하겠다. 하지만 증산도사상에서 말하는 하도낙서는 세계의 기원과 생성을 설명하는 철학적 체계를 넘어서 신도를 통한 우주에 대한 상제의 주재권능이 개입되었기 때문에 이들을 종합적으로 인식해야 할 것이다.

증산상제는 자연신으로서의 망량과 조왕과 칠성을 가을개벽으로 인도하는 주인공으로 역사役事시켰다. 신도는 우주의 이법과 역사현실을 연결시키는 일종의 매듭이다. 신도는 상제의 권능에 의해 역도수로 발동되어 선천을 후천으로 전환시키는 역동적 천지기운인 동시에 신명을 뜻한다. 이것이 바로 신도원리의 핵심이다.

> "하루는 상제님께서 '천지가 역逆으로 가니 역 도수를 볼 수밖에 없노라' 하시고 공사를 보시며 글을 쓰시니 이러하니라."
>
> 左旋　四三八　天地는 魍魎이 主張하고
> 좌선　사삼팔　천지　망량　주장
> 　　　九五一　日月은 竈王이 主張하고
> 　　　구오일　일월　조왕　주장
> 　　　二七六　星辰은 七星이 主張이라
> 　　　이칠육　성신　칠성　주장
>
> 좌선이라 사삼팔, 천지는 망량이 주장하고
> 　　　　구오일, 일월은 조왕이 주장하고
> 　　　　이칠륙, 성신은 칠성이 주장하느니라."[59]

---

59) 『도전』 4:141:1-2

증산상제는 천지일월과 은하 속의 무수한 별을 다스리는 신명들의 실체에 대해 밝혀주었다.[60] 천체 운행을 주재하는 성신에 대해 천지는 '망량 성신', 일월은 '조왕 성신', 그리고 우주의 모든 별자리는 북방의 '칠성七星의 성신들'이 주재한다는 것이다.[61]

천지일월의 분신이 바로 성신이라면, 칠성은 이를 대표하여 세상을 조화시키고 질서지우는 주도적 존재로 작용한다. 말하자면 천지일월은 칠성으로 귀결되는 것이다. 망량은 우주의 바탕자리로서 생명의 본원이라면[造化], 어머니가 부엌에서 밥을 지어 식구들을 먹여 살리는 것처럼 전통의 부엌신에 해당하는 조왕신은 천지의 살림살이를 책임지고 생명을 성숙시킨다[敎化]. 밤하늘을 화려하게 수놓은 온갖 별들이 칠성으로 귀속되는 핵심적 별자리임을 감안할 때, 칠성은 생명을 실질적으로 통솔하고 유지시키는 중추이다[治化].

위 인용문에서 '천지가 역으로 가니 역도수를 본다'는 말은 원시반본의 이치에 따라 신도[魍魎, 竈王, 七星]를 개입시켜 생명의 본성자리로 되돌리는 상제의 조화권능의 발휘라고 할 수 있다. 시간적 입장에서 말하면, 역도수는 성숙을 지향하면서 순도수가 발동하도록 신도를 개입시켜 가을개벽의 D - day만을 남겨 놓은 것을 뜻한다.

낙서의 상극질서는 중앙의 황극을 중심으로 좌우상하 또는 대각선의 수를 합하면 어떤 경우든 15가 된다. 특히 중앙의 5를 중심으로 각각의 짝들은 10수를 지향한다. 동학의 최제우가 그렇게 부르짖었던 10수 무극대도의 세계는 우주운동의 본체인 5황극의 막중한 역할에 힘입어 10무극으로 열리는 것을 표상한다.

5황극은 원래부터 운동의 본체였다. 다만 우주는 시간의 주기에 따라 옷

---

60) 안경전, 『증산도의 진리』, 대전: 상생출판, 2014, p.298.
61) 안경전, 앞의 책, p.738 참조.

을 갈아입는 까닭에 문왕팔괘도에서는 5황극이 숨겨져 존재할 따름이다. 한마디로 낙서의 역逆의 과정과 하도의 순順의 과정에서 생명을 살아 움직이게 하는 운동의 주체가 바로 5황극이다. 5황극은 선후천변화가 이루어지는 핵심인 동시에 10수 무극대도가 열리도록 하는 열쇠에 해당된다.

"龜馬一圖今山河여 幾千年間幾萬里로다
귀 마 일 도 금 산 하   기 천 년 간 기 만 리
胞運胎運養世界하니 帶道日月旺聖靈이로다
포 운 태 운 양 세 계   대 도 일 월 왕 성 령
하도와 낙서의 판도로 벌어진 오늘의 산하.
수천 년 동안 수만 리에 펼쳐져 있구나.
가을개벽의 운수 포태하여 세계를 길러 왔나니,
변화의 도道를 그려 가는 일월이 성령을 왕성케 하는구나"[62]

"厥有四象抱一極하고 九州運祖洛書中이라
궐 유 사 상 포 일 극   구 주 운 조 낙 서 궁
道理不慕禽獸日이요 方位起萌草木風이라
도 리 불 모 금 수 일   방 위 기 맹 초 목 풍
대자연에는 사상四象이 있어 중앙의 한 지극한 조화기운을 품고 있고,
온 세상 운수의 근원은 낙서洛書 속에 들어 있네.
도리를 우러르지 않으니 금수시대요,
사방에서 싹을 틔우니 초목에 바람이 이네"[63]

하도와 낙서는 인간의 눈이나 감각으로는 알 수 없는 천지의 조화세계, 그 오묘한 이법을 상수원리로 밝혀주는 '우주변화의 암호 해독판'으로서 신의 가르침을 자연수로 표현한 '진리의 원 뿌리요 원형'이다. 이 두

---

62) 『도전』 2:143:4
63) 『도전』 2:145:2

그림이 인류문명에 출현함으로써 인간은 자연계의 음양운동을 합리적으로 이해하기 시작했다. 하도와 낙서는 한 쌍으로서 각각 상생과 상극, 순順과 역逆의 논리를 보여주는 생명의 율동상을 형상화한 도상이다.[64] 하도는 우주 창조의 설계도이며, 낙서는 인간 역사가 후천의 성숙한 세계를 향해 발전해가는 성장 과정의 원리를 담고 있다.[65]

하도낙서의 무궁무진한 변화상을 반영한 수리론이 서양에 전달되었다는 글을 쓴 프랭크 스워츠Frank J.Swetz의 『Legacy of the LuoShu』에는 천지변화의 문제를 다루는 낙서의 다양한 형태가 소개되어 있다.[66]

한동석이 지적했듯이, 낙서의 도상을 원형으로 삼은 문왕팔괘도는 지축이 기울어진 원인을 형상화한 것이다. "문왕괘도는 지축이 경사진 象에서 취한 것이고, 정역괘도는 지축이 정립된다는 입장에서 취상한 것이다. 그러므로 문왕괘도의 시대, 즉 현실의 금화교역은 불완전한 교역이므로 변화가 불측하지만 정역괘도의 시대는 변화가 정상으로 되므로 不測之變이 없는 평화시대가 온다."[67] 이를 통해 우리는 신도가 개입되어 가을개벽의 기운을 몰고 오는 것으로 추정할 수 있다. 이런 점에서 신도에 의해 선후천이 교체되는 신도우주는 우주관의 꽃이다.

3) 하늘과 땅의 숨결[天地之用]

사마천司馬遷(BCE 145 - BCE 86)은 "하늘과 사람의 근원적 관계를 규명하고 옛날과 지금의 변화를 하나로 꿰뚫어 일가의 학설을 이룬다[究天人之際, 通古今之變, 成一家之言]"라고 말하여 역사철학의 웅대한 구상으로

---

64) 안경전, 『개벽실제상황』, 서울: 대원출판, 2005, p.106-108.
65) 안경전, 『증산도의 진리』, 대전: 상생출판, 2014, p.279.
66) Frank J.Swetz,『Legacy of the LuoShu』(Carus Publishing Company, 2002), p.67.
67) 한동석, 『우주변화의 원리』, 서울: 대원출판, 2001, p.260-161 참조.

『사기史記』를 지었다. 사마천이 비록 시간을 과거와 현재와 미래로 3등분했으나, 그것은 시간의 내용이라기보다는 시간의 이미지일 따름이다. 대부분의 사상가들은 시간에 대한 구조적 본질, 즉 선천과 후천의 교체를 묻는 것이 아니라 시간을 둘러싼 개념들과 씨름하고 있는지도 모른다.

흔히 시간은 화살과 같다고 한다. 우리는 모두 무정하게 흐르는 시간의 배를 타고 있다. 어느 누구도 시간의 배에서 내릴 수 없다. 시간의 변화는 어디서 오는 것일까? 그것은 하늘과 땅, 해와 달과 별들의 끊임없는 순환운동에서 비롯된다. 달은 자전하면서 지구를 중심으로 돌고, 지구는 자전하면서 태양을 감싸 안고 공전한다. 이러한 천체운동이 시간의 주기를 빚어낸다. 삼라만상은 시간의 물결에 휩쓸려 변화한다. 그래서 시간을 '자연의 얼굴'이라 부르는 것이다.

유형무형의 모든 사물은 시간의 먹잇감이다. 인간은 만물을 마구 먹어치우고 심지어 쇠도 녹슬게 하는 시간의 이빨에 속수무책이다. 시간의 법칙인 생로병사의 과정을 벗어날 수 있는 존재는 그 누구도 없기 때문이다. 시간은 사물 형성의 근거이자 내용이며 형식이다. 증산상제는 하늘과 땅의 위대한 숨결[天地之用]에 함축된 삶과 죽음의 법칙이 곧 생명과 시간의 본성임을 밝히고 있다.

天地之用은 (A) 胞胎養生浴帶冠旺衰病死藏이니라[68]
천 지 지 용　　　포 태 양 생 욕 대 관 왕 쇠 병 사 장

　　　　　　　(B) 藏死病衰旺冠帶浴生養胎胞니라[69]
　　　　　　　　장 사 병 쇠 왕 관 대 욕 생 양 태 포

하늘과 땅에서 펼쳐지는 시간질서는 12단계의 절차를 밟으면서 탄생

---

[68] 『도전』 10:106:2
[69] 『도전』 5:318:2

과 죽음이라는 역逆의 방향과 순順의 방향이라는 양면성으로 이루어진다는 것이다. (A)는 무형에서 유형의 형상이 생겨나 성장하고 쇠퇴하는 상극질서를 반영하는 세계상이다. 생장염장이라는 커다란 생명의 순환 싸이클에서 태어나고 자라서 늙어 죽음으로 진행하는 과정이 바로 (A)의 핵심이다. 이는 그 누구도 거부할 수 없는 생명의 노화법칙을 뜻한다.

하지만 그 이면에는 생명의 본성으로 회귀하는 '갱소년갱소녀更少年更少女의 길'을 뜻하는 (B)의 단계에 나타나 있듯이, 아직 생겨나지 않은 미지의 생명의 정보가 원래부터 미리 입력되어 있음을 표상한다. 따라서 그 프로그램대로 시공간에서 펼쳐지는 상생질서의 세계상을 지적한 것이다. 순역順逆의 '상호 교통의 시스템'은 증산도의 시간관을 이해하는 최상의 코드이다.[70]

우리는 현실로부터 사물을 분석하는 귀납적인 사고는 '역逆의 사유방식'이고, 사물의 근본 바닥자리를 마음의 심층적 본성으로 꿰뚫어버리는 사고를 '순順의 사유방식'이라 할 수 있다. 세상을 바라보는 인식은 순역의 원리에서 벗어나지 않는다. 이런 의미에서 삶과 죽음은 인생의 두 날개와 같다. 삶의 이면이 곧 죽음이요, 죽음의 이면이 곧 삶이다.

우리는 날마다 무덤을 향해 달려가고 있다. 우리는 요람에서 나와 차표 한 장을 끊고 벌써 무덤을 향하고 있는 셈이다. 사람들은 어김없이 저 세상으로 가고 있으며, 나 또한 그 줄에 서서 차례를 기다리고 있는 것이다. 죽음으로부터 도망쳐서 어디로 간단 말인가? 삶이 과거에 뿌리박고

---

70) 순역론은 '十二地支'에 근거하여 생명의 질서를 12단계로 나눈 것이다. 그것은 생명의 질서가 곧 시간의 질서임을 밝히는 대목이다. 위의 인용문에서 A는 역도수를, B는 순도수를 가리킨다. 전자는 시간의 흐름이란 아무도 거부할 수 없는 생명의 노화법칙을 뜻한다. 후자는 "天更生 地更生 다 끝났으니 이제는 人更生이 크니라"(『도전』 11:205:4)는 말처럼 생명의 본성으로 회귀하는 更少年更少女의 길이다. 결국 역도수의 이면에는 생명의 재창조를 뜻하는 순도수의 존재를 밝히는 내용이라 할 수 있다.

있다면, 죽음은 미래에 뿌리박고 있다. 인간의 삶이 과거에서 현재를 거쳐 미래로 향하는 역逆의 방향으로 나아간다면, 죽음은 미래에서 현재를 향하는 순順의 방향으로 나아간다. 그러므로 '순역順逆'은 생명의 본성을 설명하는 시간의 물레방아와 같다.

순역원리順逆原理는 생명의 시간표인 '우주 1년'에도 그대로 적용된다. 선천 봄과 여름은 역 운동의 시기이고, 후천 가을과 겨울은 순 운동이 작동하는 시기이다. 우주의 여름에서 가을로 계절이 바뀔 때는 '역에서 순으로, 양에서 음으로, 분열에서 통일로, 성장에서 성숙으로, 상극에서 상생으로' 자연질서의 틀 자체가 바뀐다. 역의 운동이 순의 운동으로 자리를 넘겨주는 사태가 바로 가을개벽인 것이다. 우주의 여름에서 가을로 바뀌는 계절에는 생명의 존재방식이 극적으로 바뀌는 것을 뜻한다.

우리는 생물의 삶과 죽음의 모습을 통해서 시간의 질서를 깨닫는다. 분명히 사물의 씨앗은 태초의 과거에 있지만, 미래에서부터 진리의 빛이 비추어져 오는 원리에 의해 생명은 영속한다. 생명의 원초적인 근거는 하늘의 이치에서 비롯되었으나, 생명의 성숙은 땅에서 이루어진다는 것이 순역론의 핵심이다. '포태양생욕대관왕쇠병사장'은 생명 에너지의 전달 경로를 극명하게 나타내는 자연질서의 원형이다. 12포태법인 생명의 원리가 바로 자축인묘진사오미신유술해라는 시간의 질서이다. 그것은 주관적 억측이 아니라 자연의 객관적 법칙임을 뜻한다. 이처럼 12포태법의 프로그램[度數]에 시간의 질서가 디지털화되어 있는 것이다.

4) 생명 완성의 길- 3변성도三變成道

모든 생명체는 천지부모와 일월성신의 운행 덕분[71]으로 태어나서 자라

---

71) 『正易』「十五一言」"金火五頌"에 "嗚呼라 日月之德이여 天地之分이니"라는 말이 나온다.

나고 늙는다. '역易'이라는 글자가 형성된 배경을 살펴보면, 바뀔 '역'은 날 '일日'과 '아니 물勿'의 조합어다. '역'에는 자연의 섭리, 즉 해와 달의 운행법칙에 역행逆行하지 말라는 숨은 뜻이 담겨 있다. 해와 달은 자연계의 변화, 즉 시간의 변화를 일으키는 원초적 동력인 까닭에 시간의 법칙에 거슬려 행동해서는 안 된다는 것이다.

시간의 수수께끼는 가장 난해한 문제 중의 하나이다. 시간관은 진리관과 직결되어 있기 때문에 더욱 중요하다. 시간관의 입장에서 진리관을 조명한다면, 과거적 진리관과 미래적 진리관과, 이 양자의 통합적 진리관이 있을 것이다.

과거적 진리관은 진리의 원형을 과거에 두는 경향이 짙다. 과거적 진리관이 과거적(직선적) 시간관과 동일선상에 있다는 것은 인과율을 최상의 원칙으로 삼는 것을 뜻한다. 인과율이 갖는 강점은 사고의 명료성에 있음은 다음의 예에서 두드러지게 나타난다. 인과율에 의하면, 왜군이 쏜 총알(원인)이 이순신의 가슴에 박혀 피를 흘리며 죽은 것이지(결과), 이순신이 죽은 다음에 총알이 날아와 심장에 박힐 수는 없다.

결과가 원인을 앞설 수는 없다는 것은 인과율의 철칙이다. 아기를 낳은 다음에 임신할 수 없다는 말은 원인이 있어야 반드시 결과가 있다는 말과 전혀 다를 바가 없다. 이는 곧 시간의 모태는 과거에 있기 때문에 인간은 현재에서 과거로, 즉 할아버지가 소년으로 되돌아갈 수 없다는 이치와 같다. 인과론은 시간의 역전현상이 불가능하다는 것을 내포한다.

그러나 괘의 구성원리를 설명한 『주역』 「설괘전」은 처음에서 끝으로[始終=直線]의 사유가 아니라, 끝과 시작은 서로 맞물려 있다는 종시론終始論을 얘기한다.[72] 종시론은 시공간이 처음으로 생겨난 이후 자연과 문명과 역사는 둥그런 원을 그리면서 돌아가는 것을 뜻한다. 『주역』에서 말

---

72) 『周易』「說卦傳」 6장, "終萬物始萬物者, 莫盛乎艮." 『주역』은 결단코 始終論(終末論)이 아니다.

하는 우주와 시간의 순환은 과거의 것이 마냥 되풀이한다는 단순 반복형의 논리가 아니다.

미래적 진리관은 미래적 시간관과 동일선상에 있다. 과거적(직선적) 시간관에서는 과거에서 현재로, 현재에서 미래로 시간은 일방향으로 흐른다는 것이 핵심이다. 하지만 우리는 이를 뒤집어 생각할 수 있다. 미래는 끊임없이 현재를 혁신, '개벽'시키고 과거 속으로 사라져가는 힘의 원천이라는 것이다. 미래적 시간관에서는 미래 → 현재 → 과거를 향하여 현재를 변혁시키면서 시간이 흘러간다고 상정한다. 이는 시간관의 혁명적 발상이 아닐 수 없다.

과거적 시간관과 미래적 시간관의 통합형이 바로 증산도의 시간관이라고 할 수 있다. 왜냐하면 우주는 역도수와 순도수가 맞물려 돌아가기 때문이다. 역도수는 과거 → 현재 → 미래를 지향하며, 순도수는 미래 → 현재 → 과거를 지향하여 나아가는 것을 형용한다.[73] 역도수의 이면에는 순도수 있고, 순도수의 이면에는 역도수가 존재하기 때문에 증산도의 시간관은 단순히 과거적 시간관 또는 미래적 시간관에서 말하는 일방향적 시스템이 아니다.

그것은 쌍방향적 시스템으로 구조화된 자연적 시간관이다. 그것도 우주1년이라는 거대한 순환 속에서 시간은 직선적으로 흐른다는 사실과 함께 우주는 3단계의 발전과정을 거치면서 진화한다는 거대한 담론이 동시에 구비된 개벽의 시간관이라 할 수 있다.

역도수와 순도수는 천지질서의 두 얼굴[軸: 수레바퀴]이다. 증산상제가

---

[73] 이를 가장 잘 나타내는 것이 곧 상극질서(낙서)와 상생질서(하도)이다. 상극질서는 '逆生倒成의 질서'이며, 상생질서는 '倒生逆成의 질서'이다. 아기가 어머니 자궁에서 태어날 때는 머리부터 나온다. 하지만 사람이 태어난 다음에는 언제나 발로는 땅을 딛고, 하늘을 머리에 이고 살아가면서 진리를 터득해야 하는 운명은 역도수를 대변한다. 여기에서 바로 水昇火降의 수행의 당위성이 요청되는 것이다.

물샐틈없는 도수를 짠 내용이 바로 역도수와 순도수이다. 이를 가장 잘 밝혀주는 내용은 다음과 같다.

> "공부하는 자들이 '방위方位가 바뀐다'고 이르나니, 내가 천지를 돌려 놓았음을 어찌 알리요. 나는 서신사명西神司命이니라. 수화목금[四象]이 때를 기다려 생성되나니 물[水]이 불[火]에서 생성되는 까닭에 천하에 서로 극克하는 이치가 없느니라. 내가 천지를 개벽하여 물샐틈 없이 도수를 정하였느니라."[74]

낙서洛書[逆度數]가 하도河圖[順度數]로 바뀌는 이치를 깨달으면 선천이 후천으로 전환되는 이유를 알 수 있다. 선천낙서의 상극질서(역도수)는 ①, ②, 3, 4, 5, 6, 7, 8, 9의 순서로 진행된다. 후천하도의 상생질서(순도수)는 10, 9, 8, 7, 6, 5, 4, 3, ②, ①의 순서로 진행된다. 역도수와 순도수는 공통적으로 물[水]은 1, 불[火]은 2라는 수리 구조로 표상되어 있다. 역도수는 1수2화[一水二火]이므로 선천의 분열성장을, 순도수는 2화1수[二火一水]이므로 성숙과 완성을 지향하는 모습을 상징한다.

즉 역도수는 물이 불을 생하는 원리, 즉 만물이 커가는 이치를 드러내고 있다. 반면에 '물이 불에서 생성되는 까닭에 하늘 아래 상극하는 이치가 없다'는 말은 곧 불이 물을 낳는 순도수의 원리, 즉 만물이 성숙되는 이치를 설명한 내용이다. 그것은 역도수와 순도수에 담긴 선후천변화의 필연성과, 지금은 이미 순도수[河圖後天]의 시간대에 접어들었음을 밝힌 말이다.

하도낙서의 본질은 선후천변화에 있음을 김일부는 다음과 같이 확신한다. "하도와 낙서의 궁극적인 원리는 후천과 선천이요, 하늘과 땅의 도

---

74) 『도전』 4:152:1-4

는 기제괘旣濟卦와 미제괘未濟卦의 이치에 담겨 있다."[75] 정역사상은 하도낙서에 연역하여 하도낙서로 귀결되는 특징을 지닌다. 하도낙서는 선천과 후천이 바뀌는 이치를 해명하는 핵심이다. 이 대문을 지나기 위해서는 『주역』의 기제괘와 미제괘의 이치를 알아야 한다. 전자는 63번 째, 후자는 64번 째에 있다. 이들은 수리적으로 각각 6+3=9, 6+4=10의 형식을 이룬다. 9는 낙서 선천을, 10은 하도 후천을 상징한다.

시간적으로 보아서 현재는 9수 낙서세계의 막바지에서 10수 하도세계로 넘어가는 과정에 있다는 것이 김일부의 판단이다. 따라서 하도낙서는 시간론으로 풀이해야 정역사상의 핵심에 도달할 수 있다. 낙서는 1에서 9로 나아가는 형상인데, 5행에서 1은 수水요 2는 화火이므로 물이 불을 낳는 이치를 근간으로 삼아 성립되었다. 반면에 하도는 10에서 1로 나아가는 형상인데, 5행에서 2는 화火요 1은 수水이므로 불이 물을 낳은 이치를 근간으로 삼아 성립되었기 때문에 하도와 낙서는 공통적으로 수화운동에 의해 선후천이 전환되는 이치를 설명하고 있다. 즉 낙서는 수화水火의 체계인데 반해서 하도는 화수火水의 체계를 이룬다. 전자는 낙서선천의 '역생도성逆生倒成의 이치'요, 후자는 하도후천의 '도생역생倒生逆成의 이치'인 것이다.

그래서 선천은 『주역』에서 말하는 수화기제괘水火旣濟卦(䷾)의 9수 세계, 후천은 화수미제괘火水未濟卦(䷿)의 10수 무극대도라 부르는 것이다. 수화운동이더라도 그 중심축이 극적으로 전환됨에 따라 선천이 후천으로 바뀌는 것이다.[76]

이것을 3극론三極論에 대응하여 살피도록 하자. 역도수의 작동은 1태극

---

75) 『正易』「十五一言」, "圖書之理는 後天先天이요 天地之道는 旣濟未濟니라"
76) 그러니까 『正易』은 선천 우주의 自己否定을 통해 긍정과 희망의 새로운 우주가 재창조된다는 혁명적 사상을 잉태하고 있다. 그것은 자연과 문명과 인간과 역사를 통째로 재생시킨다는 사상적 혁명을 불러일으켜 조선조 후기의 후천개벽사상의 논리적 기초를 제공하였다.

에서 출발하여 2, 3, 4, 5, 6, 7, 8, 9의 단계를 거쳐 10무극을 지향하며, 순도수의 작동은 10무극에서 출발하여 1태극을 지향하는 것을 뜻한다. 여기서 1태극은 시간의 태초성을, 10무극은 시간의 종말성을 가리킨다.[77] 그러니까 1태극에서 10무극으로의 전환은 증산도의 최고이념인 원시반본의 정신을 뜻한다. 거대한 우주1년 속에서 1태극에서 10무극으로의 전환은 후천의 탄생과 새로운 시간질서의 도래(1년 366일에서 365¼일로, 365¼일에서 360일로)를 의미한다.

이런 의미에서 증산도의 시간관은 1태극(선천개벽)에서 10무극[無極大道, 後天仙境]을 향해 역도수가 작동한다는 점에서 직선적 시간관이며, 10무극에서 다시 1태극을 향해 순도수가 작동한다는 점에서 영원회귀의 순환적 시간관이다. 또한 양자가 항상 맞물려 움직인다는 점에서 순환론적 직선형의 시간관이라 할 수 있다. 더욱이 상제의 조화권능에 의해 신도가 주입되어 시간질서가 전환된다는 점에서 종교적 시간관이라 하겠다.

이러한 모든 것들은 '우주 1년' 안에서 이루어진다. 그것은 선후천 전

---

77) ① 소광희, 『시간의 철학적 성찰』, 서울: 문예출판사, 2001, p. 29. 시간의 종말에 대해 불트만(R. K. Bultman: 1884-1976)은 "(최후의 심판 이후의) 새 세상에서는 때도 해[年]도 없어지고 달[月]도 날[日]도 시간도 이미 존재하지 않게 된다"고 말한다. 우주와 마찬가지로 시간의 종말도 신에 의해 결정된다. 시간에 시작과 끝이 있다는 사상은 애당초 종교적 심성에 기초를 두고 있다. ② "(크리슈나무르티) 시간은 인간의 적이다. 인간 비참함의 근원적 이유는 시간을 의식함에 있다. 안으로 향하든 밖으로 향하든 심리적 의식에서 시간인식이 싹튼다. 심리적 시간이 존재하지 않는다면 갈등은 해소될 것"이라고 단언한다.(크리슈나무르티·데이비드 봄/성장현, 『시간의 종말』, 서울: 고려원, 1994, pp. 18-19 참조.) 그는 마음에서 시간의 축적물을 쓸어 내어서 내면으로의 여행을 떠나는 명상을 강조한다. 이에 반해서 증산상제는 도수를 뜯어고쳐 시간질서의 전환에 대한 공사를 집행한다. 따라서 증산도의 시간관은 불트만이나 크리슈나무르티가 말하는 신의 결정에 의해 세상의 끝장으로 치닫는 (창조론에 입각한) 종말론적 시간관이 아니며, 또한 시간의 존재근거를 마음에서 찾는 실존적 시간관도 아니다. 오히려 천지이법에 따라 신도의 통치를 통해 시간질서를 전환시킨다는 것은 곧 이미 존재하는 도수 또는 시간질서를 전제한다는 점에서 자연주의적 시간관에 가깝다고 하겠다.

환의 우주관을 근거로 정립되었다는 점에서 '개벽의 시간관'이라 할 수 있다. 후천개벽은 시간의 근본적인 전환을 통해서 이루어지는 까닭에 증산도의 우주관은 시간론의 문제로 직결된다고 하겠다. 결국 시간의 본성, 우주변화의 정신을 깨우치는 것이 우주1년의 핵심인 것이다.

시간의 근본적인 전환은 팔괘도의 변천에 연관되어 나타난다. 이들은 3단계의 절차를 거친다는 것이 핵심이다. 증산상제는 선천에서 후천으로의 전환은 세 번의 굴곡을 넘어서 생명이 성숙된다고 알려주고 있다.

"내 일은 삼변성도三變成道니라."[78]

"삼천三遷이라야 내 일이 이루어지니라."[79]

"삼변三變이라야 성국成局이니라."[80]

"선천은 천지비天地否요, 후천은 지천태地天泰니라. 선천에는 하늘만 높이고 땅은 높이지 않았으니 이는 지덕地德이 큰 것을 모름이라. 이 뒤에는 하늘과 땅을 일체로 받드는 것이 옳으니라."[81]

시간의 질서가 세 번(원역 → 윤역 → 정역) 변하는 것과 마찬가지로 팔괘도의 변천 역시 세 번(복희괘 → 문왕괘 → 정역괘)의 변화를 겪는다. 김일부에 따르면 『주역』 「설괘전」 3장은 복희팔괘도, 5장은 문왕팔괘도, 6장은 정역팔괘도를 말한 것이다. 앞의 두 개는 공자가 말한 것을 소강절이 밝혔으나, 6장의 내용은 800년 동안 신비의 베일에 싸여 누구도 몰랐다. 이것이 제3의 새로운 괘도의 질서라는 것을 조선의 김일부가 최초로 밝혀낸 것이다. 이정호는 "정역은 우주의 변화와 그에 응하는 인간의 개혁

---

78) 『도전』 5:356:4
79) 『도전』 6:64:8
80) 『도전』 11:369:1
81) 『도전』 2:51:1-3

을 논하여 자연의 초자연적 변동에 대처할 인간의 초인간적 완성"[82]에 대한 담론을 체계화한 것이라고 말했다.

복희팔괘도   문왕팔괘도   정역팔괘도

『정역』은 단순한 『주역』의 해설서가 아니라, 과거의 수많은 이론을 종결짓는 이른바, '주역을 바로잡은 역' 또는 '올바른 주역', '바로잡힌 주역', '주역의 본질적 완성'을 의미하는 일종의 최종 결론서라는 성격을 갖는다.

정역팔괘도의 배열은 문왕팔괘도를 형식적으로 대체한 것이 아니라, 선후천 변화의 필연성을 밝힌 만물의 이론이다. 우주사와 시간사의 긴 여정은 세 번의 시간적 굴곡을 거친다는 것이 정역의 입장이다.[83]

김일부는 괘도의 변천사가 곧 우주의 변천사와 동일원리임을 다양한 방법으로 설명한다. 그는 문왕괘의 질서를 하나의 실패작으로 간주하여 배척한 것이 아니라, 정역괘의 완성을 위해 그 특징을 설명하고 대안을 제시함으로써 『주역』에 대한 비판적 극복의 자세를 유지하였다.

정역팔괘도는 세상의 완성 형태를 묘사한 우주의 청사진(Blue Print)이

---

82) 이정호, 『正易硏究』, 서울: 1984, 국제대학출판부, 「自序」 i
83) 『正易』「四正七宿用中數」, "역은 3변하는 이치가 있으니 건곤이다. 괘는 8개이니 비·태·손·익·함·항·기제·미제이다[易三, 乾坤, 卦八, 否泰損益咸恒旣濟未濟]." 천지가 뒤집어진 형상인 乾南坤北의 복희괘 → 분열로 치닫는 상극질서의 형상인 문왕괘 → 正陰正陽(상생질서)을 상징하는 정역괘로 발전하는 3단계이다.

다. 지금은 우주가 완성을 향해 진행되는 과정에 있음을 형상화시킨 것이 문왕팔괘도라면, 그것의 완성 모델이 바로 정역팔괘도인 것이다.

우주생명은 시간의 법칙에 따라 순환한다. 우주는 생명창조의 돌림노래를 부르면서 성숙과 완성으로 나아간다. 지금은 하늘과 땅의 숨결이 호흡조절하는 시기이다. 선천이 후천으로 뒤바뀌는 막바지 징검다리, 즉 여름의 끝자락에 와 있다. 우주는 일정한 시간대에 따라 가면을 벗고 후천이라는 얼굴로 변형한다. 1년 365¼일에서 5¼ 일이라는 시간의 꼬리가 생기는 달력인 윤역閏曆에서 1년 360일의 정역正曆의 세상으로 바뀐다. 달력의 구조가 바뀐다는 것은 구체적으로 지축이 정립되어 생활환경이 급격하게 변화된다는 것을 뜻한다. 이는 어느 한 개인의 문제가 아니라 전 인류가 겪어야만 하는 보편적인 문제이다. 그것은 선택사항이 아니라 필수사항인 것이다.

그렇다면 우주는 무엇을 위해 창조의 몸짓을 하는가? 우주는 언제 무엇을 위해 열리는가? 우주는 선천개벽(원시개벽) 때 열리고, 후천개벽 때 다시 새롭게 열린다. 선천개벽 때에는 만물을 성장시키기 위해 상극을 주도적 원리로 사용하고, 후천개벽 때에는 인간과 만물을 성숙시키기 위해 상생을 주도적 원리로 사용하여 자연과 문명과 인간을 완성시킨다.

> "인생을 위해 천지가 원시개벽하고, 인생을 위해 일월이 순환광명하고, 인생을 위해 음양이 생성되고, 인생을 위해 사시四時 질서가 조정調定되고, 인생을 위해 만물이 화생化生하고, 창생을 제도濟度하기 위해 성현이 탄생하느니라. 인생이 없으면 천지가 전혀 열매 맺지 못하나니 천지에서 사람과 만물을 고르게 내느니라."[84]

---

84) 『도전』 11:118:4-10

증산도 우주관의 기본골격은 우주 주재자인 상제가 어떻게 상극의 구천지를 상생의 신천지로 전환시켰는가를 밝힌 '우주 1년'의 도표 한 장에 녹아 있다. '우주 1년'은 증산상제가 "알음은 강절의 지식에 있나니 다 내 비결이니라"(『도전』, 2:32:1-2)고 인정했듯이, 우주와 시간 그리고 역사철학을 통합한 소강절의 '원회운세설'에 기초하고 있다. 원회운세설은 순환적 시간관을 근거로 정립되었다는 점에 '우주 1년'은 넓게는 동양의 시간관이라 할 수 있으며, 선후천의 입장에서는 개벽의 시간관이라 해도 무방하다.

4 선후천 전환의 핵심- 조화선경

1) 후천선경은 어떻게 이루어지는가- 윤역에서 정역으로

 시간은 아무런 자취를 남기지 않지만, 시간의 흐름은 천체의 물리적 순환운동과 함께 일정한 방향성을 갖고 앞으로 나아간다. 이 방향성의 결론이 바로 '우주 1년'이다. 우주1년은 선천과 후천으로 구성된다. "김일부金一夫는 내 세상이 오는 이치를 밝혔으며, … 일부가 내 일 하나는 하였다."[85] 김일부는 선천과 후천으로 구성된 우주 1년이라는 거대한 캘린더 속에 숨겨진 시간의 정보를 풀었다는 것이다.

 서양 격언에 "신은 낮과 밤을 만들었고, 인간은 달력을 만들었다"는 얘기가 있다. 만약 캘린더 없이는 약속이 뒤죽박죽될 것이 뻔하다. 캘린더는 미래의 행사계획을 입력해 놓은 년중 시간표이다. 이처럼 캘린더는 인간의 위대한 발명품인 것이다.

 동양 최초의 체계적인 역법은 전국시대戰國時代에 성립한 사분력四分曆이다. 그 명칭은 1년의 날수에 365¼일을 채택한데서 유래하였다. 거기에 윤달을 끼어넣는 치윤법置閏法이 사용되었다. 19년 동안 7번 윤달을 삽입하는 이른바 '메톤meton 주기법[19세歲 7윤법閏法]'이 등장하였다. 이를 통해 캘린더[冊曆: 달력]와 계절의 어긋남이 조정되었던 것이다. 서양의 역사가 "부활절을 계산한 캘린더 작성의 역사"라는 말처럼, 인류문명은 캘린더 제작의 고뇌와 경험을 통해서 발전되어 왔다고 해도 과언이 아니다.

 그렇다고 캘린더 구성법칙인 역법曆法과 캘린더 구성의 근거인 역리曆理를 혼동해서는 안 된다. 김일부는 캘린더 구성의 메카니즘에 대해 본질

---

85) 『도전』 2:31:5-7

적 물음을 던지고 궁극적 해답을 내렸다. 캘린더의 두 얼굴인 정역正曆과 윤역閏曆의 구분이 그것이다. 그는 왜 음력과 양력의 차이가 생기는가(음양의 불균형)라는 물음의 밑바닥까지 훑어서 시간의 수수께끼를 파헤쳤다.

현실적으로 지구에 4계절이 생기는 까닭은 지축경사 때문이다. 지축이 기울어진 채로 지구가 태양을 안고 공전하는 궤도는 타원형이다. 지구의 공전주기는 365¼일이며, 달이 지구를 한 바퀴 도는 시간은 대략 29.5일이다. 그것이 12번 반복하면 29.5 × 12 = 354일이다. 360일을 기준으로 태양력 365¼일과 태음력 354일을 비교하면 대략 전자는 플러스 6일, 후자는 마이너스 6일쯤 된다. 태양력과 태음력의 불일치로 말미암아 생기는 생활의 불편 때문에 모든 문화권에서는 태양력과 태음력을 혼용해 왔던 것이다.

김일부는 우주사의 발전과정은 캘린더 구성근거 자체의 변화에 의거한다고 전제하였다. 그는 우주변화의 한 싸이클을 4개의 시간대로 구분하여 시간성의 내부구조를 밝히고, 후천에는 1년 360일의 도수가 정립됨을 논증하였던 것이다. 즉 원역原曆(김일부가 밝힌 375도) → 윤역閏曆(요임금이 밝힌 1년 366일) → 윤역閏曆(순임금이 밝힌 1년 365¼일) → 정역正曆(공자가 밝힌 1년 360일)로 전개된다. 원역 375도는 우주1년 4계절이 첫 출발하는 시공변화의 기점이며, 선천 시간개벽의 근원이 된다. 달리 표현하면 천지일월의 수레바퀴를 돌리는 동력원에 시간의 꼬리(6일 또는 5¼일)가 붙고 떨어지는 과정이 현실적으로 전개된 것이 곧 캘린더의 역사이다.

김일부는 『정역』을 저술하여 새로운 역을 선포했다. 그것은 천지가 새로운 시간질서로 전환한다는 것을 밝힌 이론이다. 문자적으로 '정역'은 올바른 변화를 뜻한다. 『정역』이란 천지가 창조적 변화[造化]를 통해 새로운 세상이 온다는 것을 밝힌 책이다. 김일부는 「대역서大易序」에서 『정

우주 시공의 삼역 변화	원력原曆	선천 윤력閏曆		후천 정력正曆
	변화의 모체	생력生曆	장력長曆	성력成曆
발견자	김일부金一夫	당요唐堯	우순虞舜	공자孔子
변화 도수	375도	366도	365¼도	360도
윤도수	(15도) 15일×12시 = 180 = 100+80	(6도) 6일×12시 = 72	(5¼도) 5×12+¼×12 = 63	(0도)
시간수	= 99 + ㊛	= ㊲	= ㊳	
9수 등감의 3변 성도	9×9 = 81	9×8 = 72 → −9	9×7 = 63 → −9	9×6 = 54 → −9
9수의 생·성수 변화	9×9 = 81 9×1 = 9	9×8 = 72 9×2 = 18	9×7 = 63 9×3 = 27	9×6 = 54 9×4 = 36
360 정역수	90	+ 90	+ 90	+ 90

우주 1년 4계절 창조의 삼역 시간대의 변화 원리

역』의 주제는 '달력과 성인과 역학'으로 집약되며, 그것은 시간의 문제로 압축된다고 선언했다.[86]

이 말은 『주역』이 시간의 꼬리가 붙은 윤역閏曆을 말했다면, 『정역』은 시간의 꼬리가 떨어진 무윤역无閏曆(= 正曆)이라는 뜻이다. 정역연구자 이정호는 "정역은 한마디로 후천역後天易이며, 미래역未來易이며, 제3역第三易"[87]이라고 말했다. 『주역』은 과거역이고 『정역』은 미래역이다. 김일부가 말하는 역력은 캘린더 구성근거를 의미하기 때문에 과거의 『주역』은 물러나고 미래의 『성역』으로 전환한다는 뜻이다. 지나온 세상이 선천이며, 앞으로 다가오는 세상은 후천이다. 따라서 후천의 새로운 역력의 원리,

---

86) 『正易』「大易序」, "성스럽도다. 역이 역으로 됨이여! 역이란 책력이니, 책력이 없으면 성인이 없고, 성인이 없으면 역도 없다.[易者는 曆也니 無曆이면 無聖이요 無聖이면 無易이라 是故로 初初之易과 來來之易이 所以作也시니라"
87) 이정호, 『正易과 一夫』, 서울: 아세아문화사, 1985, p. 325.

곧 새로운 시간질서의 변화를 들여다본 것이 정역사상이라 할 수 있다.

『정역』은 미래의 후천에 사용될 캘린더다. 이는 윤역에서 정역으로의 전환을 통해 새로운 시간질서가 정립되는 초역사적인 사건을 뜻한다. 결국 새로운 시간의 차원에서 천지질서와 문명질서를 비롯하여 인간 삶의 모든 것을 새롭게 점검해야 한다는 문제를 던진 것이라 할 수 있다.

"정미년(1907) 12월에 정토칠봉淨土七峰 아래 와룡리臥龍里 문공신文公信의 집에 계시며 대공사를 행하시니라. 며칠 동안 진액주津液呪를 수련케 하시고 당요唐堯의 '역상일월성신경수인시曆象日月星辰敬授人時'를 해설하시며 일월이 아니면 빈 껍데기요, 일월은 지인至人이 아니면 빈 그림자라. 당요가 일월이 운행하는 법을 알아내어 온 누리의 백성들이 그 은덕을 입게 되었느니라."[88]

윤역에서 정역으로의 전환은 현실세계에서 천지의 시공질서의 개벽운동으로 나타난다. 그것은 천체의 궤도가 수정되어 일어나는 지축이동으로 현실화되는 것이다. 정역 360일 세상은 음양이 조화된 정원궤도를 형성한다. 하지만 선천의 봄과 여름의 윤역[366일의 생生, 365¼일의 장長] 세상은 음양의 균형과 조화가 깨져 타원궤도로 운행한다. 지구의 타원궤도는 자전축이 23.5도 기울어져 있기 때문에 생기며, 이것은 천체의 정립과 경사의 반복운동 때문에 일어나는 것이다.

이러한 천체의 정립 혹은 경사 운동현상이 바로 천지개벽이다. 천지개벽은 시간의 질적인 변화로 완결된다. 천지개벽은 상씨름, 병겁, 지축정립의 세벌개벽으로 종결되는데, 특별히 지축정립은 삶의 터전인 시공간의 틀이 근본적으로 바뀌는 혁명적 사태이다.

---

88) 『도전』 5:196:1-4

2) 정음정양의 후천선경

　선천에는 하늘의 정사가 자子에서 열렸으나, 후천에는 땅의 정사로 바뀌어 축丑에서 열린다. 그러니까 선천에서 시간의 모체였던 자궁子宮은 후천이 되면 새롭게 변화한다.[89] "후천은 축丑판이니라."[90] 이는 한마디로 선후천의 교체는 판의 변화[正陰正陽]로써 이루어짐을 밝힌 것이다.

　　"나는 판밖에서 일을 꾸미노라."[91]
　　"내 일은 판밖에서 성도成道하느니라."[92]
　　"동서남북에서 욱여들어 새 천지를 만들리니 혼백魂魄 동서남북이라.
　　이 일은 판밖에서 이루어져 들어오는 일인즉 그리 알라."[93]

　선천판이 후천판으로 바뀌는 이유는 그 작동 방식(후천의 順度數와 선천의 逆度數])이 완전히 다르기 때문이다.[94] 결국 천지개벽이란 이제까지의 시간과 공간의 운행질서, 즉 그 근본 틀[板]이 바뀌는 것을 의미한다. 자연에서 시간과 공간의 판 변화를 겪어야만 윤역이 정역으로 변화하고,

---

89) 축판의 세계를 이해하는 데 조셉 켐벨의 말이 많은 도움을 준다. "신적인 차원의 언어로 일컬을 때 시간의 세계란 곧 위대한 어머니의 자궁이다. 아버지에 의해 끼쳐진 생명은 그 안에서 어머니의 어둠과 아버지의 빛으로 합성된다. 우리는 어머니 안에서 배태되어 아버지로부터 격리된 채 산다. 그러나 때가 와서 그 시간의 자궁을 빠져나오면(영원의 탄생이다) 우리는 아버지의 손으로 넘어간다. 현명한 자는 그 자궁 속에서도, 자기가 아버지에게 와서 아버지에게로 돌아가고 있음을 안다. 그보다 더 현명한 자는 아버지와 어머니가 하나의 본체 안에 있다는 것을 안다."(조셉 켐벨/이윤기, 『천의 얼굴을 가진 영웅』, 서울: 민음사, 2002, p. 223.)
90) 『도전』 2:144:4
91) 『도전』 4:58:1
92) 『도전』 5:250:13
93) 『도전』 6:40:3-4
94) 『正易』 「十五一言」, "化翁親施監化事", "아아! 축궁이 왕성한 기운을 얻으니, 자궁은 자리에서 물러나는구나[嗚呼라 丑宮이 得旺하니 子宮이 退位로다]."

판의 변화는 구체적인 캘린더의 변화를 가져온다.

그것은 축판丑板의 정립에 따른 '묘월세수卯月歲首'의 등장으로 나타난다. 이는 자연의 극적인 변화를 통해서만 직접 체험할 수 있다. "내 세상에는 묘월卯月로 세수를 삼으리라. 내가 천지간에 뜯어고치지 않은 것이 없으나 오직 역曆만은 이미 한 사람이 밝혀 놓았으니 그 역을 쓰리라."[95] '묘월세수'는 억지로 양력과 음력을 끼워 맞춘 인위적 시스템이 아니다. 그것은 하추교역기夏秋交易期에 시간의 근본적 변화를 통해서 일어나는 최종 결과인 것이다. 이는 중국의 하夏나라 때부터 비롯된 선천의 '인월세수寅月歲首'가 후천의 '묘월세수卯月歲首'로 바뀌는 원리를 가리킨다.

묘월세수라는 후천 축판丑板의 열림은 양력과 음력이 하나로 통일되는[正陰正陽] 것을 뜻한다. 이는 역법의 인위적 개정을 통해서 이루어지는 현상이 아니기 때문에 앞으로는 양력과 음력을 억지로 짜맞추는 일도 없어진다. 캘린더와 계절의 변화가 근원적으로 일치되는 것을 뜻한다. 그것은 자연의 변화와 역사의 진행은 모두 시간의 범위 안에서 이루어지는 까닭에 역易 = 역사(歷) = 캘린더(曆)이라는 등식이 성립한다. 그러니까 캘린더의 극적인 전환은 사회와 역사와 문명의 잣대 역할을 할 것이다.

이는 기존의 사상가들이 부르짖던 시간의 존재근거는 무엇인가라는 사유의 폭을 뛰어넘는 후천개벽의 조화造化의 시간관이다. 또한 그것은 동양의 특유한 역법 개정의 변천사를 요약한 체계가 아니라, 해와 달의 운행이 정상화되는 이치를 밝혀 그에 대한 대응방안을 일깨우는 거대 담론인 것이다. 그 핵심은 시간의 질적 변화를 통해 천지가 성공한다는 후천개벽이다. 특히 시간의 꼬리인 윤역이 떨어져나가 정음정양의 세계가 도래하여 인간농사가 마무리된다는 후천개벽의 시간관인 것이다. 이는 동서양의 고전적 시간관에 종지부를 찍는 혁신적 시간관이 아닐 수 없다.

---

95) 『도전』 5:21:4-5

시간질서의 근본적 전환을 통해 나타나는 후천개벽의 특징은 무엇인가? 후천개벽은 지축정립의 자연개벽, 인류가 일구었던 역사의 근본 틀이 바뀌는 문명개벽, 참다운 인간으로 새롭게 태어나는 인간개벽을 통과하여 조화선경이 현실로 구현된다. 그것은 상생의 신천지, 새로운 환경의 신문명, 신인간의 삶을 살아가는 조화의 세상이다.

"내 세상은 조화선경이니 조화로써 다스려 말없이 가르치고 함이 없이 교화되며 내 도는 곧 상생이니 서로 극헨하는 이치와 죄악이 없는 세상이니라. … 후천은 온갖 변화가 통일로 돌아가느니라. 후천은 사람과 신명이 하나가 되는 세상이니라. 모든 사람이 장생불사하며 자신의 삼생三生을 훤히 꿰뚫어 보고 제 분수를 스스로 지키게 되느니라."[96]

후천은 모든 갈등이 해소되어 각종 모순과 대립이 통일되고, 만물이 완성되어 인류의 희망이 지상에 실현되는 조화선경이다. 또한 신명과 인간이 합일하고, 과학과 종교와 정치의 통일이 이루어져 투쟁과 반목이 소멸되고, 인간의 영성이 극도로 밝아지는 영성문화가 활짝 열린다.

'후천은 온갖 변화가 통일로 돌아간다'는 말을 반대로 표현하면, 선천의 변화는 성장과 분열 위주의 상극세상이었다는 뜻이다. 하지만 상극이 상생으로 바뀌는 후천은 죄악이 소멸되기 때문에 "만국이 상생하고 남녀가 상생하며 윗사람과 아랫사람이 서로 화합하고 분수에 따라 자기의 도리에 충실하여 모든 넋이 근원으로 돌아가는 대인대의大仁大義의 세상"[97]으로 변한다. '만국이 상생'한다는 것은 지구촌에 무극대도가 펼쳐져 새로운 통일 문명권이 세워진다는 것이며, '대인대의의 세상'은 사회

---

96) 『도전』 2:19:1-9
97) 『도전』 2:18:4-5

적으로 도덕적 가치가 완전히 구현되는 세계를 뜻한다.

조화선경은 진리와 기술[道術]이 합일된 형태로 나타난다. 고도의 철학적 진리와 과학기술이 합일되어 물질문명의 극치를 넘어서는 도술문명道術文明이 탄생한다. "선천은 기계선경機械仙境이요 후천은 조화선경造化仙境이니라."[98] 후천에는 인간의 정신이 최고로 발달하고, 영성이 밝아져 신명과 의사소통하고 온갖 조화를 마음대로 부릴 수 있는 도술의 차원으로 다가온다.

> "선천에서 지금까지는 금수대도술禽獸大道術이요, 지금부터 후천은 지심대도술知心大道術이니라."[99]

금수대도술은 선천 성자들이 이끗과 본능에 매달려 사는 인간들로 하여금 인간다운 삶으로 교화하는 가르침을 지적한 말이다. 반면에 지심대도술은 상대방의 마음을 훤히 읽고 영혼을 꿰뚫어 세상사를 뜻대로 하는 도통문화의 극치를 가리킨다.

선천의 닫힌 우주에서는 마음 문이 닫혀 자기중심으로 살 수밖에 없었다. 여기서 온갖 갈등과 모순, 대립이 싹텄으며 급기야 원과 한을 낳기에 이르렀다. 그러나 후천에서는 마음의 문이 열려 인간이 온 우주와 교감하며 만물의 신성과 대화하는 고도의 영성문화가 열린다. 언제 어디서나 인간과 인간, 인간과 신명이 서로 의사소통을 하기 때문에 시공을 초월한 새로운 영적 커뮤니케이션 대혁명이 일어나는 것이다. 이것이 바로 '만사지萬事知 문화'다.[100]

---

98) 『도전』 7:8:1-3
99) 『도전』 11:250:8
100) 안경전, 『개벽실제상황』, 서울: 대원출판, 2005, p. 484.

이밖에도 지축정립과 함께 새로운 차원의 시공간으로 접어들면 인간의 생리구조 역시 큰 변화를 맞는다. 유전자를 비롯한 신체의 구조와 사물을 바라보는 인식의 폭과 경계가 한없이 깊고 넓어진다. 더 나아가 수행을 통한 마음개벽과 비약적인 의학의 도움을 받아 몸개벽이 이루어져 죽음의 공포에서 벗어날 수 있다. 인류가 꿈꾸어 왔던 장생불사가 현실로 다가와 각종 질병과 노화로부터 해방되어 누구나 장수문화를 누린다.[101]

3) 간방艮方에서 새문명이 싹트다

  온 누리에 장수문화가 열리는 조화선경의 심장부는 어디인가? 이러한 물음은 지상선경의 세상이 돌아가는 방식은 무엇인가라는 우주관을 비롯하여 세계의 중심은 어디이며, 지금의 세계정세는 한반도를 중심으로 욱여들고 있다는 시대인식과 맞물려 있다. 예컨대 가정의 중심에는 아버지, 회사의 대표는 사장, 국가는 대통령을 정점으로 조직이 유기적으로 움직이는 것과 마찬가지로 지구촌 문명의 센터는 바로 간방艮方이며, 이 간방을 중심으로 조화선경이 이루어진다는 것을 함축한다.
  '간방'은 후천의 신비로운 건설과 시공간에 얽힌 수수께끼가 직결되어 있다. 우주의 창조 섭리인 간도수에 따라 동방 조선 땅에 강세한 증산상제는 장차 개벽의 땅 한반도를 구심점으로 삼아 신천지 새 역사의 운이 열리도록 하였다.[102]

---

101) 『도전』 11:299:3, "후천선경에는 壽가 상등은 1,200세요, 중등은 900세요, 하등은 700세니라."
102) 안경전, 『증산도의 진리』, 대전: 상생출판, 2014, p. 510.

"신축년 이후로부터는 세상 일을 내가 친히 맡았나니, 사절기四節氣는 수부에게 맡기고 24방위는 내가 맡으리라. 동서남북에서 욱여들어 새 천지를 만들리니 혼백魂魄 동서남북이라. 이 일은 판 밖에서 들어오는 일인즉 그리 알라."[103]

"상제님께서 천지공사를 마치시고 말씀하시기를 '상씨름으로 종어간 終於艮이니라.'"[104]

증산도에서 말하는 선후천론은 우주사와 시간사를 관통한다. 전자는 복희괘伏犧卦 → 문왕괘文王卦 → 정역괘正易卦로의 세 단계의 진화과정을 거쳐 우주가 완성되며, 후자는 원역原曆 → 윤역閏曆 → 정역正曆으로의 세 단계의 전환을 통해 1년 360일의 시간질서가 완결되는 것을 의미한다. 그리고 '간방에서 끝맺는다[終於艮]'는 개념은 '간방에서 끝맺고 다시 간방에서 시작한다[終於艮始於艮]'는 말의 준말이다. 이는 복희팔괘도의 건 괘乾卦로부터 출발한 선천이 문왕팔괘도의 간괘艮卦에서 끝맺고, 곧이어 정역팔괘도의 간괘에서 새로운 천지가 열려 만물이 재창조되는 것을 뜻한다. 왜냐하면 선천의 동북방이 후천의 동방으로 바뀜은 지축정립을 시사하기 때문이다.

공자는 인류의 궁극적인 구원문제를 『주역』「설괘전」에서 결론지었다. 그는 유가의 이상인 대동사회가 간방에서 이루어지는 천도의 이법을 다음과 말했다.

"간은 동북방을 가리키는 괘이다. 만물의 끝매듭을 이루는 것이요 새로운 시작을 이루는 까닭에 '간방에서 하늘(하나님)의 말씀이 완수

---

103) 『도전』 6:40:1-4
104) 『도전』 5:415:1

된다'고 말하는 것이다."¹⁰⁵

"만물을 끝맺고 다시 시작하는 것은 간괘의 이치보다 성대한 것이 없다. … 능동적으로 변화하여 이미 만물을 이룬다."¹⁰⁶

'간'은 문왕괘에서는 동북방, 정역괘에서는 동방이다. 간방은 만물의 변화가 매듭지어지고 시작이 이루어지는 장소다. 그것은 하늘(하나님의 섭리 또는 상제님의 조화권능)의 말씀(logos)이 간방에서 완성된다는 뜻이다. 이것을 간도수艮度數하는데, 다시 말하면 천지병의 근본적인 해결책이 간방인 동북아 조선(한국)에서 나온다¹⁰⁷는 것이다. 간방에서 새롭게 열리는 신천지는 선천의 온갖 갈등과 부조화가 해소되어 인류의 소망이 이루어지는 조화선경, 지상선경의 세계이다.

증산상제는 서양의 초강대국 혹은 문명화된 국가를 제쳐두고 동북아의 조그마한 한반도에 강세했는가? 『주역』에 의하면 조선은 지구의 동북방에 해당하는 간방艮方이다. '간'은 시작과 결실을 의미하는 생명의 열매를 상징한다. 열매는 '초목의 열매', '인간의 성숙', '문명의 완성'을 포괄한다. 지정학상으로 볼 때, 한반도는 기존의 역사와 문명을 마감하고 새 시대와 새 문명을 여는 지구의 중심이다. "한반도는 지구의 핵, 중심자리다. 동방 조선땅에서 지금까지의 인류역사가 종결되고 가을철 새 역사가 출발한다. 선천 성자들의 모든 꿈과 소망이 한반도에서 성취된다.

---

105) "艮은 東北之卦也니 萬物之所成終而所成始也일새 故로 曰成言乎艮이라"(『周易』「說卦傳」5장)
106) "終萬物始萬物者莫盛乎艮하니 … 能變化하여 旣成萬物也하니라"(『周易』「說卦傳」6장) 김일부는 「설괘전」5장은 문왕팔괘도를, 「설괘전」 6장은 정역팔괘도를 설명한 것으로 인식한다. 똑같은 간방일지라도 문왕괘에서 동북방이지만, 우주진화의 완결을 상징하는 정역괘의 간방은 동방이다. 이는 한반도가 후천의 심장부임을 우주론석으로 입증한 쾌사라 할 수 있다.
107) 안경전, 『증산도의 진리』, 대전: 상생출판, 2014, p.522쪽 참조

이것이 바로 '간도수'의 결론이다."[108]

4) 후천선경의 주체는 누구인가

후천개벽으로 새롭게 열리는 조화선경의 세계는 인간역사를 통해 그 열매를 맺는다. 후천개벽은 자연질서의 대변혁만을 말하는 차원에 그치지 않는다. 선천에서 인간은 최선의 노력으로 일을 다하고 그 결과는 하늘에 맡긴다는 '진인사대천명盡人事待天命'이라는 말이 통용되었다. 하지만 후천개벽은 인간의 능동적 참여를 필요로 한다. 증산상제는 이를 일러 "선천에는 모사謀事는 재인在人하고 성사成事는 재천在天이라 하였으나, 이제는 모사는 재천하고 성사는 재인이니라"[109]고 하였다. 이는 개벽의 시간대에 들어선 지금, 인간이 개벽사업에 적극적으로 동참해야 비로소 후천개벽이 완수된다는 사명감을 일깨운 말이다.

선천의 인간은 존귀한 존재로 대접받지 못했다. 선천은 상극이 지배하는 세상이었기 때문이다. 그러나 우주의 가을철은 더 이상 어떤 신이나 영험한 존재가 인생사를 해결해주는 것이 아니라, 인간이 주체가 되어 천지 안의 문제를 끌어내야 하는 인존시대人尊時代인 것이다.

"천존天尊과 지존地尊보다 인존人尊이 크니 이제는 인존시대니라. 이제 인존시대를 당하여 사람이 천지대세를 바로잡느니라."[110]

'인존'의 문자적 의미는 인간이 가장 존귀한 존재라는 뜻이다. 우주의

---

108) 안경전, 『개벽실제상황』, 서울: 대원출판, 2005, p.163.
109) 『도전』 4:5:4-5
110) 『도전』 2:22:1-2

봄은 인간이 하늘을 높이 받든 천존의 세상이며, 우주의 여름은 인간의 삶이 땅의 환경에 따라 좌우되는 지존의 세상이라면, 우주의 가을개벽을 거치면서 펼쳐지는 후천에는 인간사의 모든 고민거리가 완전히 해결되는 인존시대이다. 따라서 인존의 궁극적 의미는 장차 천지가 꿈꾸는 이상을 지상에 건설하여 천지성공을 일구어내는 실질적인 주체라는 뜻이다.

> "인생을 위해 천지가 원시개벽하고, 인생을 위해 일월이 순환광명하고, 인생을 위해 음양이 생성하고, 인생을 위해 사시질서가 조정되고, 인생을 위해 만물이 화생하고, 창생을 제도하기 위해 성현이 탄생하느니라. 인생이 없으면 천지가 전혀 열매 맺지 못하니, 천지에서 사람과 만물을 고르게 내느니라."[111]

알찬 인간열매를 거두려고 말없이 돌아가고 있는 천지와 시간 흐름의 목적은 인간의 성숙에 있다는 가르침이다. 참다운 인간이 되기 위해서는 가장 먼저 자신의 존재근거인 우주의 이치를 깨달아야 한다. 인간의 뿌리는 우주에 있고, 또한 인간은 하늘과 땅의 정기를 받아 태어난 천지의 열매이기 때문이다.

특히 인간만이 가을 개벽기에 가장 보람 있는 큰일을 할 수 있는 만물의 영장이다. 이 때는 자신의 생명과 세상을 구원하는 주인공이 될 수 있는 기회다. 인간은 천지의 목적을 완결지어야 할 당위성과 인간역사를 매듭지어 조화선경의 문명을 여는 위대한 일꾼인 것이다. 일꾼은 천지의 뜻을 대신하는 천지의 대역자로서 하늘과 땅, 인간과 신명의 이상을 성취하는 역사의 주인이다.

---

111) 『도전』 11:118:4-10

"대인을 배우는 자는 천지의 마음을 나의 심법으로 삼고 음양이 사시四時로 순환하는 이치를 체득하여 천지의 화육化育에 나아가나니, 그런 고로 천하의 이치를 잘 살펴서 일언일묵一言一黙이 정중하게 도에 합한 연후에 덕이 이루어지는 것이니라."[112]

이는 후천선경을 건설하는 인간의 자세를 일깨운 말이다. 후천선경은 저절로 오는 게 아니다. 인간이 능동적으로 건설해야 한다. 우주가 새롭게 탄생하려는 몸짓이 후천개벽인 것처럼, 조화선경을 건설하는 인간 역시 자신의 모든 것을 새롭게 탈바꿈해야 한다.

가장 먼저 인간은 마음을 새롭게 바꾸는 일에 용감해야 한다. 심법개벽이 바로 그것이다. 인간은 천지의 마음을 내 마음의 모델로 삼아 천지의 은혜에 보답하는 마음자세를 갖추어야 할 것이다. 그리고 천하사를 맡은 일꾼은 천지의 마음을 본받아 후천선경을 건설하고자 하는 웅대한 기개를 갖추어야 한다.

일꾼의 일은 후천의 새 세상을 건설하는 천하사다. "천하사는 지금까지 인간이 태어나고 자라온 봄·여름 생장의 선천 우주를 문닫고 모든 인간의 생명과 영혼, 마음과 생각이 성숙되어 하나로 조화되는 대통일의 가을천지 문화권의 시간대를 맞아, 후천 오 만년 조화선경을 이 땅과 현실세계에 건설하는 것을 말한다."[113] 천하사를 책임진 일꾼은 성聖과 웅雄을 겸비하는 사람이어야 한다. 일꾼이야말로 성인의 지혜와 영웅의 기개를 갖추어 인류의 생사를 거머쥔 실질적인 천지의 대행자인 것이다.

인류의 생명을 건지는 천하사 일꾼은 상생의 정신으로 모든 생명을 살려내고자 힘쓰는 존재다. 그것이 바로 천지의 마음이기 때문에 생명을

---

112) 『도전』 4:95:11-12
113) 안경전, 『증산도 기본교리(2)』, 서울: 대원출판, 2007, p.119.

살리는 마음으로 덕을 쌓는 일이 곧 일꾼의 덕목인 것이다.

지상선경은 인존의 세상이다. 선후천이 교체하는 지금, 천지는 인간이 성숙하여 열매 맺기를 원하고 있다. 가을개벽의 정신을 깨달은 인간이 적극적으로 만들어가는 세계가 바로 후천선경이다. 천지는 인간이 되돌아갈 고향이지만, 인간이 없으면 천지도 아무런 의미가 없다. "꽃 중에서 인간 꽃이 제일"[114]이란 말이 있듯이, 인간은 천지의 위대한 열매이기 때문이다.

따라서 후천개벽에 대한 철저한 준비가 없으면 개벽은 하등의 가치와 의미가 없다. 일꾼은 후천개벽의 의미를 찾아 실천하고, 후천의 선경세상을 건설하는 주체로서 개벽 실제상황을 전혀 모르는 일반인을 후천으로 인도하는 역사의 주체라고 할 수 있다.

이런 점에서 후천개벽은 우주의 소멸과 역사의 파멸로 이어지는 종말론이 아니다. 그것은 선천 5만년 동안의 인류문명사에 대한 총결론이다. 후천개벽은 인간역사를 통해 매듭지어진다. "천지는 일월이 없으면 빈 껍데기요, 일월은 지인至人이 없으면 빈 그림자니라[天地無日月空殼, 日月無至人虛影]"[115]는 증산상제의 말을 주의 깊게 살펴야 할 것이다. 천지일월은 인류구원(사람농사)을 위해 존재한다는 뜻이다. 사람농사라는 목적이 없다면 천지일월은 아무런 존재이유가 없는 것이다.

---

114) 『도전』 8:2:6
115) 『도전』 6:9:4

에필로그

　코페르니쿠스와 아인슈타인의 주장이 일종의 과학혁명이었다면, 김일부는 선후천 교체의 필연성을 논증하였고, 증산도사상은 종교와 철학과 문명을 아우르는 총체적인 천지개벽을 선언했다. 19세기에 출현한 증산도의 조화관(선후천론)은 인류역사를 뒤바꿀 제3의 혁명이라고 불러도 과언이 아니다.

　동서양의 수많은 성자를 비롯한 예언자들은 우주의 근본 틀이 바뀌어 새로운 질서가 나타날 것이라고 말했다. 하지만 그들은 후천개벽이 일어나는 근원적 이유에 대해서는 침묵으로 일관했다. 선후천 교체의 실상이 바로 후천개벽이다. 19세기 조선에서 출현한 동학이 '12제국 괴질운수'와 '다시개벽'을 외친 것은 선후천의 전환을 예고한 것이고, 정역사상이 말하는 천지일월의 역법이 바뀌어 윤달이 없어지고 새로운 시간질서가 세워진다는 것도 후천개벽이다. 참동학 증산도는 무극대도의 주인[上帝]이 이 땅에 직접 강세하여 인류를 구원하는 지상선경의 건설하였음을 말하고 있다.

　지금은 후천개벽의 눈으로 자연과 문명과 인간의 문제를 들여다보아야 할 것이다. 후천개벽의 문화는 앞을 내다보는 문화다. 이제는 개벽문화가 전면에 나서야 한다. 개벽문화는 하늘과 땅보다는 인간을, 선천보다는 후천을 앞세운다. 오늘의 문제는 선천에 있지 않고, 후천에 있다. 하늘에 있지 않고, 땅에 있다. 상극에 있지 않고, 상생에 있다. 쓸데없이 꼬리가 붙은 윤역閏曆이라는 낡은 캘린더에 있지 않고, 새롭게 불끈 솟아오르는 정역正曆이라는 캘린더에 있다. 원한과 갈등에 있지 않고, 해원과 조화에 있다.

　이는 선천을 문 닫고 새롭게 후천을 여는 천지개벽이 아니고는 펼쳐지지 않는다. 후천은 상생의 시대로서 성숙과 통일의 문명권이 들어선다. 선천시대에 걸쳐 극도로 분열되었던 여러 갈래의 종교와 사상과 문명 등이 모두 하나의 열매 진리로 통합되는 조화선경의 문화가 열린다. 여기에 선후천 개벽의 핵심이 있다고 하겠다.

참고문헌

경전류
- 道典
- 周易
- 正易
- 皇極經世書
- 周易本義
- 東經大全

주역관련 도서
- 高懷民/신하령·김태완,『象數易學』, 서울: 신지서원, 1994
- 김석진,『대산 주역강의(1,2,3)』, 서울: 한길사, 2003
- 南懷瑾/신원봉,『역경강설』, 서울: 문예출판사, 1998
- 쑨잉케이·양이밍/박삼수,『周易- 자연법칙에서 인생철학까지』, 서울: 현암사, 2007
- 廖名春·康學偉·梁韋弦/심경호,『주역철학사』, 서울: 예문서원, 1995
- 이정용,『易과 神學』, 서울: 대한기독교서회, 1998

주역관련 외국도서
- 高懷民,『先秦易學史』, 臺北: 東吳大學, 1975
- 余敦康,『周易現代解讀』, 北京: 華夏出版社, 2006
- 朱伯崑,『易學哲學史(1,2,3,4)』, 北京: 北京大學出版社, 1988
- Frank J. Swetz,『Legacy of the Luoshu』, illinois: Carus Publishing Company, 2002

정역관련 도서
- 권영원,『正易과 天文曆』, 대전, 상생출판, 2013
- 양재학,『김일부의 생애와 사상』, 대전: 상생출판, 2014

- 이정호,『正易硏究』, 서울: 국제대학출판부, 1983
- _____,『正易과 一夫』, 서울: 아세아문화사, 1885
- _____,『원문대조 국역주해 正易』, 서울: 아세아문화사, 1988
- 한동석,『宇宙變化의 原理』, 서울: 대원출판, 2001

시간론 관련 도서

- 미다스 데커스/오윤희·정재경,『시간의 이빨』, 서울: 영림카디널, 2005
- 소광희,『시간의 철학적 성찰』, 서울: 문예출판사, 2001
- 앤서니 애브니/최광열,『시간의 문화사』, 서울: 북로드, 2007
- 움베르트 에코 외/ 김석희,『시간박물관』, 서울: 푸른숲, 2000
- 크리슈나무르티·데이비드 봄/성장현,『시간의 종말』, 서울: 고려원, 1994
- 피터 코브니·로저 하이필드/이남철,『시간의 화살』, 서울: 범양사, 1994

일반서적

- 김병훈,『율여와 동양사상』, 서울: 예문서원, 2004
- 김상일,『수운과 화이트헤드』, 서울: 지식산업사, 2001
- 김일권,『동양천문사상- 하늘의 역사/인간의 역사』, 서울: 예문서원, 2007
- 마이클 슈나이더/이충호,『자연, 예술, 과학의 수학적 원형』, 서울: 경문사, 2002
- 안경전,『증산도의 진리』, 대전: 상생출판, 2014
- _____,『이것이 개벽이다(상,하)』, 서울: 대원출판, 2002
- _____,『개벽을 대비하라』, 서울: 대원출판, 2004
- _____,『개벽- 실제상황』(서울: 대원출판, 2005)
- _____,『천지성공』, 서울: 대원출판, 2008
- _____,『질병대란과 살아남기』, 대전: 상생출판, 2009
- _____,『생존의 비밀』, 대전: 상생출판, 2009
- 안운산,『새시대 새진리』, 서울: 대원출판, 2002
- _____,『상생의 문화를 여는 길』, 서울: 대원출판, 2005
- _____,『천지의 도- 春生秋殺』, 서울: 대원출판, 2007

- 이은성, 『曆法의 原理分析』, 서울: 정음사, 1985
- 이창일, 『소강절의 철학』, 서울: 심산, 2007
- 조셉 켐벨/이윤기, 『신화의 힘』, 서울: 고려원, 1996
- 존 메이어 젠킨스 외/이창미·최지아, 「마야, 역경, 이집트, 그리고 성경이 말하는 예언」『월드 쇼크 2012』, 서울: 쌤 앤 파커스, 2008
- K.C. 콜/김희봉, 『우주의 구멍』, 서울: 해냄, 2002

홍익인간과 상생

황경선
상생문화연구소

1. 머리말
2. 상생의 의미
3. 홍익인간
4. 증산도의 상생 사상
5. 맺음말

필자 약력

황경선

한국외국어대학교 철학박사.
상생문화연구소 연구위원.

주요 논저

『천부경과 신교사상』
『보천교 다시보다』(공저)
『우주의 교향곡, 천부경』(공저)
「존재론적 관점으로 본 『중용中庸』의 중中 개념」
「우리말 '한'으로 본 「천부경」의 일一 개념」
「하이데거에서 고요함(Ruhe)의 문제」
「삼일신고(三一神誥)와 수운(水雲)의 동학」
「하이데거와 천부경에서 일자一者의 문제」
「증산도의 생명사상」

1 머리말

　상생相生. '서로 상相'에 '살릴 생生'이니 문자적 뜻은 '서로 살림'이 되겠다. 언젠가부터 정치와 경제 분야에 쓰이기 시작하던 이 말은 이제는 대부분의 사람들에게 전혀 낯설게 들리지 않을 만큼 통용되고 있다. 그리고 대체로 '서로 양보해서 상대를 위하고 그랬을 때 자신에게도 이익이다.'라는 의미 정도로 받아들이고 있는 것처럼 보인다. 또 상생을 영어로 'win-win'이라고 표현하는데, 이 또한 상생의 그런 뜻에 주목한 번역이라 싶다. 이같은 이해에서는 상생이 더러 '누이 좋고 매부 좋고' 혹은 '너도 이익 나도 이익'이라는 다소 잇속의 개념으로 들리기도 한다. 그러나 상생의 의미는 그러한 계산적 사유가 접근할 수 있는 것보다 더 깊숙하고 시원적이다. 물론 이 주장이 얼마만큼 타당한지는 앞으로 밝혀져야 문제이다. 이글은 바로 그 확증의 작업을 시도한다.

　이러한 의도 아래 우리는 '생生', '살림'에 대한 문자적, 철학사적 분석을 통해 그 본연의 의미를 드러내고 그러한 의미에서의 상생이 '홍익인간'의 이념을 통해 한국 상고 시대의 정치와 교육 등 인간 삶을 이끌었음을 보여주고자 한다. 그리고 그렇게 해서 드러난 상생의 본래적, 시원적 의미는 증산도의 상생 개념에 이어지고 나아가 수렴되고 있음을 밝힌다. 이를 통해 상생은 전략적 경영 방식이거나 정치적 구호, 나아가 인륜적 덕목에 그치는 것이 아니라 인간 완성, 인간 구원의 문제와 연관돼 있음을 드러내게 될 것이다. 또 19세기 말, 20세기 초 천지공사를 통해 새 세상을 열고자 한 증산 상제의 핵심 가르침인 상생이 전통적 상생 개념을 온전히 재현하고 있을 뿐만 아니라 역사적, 우주적으로 확장하고 있음을 보게 될 것이다.

2 상생의 의미

1) 살림, 생의 의미

먼저 '살리다'의 사전적 의미를 살펴보는 것으로써 논의를 시작해 보자:

-사람이 다른 사람이나 동물 또는 식물이 병이 들거나 사고를 당하여 죽거나 죽어 가는 상태에 있는 것을 생명체로서 제대로 생명 현상을 이어 나가는 상태가 되게 하다.
-가족의 생활을 돌보다, 먹여 살리다.
-사람이 꺼지려고 하는 불 따위를 다시 타게 하거나, 스스로 동력을 만들어 내거나 다른 것에서 동력을 받아 움직이는 것이 힘을 잃거나 힘이 줄어든 상태에 있는 것을 제대로 돌아가는 상태가 되게 하다.
-구체적이거나 추상적인 어떤 것이 효력을 잃거나 자기 기능을 제대로 못하던 것을 효력을 발휘하거나 제 기능을 가진 상태가 되게 하다.
-다른 사람의 말이나 어투를 그대로 흉내 내다.
-감옥이나 교도소에서 형기를 보내게 하다. 사람이 다른 사람에게 어떤 특별한 일을 하게 하다 … 등.[1]

위의 용례에서 확인되듯, '살리다'가 가리키는 의미의 스펙트럼은 꽤 넓은 것처럼 보인다. 그러나 이 여러 뜻들은 같은 하나의 말이 지시하는 것인 만큼 마땅히 일정한 의미 내용을 공통으로 지니고 있어야 할 것이

---
1) 김민수 외, 『국어대사전』, 서울: 금성출판사, 1996.

다. 다시 말해 다의적多義的이면서 일의적一義的이어야 한다. '살리다'의 '원형의미' 또는 시원적 의미라 할 그것은 저 다양한 '확장의미'들이 출발하는 단초의 역할을 할 것이다.

이제 저 여러 의미들이 함께 공유하는 사태를 찾아 분석해 보면, 그 근본의미에 대해 다음과 같이 말할 수 있게 된다. '살리다'는 근본특성에서 '어떤 것이 변형, 위축, 훼손, 오염, 소멸되지 않고 본래대로, 온전하게, 있어야 할 그것의 고유함대로 있도록 지킴, 다시 말해 그것의 본질로 머물도록 함'의 사태다. 살림에 대한 다음의 규정도 그 의미에서 비켜나지 않는다. '살리다'는 "살아 있음의 상태를 바람직한 가치로서 인정하고 받아들여 살아 있는 것이 그 살아 있음을 유지하고 보존할 수 있도록 배려하고 보살피는 것을"[2] 가리킨다. 그렇다면 '살리다'의 반의어反意語인 '죽이다', '죽임'은 그 반대의 사태로 드러나야 할 것이다.

'죽이다'의 원형인 '죽다'의 사전적 의미를 보면 이렇다: 생명이 없어지거나 끊어지다/ 불 따위가 타거나 비치지 아니한 상태에 있다/ 본래 가지고 있던 색깔이나 특징 따위가 변하여 드러나지 아니하다/ 성질이나 기운 따위가 꺾이다/ 마음이나 의식 속에 남아 있지 못하고 잊히다/ 움직이던 물체가 멈추어 제 기능을 하지 못하다/ 경기나 놀이 따위에서, 상대편에게 잡혀 제 기능을 하지 못하다/ 글이나 말 또는 어떤 현상의 효력 따위가 현실과 동떨어져 생동성을 잃다 등.[3] 이에 비춰볼 때 '죽이다'의 근본 사태는 '~을 본질대로, 제 기능대로 있지 못하게 함'으로 파악될 수 있을 것이다.[4] 이같은 죽임의 의미는 우리의 '살림' 규정을 반증해줄 것이다.

---

2) 이기상, 「존재의 역사'와 새천년 - 있음에서 살아 있음에로」, 『계간 사회비평』 제21호, 1999, p. 61.
3) 국립국어연구원, 『표준국어대사전』(stdwen2.korean.go.kr/)
4) 김지하는 죽임을 목숨을 파괴하는 것을 포함하여 온갖 형태의 생명 생성의 영적 질서를 위배하며 거슬리는 일체의 태도라고 말한다. 김지하, 『생명과 자치』, 서울: 솔, 1997, pp. 200~201.

이러한 살림 규정은 아직은 잠정적인 것으로서 이후 논의에서 구체적으로 확인돼야 할 것이다. 이 규정을 충분히 유념하면서, 다음으로 한자문화권인 동아시아에서 살림, 삶을 가리키는 '생生'의 의미를 살펴보기로 하자.

중국의 최초의 자전字典이라할 『설문해자說文解字』에서 '생生'은 나아감을 뜻하며 풀과 나무의 씨앗이 싹으로 줄기, 가지로 땅 위에 나오는 모습을 형상화한 것으로 풀이된다.[5] 여기서 당장 눈에 띄는 것은 살림, 생은 제작이나 산출 등과 같이 자기 밖의 어떤 앞선 원인이나 근거에 의해 일어나는 인과적 사건과 다른 차원에 있다는 점이다. 살림, 생은 살려야 할 대상 자체가 지닌 저의 고유한 본질이나 가능성을 스스로부터 펼치는, 다시 말해 스스로 그것인 바 그것이 되는 발현發現[자현自現; 자화自化]의 사건으로 이해되고 있다. 예컨대 초목에서 생이란 씨앗이 머금고 있는 자신의 본질[성숙한 초목]을 스스로 온전히 실현하는 것이다. 반대로 씨앗이 토양의 척박성, 수분 공급의 부적절함 등 어떤 이유로든 싹을 틔우지 못하거나 줄기와 잎이 밝은 생명의 빛을 잃고 시든다면, 즉 그 자신의 가능성을 제대로 발현하지 못한다면 그것은 죽음이다.

그렇다면 여기서 동사로서의 생, 즉 '살리다'와 그것의 명사형인 '살림'은 비호되는 대상이 스스로 그것인 바 그것으로, 그의 고유함으로 있도록 해줌을 의미할 것이다. 그러기에 어떤 유위有爲보다 근본적이다. 그러나 다른 한편 살림은 대상 자체가 지닌 본질의 질서를 인위적으로 왜곡하거나 바꾸는 것이 아니란 점에서 무위無爲이다. 예컨대 농부의 농사짓기가 그와 같은 것이다. 농사는 경작지에 무엇을 내놓으라고 강요하는

---

5) 生進也. 象艸木生出土上. 한편 주자朱子(1130~1200)는 이렇게 말한다. "예컨대 초목이 싹이 틀 때 처음에는 바늘 하나 정도에 불과하지만 얼마 되지 않아 점점 자라나 가지, 잎, 꽃, 열매에 이른다. 그 수없는 변화와 모습에서 그것의 낳고 낳는 뜻生生之意을 알 수 있다[如草木萌芽, 初間僅一針許, 少間漸漸生長, 以至枝葉花實. 萬化萬狀, 便可見他生生之意]."(『朱子語類』卷17)

것이 아니라 씨앗이 자체에 은닉된 본질의 가능성을 스스로 펼쳐 성숙하고 결실을 맺도록 지켜주고 살리는 것이다.

2) 신유학新儒學에서 생생의 의미

여기에 더해 우리의 관심 범위 안에서 중국의 신유학에서 생명, 살림에 대한 이해를 살펴보도록 하자. 이와 관련된 주제어는 인仁이다. 인은 생생生으로 이해된다. 동양 유학에서 인은 처음에 '삶의 이상'(공자), '보편적 선천적, 내재적 본성'(맹자) 등 인간 덕성의 측면에서 주로 논의된다. 그러다 북송北宋(960~1127) 시기 이정二程(신종神宗 때의 학자인 정호程顥, 정이程頤를 말함)과 주자朱子 등에 의해 전개된 신유학에 이르러, 인은 천지天地의 마음, 천지의 덕으로 이해가 확장된다. 그리고 이 인을 매개로 한 천지와 인간의 합일에 대해 얘기한다.[6]

주자에 따르면 천지는 만물을 생하는 것을 그 마음과 덕성으로 한다. 천지의 마음이 소가 말이 아닌 소를 낳고 복숭아나무에서는 오얏꽃이 아닌 복숭아꽃이 피는 이유가 된다. 만물이 각기 다른 것이 아닌 그 자신이 되도록 낳는 천지 마음의 덕성은 인이다. 이때 인은 곧 생, 살림의 의미인 것이다. "천지는 만물을 낳음[生物]을 마음으로 삼고, 사람과 물物의 생명은 각기 그 천지의 마음을 얻어 각기 제 마음으로 삼는다. 그러므로 마음

---

6) 천지자연에 인의 의미를 부여하려는 시도들의 단초가 된 것은 『주역』의 '복괘復卦에서 천지의 마음이 보인다[復其見天地之心乎]'는 구절이다. 한 해로 보면 동지冬至에, 하루의 시간으로는 자시子時에 해당하는 복괘는 하괘下卦의 곤괘坤卦에서 일양一陽이 생하는 모습을 나타내고 있다. 예컨대 구양수는 "천지의 마음은 움직이는 데서 보이니 복이고 하나의 양이 아래에서 움직임이다. 천지가 만물을 생육하는 것은 여기에 뿌리를 두고 있으니 천지의 마음이라고 한다."라고 했다. 황종원, 「주자 인 개념의 자연생명론적인 의미」, 『유학연구』 제29집, 충남대 유학연구소, 2013, pp. 352~353.

의 덕에 대해 말하면, … 한마디로 인일 따름이다."[7] "대개 인이란 만물을 낳는[生物]천지의 마음이다."[8] "인은 낳으려는[生] 뜻"[9]이고 "낳으려는 뜻이 인"[10]이다. 천지는 생의生意를 품은 개별 생명으로 하여금 그것이 지닌 고유한 명命대로 생장하도록 하는, 즉 살리는[生] 존재이니, 그 자체가 인이라고 할 수 있다.[11]

천지가 개별 생명을 산출하는 그 순간부터 천지가 지닌 생명을 살리는 이치와 기운은 그대로 사람을 비롯한 모든 자연존재들에 깃들게 된다. 생 혹은 인은 천지와 인간과 물物을 하나로 모으는 근본바탕이고 "통로"[12]가 된다. 인을 중심[中]으로 그것을 사이[間]로, 천지와 인간 만물은 하나로 합일하는 것이다. 모든 개별 생명은 천지의 도인 인에 뿌리를 두고 각자의 생명운동을 통해 그 인을 실현해 나간다.

그렇지만 인간과 그 밖의 모든 것들이 한 근원인 천지로부터 나눠가진 생생生生의 인은 그 정도에서 구별된다. 그것이 개별자들이 서로 차이 나는 근거가 될 것이다. 우주의 마지막 진화의 꽃, 가장 신령한 인간은 치우침이 없이 가장 탁월하게 품수한다. "무릇 하늘이 물을 낳음에 길고 짧은 것이 있고 크고 작은 것이 있다. 군자는 그 큰 것을 얻었으니 어찌 작은 것으로 하여금 크게 할 수 있는가?"[13] 인간이 '인간'이란 명칭을 얻을

---

7) "天地以生物爲心者也, 而人物之生又各得夫天地之心以爲心者也. 故語心之德, 雖其總攝貫通, 然一言以蔽之, 則曰仁而已矣."(『朱子大全』卷67)
8) 蓋謂仁者, 天地生物之心.(『朱子語類』卷95)
9) 仁是箇生底意思.(『朱子語類』卷20)
10) 生底意思是仁.(『朱子語類』卷6)
11) 생생의 의미는 "단순히 '생명'과 '낳음'에 머물지 않고 인을 통해 타존재他存在를 살리고 완성시킨다는 '살림'"으로 해석될 수 있다. 김병환, 「儒家의 生命觀」, 『儒敎思想硏究』 제22집, 한국유교학회, 2005, p. 309.
12) 생명 살림의 인은 "비로 나와 타 존재를 하나로 맺어주는 통로"(김병환, 「儒家의 生命觀」, 『儒敎思想硏究』 제22집, p. 323)이며, "자연의 지배적 질서" 혹은 자연의 "내적 가치"(황종원, 「주자 인 개념의 자연생명론적인 의미」, 『유학연구』, 충남대 유학연구소, 2013, p. 374)인 것이다.
13) 夫天之生物也, 有長有短, 有大有小. 君子得其大矣, 安可使小者亦大乎.(『二程全書』「遺書十一」)

수 있는 것도 인 때문이다. "인을 말하고 사람을 말하지 않으면 이치가 머무른 곳을 볼 수 없고, 사람을 말하되 인을 말하지 않으면 사람은 단지 한 덩이 피와 살에 지나지 않는다. 반드시 둘을 합해서 말해야 비로소 도리가 성립됨을 볼 수 있다."[14] 주자의 이 말은 살림의 이치는 인간 안에 본성으로 내주하며, 그것이 비로소 인간을 인간이게 한다는 것이다.

신유학이 보기에 이러한 '길고 짧고 크고 작은' 존재자적(ontisch) 차이 덕분에 인간은 다른 존재자들과 달리 존재론적으로(ontologisch) 고유한 역할과 책임을 지닌다. 그 소임은 제 본성을 온전히 발현함으로써, 즉 살림으로써 생성 변화하는 천지화육에 참여하는 데 있다. 생의로 가득한 생명들이 약동하는 피시스physis, 그 존재발현에 들어서 모든 것이 하나의 통일적 질서 안에서 각자의 고유함으로 있도록 살리는 것이다. 여기엔 인간이 살림으로써 천지 화육에 그 책임을 다하는 길이 동시에 그 자신을 살리는 것이란 점이 뚜렷이 말하지 않아도 이미 포함돼 있다. 천지의 짝이 돼 자신과 모든 생명을 살리는 일에 동참하는 것이 인간의 본성이다. 그리고 그러한 인간됨을 온전히 구현한 인간이 '군자君子', 곧 동양 유가에서 추구된 본연의 인간, 이상적 인간이다.

이렇듯 신유학의 문맥에서 인을 둘러싼 생의 논의도 그 살림의 뜻이 '어떤 것을 그 본질에 이르도록 함'에서 벗어나지 않고 있다. 또 그러한 살림은 언제나 남을 살리고 나를 살리는 서로 살림이란 점이 드러난다. 천지, 만물과 인간은 서로 살리며 조화를 이룬다. 생의의 인 그 하나가

정호는 인간이 천지의 중中을 받아 헤아릴[推] 수 있다는 데서 인간의 고유함을 구한다. 여기서 중이란 기氣가 편벽됨이 없이 균형을 이룬 상태를 말한다. 이로부터 인간은 이로부터 생의를 외물로 확장시키지 못하는 자연물과 달리 반면 타인과 타물로 살리려는 마음[仁]으로 미루어 나갈[推] 수 있다는 것이다. 황종원, 「정호의 生理, 生意, 仁에 대한 생명론적 접근」, 『대동철학』 제40집, 대동철학회, 2007, pp. 106~107.
14) 言仁而不言人, 則不見理之所寓, 言人而不言仁, 則人不過是一塊血肉耳. 必合而言之, 方見得道理出來.(『朱子語類』 卷61)

모든 것을 관통하는[一以貫之] 것이다.

또한 신유학에서 다뤄지는 살림으로서 인이나 생 역시 외적인 작위作爲가 아니란 점이 확인된다. 인의 살림 역시 살려야 할 바에 아무 것도 더하지 않음으로써 스스로 제 자신의 본질과 고유한 질서대로 존재하도록 하는 것이다. "인이란 본심本心의 온전한 덕을 보존하고 잃지 않는다면 모든 행위가 스스로 질서와 조화를 지니게 된다."[15] 그럼으로써 또한 인의 '아무 것도 하지 않음'은 최상의 함이다. 그런 의미에서 무위의 인은 사랑의 이치다. 살림으로서 인이란 "천지에서는 쾌연히 만물을 낳는 마음이며 인간에서는 따뜻이 사람을 사랑하고 만물을 이롭게 하는 마음이다."[16]

3) 살림의 성격

사전적 용례와 의미를 통해 확증을 시도한 '살림' 규정은 그 자체로부터 살림의 사태와 관련하여 사유돼야 할, 몇 가지 것들을 이미 지시하고 있다. 먼저 살림이란 어떤 것을 인위적으로 그 고유한 본질의 질서 밖으로 끌어내거나 개조하는 것이 아니란 사실이다. 살림은 살리고자 하는 것이 이윽고 스스로 지닌 본성[命]에 따라 있도록 하는, 다시 말해 품부된 바의 자기 질서에 따라 제 구실을 하고 제 모습을 갖도록 하는 것이다. 그런 점에 보면 살림은 차라리 '아무 것도 하지 않음'이라고 해야 할 것이다. 그러나 그 '무위無爲'는 어떤 것을 비로소 참되게 있게 한다는 점에서 '최상의 함'이다.

이러한 살림은 또한 진정한 의미의 사랑과 상통할 것이다. 사랑에 대해 흔히 말하기를, 상대방을 위해서 최선의 것을 소망하는 정서라고 말

---

15) 仁者, 本心之全德. 仁若本然天理之良心存而不失, 則所作爲自有序而和.(『朱子語類』 권25)
16) 在天地則抉然生物之心, 在人則溫然愛人利物之心, 包四德而寬四端者也.(『朱子語類』 권66)

한다. 이때 최선의 것, 가장 바람직한 선善은 무엇일까? 일찍이 서구 시원의 사유 공간에서 선은 '쓸모가 있다', '유익하다'를 의미했다. 이에 따라 다시 물으면, 그렇다면 상대를 위해 가장 이롭게 하는 것은 무엇일까. 그것은 그로 하여금 그것인 바 그것이 되도록 하는, 자신의 본질, 참됨[眞理]에 이르도록 하는, 즉 살리는 것이다. 그 자신으로 살 수 있는 것보다 더 나은 유익은 없다. 그래서 사랑은 살림이다.

예컨대 하이데거에 따르면 플라톤에서 이데아는 존재자의 원형原形과 같은 것으로서 존재자가 무엇인 바에서 나타나고 그렇게 존속하도록 하기에 이롭다, 곧 선善하다. 나아가 모든 이데아를 하나의 이데아로서 쓸모 있게 하는, 즉 이데아의 본질을 가능케 하는, 이데아 중의 이데아인 최고 이데아는 가장 선한 것[最高善]이다. 최고선은 모든 보일 수 있는 것을 보이게 하는 태양에 유비된다. 그런 의미로 살림은 단적으로 선한 것이며 또한 사랑이라고 말할 수 있겠다. 이에 따르면 이 글에서 다루는 홍익인간은 인간, 나아가 접하는 모든 것을 살리는[接化群生] 것이기에 가장 소망스러운 선이자 지극한 사랑이 될 것이다.

이런 선의 의미는 동아시아 사상에서도 발견된다.『주역』은 천지가 음양陰陽 운동을 통해 만물을 낳는 것을 도道, 이 도를 계승하는 것을 선이라 한다.[17] 천지의 도는 음양 운동을 통한 생명 살림이며, 그 도를 이어받아 현실 가운데 생이 실현되는 것이 선이다[繼之者善也]. 살림, 생이 곧 선이라는 것이다. 또『중용』은 인간의 길을 선한 것 하나를 굳게 지키는 것[擇善固執之者也]이라고 가르친다. 이때 선한 것은 천지의 근본을 이루며 온갖 사물을 지성무식하게 낳고 낳는 살림의 성誠이며 중中이다.『중용』역시 끊임없는 생의生意의 천도天道와 그것을 굳게 지키는 정성[誠之者]을 선으로 이해하고 있다.

---

17) 一陰一陽之謂道. 繼之者善也, 成之者性也(『周易』,「繫辭上」)

이밖에도 살림은 뚜렷이 말하지 않아도 언제나 이미 '서로 살림'이다. 살림은 유기체든 무기체든, 우주 한 생명에 관여하는 모든 것들에 미친다. 여기에는 이미 모든 존재하는 것들이 동일한 존엄과 가치를 갖고 하나로 어울려 있다는 존재론이 전제돼 있다. 그와 같은 세계관에서는 모든 것들이 오직 하나의 그물망에 서로 얽혀 조화를 이루며, 또한 오직 그렇게만 존립할 수 있다. 그리하여 우리들 자신인 인간이 자연과, 사회, 이웃 등 타자를 살리는 것은 그 자신을 살리는 것이다. 더욱이 인간의 본질이 살림에 있다면 말할 나위가 없다. 이 경우 타자를 살리는 것은 곧 제 본질을 다하는 것이며, 이는 인간 자신을 살리는 것이 된다. 결국 살림 그 하나가 천지, 만물과 인간 등 모든 것을 관통하는 것이다. 다르게 말하면 살림은 모든 것을 함께 불러 모으는 중심[中]이며 모든 관계들의 관계가 되는 '하나'이다. 살림은 천지의 도며 로고스의 자리를 차지한다.

이제까지 우리는 사전에서 밝히는 '살림'의 의미와 용례, 그리고 동양의 신유학에서 생과 관련된 논의를 살펴봄으로써, 살림의 성격을 예비적으로 규정하고, 또 이를 확인해 보았다. 이렇게 해서 드러난 규정들은 이제 홍익인간과 증산도의 상생 사상을 살림으로서 다루는 논의를 앞서서 밝히는 전이해 혹은 '선입견'의 구실을 할 것이다. 동시에 전자는 후자 안에서 보다 구체화되고 확증될 것이다.

3 홍익인간

1) 살림의 겨레 동이

'홍익인간'은 대체로 '널리 인간을 이롭게 한다.'는 뜻으로 이해된다. 또 단군 왕검이 나라를 연 건국 이념으로서 일반적으로 알려져 있다. '홍익인간'의 출처에 관한 기존 이해는 『환단고기』에 따르면 아주 틀린 정보는 아니지만 정확한 것도 아니다. 『환단고기』는 홍익인간이 단군이나 환웅에 앞서 환인에게서 전해 내려온 것이라 밝힌다. "홍익인간 이념은 환인천제가 환웅에게 내려준 가르침이다."[18] 사실 『삼국유사』 또한 홍익인간이 환인에 연원을 두고 있음을 뒷받침하고 있다. 환인은 인간 세상을 구하기를 늘 원했던 환웅에게 '인간을 널리 이롭게 할 땅'[백두산]을 골라 주어 한민족의 최초 국가 배달을 열게 했다. 그 후 홍익인간은 배달을 이은 단군 조선의 개국 이념으로 지속되었다.

상고 개천開天의 정신이었던 홍익인간을 우리는 어떤 의미에서 홍익인간을 살림으로 해명하려는가? 이에 관해서는 앞에서 이미 일정하게 시사된 바 있다. 그 설명을 다시 환기해 보자. 우리의 논의에서 본래적 의미의 살림이란 어떤 것을 혹은 누구를 비로소 그의 본질대로 있도록 지켜주는 것으로서 밝혀졌다. 그리고 홍익인간은 널리 인간을 이롭게 한다는 뜻이다. 그런데 이때 이로움은 단지 인간을 위험에서 건지거나 권익과 복지를 늘리는 것만을 가리키지 않을 것이다. 그런 실질적 이로움을 포함하여, 아니 그것을 능가하여 인간을 근본적으로 이롭게 하는 것은 무엇인가? 그것은

---

18) 夫弘益人間者, 天帝之所以授桓雄也.(『태백일사』「소도경전본훈」이하 「소도경전본훈」으로 약함)

인간을 비로소 그 자신으로, 즉 저의 참됨으로 있도록 돌보고 간수하고 지켜주는, 즉 살리는 일이다. 그런 의미에서 홍익인간은 살림이다.

또 일부 해석에 따르면 홍익인간은 '인간을 더욱 넓게 늘리는 것'이다. 이때 증가해야 할 인간은 당연히 본래적 인간, 제 본질에 이른 인간일 것이다. 그렇다면 이 해석도 홍익인간을 동일한 뜻으로 읽고 있다. 널리 이웃을 비로소 인간, 그 자신이게 하라, 그런 참 인간을 무한히 넓혀라. 물론 홍익의 대상은 인간만이 아니다. 인물, 즉 인간과 그 밖의 모든 것을 망라하는 것이다. 접하는 모든 것을 살리는[接化群生] 것이다. 그래서 홍익인간은 가장 크고 참된 사랑이고 선善이다.

그렇다면 살림으로서의 홍익인간이 본래 무엇을 의미하는지 보다 확실히 알기 위해서는 그 이념이 삶을 이끌던 시대에 인간의 살려야 할 본질이나 제 모습 혹은 '참나[眞我]'가 어떻게 이해되고 있는지 드러나야 한다. 이를 위해 방법적으로 먼저 '동이東夷'에 대한 기록들을 통해 그들을 이해해보고자 한다. 동이란 산동, 요동, 한반도 지역을 중심으로 형성된 고대 동방문화권의 주인공들을 일컫는다. 이들은 용산문화와 통하는 농경문화를 가졌고 체질상 북몽고 인종, 언어학상으로 알타이어 족에 속하며 천손족天孫族 사상, 태양 숭배 사상 및 난생 설화, 무격巫覡 신앙을 지녔던 무문토기無文土器인들일 것으로 추정된다. 그같은 특성을 지닌 이들은 한민족의 뿌리 겨레를 이뤘을 것으로 받아들인다.

중국인들이 또한 우리를 그렇게 불렀다. 중국인들은 우리 민족의 역사에 관한 기술들을 '동이전'이니 '동이열전'이란 이름으로 묶었다. 무엇보다도 중국의 하, 은, 주 삼대 이전부터 일찍이 발달한 비한어족非漢語族 동이의 문화는 시기나 지역에 있어 우리 민족의 시원 국가인 환국-배달-고조선과 일치한다. 뿐만 아니라 토템의 동질성을 비롯하여 문화적인 면에서도 그러하다.

예컨대 『후한서』「동이전」에서는 예와 백을 거론하면서, 예족은 호랑이를 숭상하고 백족은 곰과 관련이 있음을 지적하고 있다. 산동반도 지역에서는 단군신화가 그려진 벽화가 발견되기도 했다. 또 동이족이 고유한 흑도문화를 향유했다는 사실도 동이가 우리 민족의 뿌리임을 담보해주는 문화적 증거에 속한다. 동이족이 창조한 흑도문화는 황하강 중·하류 유역, 산동반도, 양자강 하류유역, 한반도 등에 분포된 것으로서 서방의 채도문화와 대조를 이루는 것이다. 이제 기록에 나타난 중국인들의 동이관을 살펴보자.

"동방을 '이'라고 한다. '이'란 '근본이 되는 뿌리'[柢]란 뜻이니 어질고 살리기를 좋아해 만물이 대지로부터 솟아나오는 것과 같음을 말하는 것이다. 그런 이유로 그들은 천성이 유순하여 도덕이 펼쳐지기 쉬워 '군자가 죽지 않는 나라'라고 불리기에 이르렀다."[19]

"이夷는 동방의 사람을 말하며 '대大'와 '궁弓'의 합성이다. … 오직 동이만이 대大를 따르는 대인大人들이다. 동이의 풍속은 어질고 어질면 장수하므로 동이에는 '군자가 죽지 않는 나라'가 있다. 생각건대 하늘은 크고 존귀하며[大] 땅도 크고 존귀하며 사람 역시 크고 존귀한 것이다. '大'는 사람의 형상을 본뜬 것인데 夷의 옛 글자는 '大'에서 유래한 것이다. 이렇듯이 군자君子는 동이들과 같은 사람들을 말하는 것이고 동이들처럼 행동하면 복이 내린다."[20]

또 중국에서 가장 오래된 지리서地理書인 『산해경山海經』에서도 동이를 군자국 사람들이라 부르며 "군자국이 [한반도] 북부에 있는데, 사람들은

---

19) 東方曰夷 夷者柢也 言仁而好生 萬物柢地而出 故天性柔順 易以道御 至有君子 不死之國焉.(『후한서後漢書』「동이전東夷傳」)
20) 東方之人也 從大從弓 … 惟東夷從大. 大人也 夷俗仁 仁者壽 有君子不死之國. 按天大地大人亦大 大象人形 而夷篆從大 … 此與君子如夷 有夷之行降福.(『설문해자』)

의관을 하고 칼을 찼으며 … 양보하기를 좋아하고 다투지를 않는다."21)라고 밝히고 있다.

인용이 많아 다소 번잡하게 느껴질 수도 있겠지만 하나 더 소개하고 넘어가기로 하자. 공자의 말이다. 『논어』에 공자가 구이에 가서 살고 싶어 했다는 기록이 나온다. "공자가 구이에 가서 살기를 바라자 어떤 사람이 물었다. '그곳은 누추할 텐데 어쩌시렵니까?' 공자 왈, '군자가 사는데 어찌 누추함이 있겠는가?' 한다."22) 여기서 구이는 동이를 말한다. 공자가 군자가 사는 어진 동이에 가서 살기를 원했다는 것이다.

이는 중국의 사료에 의해서도 뒷받침된다. 중국의 『사고전서四庫全書』「자부子部」에는 구이가 바로 동이며 동이는 기자조선으로 공자가 살고자 했던 곳이라고 나와 있다. 또 『사고전서』 경부에도 동이 기자의 나라는 공자가 살고 싶어 하던 곳이라고 했다. 뿐만 아니라 뒤이은 구절은 동이가 어떤 곳인지를 설명한다. "君子居之 … ."에서 공자가 스스로를 군자로 칭했을 리가 없다고 보면 그 뜻은 '군자들이 사는 나라인데 무슨 누추함이 있겠는가.'란 뜻으로 새겨야 되는 것이다. 이 해석은 "군자가 죽지 않는 나라", "군자국"이란 위의 규정들과도 통하는 것이다.

『예기』는 이夷는 어질어서 만물을 살리기를 좋아한다고 적고 있다. '夷'란 글자 자체에 이미 그 뜻이 담겨 있다. 大와 弓이 결합된 夷는 '사람', '어질다'[仁], '활을 잘 쏜다'는 의미를 지닌다. 夷의 옛 글자는 '어질다', '크다' 등 '인仁'의 의미로 쓰였다고 한다. '夷'가 오랑캐의 의미로도 쓰인 것은 중국 한나라가 동방족을 사방으로 밀어내고 중화주의 역사관을 정립하면서부터라고 한다.

또 『후한서』「동이전」은 동방東方을 이夷라고 밝히며, 『예기』의 구절을

---

21) 君君子國在其北 衣冠帶劍 … 其人好讓不爭.
22) 子欲居九夷 或曰 陋如之何 子曰 君子居之 何陋之有.

반복하고 있다. 특히 이때의 '살림'이 어떤 의미인지 설명하고 있다. 이夷란 근본이 되는 뿌리[柢]란 뜻으로서 어질고 살리기를 좋아하는데, 이는 만물이 대지로부터 솟아나오는 것과 같다는 것이다. 만물이 대지로부터 솟아나오는 것은 그 자체 본성의 발현이다. 우리의 살림 규정에 따르면 살리는 것이다.

그런데 인仁은 인人에서 유래하며, '人' 자의 원형인 갑골문자는 동이를 가리킨다. 또 중국학자 라오간은 동이는 군자국으로 추앙받았기에 후대 중국에서 동이족을 뜻하는 '人' 자를 차용하여 '인류人類'라는 보통명사로 사용하게 된 것이라고 한다. 한편 이러한 설명은 단군신화에 대한 새로운 해석 가능성의 실마리가 될 수 있다. 곰이 사람이 되고자 했고 사람은 곧 동이이기에, 신화의 얘기는 곰을 토템으로 하는 웅족이 동이족으로 편입하고 싶다는, 즉 사람[人]으로 살고 싶다는 것이다. 그리고 그들이 사람꼴[人形]을 갖추었다는 것은 수행 등의 일정한 통과의례를 거쳐 이제 비로소 동이처럼 살게 되었다는 것이다. '사람이면 다 사람이냐 사람이 사람 같아야 사람이지.' 웅족은 마침내 사람[동이]같아서 사람[동이]이 되었다는 것이다.

위 중국 문헌의 기록을 보면, 東 - 夷 - 仁 - 人 - 生이 한 문맥으로 통하고 있다. 정리하면 동은 리, 즉 인仁[生]이고 인仁은 인人이며 인人은 동이다. 인간은 본래 동이를 말하는데, 이들이 사람인 것은 어질고 살리기를 좋아해서다. 살림은 무엇을 그 고유함으로 있도록 지켜줌을 가리킨다. 이 경우 '이가 근본이 되는 뿌리'라는 말은 어진 겨레 동이란 인간과 만물을 그 시원의 본성으로 되돌아가 진정한 자신이 되도록 하는, 즉 살리는 일을 삶의 중심에 둔다는 뜻으로 읽힌다. 또한 이러한 이해 아래 『설문해자』의 다음과 같은 내용도 보다 확실해진다. '동이의 풍속은 어진데 어질면 장수하므로 동이에는 군자가 죽지 않는 나라가 있으며 군자

는 동이들과 같은 사람들을 말하고 동이들처럼 행동하면 복이 내린다.'
동이처럼 행동하면, 즉 사람 살리는 삶을 살 때 군자, '임금의 아들'이 되어 장수하며 복을 얻는다는 것이다.

그렇다면 앞선 제기된 물음은 다음과 같이 수정된다. 동이, 어진 그들이 지키고 살리고자 했으며 웅족이 갖추고자 했던 '사람꼴'은 어떤 것일까? 우리는 두 가지 방향에서 상고시대의 본래적 인간상 혹은 인간의 본질을 구할 것이다. 이 두 가지 길은 후자가 사실상 전자에 속함으로써 하나의 길이다. 먼저 상고 삼성조三聖祖 시대에 지극한 인간, 즉 인간됨을 온전히 실현한 인간의 전범이었으며 죽어서 신으로 존숭된 환인, 환웅, 단군왕검의 삶을 알아본다. 이들이 몸소 보여준 삶의 척도나 목표는 곧 인간이 무릇 실현해야 할 인간의 본질일 것이다. 두 번째는 이 '완전한' 인간들의 가르침, 특히 『삼일신고』를 통해 본래적 인간 삶을 다시 확인한다.

2) 인즉선人卽仙

먼저 환인은 "천계天界"[23], "천산天山"[24]에 머물며, "아버지의 도[父道]"[25]로써 천하에 법도를 정해 나라를 잘 다스려 백성들이 풍요를 누리며 평화롭게 살게 했다.[26] 더불어 사람들이 "수행을 하여 지극한 선善에 이르러 마음을 밝게 열고 하는 일마다 길상吉祥하게 되며 세상에 쾌락하게 머물게 했다."[27] 환인 자신도 "도를 얻어 장생하며 몸에 병이 없었다."[28] 신의

---

23) 『삼성기』.
24) 『삼성기』; 『태백일사』 「환국본기」 이하 「환국본기」로 약함.
25) 『태백일사』 「삼신오제본기」 이하 「삼신오제본기」로 약함.
26) 『삼성기』; 「환국본기」
27) 「환국본기」
28) 『삼성기』; 「환국본기」

뜻에 따라 가르침을 폈던 환인은 장생과 무병의 경계에 이르는 선仙의 복락을 누렸다는 것이다.[29] 또 환인은 늘 인간 세상을 구하기를 원했던 환웅에게 인간을 이롭게 할 땅을 골라주며 홍익인간의 이념을 전수했다.

인간은 널리 이롭게 할 땅으로 정한 신시神市에 도읍을 정하고 배달나라를 열었던 환웅은 환인의 명에 따라 "천신에 대한 제사를 주관"[30]하며 세상을 다스리고 교화하였다[在世理化]. 이때를 일러 "지극한 덕이 펼쳐진 시대[至德之世]"라 했다. 또『태백일사』「신시본기」에 인용된『조대기朝代記』에 따르면 환웅은 '하늘의 계율을 지키는 백성'[환족]이 되고자 하는 웅족과 호족에게 수행과 금기의 가르침과 더불어 다음과 같이 홍익의 과업을 강조한다. "스스로 참을 이루고 만물을 고루 구제하여 사람의 모습을 갖춘 대인大人이 되리라."[31] 여기서 대인은 동이들과 같은 사람들을 말하는 '군자'의 의미와 다르지 않을 것으로 본다.

뿐만 아니라 환웅은 참된 인간이 되기 위한 심법心法이라 할 염표문念標文에 홍익인간을 새긴다. "일신강충 성통광명 재세이화 홍익인간." 한편 환웅은 삼칠(21)일을 택하여 천신에게 제사 지내며 "바깥일[外物]을 금기하여 삼가 문을 닫고 수도하였다. 주문을 읽고 공덕이 이뤄지기를 기원했으며, 선약을 먹고 신선이 되었다. 괘卦를 그어 미래의 일을 아시고, 천

---

29) 조선 선조때 조여적은 그의『청학집』에서 환인이 동방 최초의 선조仙祖라고 주장한다.『규원사화』에서는 세상에서는 중국 문헌에 의지하여 선교仙敎가 황제, 노자에서 뻗어 나왔다고 여기지만, 실은 신으로써 가르침을 베푸는 신교神敎가 신시시대부터 있어, 거기서 비롯되었음을 알지 못하고 있다고 밝힌다. 이밖에도 이능화, 신채호, 최남선, 김범부 등이 선의 기원을 우리 민족에서 찾는다. 한편『포박자』에는 "옛날에 황제가 있었는데 동쪽 청구靑邱에 이르러서는 풍산風山을 지나다가 자부紫府 선생을 만나보고 삼황내문三皇內文門을 얻어서 만신을 부렸다"라고 기록돼 있다. 「소도경전본훈」은『삼황내문경』은 자부 선생이 황제 헌원에게 전해 준 것이라고 밝히면서, 자부 선생이 청구국 대풍산大風山의 남쪽에 머물던 무렵, 당시 제후이던 헌원이 치우蚩尤를 알현하려 가는 길에 그의 명성을 듣고 찾아 왔다고 적고 있다.
30)『태백일사』「신시본기」이하「신시본기」로 약함
31) 自由成眞, 平等濟物, 便得化人踐形之大人者也.(「신시본기」)

지 조화의 움직임[象]을 파악하여 신명을 부렸다."[32]

환인, 환웅의 가르침을 받들고 하늘의 뜻을 계승하여[33] 나라를 연 단군왕검 역시 "천제의 아들"로서 "지극히 신성한 덕과 성인의 인자함을 겸하고 현묘한 도를 깨쳤으며, 두 손을 맞잡은 채 단정히 앉아 함이 없이 세상의 질서를 바로잡아 다스렸다."[34] 단군왕검은 하늘에 제사를 지냈으며, 다음과 같은 홍익의 가르침으로써 사람들을 교화했다. "하늘을 공경하고 백성을 사랑하여야 너희들의 복록이 무궁하리라."[35] "너희 무리는 오로지 하늘이 내려 주신 법을 지켜 … 성性이 통하고 공이 이루어지면 하늘에 이를 것이다."[36] 단군왕검은 환인, 환웅과 마찬가지로 하느님[天神]을 섬기며 현묘한 도를 깨친 선의 삶을 산 것이다. '단군'이란 호칭 자체가 천제天祭를 주관하는 제사장을 가리키는 동시에 선 또는 신의 의미를 갖는다.[37]

한민족 뿌리 국가인 환국, 배달, 조선을 차례로 건국한 주인공들[三聖祖]로서 한국 고대에 본래적 인간의 표상인 환인, 환웅, 단군의 삶과 가르침을 통해 고대 사유 공간에서 지향한 인간됨은 다음과 같은 것으로 파악된다. 그것은 참나[眞我]로 거듭 나 하느님을 섬기며 성통공완하여 장생長生과 조화의 복락을 누리는 선[38]의 삶이다. 하느님 신앙과 성통공완을, 말

---

32) 『삼성기』.
33) 『삼성기』; 『단군세기』.
34) 『삼성기』.
35) 克敬于天, 親于民, 爾乃福祿無窮.(『단군세기』; 『규원사화揆園史話』「단군기檀君記」)
36) 咨爾有衆 有則天範 … 性通功完 乃朝天.(『규원사화』「단군기」)
37) 이능화, 『조선도교사』, 서울: 보성문화사, 1990, p. 23/24. 또 최남선은 『불함문화론』에서 '단군'의 유래를 몽골어 '텡그리Tengri'에서 찾으면서, 이 말은 천天과 무巫를 뜻한다고 밝힌다(최남선, 『불함문화론』, 서울: 우리역사연구재단, 2008, p. 116). 이때 무란 선에 뿌리를 둔 원형적인 무로 이해해야 할 것이다.
38) "신선은 도가에서 불로불사의 술을 얻어 변화자재한 사람을 가리키는데 선인仙人과 같은 말이다."(『대한화사전大漢和辭典』) 다음의 설명 역시 선을 동일하게 규정하고 있다. "신선사상이란 인간이, 스스로 개발한 신선방술에 의해서 불사의 생명을 향유하는 동시에, 신과 같은 전능의 권능을

하자면 그것을 섬돌과 문으로 삼아 이르게 될 궁극의 경계를 선[人卽仙]으로 이해한 것이다. 달리 말하면 '유일신 신앙과 성통공완'이 한국 고대 사상의 핵심을 차지하며[39] 그것은 인즉선의 인간됨을 향한 것이다.

3) 성통공완性通功完

이제 그 같은 인간됨이 환인, 환웅, 단군의 삼성조가 내려준 가르침에서 어떻게 나타나는지 『삼일신고』를 중심으로 살펴보자. 『삼일신고』는 일면 저 인즉선의 인간됨이 어떻게 실현될 수 있는지 밝히는 방법론의 성격을 갖기도 한다. 우리가 주로 문제 삼는 것은 『삼일신고』의 제3장 '천궁天宮'이 시작되는 첫 구절이다. "성을 통하고 공을 이룬[性通功完] 자만이 천궁에 들어 영원한 즐거움을 얻으리라."[40] 이는 이미 환웅과 단군의 가르침으로 언급된 바 있다. "스스로 참을 이루고 만물을 고루 구제하여 사람의 모습을 갖춘 대인大人이 되리라."; "너희 무리는 오로지 하늘이 내려주신 법을 지켜 … 성이 통하고 공이 이뤄지면 하늘에 이를 것이다[朝

보유하여 절대적 자유의 경지에 우유하는 존재가 될 수 있다고 믿는 사상이다.(도광순, 「中國 古代의 神仙思想」, 『神仙思想과 道教』, 서울: 범우사, 1994, pp. 13~14.) 고대에는 선인대신 춤출 선僊자를 썼다고 한다. '춤소매가 펄렁거리는 것'이란 의미를 지닌 이 글자에도 육신과 차안此岸의 현실을 넘어서는, 우화등선羽化登仙의 탈속과 초월의 성격이 담겨 있다.(정재서, 『不死의 신화와 사상』, 서울: 민음사, 1994, p. 33.)

39) 한민족의 고유 사상에서 추출抽出된 "韓國 神仙思想의 核心은 唯一神 信仰과 性通功完하여 天界로 올라가 神鄕으로 돌아가는 데 두어져 있다."(차주환, 「韓國 道教의 共同體觀」, 『道家思想과 韓國道教』, 『道教文化研究』 제11집, 국학자료원, 1997, p. 9) 이밖에도 참조 김성환, 「한국도교의 자연관」, 『한국사상사학』 제23집, 한국사상사학회, 2004, p. 84. 한편 한국 선도는 종교적 측면과 수련선도란 두 개의 얼굴을 갖고 있다고 하면서, 제천과 기도, 수련 그리고 남을 돕는 정신을 그 요소로 꼽기도 한다. 선도문화연구원편, 『한국선도의 역사와 문화』, 천안: 국제평화대학원대학교 출판부, 2006, pp. 278~279.

40) 性通功完者, 朝永得快樂.(『소도경전본훈』)

天]."⁴¹ 영원한 즐거움을 얻고 하늘에 오르는 일은 인간이 이윽고 온전한 인간이 되었을 때 주어지는 선仙의 경지일 것이다.

그런데 위의 가르침들은 이를 위해서는 성통이 공완과 짝을 이뤄야 한다고 밝히고 있다. 완수해야 할 공업이란 마땅히 하늘이 부여한 천명天命 혹은 신의 뜻이 될 터다. 그럼으로 신의 뜻을 역사하는 공완이 성통과 함께 할 때, 인간이 인간됨을 얻고 조천朝天에 이르는, 즉 하느님 신앙이 또한 비로소 충만하게 되는 것이다. 성통, 공완, 하느님 신앙은 서로가 서로를 통해 완성되고 서로로부터 참되게 펼쳐지면서 하나를 이루는 것이다. 이때 우리가 지키고 완수해야 할 천명은 신의 아들이나 대행자로서 하늘의 뜻을 폈던 삼성조의 가르침에 따르면 홍익인간이다. 좀 더 자세히 들여다보자.

성통性通은 본성을 틔운다는 뜻이다. 그리고 우리의 본성이란 삼신으로부터 내려 받은 것이다. 삼신은 우주의 충만한 신령한 기운을 가리키는 것으로서 만유 생명의 근본이 된다. 영구생명지본. 만물은 오직 삼신이 지은 바. 따라서 '통'은 또한 '[이미 주어진 것을] 회복한다'는 의미를 갖는다. 따라서 성통은 우리에게 본성으로 내주하는 신성을 틔워 혹은 되찾아 저 생명의 원천인 신성과 하나로 통하는 것이다. 그런 만큼 성통, 인간의 본성은 신의 의미와 함께 구체적으로 드러난다.

먼저 신의 본질, 참됨은 광명이었다. "우리의 조상들은 일一을 하나의 광명光明으로 보는 동시에 신神으로"⁴² 본 것이다. 육안으로 볼 수도 만질 수도 없는, 신령한 기운은 곧 겉도 속도 비어서 "있지 않은 데가 없고 감

---

41) 咨爾有衆, 惟則天範, 扶萬善滅萬惡, 性通功完, 乃朝天.(『규원사화』)
42) 강갑룡,「大韓民族의 三神五帝 및 桓因天帝에 관한 經營論的 硏究」,『한국전통상학연구』 제2호, 한국전통상학회, 2006, 21쪽. 또 신령의 세계를 믿는 한국 고대인들은 "이 신령의 세계는 光明으로 성립되었다고 생각하였나"라고 밝히기도 한다. 김명하,「한국 상고대 정치사상에서의 천인관계」,『동양정치사상사』 제1권 1호, 동양정치사상사학회, 2002, p. 37.

싸지 않는 것이 없는" 빛이라는 것이다. "크고 텅 빈 가운데 빛남이 있으니 그것이 신의 모습이다."[43] 모든 것은 신의 광휘 안에 간수됨으로써 무가 아닌 유로서 존립한다. 신에게서 내려 받은 인간의 본성 역시 마땅히 밝음일 것이다. 그럼으로 인간이 제 본성을 찾는 것은 인욕과 분별로 가려지고 어두워진 본성을 밝게 틔우는 것이다. 우리는 어둠 속에서 신성의 빛을 만나, 그것과 하나 됨으로써 참된 인간이 되는 것이다.

성통은 곧 우리의 본성으로 내주하는, 내 안의 가장 밝은 것과 저 생명의 원천인 천지 신성의 빛이 하나로 통하는 것이다[性通光明]. 고구려의 을지문덕 장군은 도통道通의 요체를 밝히는 가운데 이렇게 말한다. "…우리 몸 속에 본래 있는 조화의 대광명은 환히 빛나 고요히 있다가 때가 되면 감응感應하고, 이것이 발현되면 도道가 통한다."[44]

그렇게 보면 신의 빛은 우주를 존립케 하는 존재의 빛이면서 또한 나를 인간으로 깨어나게 하는 영성의 빛, 깨달음의 빛인 것이다. 그 빛 머물면 존재하고 느끼면 응한다. "오직 생명의 근원 되는 기와 지극히 오묘한 신은 그 자체 집일함삼으로 있는데, 광휘로 충실하다. 그것이 비치면 존재하고 느끼면 응한다."[45]

한국 고대 사유에서 신의 의미와 관련하여 반드시 이해해야 할 또 다른 특징은 신이 두 가지 의미로 이해되고 있다는 점이다. 선도문헌에서 신이며 기인 일자一者를 가리키는 삼신은 양의적으로 쓰인다. 삼신은 한 뿌리의 기운으로서 천지조화의 바탕자리를 이루는 무형無形의 신성神性을 가리킨다. 또한 동시에 세상일을 다스리며, 인간의 기도에 감응하고, 제사를 받는 인격신으로서 모습을 드러낸다. 『삼일신고』는 무형의 신성으

---

43) 大虛有光, 是神之像.(「소도경전본훈」)
44) 自在光明, 昂然不動, 有時而感, 發而道乃通.(『태백일사』「고구려국본기」)
45) 惟元之氣, 至妙之神, 自有執一含三之充實光輝子, 處之則存, 感之則應.(「소도경전본훈」)

로서 삼신을 '하늘'이나 '허공'으로 부르는 한편, 주재적 인격신을 '일신
一神'으로 호명한다. 이 두 궁극자는 『삼일신고』의 1장('허공')과 2장('일신')
에서 따로 다뤄진다.

이에 따르면 허공[하늘]은 없는 곳이 없고 감싸지 않음이 없는 우주의
본체로 설명된다. 반면 일신은 위없는 으뜸의 자리에 머물며 무수한 세
계를 주재하는, 밝고 신령하여 감히 이름 지어 헤아릴 수 없는 최상의 신
으로 규정된다. 행촌 이암은 『삼일신고』의 유래와 구성에 대해 밝히며,
허공(또는 하늘)은 외허내공한 것으로서 늘 만물의 중심으로서 머무는 것
이며 일신은 만물의 존립과 변화를 다스리는 주재자라고 풀이한다. 그는
또 허공은 "하늘의 바탕"이며 일신은 "하늘의 주재"라고 함으로써[46] 허공
과 일신, 일신과 허공은 하나의 동일한 것에 속함을 밝힌다.

하나의 '신'이 무형의 신성과 최고의 인격신을 동시에 의미한다는 것은
무형과 인격의 두 신격神格이 다르지만 동일함을 지닌 것으로 이해되고
있다는 사실을 말한다. 양자는 어떻게 동일함을 이룰까? 적어도 주어진
설명을 가지고 말하면, 모든 것을 감싸지 않음이 없는 무형의 삼신과 모
든 것보다 위에 있는 으뜸의 인격신 일신은 개념상 서로를 포함하는 방
식으로 함께 속하고, 그런 의미로 동일해야 한다. 더 자세한 설명이 요구
되지만 여기서는 이 정도의 소략에 그친다.[47]

그와 같이 신은 언제나 인격적 실재와 비인격적 실재의 일체로 있는 만
큼, 인간의 본성을 틔우는 성통과 관련하여 적어도 다음의 사실이 분명
해진다. 신을 향한 성통은 인격적 일신을 소리쳐 부르는 것만으로도, '신
없이' 비인격적 신성을 체득하여 그것과 하나 되는 것만으로도 이뤄지지
않는다. 단순히 신중심적인 신앙만으로도 인간중심적인 수행만으로도

---

46) 夫虛空, 爲天之質量, 一神, 爲天之主宰.(「소도경진본훈」)
47) 참조 황경선, 『천부경과 신교사상』, 대전: 상생출판, 2014, pp. 82~86.

올바른 성통이 되지 않는다. 그 둘 모두다.

이는 『삼일신고』의 '일신' 장에 나오는 다음과 같은 구절을 통해 확인된다. "성기원도聲氣願禱 절친견絶親見 자성구자自性求子 강재이뇌降在爾腦." 먼저 두 번째 구절 '절친견'에서 친견의 대상은 장의 주제인 일신, 곧 우리가 인격적 실재로 파악한 최고신이 될 것이다. 그리고 '절絶'은 '끊다'는 뜻도 있고, 또한 '절대'란 말이 있듯이 쓰임새에 따라 '(어떤 경우에도) 반드시'의 의미도 들어있다. 이런 이중적 의미에 따라 이 구절은 두 가지로 해석 가능하다. '자성구자 강재이뇌', 네 본성을 찾아 신과 하나 되는 일심 자리에서 '성기원도', 소리와 기운으로 기도하면 '절친견', 일신을 '반드시 친견하리라'. 혹은 그 한마음을 얻지 못하고 성기원도만 해서는 일신을 '친견하지 못한다'. 어느 쪽으로든 위 구절의 의미는 분명하다. 우리가 우주의 중심인 신성으로부터 나눠 가진 본성을 회복하여 그와 하나 되는 마음에 일신이 임하며 오직 그곳에서 일신을 만날 수 있다는 것이다.

이로써 인간을 본질대로, 참되게 있도록 살리는 성통은 신의 의미, 특히 그것의 양의성에 따라 내 안에 심어진 신성인 본성을 되찾아 우주의 신령한 한 기운인 신과 하나 돼 그 마음자리에서 주재신 일신을 받드는 것으로서 밝혀졌다. 인간 살림은 성통과 하느님 신앙에 있는 것이다. 그러나 그 구원의 길은 없어서는 안 되지만 그렇다고 그것으로 충분한 것은 아니다.

다시 3장의 가르침을 환기해보자. "성통공완한 자만이 천궁에 들어 영원한 즐거움을 얻으리라."[48] 성통은 공완과 함께해야 한다. 성이 통하고 공이 이뤄져야 하늘에 들 수 있고, 스스로 참을 이루고 만물을 고루 구제할 때 마침내 참 인간으로 새로 난다. 여기서 완수해야 할 공功, 공업功業이란 신으로부터, 천명으로 주어진 것으로서 인간이 마땅히 해야 할 과

---
48) 「소도경전본훈」: "性通功完者, 朝永得快樂."

업이 될 것이다. 그리고 앞에서 말하듯 그 천명의 핵심은 홍익인간에 있다.

그리고 홍익인간에서 널리 이롭게 함은 근본적인 것으로서 남들로 하여금 되어야 할 바 그 자신이 되도록 베푸는, 즉 살리는 일이다. 환웅이 웅녀에게 그랬듯, 진정한 인간의 모습['사람꼴']을 갖도록 해주는 것이다.[49] 또한 인간의 본성을 회복하는 성통과 함께 신의 뜻에 따라 홍익의 과업을 완수하는 것은 또한 나를 참인간으로, 인간됨으로 이르게 한다. 즉 나를 살리는 것이다. 우리가 이웃으로 하여금 본래의 인간됨으로 살도록 베풀고 이끌 때 우리 자신 또한 자기완성과 영원한 즐거움에 이르는 것이다. "삼신을 지극히 공경하여 백성들과 친하게 지내면 그대들 복록이 끝이 없으리라."[50] 곧 홍익인간의 공업은 위아爲我로써 위타爲他를 삼고 위타로써 위아를 이루는 상생의 실천이 된다.

그리고 성통공완으로써 하느님 신앙이 완성돼 길이 즐거움과 복락을 누리는 '천궁'은 반드시 따로 떨어진, 예컨대 하늘에 있는 어떤 곳만은 아닐 것이다. 이미 삼일신고 1장에서 "하늘은 푸르고 푸른 아득하고 아득한 것이 아니다."[51]라고 밝혔다. 일신이 머물고[一神攸居] 선으로 섬돌을 쌓고 덕으로 문을 삼는 천궁은 허공이나 천, 즉 삼신과 하나 되어 일신을 받들며 그 뜻을 완수하는 인간됨의 성취에 있을 것이다. "진아眞我가 일신이 머무는 궁궐인 것이다"[52]. 이곳에 영원한 즐거움, 즉 인즉선의 복락이 있다. 성통공완의 진아가 선약仙藥인 셈이다.

---

49) 개인의 삼진회복(性通)을 인류 차원으로 확대하는(功完) 성통공완이며 弘益人間.理化世界 사상이라고 말해진다. 정경희, 「韓國仙道의 修行法과 祭天儀禮」, 『도교문화연구』 제21집, 한국도교문화학회, 2004, p. 53.
50) 『단군세기』
51) "蒼蒼非天, 玄玄非天".
52) 『단군세기』: "眞我一神攸居之宮也."

홍익이 미치는 대상은 오직 인간만이 아니라 그와 더불어 한 울, 한 생명을 이루는 만물에 이른다. "스스로 참을 이루고 만물을 평등하게 구제"한다. "인물동출삼신人物同出三神" 인간을 비롯하여 하늘, 땅, 그 밖의 모든 것들이 모두 삼신이란 동일한 포태로부터 나온 것이다. 세상은 그 '하나'가 맺어준 조화의 유대로, 그야말로 '천륜天倫'으로 우주 일가-家다. 그 때문에 홍익인간은 그 자체로부터 사회적 우주적으로 확장돼, 만물이 하나의 조화 안에서 각자의 고유함대로 있도록 한다. 훗날 최치원이 「난랑비서鸞郞碑序」에서 한국의 옛 신교인 풍류도를 설명하며 밝힌 접화군생接化群生의 참 뜻도 거기서 구해야 할 것이다.[53] '우주 신성과 감응하며[接化] 뭇 생명을 살린다[群生].'

최치원은 또 다른 곳에서 말하기를, "...상고의 풍風을 일으켜서 영원히 대동大同을 이루어 무릇 생명 있는 모든 존재에게 자비를 베풀어 해탈하게 한다."[54]라고 한다. 여기서도 그는 상고의 풍으로써 모든 생명으로 하여금 비본래성의 굴레에서 해방돼 참됨에 이르고 자유를 얻도록 한다고 밝히고 있다. 먼 옛날의 풍은 풍류도가 지닌 홍익인간, 접화군생의 정신을 의미할 것이다. 여기에 우주 진화사에서 가장 늦게 등장한 인간의 존재론적 책임 혹은 우월함이 있다. 그의 소임은 제 본성을 온전히 틔워 생의生意로 가득한 생명들이 약동하는 피시스, 그 존재 발현에 참여하여 모든 것들이 하나의 통일적 질서 안에서 참되게 있도록 살리는 것이다.

이로써 홍익인간의 존재론에서 모든 것을 모든 것과 연결하는 고리, '관계들의 관계'를 차지하고 있는 것은 살림으로서 드러난다. 살림이 모

---

53) 『삼성기』 상(上)에도 '접화군생'이 나온다. "단군왕검은 두 손을 맞잡은 채 단정히 앉아 함이 없이 세상의 질서를 바로잡아 다스렸다. 현묘한 도를 깨쳐 뭇 생명을 교화할 때…[단군단공무위檀君端拱無爲, 좌정세계坐定世界, 현묘득도玄妙得道, 접화군생接化羣生…]" 이밖에도 「삼한관경본기」, 「소도경전본훈」에서 찾아볼 수 있다.
54) 『계원필경桂苑筆耕』

든 것들이 하나의 어울림 속에 고유하게 존재하는 중심이며 하나다. 살림은 하늘이며 도道다.

이제 다음 장에 들어서기 전에 지금까지의 논의를 요약해 두고자 한다. 홍익인간은 인간을 그의 고유한 본질로 있도록 지킴이라는 의미의 살림이다. 그리고 인간됨, 인간의 참됨은 삼성조의 삶과 가르침을 통해 성통공완에 있는 것으로 드러났다. 그리고 신의 의미와 천명을 고려할 때, 이는 신성과 하나 되는 가운데 신을 섬기고 그 뜻에 따라 홍익인간을 실천하는 삶이었다. 그리고 모든 것을 하나의 근원[삼신]에서 유래하는 것으로 보는 존재론에 따라 이 살림은 서로 살림의 상생으로서 전개되며 그 완성은 만물을 고르게 구제하여 우주 한 생명 안에서, 각자의 고유함으로 살게 하는 데 있다. 상생은 우주 한 생명, 우주 일가에서 온전히 성취되는 것이다.

또한 홍익인간은 그와 같이 우리의 시원적 인간됨이기에 그리로 이르는 것은 가장 오랜 것으로 새롭게 돌아가는 원시반본原始返本이다. 유래는 언제나 미래로 남는다. 삼성조의 삶과 그들의 가르침은 인간이 성통공완으로써 참인간을 이룰 때, 장생과 조화, 즉 선의 삶이 주어질 것이라고 약속하고 있다. 나아가 홍익인간의 살림은 천지만물의 연결고리, 즉 중심이며 도였다. 이같은 정리는 또한 동시에 다음 장의 논의를 이끄는 길라잡이 역할을 할 것이다.

4 증산도의 상생 사상

 이제까지의 논의를 유념하면서, 마지막으로 증산도 사상에서 상생을 살펴보자. 증산도에서 상생은 우리가 맞이하는 새로운 세상에서 우주와 인간 삶을 규정하는 천명天命 혹은 도道에 해당한다. 증산도 우주론에 따르면 이제까지의 세상은 분열, 발전하는 시기로서 계절로 보면 봄, 여름에 해당한다. 선천으로 불리는 이때는 상극의 이치가 우주 만물을 주도한다. 상극이 선천의 정신이고 율법인 셈이다. 이에 따라 선천은 경쟁과 승패의 상극 속에서 생존 진화하며, 양적量的으로 발전한다.
 "내 도는 곧 상생이니"(『도전』 2:19:2) 반면 상생의 도가 지배하는 세상은 후천 가을로서 모든 것이 안으로 성숙하고 통일하여 열매를 맺는 때다. 열매는 결실이면서 씨앗으로서 새로운 생명의 근본이 된다. 그리하여 우주의 가을은 곧 근본으로 돌아가 제 모습, 제 자리를 찾는 때인 것이다.
 상극의 봄과 여름이 확장과 발전이라는 동질적同質的 양陽의 과정이라면, 성숙과 통일의 계절인 가을은 수렴의 시기, 음陰의 시기다. 오행五行으로 보면 봄, 여름에는 각기 목화木火의 기운이 지배하고 가을을 이끄는 것은 수렴과 결실의 금金 기운이다. 가을은 지나온 앞 세상과는 전혀 다른 성격을 갖는 것이다. 때문에 가을로 들어서는 전환의 국면은 봄에서 여름으로 바뀌는 그것과는 달리 순조롭게 이뤄지는 것이 아니다.
 가을 우주로 들어서면서 천지 질서가 극적으로 바뀜에 따라 자연의 격변이 필연적으로 수반된다. 이와 함께 선천 봄, 여름 동안 누적된 인류사의 온갖 병적인 요소들이 병으로, 전쟁으로 터져 나온다. "천지의 만물 농사가 가을 운수를 맞이하여, 선천의 모든 악업이 추운秋運 아래에서 큰 병을 일으키고 천하의 큰 난리를 빚어내는 것이니"(『도전』 7:38:5). 이러한 미증유의 비극적 재앙은 참혹하지만, 동시에 복본復本 혹은 개벽의 새날을 맞는데 따른 불가피하게 치러야 할 희생들이다. 성장과 분열의 극단인 구九를 지나 '열'[十]로 열리는 세상을 앞두고, '아홉수'에 걸린 우주의 동요가 부득이 빚어내는 것들인 셈이다.

상생이 새롭게 맞이하는 후천 세상을 지배하는 도요 천심天心이라면 상생을 지키는 삶은 천도에 부합하여 덕을 이루고[與天地 合其德], 천지의 마음을 제 마음으로 삼는 것이다. 상생은 앞서 살려야 할 것을 제 모습대로, 제 본질에 따라 있도록 해주는 것이고 그럼으로써 나 또한 그런 참됨으로 살도록 하는 일이라고 규정됐다. 그렇다면 이러한 상생의 의미가 증산도 사상에서, 무엇보다도 대환란을 지나 가을에 들어서는 역사에서 어떻게 나타나는가? 증산도 사상에서 상생이 실제로 어떻게 구현되는지 이해하기 위해서는 지금까지의 방법에 따라 먼저 증산도에서 살리고 살려야 할 인간의 제 모습, 제 본질이 무엇인지 살펴봐야 한다.

"천지에 가득 찬 것이 신神이니 신이 없는 곳이 없고 신이 하지 않는 일이 없느니라."(『도전』 2:45:1)

"천지간에 가득 찬 것이 신神이니, 풀잎 하나라도 신이 떠나면 마르고 흙 바른 벽이라도 신이 떠나면 무너지고, 손톱 밑에 가시 하나 드는 것도 신이 들어서 되느니라."(『도전』 4:62:5)

"사람마다 몸 속에 신이 있느니라. 너도 있고 다른 사람도 있고 그것이 없으면 죽느니라."(『도전』 3:116:4)

증산도 사상에서 인간을 비롯한 모든 것들의 근본을 이루는 것은 신이라는 점을 알 수 있다. 이에 따라 여기서도 성통, 즉 인간의 본성을 찾는다는 것은 곧 자신에 내주한 신성을 틔우고 신성과 하나 되는 일을 의미한다. 따라서 증산도 사상이 말하는 인간의 본성을 파악하기 위해서는 다시금 그 사상의 신관에 대한 이해가 요구된다. 인용 속의 신은 우주 만물에 두루 내재된 바탕 자리로서 구체적 형태를 지니지 않은 비인격적, 자연적 신성이다. 딱히 고정된 장소를 갖고 있지 않지만, 혹은 바로 그렇기에 또한 없는 곳이 없다. 먼 고대로부터 삼신으로 불렸던 그것은 대우주에 충만한 성령, 신령한 순수 영기靈氣와 같은 것으로서 우주 만유의 숨이나 얼이라 할 만하다.

모든 존재하는 것들[多]은 그 하나의 보편적 신성을[一] 나눠 갖고 있는 분신分身들이다. 초목이 피고 지고, 조수가 날고 달리고, 기물이 열고 닫히고 이뤄지고 부서지는 등 천지간 온갖 생성과 변화는 이 신의 조화가 아님이 없다. 이 테두리에서 벗어나는 것은 아무 것도 없다. 신들과 신들의 신 상제도 예외가 될 수 없다. 그래서 이 보편적 신격은 근원, 으뜸, 바탕이란 뜻의 "원元" 자를 써서 원신으로 규정되고, 또 없는 곳이 없고 하지 않음이 없는 조화를 강조하여 "조화성신", "조화성령"이라고도 불린다.

한편 이 무궁한 조화의 신성을 써서 우주를 다스리는 인격적 최고신이 있다. 우주 주재자 상제이다. 원신과 비교하여 주신, 물론 최고의 주신으로도 불린다. 상제는 저 천지에 가득한 원신의 신령한 조화를 통해 함이 없는 함으로써 우주를 주재한다. 비인격적, 자연적 신성인 원신의 편에서 보면, 주신인 인격신 상제의 주재함이란 씀[用]을 통해 비로소 모든 생성과 변화의 힘과 능력으로서 그 위력을 드러낸다.

"一氣混沌看我形하고 唵唵急急如律令이라.
　일 기 혼 돈 간 아 형　　엄 엄 급 급 여 율 령
천지에 가득한 기운은 혼돈 속에 나의 모습을 보고 율령을 집행하듯 신속하게 처리하라."(『도전』 4:143:3)

주재자 상제의 손길이 없이는, 다시 말해 원신 홀로는 천변만화千變萬化를 지어내는 조화의 힘을 지니고 있지만 아직은 가능성을 머금고 있을 뿐이다.

여기서 다음의 사실을 유의해야 한다. 그것은 원신을 주재하는 상제의 씀[用]이란 인과적 사태 같은 것이 아니란 점이다. 즉 원신을 쓰는 상제의 주재함이란 상제가 처음으로 비로소 원신을 지어내는 것도 아니며, 무로부터 존재하도록 만드는 것도 아니다. 또 임의로 무엇인가를 덧붙여 전혀 새롭게 하거나, 함부로 뒤바꾸는 것도 아니다. 그 씀은 우주 원신이 스스로의 질서[자연이법]에 따라 우주의 근본 힘으로서의 자신을 구현해 가도록 하는 것이다. 즉 원신으로 하여금 그 자신이게 함으로써 상제는 직접적 함이 없이 우주 만물을 통어한다.

이같은 사정은 "무위이화"의 말놀이를 통해 이렇게 표현될 수 있겠다. 상제는 스스로의 이법에 따라 지공무사至公無私하게 자신을 실현해 가며 신묘한 공을 이루는, 즉 무위이화無爲而化하는 원신을 쓰는 신도의 주재를 통해 우주 만물과 만사를 무위이화無爲以化로써, 맡아 다스린다. 상제와 원신, 우주에서 가장 높은 신과 상제마저도 포괄하는 가장 넓은 신성은 그와 같이 전자는 후자를 통해 세상을 다스리고 후자는 전자를 통해 제 가능성을 실현하는 방식으로 함께 속하며 하나를 이룬다. 이러한 신관의 구조는 홍익인간을 삶의 중심으로 살던 때의 신관에 연맥되는 것이다.

"태시太始에 하늘과 땅이 '문득' 열리니라. 홀연히 열린 우주의 대광명 가운데 삼신이 계시니, 삼신三神은 곧 일신一神이요 우주의 조화성신造化聖神이니라. 삼신께서 천지만물을 낳으시니라. 이 삼신과 하나 되어 천상의 호천금궐昊天金闕에서 온 우주를 다스리시는 하느님을 동방의 땅에 살아온 조선의 백성들은 아득한 예로부터 삼신상제三神上帝, 삼

신하느님, 상제님이라 불러왔나니 상제는 온 우주의 주재자요 통치자 하느님이니라."(『도전』 1:1:1~5)

이에 따라 증산도 사상에서 우리의 본성으로서 내주한 신성을 틔우는 일 또한 마찬가지로 다음과 같이 수행된다. 우리는 감춰져 있는 밝은 본성을 틔워 우주의 충만한 신성과 하나 되는 가운데 상제를 섬긴다.

다른 한편 증산도 신관은 다음과 같은 점에서 고대의 신관과 차이를 보인다. 증산도 신관에 따르면 신은 역사성을 갖고 있으며 일정한 때에 최고의 주신인 상제가 인간으로 강세한다. 이 두 특징은 사실상 한 가지다. 또 이러한 신관에 따라 인간의 본질도 구체화되고 역사적이 된다.

우주의 충만한 조화기운인 원신은 우주 이법으로써 만물을 다스리는 상제의 주재를 통해 때에 맞춰 신령한 공능을 실현한다. 우주를 규제하는 이법理法, 로고스는 생장염장生長斂藏이다. "내가 천지를 주재하여 다스리되 생장염장生長斂藏의 이치를 쓰나니 이것을 일러 무위이화라 하느니라."(『도전』 4:58:4) 생生은 만물을 낳는 봄의, 장長은 만물을 기르고 가르쳐서 성장 발전하게 하는 여름의, 염斂은 만물을 성숙 통일시키는 가을의, 그리고 장藏은 근원으로 복귀하여 휴식하는 겨울의 정신을 말한다. 천지의 신령한 기운은 이 우주 사시四時의 정신에 따라 스스로를 전개하는 역사성을 갖는다.

그리하여 사시가 생장염장의 질서에 따라 순환하는 가운데, 기는 만물을 싹 틔우는 방放, 만물을 길러 무성하게 자라게 하는 탕蕩, 만물을 성숙케 하는 신神 그리고 본체로 환원하는 도道의 성격을 갖는다.

"春之氣는 放也요 夏之氣는 蕩也요
 춘지기   방야   하지기   탕야

秋之氣는 神也요 冬之氣는 道也니 統以氣主張者也라.
추지기 　　신야　 동지기 　　도야　 통이기주장자야

봄기운은 만물을 내어놓는 것(放)이고 여름기운은 만물을 호탕하게 길러내는 것(蕩)이요 가을기운은 조화의 신神이며 겨울기운은 근본인 도道이니라. 내가 주재하는 천지 사계절 변화의 근본기강은 기氣로 주장하느니라."(『도전』 6:124:9)

이 가운데 가을에 이르러 성숙과 통일의 시원적 본성을 회복하여 신의 변화성을 지닌 천지 기운을 지기至氣라고도 부른다. 이 가을의 천지 기운은 거두면서 통일하고 죽임으로써 결실을 얻게 하는 개벽의 기운이다. 가을 우주를 지배하는 화복 양면의 기운이다. 생장염장 사의四義로써 기의 변화성을 다스리는 상제는 특히 성숙과 통일의 가을 세상을 앞둔 개벽의 때에 이 지상으로 강세한다. 농부가 가을의 결실을 거두기 위해 들녘으로 나아가듯, 우주 가을에 들어 상제는 직접 인간으로 내려와 만방에 새 기운, 가을의 지기를 돌려 심판과 구원을 주재한다. 분열의 화와 가을의 금 기운이 상극으로 부딪힐 때 토土로 임하여 화생토火生土 토생금土生金으로써 금과 화의 교역交易이 순조롭게 이뤄져 가을의 새 세상이 열리도록 한다.

또한 우주 주재자 상제의 가을 주재는 인간의 참여와 협력 속에 이뤄진다. 이는 '모사재천 성사재인'의 원리로써 설명된다. "모사謀事는 내가 하리니 성사成事는 너희들이 하라."(『도전』 5:434:4) '모사재인하고 성사재천이다.'이란 전래傳來의 말에서 '인'과 '천'의 자리를 맞바꾼 것이다. 이것은 단순한 말놀이가 아니라 하늘의 율법을 새로 정한 것이다. 또 달리 말하면 이 점이 상제가 지상으로 강세한 가장 중요한 이유이다. 성숙과 통일의 가을 세상을 열기 위해 상제는 인간의 호응을 받고 인간과 짝을 이뤄야 하는 것이다. 그리고 여기에 증산도 사상에서 인간됨, 본래적 인간에 이르기 위해 성통과 더불어 완수해야 할 공업, 천명이 놓여 있다.

어느 날 증산 상제께서 원평이란 곳을 지나는데 문둥병에 걸려 흉한 형상을 하고 있는 한 병자가 달려와서 눈물로써 호소한다. 이생에 죄를 지은 바 없는 자신이 전생의 죄 때문에 이같은 형벌을 받는 것이라면 그 중죄를 용서하고 용서하실 수 없다면 차라리 죽음을 내려달라고 통곡하며 증산 상제의 일행의 뒤를 따른다. 잠시 슬픈 표정으로 바라보던 증산 상제는 "내가 너를 고쳐 주리니 여기 앉으라" 하며 성도들로 하여금 그를 둘러싸고 '대학지도大學之道는 재신민在新民이라'는 구절을 계속해서 외우게 하신다.

얼마 지나지 않아 '이제 되었으니 그만 읽고 눈을 뜨라'는 말에 모든 성도들이 읽기를 멈추고 눈을 떠 병자를 바라보니 완전한 새 사람(新民)이 되어 앉아 있었다. 병자는 기뻐 뛰며 춤추고, 성도들은 놀라지 않을 수 없었다. 그 때 한 성도가 문둥병은 천형天刑이라 하여 고칠 길이 없는데 글을 읽게 하여 고치니 어떤 연고입니까 하고 묻는다. 증산 상제는 이렇게 대답한다. "나의 도道는 천하의 대학大學이니 장차 천하창생을 새 사람으로 만들 것이니라."(『도전』 2:79:14) 또 그와 비슷한 상황에서 증산 상제는 이렇게 말한다. "재신민(在新民)이라 하였으니 새사람이 되지 않겠느냐."(『도전』 9:186:6)

자신의 도는 신민, 즉 갱생, 상생에 있음을 알린 이 공사公事에서 또 다른 함의를 새긴다. 상제는 '대학지도 재신민'을 직접 읽지 않고 성도들로 하여금 계속 외우게 한다. 어쩌면 이것은 앞으로 하여금 인간의 손으로 갱생과 신민의 새상을 열게 될 것을 시사하는 혹은 그 갱생의 기운을 인간들에게 불어 넣는 뜻이 담겨 있는지도 모른다.

김일부의 다음과 같은 말도 그런 인간의 존귀함을 얘기하고 있다. "누가 하늘의 조화공덕이 인간을 기다려 완성됨을 알겠는가"[55] 『서경』에 나

---

55) 誰識天工待人成.(『정역正易』「포도시布圖詩」)

오는 "天工人其待之"를 연상시키는 이 말은 만물을 낳고 기른 천지의 뜻이 혹은 천지의 기획이 마침내 성숙한 인간 안에서, 그를 통해, 그와 함께 완성된다는 뜻으로 이해된다. 다음의 구절과도 상통한다. "천지무일월공각天地無日月空殼이요 일월무지인허영日月無至人虛影이니라. 천지는 일월이 없으면 빈 껍데기요 일월은 지인이 없으면 빈 그림자니라."(『도전』 6:9:4) 또한 그런 인간이 상제가 수운 최제우에게 일렀던, 상제에겐 보람이 되고 스스로는 득의의 기쁨을 얻는 자다. "나도또한 개벽이후 노이무공노이무공 하다가서 너를만나 성공하니 나도성공 너도득의 너희집안 운수로다." (『동경대전東經大全』「용담가」)

이는 천지의 자녀인 인간이 가을을 맞이하여 제 본성을 틔워 천지를 위해 천지를 갱생更生시키는 것이라고 말할 수 있다. 그것은 곧 인간이 제 생명의 원천인 천지부모天地父母에 보은하는 것이다. 그리고 그 새 하늘, 새 땅 위에 상생과 조화의 새 세상이 열려나가는 것이다. "…이 때는 사람이 가름하는 시대니라."(『도전』 3:14:1) 이제는 "인인인지인천人人人地人天" (『도전』 9:185:4)의 때다. 후자는 천지인의 새로 남을 노래하는 갱생주更生呪의 마지막 구절인데, 다음과 같은 내용이 그에 앞서 있다. "천갱생天更生 지갱생地更生 인갱생人更生 갱생更生 갱생更生 갱생更生 천인천지천천 지인지天人天地天天 지인지지지천地人地地地天 … ."

천지인의 개벽이란 천지인이 마치 세 개의 거울이 서로 되비추듯, 서로에게 속하면서 일체를 이루는, 즉 자신의 시원적 본질[천지인 일체]을 마침내 회복하는 것이다. 그리고 그 존재사건은 성숙한 인간을 기다려, 그를 중심으로 일어난다.

증산도 사상에서는 천지인 일체 그 큰 하나[太一]를 이루는 인간을 또한 태일太一이라 부른다. 그와 같이 스스로 태일이 되어 태일의 세상을 여는 인간은 하늘, 땅만큼 아니 그보다 존귀하다. "천존天尊과 지존地尊보다 인존人尊이 크니 인존시대人尊時代니라 이제 인존시대를 당하여 사람이 천지대세를 바로 바로잡느니라."(『도전』 2:22:1~2); "천갱생 지갱생은 다 끝났으니 인갱생人更生이 크니라."(『도전』 11:205:4) 인갱생을 중심으로 천갱생, 지갱생의 섭리는 성사되는 것이다.

'갱생', '신민'으로 말해지는, 개벽기 인간의 사역은 혹은 인간에게 주어진 시명時命은 하늘, 땅, 인간과 만물이 선천의 비본래성에서 회복되어 하나의 조화 속에 각기 저의 고유함, 마땅함으로 있도록 하는 살림이다. 그리고 이 살림은 인간을 중심으로 천, 지, 인이 하나를 이루기에 서로 살림으로써 수행된다. 증산도 우주론, 신관에 따르면 하늘, 땅, 인간을 비롯한 모든 것들이 하나의 모태[원신; 삼신]에서 나온 동포同胞이다. 이 우주 한 생명에서는 타자를 살림이 없이 자신이 살 수 없고 자신의 살림은 타자를 살리는 것이다. 바꿔 말하면 상생은 오직 우주 한 생명, 그 큰 하나 속에 완성될 수 있다. 새로운 천지와 인간 삶의 문법인 상생은 곧 모든 것이 한 뿌리로 돌아가 성숙, 통일하여 제 모습을 찾도록 서로 살려, '우주 일가'라 불리는 대일통大一統의 한 세상을 이루는 것이라고 할 수 있다. 그럼으로 상생을 이끄는 정신 또한 원시반본이라 할 수 있다.

그같이 천지성공을 이루는 일이 새로운 천명인 상생에 부합하는 삶[與天地 合其德]이다.[56] 이 삶은 내 본성을 틔워 태일의 성숙한 인간이 되고 그 진리로 이웃을 새 삶으로 인도하여, 즉 나를 살리고 남을 살려 큰 하나의 세상을 여는 상생의 실천으로 전개된다. 그러한 삶의 성취가 증산도 사상에서 지키고 살려야 할 인간됨, 본래적 인간이다. 그리하여 증산도 사

---

56) 증산도 사상이 보기에 이것은 『중용中庸』의 다음 구절에 담긴 이상의 실현이기도 하다. "사람의 본성을 다할 수 있어야 사물의 본성을 다할 수 있다. 사물의 본성을 다할 수 있어야 천지 화육을 도울 수 있다. 천지의 화육을 도울 수 있어야 천지와 병립할 수 있다[能盡人之性, 則能盡物之性 : 능진물지성能盡物之性, 則可以贊天地之化育 : 可以贊天地之化育, 則可以與天地參矣]."(『중용』 제22장)

상에서 '홍익인간'은 그런 가을의 성숙한 인간 혹은 태일의 인간을 늘리는 일이다. "전 인류가 상제님의 도로써 성숙한 가을 인간으로 거듭"(『도전』 199쪽 측주) 태어나게 하는 것이다.

그 살리고 통일하는 일은 의통醫統이라고 불린다. 의醫는 살린다는 의 자며, 통統은 도로써 새로운 문명세계를 통일하고 경영한다는 통 자다. 그러기에 의통은 성업聖業이 아닐 수 없다. "대저 제생의세濟生醫世는 성인의 도道"(『도전』 2:75:9)에 속하는 것이다. "직자職者는 의야醫也요 업자業者는 통야統也니 성지직聖之職이요 성지업聖之業이니라. 천하의 직은 병들어 죽어 가는 삼계를 살리는 일(醫)이요 천하의 업은 삼계문명을 통일하는 일(統)이니라. 성스러운 직이요 성스러운 업이니라."(『도전』 5:347:17)

성스러운 직업, 즉 의통에 사역하는 우주 가을의 본래적 인간을 통해 상생의 질서로 갱생한 신천지 위에는 후천의 선경 세상이 펼쳐진다. 나와 이웃이 시원의 참됨을 찾아 모두가 선仙으로 사는 인즉선의 새로운 삶이 시작된다. 장수와 조화의 복락을 누리는 새로운 거주가 땅 위에 들어서는 것이다. 다시 말하거니와 이같은 인간 성숙은 본성을 틔워 천주를 모시고 조화성신과 하나 되는 가운데 하늘, 땅, 인간이 조화 속에 각자의 고유함을 비로소 얻는 천지성공에 사역함으로써 이룩되는 것이다. 천지성공과 인간성공은 서로를 통해 완성되는 것이다.

> "후천 선경세계는 가가도장家家道場이요, 인신합덕人神合德으로 인인人 人이 성신聖神 되어 만백성이 성숙하고 불로장생하는 무궁한 조화낙원이라."(『도전』 7:1:5)
>
> "상생의 도로써 조화도장造化道場을 열어 만고에 없는 선경세계를 세우고자 하노라."(『도전』 2:24:3)
>
> "후천에는 덕을 근본으로 삼아 이 길에서 모든 복록과 영화를 찾게

되느니라."(『도전』 7:4:6)

"너희들은 살릴 생生 자를 쥐고 다니니 득의지추得意之秋가 아니냐." (『도전』 8:117:1)

인류를 구원하고 후천선경을 건설하는 상생의 실천, "통일천하가 그 가운데 있고 천지대도가 그 가운데에 행하여지며 만세의 영락榮樂이 그 가운데서"(『도전』 7:50:5) 이뤄진다. 도성덕립된 태평의 나라에서 사람들은 천지의 갱생과 더불어 새로운 인간으로 거듭 태어난다. 그들은 불로장생(『도전』 2:19:9)의 새 몸으로 "환골탈태"(『도전』 7:4:5)하며 이치에 활연관통하고 천지조화를 짓는 선의 삶을 얻게 된다. 상생으로 열리는 새 세상은 모두 "선관"(『도전』 11:299:2)이 되어 동귀일체同歸一體하고 "상생 도술"이(『도전』 11:313:8) 무궁한 "낙원의 선세계仙世界"(『도전』 7:5:6)인 것이다. 상생의 삶이 약속하는 것은 증산도에서도 마찬가지로 불로장생, 환골탈태, 선의 삶, 선관이 되는 것이다. 따라서 지금 우리가 맞이하는 개벽의 목은 영원한 죽음으로 떨어지는 위험한 관문인 동시에 지상선地上仙의 복락을 차지할 수 있는, 호작선연好作仙緣의 호기인 셈이다.

이와 관련 증산 상제가 집행한 일련의 두 도수는 의미심장하다. "상제님께서는 형렬에게는 신선神仙 도수를 붙이시고, 자현에게는 의원醫員 도수를 붙이시니라."(『도전』 3:313:1) 후자의 의원도수는 개벽기 사람을 살리는 재생의세, 의통의 도수다. 여기서 도수란 상제가 우주 주재자의 권능으로 신인합일의 사역을 통해 현실에서 일어날 변화를 짜놓은 섭리와 같은 것이다. 두 도수가 짝을 이루고 있다는 데서 우리는 의원도수를 성취함으로써, 즉 개벽기 사람을 살리고 새로운 세계를 건설함으로써, 그 상생 혹은 홍익인간의 공덕에 따라 선을 얻는다는 뜻을 읽을 수 있다. "오직 성품을 트고 모든 공덕을 잘 닦은 이라야 나아가 길이 쾌락함을" 얻는 것이다.

또한 증산도 사상은 그 개벽과 구원의 중심지, '역사의 큰 문'이 상제를 섬기고 천부天符를 지킨 우리나라임을 밝힌다. 상제가 강세한 이 땅은 개벽이 먼저 닥치고 개벽 기운이 온 나라로 퍼져나가는 위험한 곳이면서 구원의 도가 있고 새로운 세상이 펼쳐지는 희망의 장소다.

"내가 이제 해동조선에 지상천국을 만들리니 지상천국은 천상천하가 따로 없느니라. 장차 조선이 천하의 도주국道主國이 되리라."(『도전』 7:83:7~8) "인신합덕人神合德으로 인인人人이 성신聖神되어…성숙하고 불로장생"하며, "천지가 내 마음과 일체가 되고 삼교三敎를 두루 쓰며, 모르는 것이 없고 못하는 바가"(『도전』 7:6:5) 없는 "우주일가宇宙一家의 조화선경"(『도전』 7:1:3)이 이 땅으로부터 펼쳐진다. 여기서 어질면 장수하고 동이처럼 행동하면 복이 내린다(『설문해자』)는 옛 말이 새롭게 들린다.

이상의 논의로부터 증산도에서 상생은 우주 가을의 때 주어진 하늘의 이치[천명; 시명時命]에 따라 나를 살리고 남을 살려 모두가 선의 삶을 얻게 되는 후천의 새 세상 건설의 역사役事라는 것을 알 수 있다. 이는 거슬러 홍익인간에 닿으며, 나아가 그것의 구현이다. 즉 환웅천황이 남긴 염표문이 가르치는, "일신이 참마음자리를 주어 성품은 광명하게 트이게 하고 세상을 이치로 다스려 널리 인간을 이롭게 하라[一神降衷 性通光明 在世理化 弘益人間]."는 명법命法의 실현이다. 홍익인간은 각자가 인人이 되어 널리 이웃을 인人게 하는, 다시 말해 인간 열매를 크게 거둬들이는 것이다. 홍익인간은 문자 그대로 인간, 보다 정확히 말해 선으로서의 인간[人則仙]을 무한히 늘리는[弘益] 것이다.

5 맺음말

　동이라 불리던 한민족의 뿌리 겨레는 어질고 살리기를 좋아했다. 인仁이 동이의 마음이라고 하는 것은 동이는 타인과 만물을 살리고 나를 살리는 상생의 겨레란 뜻이다. 인仁은 누구도 갖지 못한, 누구에게도 양도할 수 없는 천부의 마음으로 동이에 속한다. 또 그래서 인간은 고유하게 동이를 가리켰다. "그러므로 어질 인자는 너희들에게 붙여 주리니 다른 것은 빼앗겨도 어질 인자는 뺏기지 말라."(『도전』 5:177:9)

　우리가 이미 살펴본 대로 인仁은 우주 만물로 하여금 제 본성대로 살도록 살리는 것이다. 그리고 그 살림은 언제나 나를 살리고 남을 살리는 상생으로써 수행되는 것이었다. 그들은 어질고 살리는 삶으로써 대인이 되고 군자가 되어 장수하고 복을 누렸다. 이 말을 풀어 말하면 동이는 이웃과 더불어 선을 성취하는 것을 인간 삶의 중심으로 삼았다는 얘기이다. 그들에게는 선의 삶이 본질적, 이상적 인간의 삶이며 인간됨이다. 인즉선, 이는 인간의 본질은 선이며 또한 역사 현실에서 그런 인간됨에 이르면, 다시 말해 어질고 살리는 삶을 살면 선의 복락을 누린다는 것이다. 살리는 삶에는 선이 약속돼 있는 것이다.

　이는 환인 천제 이래 한민족을 이끌어온 홍익인간의 이념에서 다시 확인된다. 홍익인간은 인간을 이롭게 하자는 것이고 그것은 곧 인간, 나아가 만물을 그들의 본질대로 존재하도록 지키고 살리는 것이다. 이 때 인간의 본질은 참 나로 거듭나 천지의 신성과 하나 되어 하느님을 섬기며 성통공완으로써 조화와 장생을 얻는 선의 삶이다. 이것은 나를 살리고 남을 살리는 상생으로써 수행된다. 홍익인간의 표상인 환인, 환웅, 단군은 상생의 덕으로써 하늘에 이르고 영원한 즐거움을 누리게 된다고 가르친다.

또 홍익인간은 증산도 사상에서 상생으로써 새롭게 반복된다. 그 만큼 홍익인간의 이념이 연년세세年年歲歲 끊임없이 이어와 증산도 사상에 이르렀다고 혹은 증산도 사상이 한국인의 삶을 보이게 또 보이지 않게 이끌어온 홍익인간의 이념에 뿌리내리고 있다고 하겠다. 증산도 사상에서 상생은 인간으로 강세한 상제의 가르침을 통한 우주론과 신관 등의 바탕 위에서 역사적이 되고 구체화된다. 우주의 질서가 바뀌는 개벽의 길목에서 치러야 하는 대환란에서 상제의 가르침으로써, 나를 살리고 남을 살리는 성사재인의 사역으로서 나타난다. 상생과 함께, 상생으로써 조화와 장생을 얻는 후천선경이 열리게 된다. 인즉선의 오래된 약속이 상생으로써 상생의 세상을 여는 이들에게 새롭게 도래하는 것이다.

'어질면 장수하고 동이처럼 행동하면 복이 내린다.'
"내가 삼계대권을 주재하여 조화造化로써 천지를 개벽하고 불로장생不老長生의 선경仙境을 건설하려 하노라."(『도전』 2:16:2)

참고문헌

- 『계원필경桂苑筆耕』
- 『도전道典』
- 『동경대전東經大全』
- 『단군세기檀君世紀』
- 『규원사화揆園史話』
- 『중용中庸』
- 『삼성기三聖紀』
- 『주자대전朱子大全』
- 『주자어류朱子語類』
- 『주역周易』
- 『태백일사太白逸史』

- 강갑룡, 「大韓民族의 三神五帝 및 桓因天帝에 관한 經營論的 硏究」, 『한국전통상학연구』 제2호, 한국전통상학회, 2006.
- 국립국어연구원, 『표준국어대사전』(stdwen2.korean.go.kr/).
- 김명하, 「한국 상고대 정치사상에서의 천인관계」, 『동양정치사상사』 제1권 1호, 동양정치사상사학회, 2002.
- 김민수 외, 『국어대사전』, 서울: 금성출판사, 1996.
- 김병환, 「儒家의 生命觀」, 『儒敎思想硏究』 제22집, 한국유교학회, 2005.
- 김성환, 「한국도교의 자연관」, 『한국사상사학』 제23집, 한국사상사학회, 2004.
- 선도문화연구원편, 『한국선도의 역사와 문화』, 천안: 국제평화대학원대학교 출판부, 2006.
- 도광순, 「中國 古代의 神仙思想」, 『神仙思想과 道敎』, 범우사, 서울, 1994,
- 김지하, 『생명과 자치』, 서울: 솔, 1997.
- 이능화, 『조선도교사』, 서울: 보성문화사, 1990.
- 정경희, 「韓國仙道의 修行法과 祭天儀禮」, 『도교문화연구』 제21집, 한국도교문화학회, 2004.

- 정재서, 『不死의 신화와 사상』, 서울: 민음사, 1994.
- 차주환, 「韓國 道敎의 共同體觀」, 『道家思想과 韓國道敎』, 『道敎文化硏究』제11집, 국학자료원, 1997.
- 이기상, '존재의 역사'와 새천년 - 있음에서 살아 있음에로」, 『계간 사회비평』 제21호, 1999.
- 황경선, 『천부경과 신교사상』, 대전: 상생출판, 2014.
- 황종원, 「정호의 生理, 生意, 仁에 대한 생명론적 접근」, 『대동철학』제40집, 대동철학회, 2007.
- 황종원, 「주자 인 개념의 자연생명론적인 의미」, 『유학연구』제29집, 충남대 유학연구소, 2013.

삼신 선仙 후천개벽

번역 원문

The View of the Triadic God of India
• G. J. Sudhakar •

The Shamanist Tradition of Siberia and Samsin Culture
• Chingis Akhanyanov, Ph.D. •

明治の神道行政・神道と造化三神
• 石原和 •

The View of the Triadic God of India

Prof. GJ Sudhakar

ABSTRACT

The three main functions of God-head, Creation, Preservation and Destruction, are further simplified by the One Great God, Ishwara, being called Brahma, when he takes over the creation of the universe; Vishnu, whacen he assumes the role of the Preserver; and Siva, when he is the Destroyer.

A high degree of symbolism has been evolved to explain the attributes and qualities of God-head to the masses. Different iconographical features are depicted for the different deities at different times, depending on the roles they perform.

Brahma, the creator, for example is depicted with four heads facing all directions symbolizing that he has created the entire universe. To emphasize the closeness of creation and preservation, Brahma is shown emerging from the navel of Vishnu, the Preserver.

Vishnu is represented as lying on the many-headed Cobra, Ananta, in the ocean of milk. Ananta denotes cosmic energy and the ocean symbolizes Ananda or the endless bliss and grace of the Brahman. Vishnu is given the colour blue to symbolize infinity, as he is limitless as the blue sky.

Prof. GJ Sudhakar has a Ph.D in History, he was educated at the Madras Christian College, Chennai and Jawaharlal Nehru University, New Delhi, he has been the Executive Committee Member of the Indian History Congress (the national body of Historians in India). He has several publications to his credit. He has guided several research scholars for

Ph.D in History. He is currently Professor Emeritus at the CP Ramaswamy Aiyar Institute of Indological Research, Chennai, affiliated to the University of Madras, India.

Siva, the Destroyer of the Universe is often shown as Nataraja, the king of Dancers, his dance depicting cosmic energy. He dances on the demon Apasmara Purusha, who represents our egos. Only by destroying one's ego can one attain God-head. His fourth hand in the abhaya mudra says, "Do not fear, I shall protect as I destroy". The circle of fire behind him represents the continuity and the endless motion of the Universe through the paths of creation, preservation and destruction.

KEY WORDS: Avataras, Sankha, Abhaya Mudra, Sanatan Dharma, Kalpa, Tapasya, Nada-Brahman, Chakra, Prakriti, Purusha, Maya, Bhakti.

1 INTRODUCTION:

Hinduism is the oldest religion in the world and is the faith of over four-fifths of the diverse peoples of the vast sub-continent of India, of the people of Nepal and Bali (Indonesia) and of millions of Indians who have migrated overseas. There are, besides, many ancient cultures, as in South-East Asia, which have been greatly influenced by the Hindu cultural ethos.

The history of the Hindus, as we know it today, goes back 5,000 years, but Hindus believe that their religion is without beginning or end and is a continuous process even preceding the existence of our earth and the many other worlds beyond. Science today accepts that there may be other worlds in the vast universe, each with its own laws. Hindus have held this view from time immemorial.

Fig. 1. Triadic God – Brahma, Vishnu and Shiva

Hinduism has a wealth of scriptures to guide both the initiate and the scholar. One of the fundamental tenets of the religion given in the scriptures is The Trinity i.e. the Triadic God of India.

The three main functions of God-head, Creation, Preservation and Destruction, are further simplified by the One Great God, Ishwara, being called Brahma, when He takes over the creation of the universe, Vishnu, when He assumes the role of the Preserver, and Shiva, when He is the Destroyer.

A high degree of symbolism has been evolved to explain the attributes and qualities of God-head to the masses.

Different iconographical features are depicted for the different deities at different times, depending on the roles they perform. In one temple, Vishnu may be shown in a peaceful form and in another in a role destroying evil. The weapons he holds could differ in these two forms. However, a few of the major depictions are given below:

2 THE CREATOR – BRAHMA

BRAHMA, the Creator, for example, is shown with four hands facing all four directions symbolizing that he has created the entire universe. The fact that, after each *Kalpa* (or age), he meditates and recreates the Universe, we live in is symbolized by the Vedas he holds in his hand which guide him, and the *kamandala* or vessel which is used in the ritual of prayer prior to *tapasya* (meditation and penance), after which he creates the Universe. He sits on a lotus which is a symbol of purity,

Fig. 2. Brahma, the four-headed Ceator of entire universe

as the lotus usually grows in muddy waters but is untouched by the dirt and mire from which it emerges. So also the true *Yogi* (one who practices Yoga and is an evolved being), should be unaffected by the world around him. To emphasize the closeness of Creation and Preservation, Brahma is shown emerging from the navel of Vishnu, the Preserver.

BRAHMA, the personification of the creative power of the Deity, although the name of the three most familiar perhaps the European readers, is, in fact, not so often heard of in India as either of the other two great powers of preservation and destruction; or as of several other deities, or incarnations of deities, of an inferior description. Images are made of Brahma, and, placed in the temples of other gods, he is reverently propitiated by offerings and invocations; and he has had, like Vishnu and Shiva, also incarnations, or *avataras*, but he has no temples, as many other deities have, or rites, exclusively dedicated to him. The act of creation is past; the creative power of the Deity has no immediate interference in the continuance or cessation of material existence, or, in other words, with the preservation or destruction of the universe[1].

At a stated time the creative power will again be called into action, as will be noticed when we speak of the period *Kalpa*; till when, the powers of preservation and destruction only excite the hopes and fears of the devotee. But as, according to the generally received theory, destruction (as we must occasionally, although in view to such theory, rather unphilosophically, term the effects of the destroying power) is only reproduction in another form; and as creation is a modification of a pre-existing formation of matter, the creative, as well as the destructive power, is thus admitted to be also, although less evidently, in constant action. Such action is, however, inevitable in its results, and the principle or power exciting it is less ardently, and less conspicuously, invoked and propitiated, than its dreaded destructive and contingent precursor; although their reciprocal action and reaction have caused a sort of unity of character; and Brahma and Shiva are sometimes found almost identified with each other; oftener, however, in direct opposition and hostility. Brahma creates, Shiva destroys; but to destroy, is to create in another form; Shiva and Brahma hence coalesce.

In mythology, therefore, BRAHMA is the first of the three great personified attributes of Brahm, or the Supreme Being. He is called first of the gods; framer of the Universe; guardian of the World; under the latter character, agreeing with Vishnu. In physics, he is the personification of matter generally; from him all things proceeded, and in him pre-existed the Universe; comprehending all material forms, which he at once called into Creation, or arranged existence, as they are now seen; although perpetually changing their appearances by the operation of the reproductive power[2]. As the oakexists in the a corn, orrather, as the Hinduwouldexpressit, as the fruitis in the seed, awaiting development and expansion, so all material form sexisted in Brahma, and their germ swereat once produced by him.

From his mouth, arm, thigh, and foot, proceeded severally the priest, the warrior, the trader, and the labourer; these by successive reproduction people of the earth; the sun sprung from his eye, and the moon from his mind.

BRAHMA is usually represented with four faces, said to represent the four quarters of his own work; and said, sometimes, to refer to a supposed number of elements of which he composed it; and to the sacred Vedas, one of which issued from each mouth. There are legends of his having formerly five heads, one having been cut off by Shiva, who is himself sometimes five-headed.

Brahma, the Creator, is portrayed by man as an old man, because he was as old as Time itself[3]. He is shown holding in one hand as heaf of manu scripts, which symbolized the to tality of knowledge, which of course, here ally held in his mind. This knowledge he then passed on to several god sand sages mainly through intuitive, extra-sensory channels of communication, which the sages passed on to mankind through the ages, mainly by word of mouth. This knowledge has ultimately cometous in written records in the languages of the present day, much of it in the form of the Vedasad Puranas. It is here, in these ancient texts, that we now have the recorded History of Creation.

Red is the colour supposed to be peculiar to the creative power; we often see pictures of Brahma of that colour; which also represents fire, and its type the Sun; it is likewise the colour of the earth or matter, which Brahma also is; Brahma is, therefore, the earth; so we shall, by and by, find is Vishnu – Brahma is fire, so is Shiva, and all three are the sun; and the sun is a symbol of Brahm, the Eternal One. Fire is an emblem of the all-changing, that is Time; Shiva generally and Brahma occasionally, correspond with Time. They resolve themselves into the

Fig. 3. Goddess Saraswati, the consort of Brahma

three powers, and those powers into one Deity, Brahm, typified by the sun.

The feminine aspect of the Creator is personified into the beautiful form of SARASWATI, the consort of Brahma, who is the embodiment of learning and wisdom. In her hand, she holds the *Vina*, symbolic of *R'ta*, the order in the Cosmic Universe and of *Nada-Brahmam*, the music of rhythm of the Universe. It is out of the sound of OM that the Universe was created. The hum or *Nada*, or the Inner Sound, the Music of Cosmos, is also called the Music of the Spheres[4].

The beads in her fingers bring out the importance of prayer and meditation, and the palm leaf scrolls she holds represent learning and wisdom without which man is nothing. Her saree, always white, reminds us that all knowledge of value should be pristine pure and unsullied by untruth. She sits either on the pure lotus or on the peacock, in the latter case to remind us that the ego (symbolised by the peacock) is to be suppressed[5]. The graceful swan is also her vehicle, to remind us to separate the chaff from the grain of true knowledge, just as the swan removes the water from milk before consuming the latter.

3 THE PRESERVER – VISHNU

VISHNU is represented as lying on the many-headed cobra, *Ananta*, in the ocean of milk. *Ananta* denotes cosmic energy and the ocean symbolizes *ananda* or the endless bliss and grace of the Brahman. Vishnu is given the colour blue to symbolise Infinity, as he is limitless as the blue sky. He holds the *Chakra* or discus in one hand denoting that he maintains *Dharma* (righteousness) and order in the Universe. The *shanka* or conch that he holds in the other hand is for the removal of ignorance and is also symbolic of *Nada-Brahmam* or the Music of the Cosmos, as the conch when placed to the ear has a deep humming sound. The *gada* or mace is for removing the evil in the world and the lotus is the symbol of the beauty and purity of the Cosmic Universe. The vehicle of Vishnu is *Garuda*, the man-eagle, a figure of great strength, power and piety.

VISHNU CREATES THE CREATOR – Vishnu's Slumber:

After pralaya, there was a lull. Nothing stirred. Vishnu rested in perfect tranquility on the endless coils of Ananta – Sesha, the serpent of Time, awaiting the reawakening of the world. Around him, stretching into infinity, stood the still primeval waters. In them lay dissolved – without form or identify – all that once existed. This was yoga-nidra, the Cosmic slumber.

Birth of Brahma:

Vishnu opened his eyes, settling the stage for creation. The seed of life present in his body emerged from his navel as a thousand-petalled lotus. On it sat Brahma, the Creator. The Creator looked into the four cardinal directions: he found nothing he could create the new world with. He closed his eyes and pondered over the problem.

Cosmic Being:

"Mould the three Worlds out of Vishnu's creative energy, his *maya*," a voice whispered in Brahma's ear[6]. The Creat oropened his eyes to asplen didvision–the breath taking cosmic form of Vishnu, his *Vishvarupa*; The lord's body encompassed the whole Universe.

Within him was present the one Cosmic soul; the two genders; the three strides of time; the four books of knowledge; the five elements; the six philosophies; the seven sheaths of the body; the eight directions; the nine emotions; the ten vital breaths; the twelve zodiacs; the fourteen planes of existence; the twenty-seven lunar asterisms; the thirty-three gods; the sixty-four arts; the seventy-two vocations; the hundred and eight divine spirits.

The celestial bodies made up his eyes; the oceans were contained in his stomach; the mountains were his bones; the rivers flowed through his veins; the trees stood as his body hair. His upper body was the sky; his lower body, the abyss.

From his right nostril he exhaled life; from the life he inhaled death. He was the cosmic substance, *prakriti* that gives form to existence; he

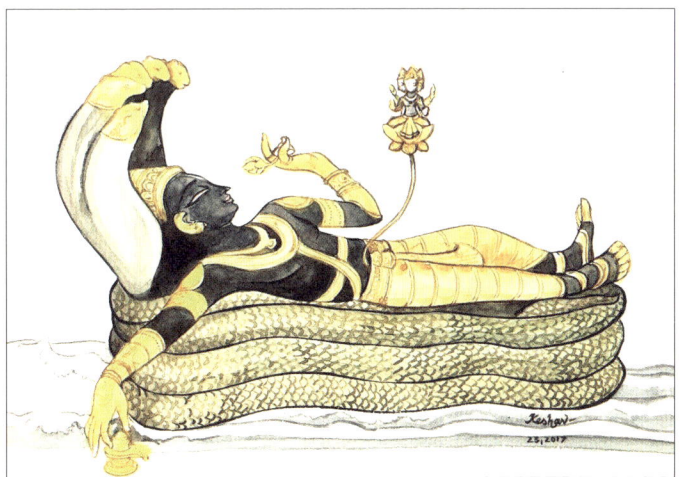

Figure 4. Lord Vishu resting on the coils of Ananta–Shesha with Brahma atop the lotus issuing from Vishnu's navel

was also the cosmic spirit, *purusha* that gives life meaning. He was infinite space and eternal Time[7]. He was everything that was, is and will be. He was the *Virat-purusha*, the entity that is the Cosmos.

Attributes of Vishnu:

Vishnu is associated with certain features that distinguish him from other gods. Focusing on his role as the preserver of life, these attributes are not to be taken literally; their symbolic meanings grant devotees a profound insight into the sublime nature of the lord.

Physical traits:

Vishnu's charm and beauty – his lotus shaped eyes, winsome smile, thick long hair, broad shoulders, lithe limbs and dark complexion – rouses love in devotees and passion in poets. They reflect rasa – life's mystery, beauty and awe.

Fig. 5. VIshnu with four arms and four weapons

Vishnu is blue as the sky and like the sky always watches over the earth. He is dark as the rain-clouds, whose presence brings joy after the hot dry days of summer. Like the colour black, Vishnu is omnipresent, seen even in the dark.

His four arms represent the four directions of the cosmos that he supports at all times.

On his chest, is a characteristic tuft of hair called Shreevatsa – the symbol of Shree Lakshmi, his consort, who is the goddess of life, protected and loved by him. Brahma, the Creator, sits on a lotus that springs from Vishnu's navel. This is the primal lotus that bloomed when life began.

Vishnu is known across the three worlds for his smile that is at once seductive and mysterious. The smile radiates happiness and celebrates the delights of worldly life. It also mocks man, who obsessed with this ego, has lost sight of the divine. And for all the troubled souls of the Cosmos, the smile of the lord offers reassurance and love.

Garments and Jewellery:

Vishnu adorns his dark body with bright yellow robes, the pitambar, as he plays the role of Surya-Narayana, the sun-god, who radiates warmth and light.

His earrings are shaped like a makara. Makara or Capricorn, is a fabulous sea monster; part-fish, part-goat and part-elephant. Some describe it as a dolphin or a crocodile. It is the insignia of Vishnu's son, Madana, lord of desire, union and growth. When Madana's body was destroyed by Shiva's third eye, his spirit entered Vishnu, who took over his functions, presiding over the life-giving rites of conception symbolized by these characteristic earrings. Vishnu wears a jewel called *Kaustubha* either round his neck or on his crown. This jewel, also called *Chintamani* or *Parasamani*, is a wish-fulfilling gem that rose from the ocean of milk and is said to symbolize the sun.

As Krishna, the celestial peacock who enchants his devotees with his divine dance, he wears a peacock feather on his crown.

Vishnu has two garlands round his neck; the jeweled *Vaijayanti*, that acknowledges his many triumphs over demons, and another, the *Vanamala*, made of wild flowers that symbolises love which binds him to his devotees.

Weapons:

Vishnu is a warrior god, constantly fighting darkness, tamas, using light, jyoti. He battles the forces of adharma, that threaten the stability of the world, using many weapons; *Kanmodaki*, the mace; *Sudarshana*, the discus; *Nandaka*, the sword; *Sharanga*, the bow; *Parashu*, the axe. Vishnu, bearer of these five weapons is known as *Panchayudha*.

A demon called *Gada* was renowned for his charitable nature. "If you are so generous can you give me your bones?" asked the Lord. *Gada* immediately tore open his body and pulled out his bones. From these, the celestial artisans, the *Ribhus*, made Vishnu his mace. Gada's flesh turned into five metals – gold, silver, copper, iron and tin – which the *Ribhus* smelted for Vishnu's sword.

Vishnu once promised Shiva 100^8 lotuses. To test his devotion, Shiva stole one of the lotuses. When Vishnu discovered this loss, he offered Shiva one of his lotus-shaped eyed instead. For this act, Shiva gave Vishnu a discus with jagged edge called the Sudarshan-Chakra which rotates round the lord's finger. When flung, it beheads his enemies before returning to his hand.

Musical Instruments:

Every Hindu god is associated with musical instruments. Brahma has his lute, Shiva, his drum. Vishnu is associated with wind instruments like the flute, *bansuri*, or the conch, *sankha*.

Vishnu charms the innocent with his flute and warns the wicked with his conch. As Krishna, the lord played the flute in the pleasure-gardens of Vrindavana and blew the Conch Panchajanya on the battle-grounds of Kurukshetra.

Divine Beasts:

When there is peace and harmony, Vishnu rests on the coils of the serpent Ananta-Sesha; when there is disorder, he rides the eagle Garuda to battle the forces of chaos and corruption.

Ananta-Sesha represents endless Time. When the world is dissolved, Vishnu – lord of Time – rests on it; when the world evolves, the lord dances on its hood. Both Lakshmana and Balarama, brothers of Rama and Krishna respectively, are believed to be avatars of Ananta-Sesha.

Garuda, the mighty eagle, the lord's mount and insignia, is said to be the sun itself, his golden wings being it rays, rising in the east and setting in the west, guided by his master, Vishnu. Hanuman – Rama's monkey friend – is sometimes identified with Garuda. Vishnu is also associated with parrots, vehicle of the love-god. In fact, Garuda, in paintings, is shown more as a beautiful parrot than as a fierce eagle.

Fig. 6. Lord Vishnu sitting on the serpent Ananta with Lakshmi

Sacred Plants:

Vishnu's spirit is said to reside in the banyan, vata, and the pippal, ashvattha, trees which are believed to be immortal and auspicious. In their shade, he gave discourses when he was incarnated as Kapila, Buddha, Datta and Narada. On their leaves, he lies afloat, when the waters of doom cover the surface of earth during pralaya.

The lotus in the lord's hand represents detachment, for though this beautiful flower grows in muddy waters, neither water nor dirt are ever seen sticking to its petals. Like the lotus, Vishnu is the partaker of life's pleasures, who never gets ensnared by the charms of the world.

A cane of sugar, the shaft of the love-god's bow, is often used to represent Vishnu, Madana's father. Like the sweet sap of the sugarcane, life's rasa has to be squeezed out by anyone who truly seeks to enjoy the world.

Fig. 7. The Ten Avatars of Mahavishnu

The Avatars of Mahavishnu – Dasavatar (10 avatars):

It is believed that when evil overtakes good in the world, Lord Mahavishnua descends upon earth in an avatar. So far, it is believed that he has taken ten avatars during various epochs of life on earth.

The avatars commonly accepted are: Matsya (the fish), Kurma (the tortoise), Varaha (the boar), Narasimha (the half-man, half-lion), Vamana (the dwarf), Parasurama (the angry man), Lord Rama (the perfect man), Lord Krishna (the divine statesman), Balarama (Krishna's elder brother) according to scertain legends and Kalki (the mighty warrior) who is yet to appear and who is believed will appear at the end of the Kali Yuga (the present epoch in human history).

Lord Buddha (the enlightened one) is also widely believed to be as an avatar (ninth according to many schools of thought) or Mahavishnu. However, many argue that the Dasavatar was already an established tradition before the birth of Buddha, and that appropriating Lord Buddha into the Dasavatar was part of the Hindu revival (bhakti) movement during the medieval period.

The Dasavatar according to many religious scholars also reflects Darwinian theory of human evolution: how life first emerged from water, and how reptiles evolved and finally creatures of land and later homo sapiens.

Srimad Bhagavata Purana:

It is one of Hinduism's eighteen great mahapuranas (great histories) composed in Sanskrit. In this purana, devotion to Lord Krishna, an avatar of Mahavishnu is extolled. The text speaks about bhakti (devotion) to Lord Mahavishnu and consists of twelve books totaling to about 332 chapters.

The feminine aspect of the Preserver is LAKSHMI, the consort of Vishnu. The grace of God is personified in her as one who brings prosperity. One hand she holds in the *abhaya mudra* (with the hand held open with the palm facing the devotee and the fingers facing upwards) which says "Do not fear" and the other in the *varada mudra* (with the hand held open with the palm facing the devotee but with the fingers facing downwards) symbolic of the prosperity and grace she gives to the human race. She sits on the lotus and holds lotus flowers in her hand emphasising the importance of pure living without which her grace and giving are meaningless and prosperity but an empty shell.

Bhooma Devi (Bhoodevi), or Mother Earth, is depicted as the second consort of Vishnu, particularly in his in carnation at Tirupati in southern India. Here, as Venkatesha Perumal, he is worshipped by about one lakh visitors on a daily basis. It is also the richest Hindu temple in the world with about Rs.1.5 to 2 crore rupees in Hundi (donation box) collections on an average day.

Figure 8. Lakshmi with Owl

4 THE DESTROYER - SHIVA

SHIVA, the Destroyer of the Universe, is often shown as Nataraja, the King of Dancers, his dance depicting Cosmic Energy. He dances on the demon, *Apasmara Purusha*, who represents our egos. Only be destroying one's ego can one attain God-head. In one hand, Shiva holds a deer which denotes man's unsteady mind which darts hither and thither like the deer but has to be brought under control. In another he holds a rattle-drum, the symbol of creative activity, and in the third, the fire, the symbol of destruction. His fourth hand in the *abhaya mudra* says, 'Do not fear, I shall protect as I destroy'. The circle of fire behind him symbolises the continuity and eternal motion of the Universe through the paths of Creation, Preservation and Destruction. The river goddess

Fig. 9. Nataraja(Shiva), the King of Dance

Ganga, on Shiva's head, denotes eternity and purity and crescent moon reminds us of the waxing and waning of the Moon and the movement of Time. The Cobra coiling around him is, again, the symbol of Cosmic Energy. Shiva's garland of skulls reminds man that death comes to all and his third eye depicts that God is all-seeing and wise. Placed in the centre of the forehead on which the yogi concentrates while in meditation, this spot is symbolic as the seat of wisdom. Shiva opens his third eye to destroy evil.

On the right ear, SHIVA wears a *kundala* (a jewel worn by men) and on his left ear a *tatanka* (ear ornament worn by women). This is to tell us that he is Ardhanarishwara, half-man and half-woman (as Parvati, his consort, is part of Shiva himself), symbolising the ideal union of man and woman. As fire and heat are inseparable, so are Shiva and Parvati one, and purusha (the spirit) and *prakriti* (matter) are combined in them.

The ashes worn by SHIVA tell us that the body is transient and ends in ashes[9]. The tiger-skin tha the wears around his waist is the *ahamkara* or arrogant pride which, like the tiger, springs out of us and has to be suppressed. Shiva not only destroys the Universe but is also the destroyer of man's illusions, and the cycle of birth and death which binds us to this world.

Soon after the creation of this world, SHIVA is believed to have appeared in the form of a pillar of fire, reaching into space at one end and into the bowels of the earth at the other, and neither Brahma nor Vishnu was able to trace the beginning or end of this supernatural manifestation. Therefore, Shiva is symbolised as a Linga or Lingam (meaning a symbol) representing this endless pillar of Cosmic power and light.

He is also worshipped as Lingodhbhavamurti, in which the figure of Shiva emerges out of the pillar of fire, with Brahma and Vishnu standing on either side. In all Shiva temples, his vehicle, Nandi the bull, faces the figure of Shiva symbolising the soul of man, the *Jiva*, yearning for

Paramatma, the Great Soul (God).

ESSENCE OF SHIVA:

All Shiva-bhaktas bow before the same linga, chant the same mantras, perform the same pujas, but to different people, he represents different things – from the simple to the sublime.

SHIVA, THE TRANSCENDENT:

Shiva means the auspicious one. Yet, everything about him seems inauspicious; he dwells in isolated hills, dark caves and dense jungles. He dances amidst funeral pyres, rattling bells and drums, wearing animal hide, if anything at all; he stinks like a goat, smears himself with ash, carries skulls, drinks poisons, smokes narcotics, enjoys the company of ghosts, ghouls and goblins, demands worship during the dark half of the lunar month.

Shiva thus transcends the duality of good – bad, right – wrong, holy – unholy, auspicious – inauspicious. Shiva stands about it all, loving all.

SHIVA, THE APPROACHABLE:

Despite his awesome cosmic status, Shiva presents himself as a simple, uncomplicated god – unassuming, guileless, free[10]. His domestic life reflect san earth in ess that makes him end earing. In his celestial abode, he lives just like his devotees: loving his wife, sometimes quarrelling with her, playing with his children, singing and dancing with his ganas, sharing his chilum with his friends. He is ago dw homany can identify with, feel close to. He is thus very close to the people, their care taker, their friend and father, adivine answer to human questions.

SHIVA, THE ASCETIC:

Shiva refuses to be part of the world. He refuses to marry and have children. He sits in caves or on mountain peaks and watches the world go round him like a merry-go-round; changing, transforming, repeating itself, unstable like a mirage, *maya*, repetitive and predictable like a play, lila. He does not try to control it or change it. He simply lets go. He even smokes narcotic drugs and escapes into the world of dreams. He restrains his senses, rejects all temptations. He is in a state of eternal equanimity.

SHIVA, THE HOUSEHOLDER:

Life is a series of compromises and confrontations; between idealism and reality, between freedom and security, between attachment and liberation. Shiva's relationship with Vishnu and Parvati is symbolic of these compromises. Transcending life, renouncing society, in the quest for liberation and freedom is fine, but not without fulfilling one's biological duties or keeping one's social obligations. A hermit can be easily

Fig. 10. Goddess Parvati, the consort of Shiva

viewed as an escapist if he shirks the role of a householder.

Parvati is a manifestation of the mother – goddess, the personification of all matter and energies, all that Shiva walks away from. But with the help of the love – god Kama she seduces Shiva and ensures his participation in the cycle of life. She transforms him into a householder, makes him a home and forces him to be part of a family.

SHIVA, THE BENEFACTOR:

Shiva is a god who is easily pleased, a bel leaf or a datura flower dropped on his linga, even accidentally, can win his eternal affection. He is the bestower of happiness, generous with boons and blessings. He takes away all sorrow, misery, pain. He guides his devotee towards eternal bliss.

SHIVA, THE GUARDIAN:

Shiva watches over the Cosmos; he also protects remote hamlets from malevolent forces. He is the lord of the martial arts who offers weapons to warriors. He is the fearsome knight at once fascinating and frightening, brutal yet benign. He is the savior who removes baneful influences from everyone's life.

SHIVA, THE TEACHER:

Shiva is the fountainhead of all Wisdom. The knowledge he imparts helps man to live a richer and fuller life. He is the lord of the performing arts, fine arts, martial arts, literature, science, mysticism and philosophy. He taught man the secret of herbs, the skill of hunting, the art of animal husbandry and horticulture.

SHIVA, THE OUTSIDER:

Shiva, is the rebel who challenges orthodoxy. He is a non-conformist, the refuge of all outsiders, individuals who feel alienated in a traditional society. He is lord of the demons, of yakshas, asuras, danavas, rakshasas, all creatures deemed evil by society simply because their nature is not in accordance with the needs of civilization.

SHVA, THE MAN:

Shiva symbolises cosmic virility. He is the Cosmic man in eternal union with the Cosmic woman. He is thus the father – god, who complements the mother – goddess. If he is the seed, she is the field; if he is the sky, she is the earth; if he is stillness, she is the movement; if he is the axle, she is the wheel; if he is linga, she is the yoni. Together, they are fused, two halves of the whole.

SHIVA, THE DESTROYER:

Brahma creates the world. Vishnu sustains it and Shiva destroys it. Together this hold trinity ensures the rotation of the cycle of life. Shiva accepts all that is foul, unclean, dirty, rejected; he destroys the corruptions within them all and prepares them for rebirth. He is thus the renewer, the regenerator, the transformer.

He also destroys pride and pomposity by his simplicity. He destroys all prejudice and prudery by his unorthodox lifestyle. At a more subtle level, Shiva is the destroyer of Karma, of ego and attachment that traps man in *samsara*.

SHIVA, THE SOUL:

Shiva is the cosmic spirit untouched by material transformations. He stands beyond gender, space and time, yet permeates the entire Cosmos. He is the vitality of life, the source of all things, and their final destination. He is the sad-chitta-ananda; absolute truth, pure consciousness, eternal bliss. Union with him is the ultimate aim of all creatures.

SHIVA, THE GOD-HEAD:

Shiva is the Supreme Being. He has five aspects representing creation, preservation, destruction, oblivion and grace. He has eight forms representing the soul, the sun, the moon, and the elements; earth, fire, water, wind and ether. He is the totality of all manifestations, the meanings of all existence[11].

He is a mystery waiting to be unfathomed, just like life. To understand him is to understand the ultimate reality that governs the Cosmos; the eternal absolute Truth, *sanatan dharma.*

To him every bhakta offers the salute: *Om Namah Shivaya.*

Cosmic Energy in its dynamic form is symbolised for us ordinary mortals in the form of Shakti, the World Mother, who is the power and energy by which the Great God creates, preserves and destroys the world. She is shown in many forms. As Uma or Parvati, she is the gentle consort of Shiva. As Kamakshi or Rajarajeshwari, she is the Great Mother. In one hand, she holds a noose, signifying worldly attachments from which we should free ourselves. The hook in her other hand is indicative of her prodding us on to the path of righteousness. The sugarcane plant she carries is a symbol of the sweetness of the Mind. The arrows she holds in one hand are our five senses – perceptions which we have to conquer. In the form of Durga, she rides the tiger, the ego and arrogance that Man has to subdue. With the weapons in her hand, she fights the eight evils (hate, greed, passion, vanity, contempt of others, envy, jealousy and the illusions with which man binds himself). In her angry form she is known as Kali; the personification of Time. In this frightening form she destroys Mahishasura (the demon buffalo) who is the symbol of ignorance which man's greatest enemy. Her arms and weapons are constantly flaying and fighting evil in all forms. The skulls she wears tell you that Man is mortal. Her dark form is symbolic of the future which is beyond our knowledge, and as Kali she tells you that Time (kala) is immutable and all powerful in the Universe.

5 CONCLUSION:

Most foreigners wonder why gods and goddesses of the Hindu Pantheon are shown with several arms, and sometimes with several faces. The main reason is to show them to be supernatural, just as in some religious angels are shown to have wings. We are aware that the supreme Brahman is formless. It is Man, in the primitive stages of society, who has given the Great Spirit understandable human forms of His power and His attributes, to teach the ordinary people of His greatness, His omniscience and His omnipotence.

Also, one must realize that Hinduism adopted and assimilated the religious beliefs of all the primitive tribes and people with whom the early Hindus came into contact. Its tolerance of all religions is unique as it did not destroy the beliefs of the peoples the ancient Hindus conquered but absorbed them. Every religion which Hinduism absorbed

Figure 11. Lord Vishnu lying on the coils of serpent Shesha in the Vaikuntha

had its own gods and beliefs (some even had totems), and every race its own rituals and rites. Hinduism assimilated them all, never destroying the beliefs in the gods or the totems of any of the tribes and peoples whom the early Hindus conquered. It is one of the greatest miracles of the spiritual world that Hinduism gathered so many, many different religions in its fold, and brought thousands of differing religious beliefs under the umbrella of Vedic Hinduism, with the Upanishadic aphorism, *'Ekam sat viprah bahudha Vedanti'* (the Great God is One, and the learned only call Him by different names).

≡ References & Footnotes ≡

1. Edward Moore, The Hindu Pantheon, J. Johnson, St. Paul's Church – Yard, London, 1810, p.5, Although there are no temples for Brahma. He is revered and respected by all devout Hindus.
2. Ibid., p.6, He is rightly called the first of the Gods as he is the creator of the World. All Hindus mention him first before mentioning Vishnu and Shiva in their prayers.
3. N. Krishnaswamy, A History of Creation, A Vidya Vrikshah Publication, Chennai. He is shown sporting a white flowing beard.
4. Shakunthala Jagannathan, Hinduism – An Introduction, Vakils, Feffer and Simons Ltd., Mumbai, 1984, p.37. Saraswati is believed to bestow status and dignity in society to her worshippers.
5. Ibid., p.38. The control of ego is brought out well here. In other words, humility is emphasized. Therefore, it is suggested that in order to be a good human being, one should be humble.
6. Devdutt Pattanaik, Vishnu – An Introduction, Vakils, Feffer and Simons Ltd., Mumbai, 1999, p.14. Although, Brahma is considered as the creator, it is only with the grace and blessings of Vishnu that he emerges from Vishnu's navel to carry out is task of creation.
7. Ibid., p.15. Vishnu is considered all powerful and the supreme God for the Hindus.
8. Op.Cit., Shakunthala Jagannathan, Hinduism – An Introduction, p.39. Bhoomadevi as the second consort of Vishnu is a later interpretation.
9. Op.Cit., Shakunthala Jagannathan, Hinduism – An Introduction, p.44. These interpretations are meant to keep believers humbly and have their feet firmly on the ground.
10. Devdutt Pattanaik, Shiva – An Introduction, Vakils, Feffer and Simons Ltd., Mumbai, 1997, p.118. This interpretation is to make Shiva endearing and not fearsome.
11. Ibid., p.120. This interpretation of Shiva as God-head substantiates the concept of Triadic God of India.

The Shamanist Tradition of Siberia and Samsin Culture

Chingis Akhanyanov, Ph.D
Buryat State University, Ulan-Ude, Siberia, Russia

1 Introduction

Siberian shamanism has ancient roots. Its origins are lost in ancient times. Accordingly, thus are the legends and beliefs of the Samsin. There are a number of similar elements in these cultures. First, number symbolism (especially the number three and the triad associated with it. Second, geometric figures, a square as a prototype of the earth; a triangle, a stable figure, an archetype of a family and connections with spiritual forces and ancestors; a circle, as an archetype of the cosmos and the sky. Third, in Siberian shamanism, there is a cult of the grandmother of the progenitor, for example, *Manzan Gurme* in Buryat legends. One can see similar symbolism in the image of *Samsin Halmoni*. The Paleolithic Period has clear connections and parallels with the Samsin and the *Hwan Dan Gogi*.

2 Cultures of the Samsin in Siberian shamanism

Siberian shamanism has ancient roots. Likewise, are the legends and beliefs of Samsin. The problem of the origin of shamanism of the peoples of Siberia, the stages of development and formation of this religious system are actively discussed in the scholarly literature. It is believed that the origins of shamanism are lost in themist softime, going back to the Bronze Age or even the Neolithic. The earliest information about professional shamanism among the Siberian peoples dates back to the sixth to eighth centuries. Men ander Protector, a famous sixth-century Byzantine historian, writes about this in the following description of the trip of the Byzantine ambassador Zemarchus to the Khanat Altaiin 568.

Others of their own tribe appeared, who, they said were exorcisers of ill-omened things, and they came up to Zemarchus and his companions. They took all of the baggage they were carrying and placed it on the ground. Then they set fire to branches of the frankincense tree, chanted some barbarous words in the Scythian tongue, making noise with bells and drums, waved above the baggage the frankincense boughs as they were crackling with the flames, and, falling into a frenzy and acting like madmen, supposed they were driving away evil sprits. For in this way some men were thought to be averters of and guardians against evil. When they had chased away the evil beings, as they supposed, and had led Zemarchus himself through the fire, they thought that by this means they had purified themselves also.

The Chinese dynastic history, *Xin Tangshu* (eleventh century) in a passage about the ancient Siberian peoples of the seventh to eighth centuries, stated the following.

The sacrifice is brought to the spirits in the field. There is no fixed time for sacrifices. Shamans are called *gan* (*kam*). Thus, for the first time in written sources appeared, in the Chinese transcription, the Turkic-speaking name of the shaman, "*kam*." Undoubtedly, the Turkic-speaking tribes and peoples of the Sayan-Altai Uplands had an official religion in the sixth to eighth centuries that developed professional shamanism. This suggests that the ancient Turkic-speaking peoples of southern Siberia practiced shamanism at an earlier time.

This opinion is confirmed by the rock reproductions of the festivities that took place in the Tashtyk era (first century BCE - fifth century BCE), which are widespread in the Khakass-Minusinsk Basin. They are dedicated to the cult of the fertility of all the productive forces of nature, prayers for hunting and military prey, the fight against evil forces of nature and diseases, battles with evil spirits and alien shamans, etc.

One of the remarkable Siberian writings, unfortunately, badly damaged by time and people, is a multi-tiered and multi-figure inscription engraved on rocky planes along the northern shore of Lake Tus, located to the east of the village of Solenoozernoe. Let us consider only two of its sections, which are especially vivid in illustrating Siberian shamanism.

The preservation of the figures is poor because of the destruction of sandstone by rainwater and cleavage by permafrost cracks. The best

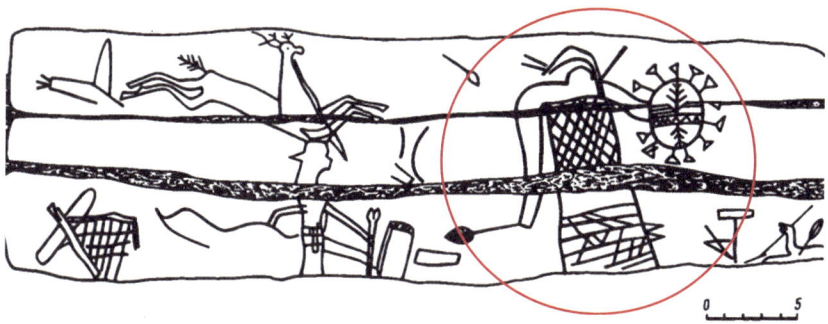

Fig. 1 Drawing from Altai, a shaman battle with the spirits

Fig. 2 Image of a shaman on a rock in Altai

preserved is the mighty figure of the warrior shaman, standing with his chest facing the viewer, with a shamanic oval drum in his left hand and with an arrow-shaped mallet in his right. The head is marked by a short, pointed upward protrusion, covered with either a lush strand of hair, or a helmet flattened from above (Fig. 2) Three points "stuck" in the back of the hair (2) and in the left shoulder (1), perhaps, denote those who were struck by the shamanic dart. The warrior shaman, whose arms and shoulders are bared, is dressed in a metal carapace with straps, covering his chest from armpits to the waist. Below he is dressed, apparently, in a leg guard, which is also possibly reinforced with protective plates (Fig. 2).

It is known that the shamans of the Siberian peoples in the old days often played the role of organizers of military campaigns, military leaders, and wore plate armor. In the XVII-XVIII centuries, protective armor was still known to many peoples of Siberia and was made by them for military purposes. Among the Evenk (formerly, "Tungus") of Symsky, shamanic clothing included armor, and in general, the clothes of the shamans of the Siberian peoples (especially the Khakass) contained elements of plate armor.

The question of the elements of magical protective armor in shamanic clothes of the peoples of Siberia has not yet been given much academic attention in Russian the scholarly literature, although some ethnographers mention that some metal pendants were sometimes considered by shamans as armor.

See the shamanic examples in the following picture.

• Chingis Akhanyanov, Ph.D

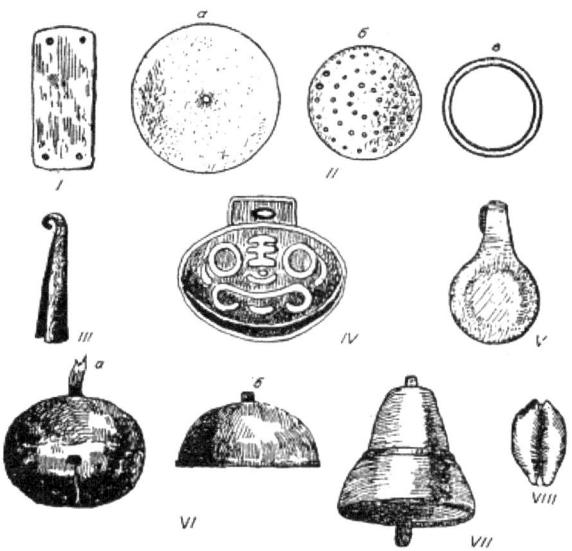

Types of the most common pendants and stripes on shamanic clothes of the peoples of Siberia

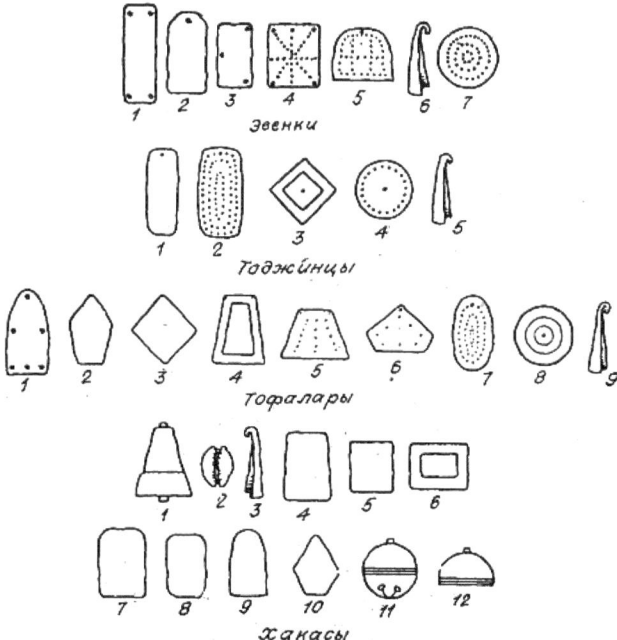

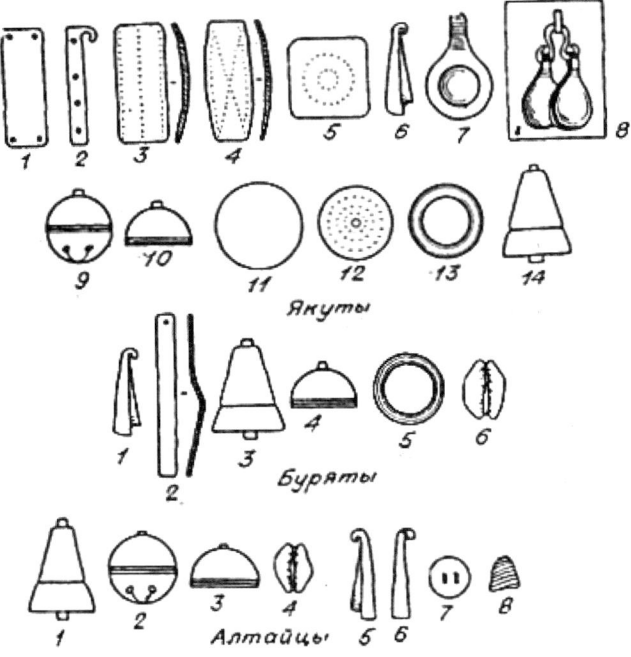

Complexes of pendants and stripes on shamanic clothes of some peoples of Siberia

The protective plates were rectangular, triangular and round. Rectangular plates occupy a noticeable place in some research and there are many analogies among the pendants of the shamanic clothes of the peoples of Siberia in the nineteenth century. But the latter have gone much further in their development. On the basis of rectangular, square, polygonal, triangular and other varieties of them arose. For shamans, it was not so much the shape that was important but the protective hermeneutics of pendants and stripes.

Oval drum (membraphone), depicted in the left hand of the warrior shaman many centuries ago, has an oval shape and is elongated from top to bottom. In this aspect, he is similar to the drums of later modern shamans. According to the interpretation of the latter, shamanic drums reproduce the world egg – the cosmos, with drawings of the three worlds, vertically divided into heaven, earth, and the underworld, with images of cosmic bodies (e.g., sun, moon, stars) and the world tree. This is but one similarity with the Samsin culture of Ancient Korea.

The earth in the figure is depicted, as on modern oval drums, in the form of a transverse belt of stripes with a zigzag or a chain of triangles inside (Fig. 2). According to the interpretation of Siberian shamans, this is an image of the three layers of earth and a mountain range passing along the earth. In the middle of the Tashtyk oval drum, vertically, the axis of the cosmos is drawn – a world tree growing from the earth upward in the celestial sphere and the top downward in the lower half of the underworld (Fig. 2).

In Southern Siberia, a feature of the oval drum depicted on the rock is twelve bells, which is transmitted in the form of triangles suspended from the shell. At the same time, six bells are attached to the celestial sphere, one to the earth's belt and five to the sphere of the underworld (Fig. 2). Although bells are a common feature of shamanic clothes and oval drums, their shape here is characteristic precisely for the Hunno-Sarmatian period. They are three- or four-sided in cross-section. These "bell-vertebrae" on an iron bracket (also, apparently, derived from an oval drum) were found by S.V. Kiselev in the Tashtyk crypt of the Uybat burial ground.

Thus, the analysis of drawings on the rocks of Lake Tus allows scholars to reasonably hypothesize that the established shamanism was the spiritual tradition of the ancient Turkic-speaking population of the Sayan-Altai Upland, and it was formed, probably, earlier than the first century BCE. This is also supported by linguistic data. Studying the early borrowing of the Samoyed languages (in particular, Selkup) from the ancient Türkic-speaking dialects that arose when the corresponding ethnic groups lived together in Southern Siberia, linguists believe that the common shamanistic terms of these languages arose in antiquity around the turn of our era.

On the same shamanistic writings in Siberia, a relatively rare scene has been preserved (Fig. 3)

A large Tashtyk cauldron is depicted, on a hollow conical pallet, with sub-rectangular handles, and thus is probably bronze. Behind the cauldron is a man in a fitted caftan, whose figure is at the top center, and his head is turned to the left in profile. With the left hand, the person seems to hold onto the edge of the cauldron, and with the right hand he puts the whole carcass of the slaughtered animal into the cauldron. This is a foal, the front part of the carcass of which, with its head lowered, is put into the cauldron and is suspended on some kind of hook by the withers. The hind leg and tail are still outside the cauldron. The drawing is schematic (e.g., the wall of the cauldron cuts the foal's hind leg and torso), but the meaning of the whole scene seems clear. The sacrifice of a young horse, the preparation and consumption of its whole carcass is typical for most shamanistic rituals and festivals.

Рис. 3. Писаница на оз. Тус-кӧл. Сцена закладки в котел целой туши принесенного в жертву священного жеребенка

A sacrifice to heaven, grief, animal dedication, weddings, funerals, commemorations, etc.—all these required sacrifices and cult meals. This was especially characteristic of the Turkic-speaking peoples of southern Siberia. Among the Shors, for example, as ethnographers noted, for the ritual to the shamanic patron deity, Ülgen, in which they sacrificed "a foal, which was outlined in advance (sometimes before his birth) by Ülgen himself. Its color should be special for each genus ... On the day of sacrifice, the foal should not be more than seven years old, it is best if it is three years old. It is called '*chabaga*.'

No one should ride on it, even without a saddle, it cannot be put on a bridle, it cannot communicate with a mare, everything is monitored very strictly, and not only its owner, but all members of the clan, it is considered common. There should not be a single speck on it, the whole color should be even ... Before the mating, a stallion is brought, lassoes are tied to its legs, the animal is hung from four pillars with its head down and strangled so that not a single drop of blood is spilled ... that the sacrificial horse is the son of Ülgen, he is called 'kochigan.' After *kamlanje*, the meat is cooked right there in cauldrons and eaten. This is also included in the ritual, communion with the sacred animal."

In an Altai epic there are descriptions that are even more similar to the aforementioned Tashtyk rite, "Two more winters, two springs have not passed, and how many fat horses they killed, they boiled in large copper cauldrons, how many songs they sang, how many weddings were performed– you cannot count."

And furthermore, "In cauldrons, horses, bulls and rams, wild goats and deer are boiled in whole carcasses."

Thus, one can ascertain a certain similarity with the Korean Samsin culture is manifested in the general view of the structure of the world.

In the cosmology of the peoples of Siberia, the division of the cosmos vertically into three worlds was widespread: upper (heavenly), middle (terrestrial and water), and lower (underground). In turn, these worlds consisted of several tiers. So, in the myths of the Nenets and Selkups, the sky is divided into seven tiers, and the underworld into seven layers of ice. According to the Altaians, the upper world was separated from the lower one by three layers of earth.

In addition, there was a horizontal division of the world into four cardinal points.

These divisions of the cosmos were not independent of each other, and the resulting segments of the cosmos coincided: the lower world was associated with the north and west, and the upper world with the south and east.

Also, already in the first millennium BCE among the Buryat tribes, there are ideas about Huha Munhe Tengri, the Eternal Blue Sky, as the main world-making deity. These views were common to Buryat and Mongol cultures, and in fact, in fact, these tribes were themselves closely related.

Even then, the basic shamanic ideas about the structure of the world were extant, which also can be called Siberian polytheism or Tengrism. Heaven is like a father and the earth as a mother—like the Samsin *Halmoni*—a three-part division of the world, the world tree as an axis, ninety-nine higher tengriyas (deities) and thirteen lower huts (children of higher deities), the world of ancestors, the shaman as a mediator between people and the sky, a division into black and white shamanism and other basic representations. About these and other shamanistic beliefs of the Buryats who have not yet managed to fall under the influence of "world religions," many authors write in detail, and from different sources, there is significant Russian, scholarship, which one cannot thoroughly discuss in this brief survey.

But, for example, G.R. Galdanova writes in her important study on the Tibetan Buddhism beliefs of the Buryats, after its inception there, is as follows: "the picture the traditional worldview of the Buryats is represented by cults of different stages, which arose on the basis of the idea of the motherhood, which determined the unity of the world of people, animals, and plants."

Even more similarities and parallels between Siberian shamanism and the Samsin culture can be traced in the veneration of the Ursa Major constellation and in the legends about the making and creation of the world.

According to an Evenk legend, a heavenly elk once stole the sun from people, and night fell on the earth. Hunter Mani, chasing a moose, ascended to the sky and returned the sun to the people. The participants in this space hunt have turned into stars: Mani, his dogs and elk are the

Big Dipper, and Mani's ski trail is the Milky Way.

Mani is chasing the moose who stole the sun. Rock painting

Various versions of the myth of the hunt for the heavenly elk, explaining the origin of the constellation Ursa Major and its asterism, The Big Dipper, are recorded among many peoples of Siberia.

But not all of them have preserved the connection of this myth with the theme of the change of day and night.

It is all the more remarkable that even relatively recently this myth was recorded among the Evenks living in the southeastern part of Yakutia, "It was a long time ago, when the land had not yet grown and was very small, but vegetation had already appeared on it, animals and people lived At that time there was no night, the sun was shining around the clock.

One autumn day, a sky elk-buga (a male elk during rut) grabbed the sun and ran towards the sky. A mother moose, walking with the elk, ran after him. Night fell. People were confused. They did not know what to do. At that time there lived a famous and brave hunter, Mani, among the Evenks. He was the only Evenk not at a loss as to what to do.

He took a bow, called two hunting dogs and ran after the elk. the moose left and ran across the sky. Mani's dogs quickly overtook and stopped them. The moose, seeing that the two of them could not leave the dogs, passed the sun to the moose, and he began to distract the dogs.

The female, seizing the moment, turned sharply and ran towards the north toward a sky hole to hide from the pursuers. Mani arrived in time and shot a moose, but he did not have the sun. Guessing that the elk passed the sun to the moose, he began to look for it with his eyes across the sky and saw that she was already close to the heavenly hole and could hide. Then he began to shoot her with his heroic bow.

The first arrow hit her body in the front, the second in another place, and the third just hit the target. As soon as Mani took the sun and returned it to the people, all the participants in the heavenly hunt turned into stars. Since then, there has been a change of day and night, and the heavenly hunt is repeated. Every evening, a moose steals the sun, in turn, Mani chases after them and returns the sun to people by morning" (told in 1976 by N.I. Antonov from the Chakagir clan, born in 1902 by the Amutkachi River, the left tributary of the Amur. See Mazin A.I. *Traditional beliefs and rituals of the Orochon Evenks*. Novosibirsk, 1984, p. 9).

According to the narrator, "the four stars that form the dipper of the asterism, The Big Dipper is part of t the constellation Ursa Major ("Great Bear") are the tracks of a male moose. Three stars of the dipper handle, three stars of the fifth magnitude near them, and the star closest to the constellation Hounds of the Dogs are the tracks of Mani's dogs who stopped the moose. Mani himself, five stars located below the bottom of the dipper, included in The Big Dipper. The Little Dipper or the constellation Ursa Minor ("Little Bear") consists of the traces of a moose cow trying to escape from its pursuers. The first and second stars of the dipper handle are Mani's arrows. The third star of the dipper handle (Polaris) is a hole, or the hole through which the moose tried to hide."

In other versions, a hero chasing a heavenly moose (or deer) is named Manga and is depicted in the guise of a bear that drives a sunny moose from east to west, overtakes and kills him. The constellation Ursa Major is interpreted at the same time as the legs of an elk half-eaten by a bear, the hunter himself is represented by the constellation, Boötis ("Herdsman") and its star, Arcturus, the trail of his skis is the Milky Way, and two stripes in the western side of the sky are explained by the fact that the bear, which had overeating itself, became so heavy at the end that it could hardly drag legs and therefore left two paths (see Anisimov, A.F. *Religion of the Evenks in historical genetic studies and the problem of the origin of primitive beliefs*. M.-L., 1958, p. 71). Among the Erbogachen Evenks, the first star of the handle of the asterism Big Dipper from the bucket is interpreted as a calf, which, during a space hunt, scared to the side, fell into a heavenly hole (Polar Star) and thus found itself on earth; from him came the present-day terrestrial elk.

There is a definition of the similarity in the ideas of the peoples of Siberia and the people of the Samsin epoch about space and time.

The traditional ideas of the peoples of Siberia about space and time are most fully embodied in the shamanic oval or egg drum. An oval drum is not only a musical instrument, but also a universal expression of a model of the world, a map of the cosmos. Particular importance was attached to the oval drum as a whole, and to each of its details, be it a drawing, a suspension, a structural element or the material from which its individual parts are made.

The significance of the drum as a model of the cosmos is most clearly manifested in those cases when drawings are applied to the inner or outer sides of the covering and to the shell.

Usually the composition of the painting itself reproduced the main divisions of the cosmos: its division into the upper, middle, and lower worlds. In addition to the three-part vertical division, there are drums, divided into four zones, as well as with a concentric or planar image of the worlds.

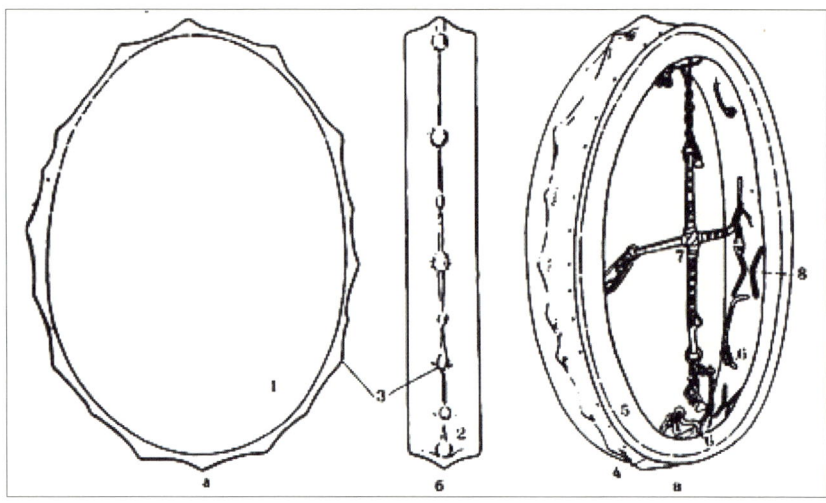

Diagram of a shamanic oval drum

a. The outer side of the drum ; b. A drum from the side ; в. the inner side of the drum. 1. a skin stretched over a shell, a round or oval-shaped wooden hoop ; 2. shell | 껍질 ; 3. resonator "bumps" ; 4. - the place of attachment of the skin to the shell ; 5. free edge of the skin ; 6. iron brackets with pendants ; 7. cross (drum handle) ; 8 - resonator slots in the shell

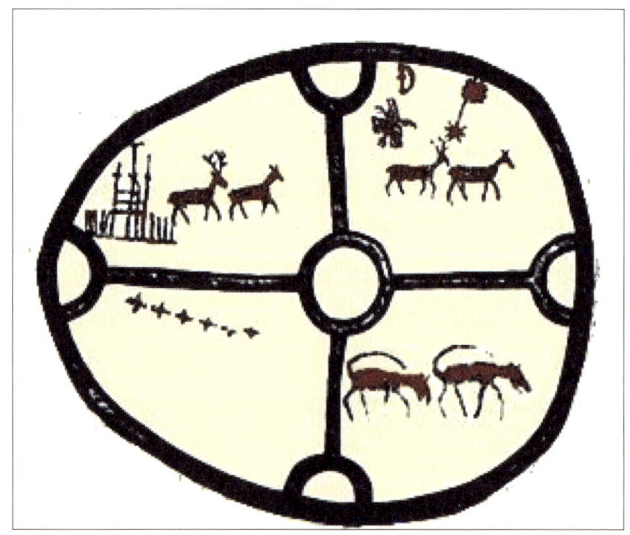

An Evenki oval drum

In each sector, the figures are oriented along the vertical axis of the drum, i.e., animals and birds move from bottom to top. In the upper left sector, radiant circle - the sun connected by a line with a radiant star; crescent moon; a flying bird; two deer, a male (image with horns) and a female (without horns). In the upper right sector there are figures of two tigers, a male and a female. In the lower left sector: a pair of deer (male and female); a building for shamans, consisting of birch poles or trees, connected by crossbars, and two groups of stakes on the sides. In the lower right sector, six flying wasps are drawn.

It can be assumed that the first of the listed sectors means the heavenly world; the second, the world of the mountain taiga and its inhabitants; the third, the world of people; the fourth, the underworld, from which insects fly out (although their images are more like birds, the collector's inventory indicates that this is a "swarm of wasps," and, according to the myths of many Siberian peoples, stinging insects originated from the body of a cannibal witch who was burned and thrown into the lower world).

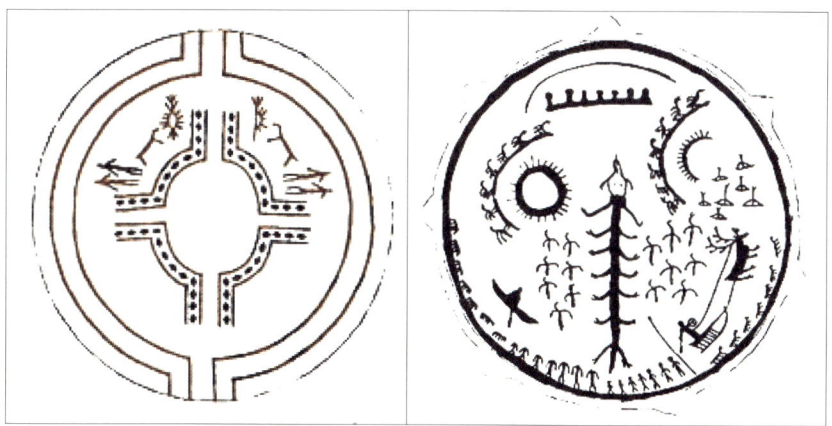

Drawing of a Selkup drum

This drawing was made by the Selkup Foma Peshikh at the request of the ethnographer E.D. Prokofyeva in 1928. Apparently, he sought not so much to reproduce a specific drawing of the drum, but to convey the total meaning of the images applied to the drum. Its right half meant light (upper, heavenly, daytime), and the left one is the dark (lower, underground, night) worlds; in addition, in accordance with the composition traditional for the Selkup drums, the sky occupies the central part, the earth occupies the middle one, and the underworld occupies the extreme (adjacent to the shell) part of the drum surface; on the inner side of the shell, the Selkups also applied drawings (by F. Peshikh, they were depicted on the drum itself).

The images plotted in the corresponding zones correspond to the same compositional divisions: deer are drawn in the lower right ("light") part, and bears are drawn in the left ("dark") part; below right, ordinary human figures, and on the left, headless beings living in the underworld. In the upper part of the drum, clouds are drawn (it is also possible that this is an image of a gap between the dome of the sky and the edge of the earth), below them are the sun, the moon, and migratory birds (on the right side there are also bows with arrows superimposed on them). The central part of the composition is occupied by the image of a lizard, a generic spirit-helper of shamans, which is characteristic of Selkup drums.

In the lower left (dark, night, and apparently underwater) part of the drum, there is a boat with a man sitting in it, and in the right, a pair of a figure of a man on a sled pulled by a deer. The shaman's staff is drawn separately, behind the rider, since both his hands are occupied during the chase; in one he holds a shaman's drum, and in the other, a mallet. It is interesting that the sun and moon in the drawing by F. Peshikh have changed places. The first is shown on the left, and the second, on the right; perhaps this means that the shaman's journey is timed to coincide with the lunar, "dark" (night or winter) time.

Among the drawings on the outside of the drum, there are images of a flat earth bordered by mountains and seas, a domed sky overturned over it, resting on the edges of the earth, and other images reflecting ideas about the universe.

Among the peoples of Southern Siberia (Altai, Khakass, Shors), the outer surface of the drums was divided vertically into three parts, symbolizing the three spheres of the universe.

In the upper part, the sky was depicted with luminaries, a rainbow, clouds, the Milky Way. On the left side was the sun, called the mother, on the right, the month, called the father. This arrangement of the sun and month reflected summer time, for shamans traveled across the sky from spring to autumn, until it "froze." The drawings of the stars, according to the shamans themselves, helped them navigate in space during the ritual. A transverse stripe is drawn under the celestial sphere, denoting human-inhabited earth. The broken line in the middle of the strip symbolizes mountains. In the lower field of the drum, denoting the underworld, there is a depiction of creatures living there.

Placed under the horizontal line, human figures holding hands represent women, "mountain fair-haired maidens," who "distract" evil spirits from the shaman when he loses strength and needs their help; the snake and the frog depicted at the very bottom of the drum were considered the support of the cosmos. The figure of the rider, painted in red paint in the upper part of the drum, is also noteworthy. According to the interpretation of shamans, these riders are good spirits who patronize people and shamans; they "ride" on horses that were dedicated to them by people during special ceremonies.

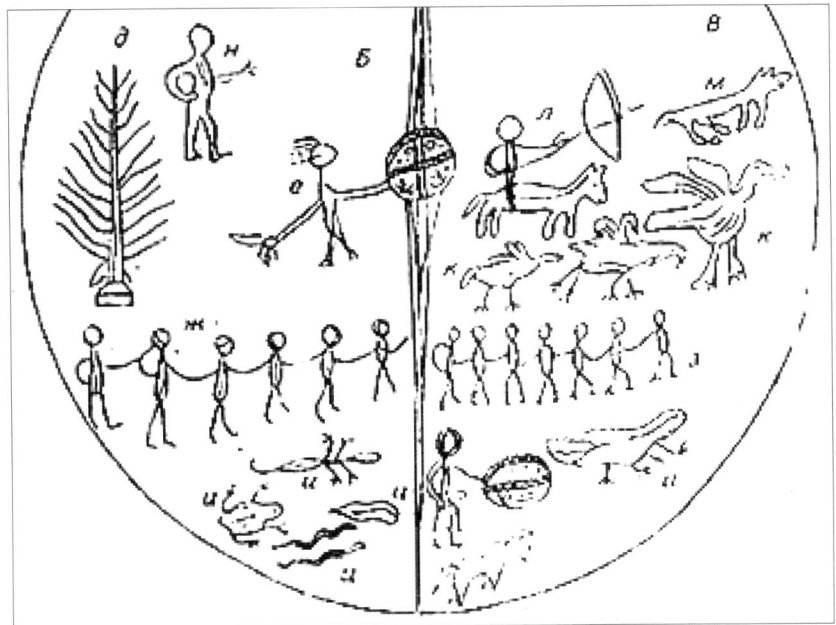

A. The Upper world; a. The Sun, b. The Moon, c. Venus, d. Stars
B. The Lower world; e. Sacred birch, f. Spirit, patron saint of the shaman, w. Yellow maidens, mermaids, h. Black people, and spirits, k. Prophetic black birds, l. The Shaman, m. A Wolf, n. A Mountain spirit.
B. The three layers of the earth, separating the heavenly world from the underground.

One of the most important symbols of the archaic model of the world, which is vividly represented in the cultures of Siberia, is the sacred vertical in the form of a world tree growing through all worlds and connecting them. This images are found on drums, clothes, utensils, and other objects.

❶Selkup drum
❷Nanai Woman's wedding dress
❸Sled board. Chum salmon

Three parts of the world tree – crown, trunk, roots – symbolized the three worlds of the shamanic cosmos, which was emphasized by the image in the corresponding part of special creatures. At the crown of the tree they painted birds; next to the trunk, hoofed animals; and at the roots, snakes, lizards, frogs, and fish.

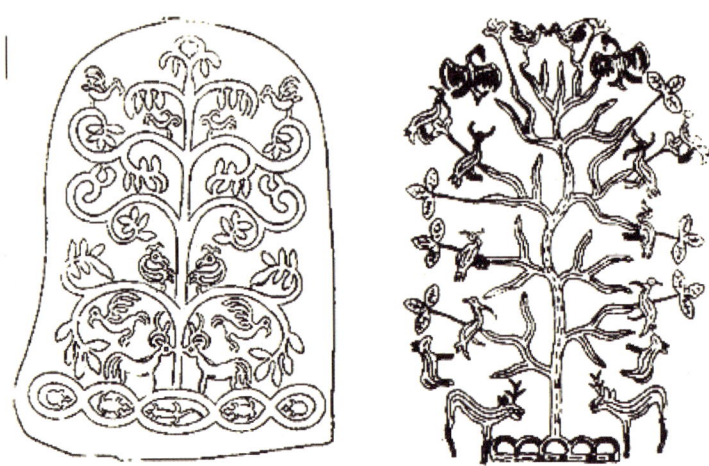

Pictures of cosmic trees. Nanai Family tree

The image of the cosmic tree, expressing the idea of the spatial and temporal integrity of the cosmos, appears in the mythology and ritual practice of the Siberian peoples in different versions.

Among the Nanai, the images of family trees on women's wedding gowns symbolize the idea of fertility and procreation. These trees were believed to grow in the heavens. Each clan had its own tree, in the branches of which the souls of people lived, descending in the form of birds to the earth to enter the womb of a woman of a specific clan.

Nanai Shamanic tree. An image of a generic cosmic tree on a woman's bridal gown.

According to the views of the peoples of the Amur, as well as the Evenks, Yakuts, and Buryats, the souls of future shamans are brought up on a special shamanic tree.

Evenki Shamanic tree. Drum case image
Nanai Shamanic tree. Based on the drawing of a Nanai shaman

This drawing was made in 1926 by a 104-year-old Nanai shaman, Inka, from the Oninko clan. Before that, special shamanic trees were known only from folklore sources. In them, it is described as follows, it has a bark of frogs and reptiles; its roots are huge snakes; roofing felts (round Chinese mirror-like flowers) hang on the tree instead of leaves; its flowers and berries are copper bells and bells; and the top of the tree has many metal horns. The appearance of the tree, drawn by the shaman Inka, corresponds well to this description, circles with a dot depict mirrors-roofing felts, and leaf-like figures, bells (circles and lines on them in a simplified form reproduce the relief patterns found on real bells). The trunks and branches of the tree are covered with images of frogs, as if crawling upwards, and the winding roots are shaped like snakes, with their heads turned towards the trunk.

Horns, mirrors, roofing felts, and bells were an integral part of every shaman's costume, and myths and legends about how they got to people explain the origin of the first shamans. According to some versions, he was the ancestor of the Nanai clan Dyaxor, and according to others, Khado (Khadau) himself, the ancestor and cultural hero in the mythology of the Tungus-Manchu peoples, who established the cosmic order. At the beginning of time, three suns rose above the earth at once. Fish, animals, and people could not live because of the hot rocks from the terrible heat, and the water was boiling. Khado killed the two extra suns with bowshots. After that, people were able to live and reproduce. At first they did not know death, and soon the earth became crowded. To save the earth from resettlement, Khado (or his son) opened the way to the world of the dead. People began to die, but among them there were still no shamans who could accompany the dead there. One day Khado found a shaman tree, knocked down toli (shaman's ritual breastplate), bellflowers, and bell berries with arrows and, putting it in a bag, brought it home. At night, all these things suddenly rustled and began to speak, "Why did you take everything for yourself alone," and when Khado untied the sack, they flew out of his dwelling with a whistle, scattered in different directions, and since

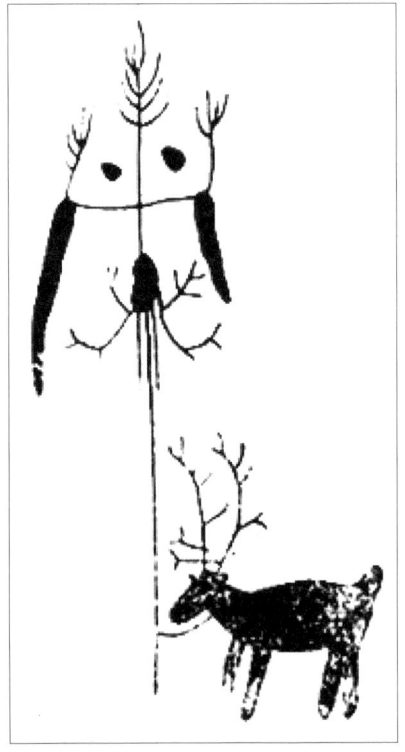

A ritual tree with a sacrificial deer. Drawing concerning a Selkup shaman

then have become the main attributes of the shaman's vestments. Thus, people of various Nanai clans received their shamans.

At the same time, this shamanic tree was also interpreted as the personal tree of life of each shaman, which he received from the spirits during his formation and because of which he could get to heaven and the underworld. The fate and life of the shaman was closely connected with this tree; for example, the death of the tree entailed his death.

The visible embodiment of the invisible shamanic tree was a real tree, near which rituals were performed and on which sacrifices to deities and spirits were hung. This tree was simultaneously considered both the personal tree of the shaman, on whose condition his life depended, and the sacrificial tree common to the entire clan group; that is, tree of life of the clan.

Fire and river as the embodiment of the sacred verticality

Fire was another "hypostasis" of the world tree, in that curly streams of smoke and tongues of flame, dancing over the hearth, connected the spheres of space. Fire was a mediator in a person's communication with deities and spirits; thus through it, the sacrifices were transmitted, and through it (and from him), a person received prophecies and help. For example, if a crackling sound like a shot was heard in the hearth, the hunter going to fish was sure that he was going to be lucky; a ringing or screaming sound was considered a warning of danger; a coal that jumped out of the fire foreshadowed the arrival of a guest, etc.

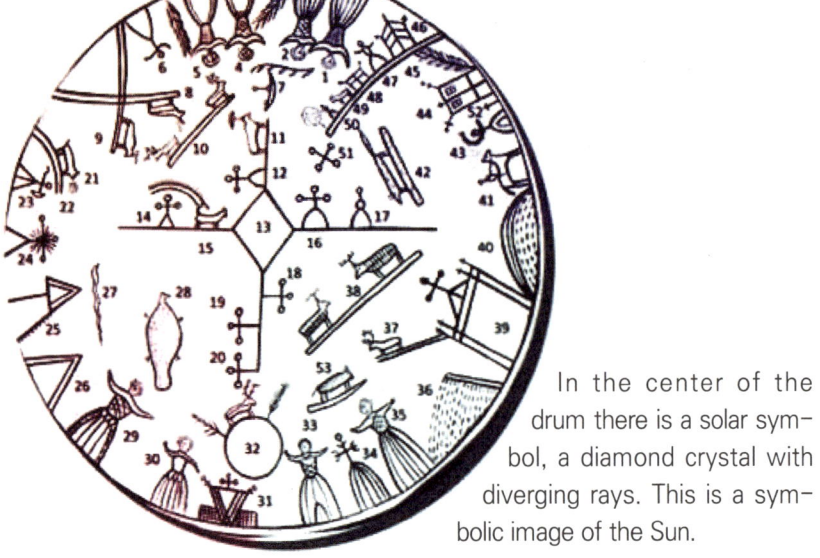

In the center of the drum there is a solar symbol, a diamond crystal with diverging rays. This is a symbolic image of the Sun.

Another symbol of the connection of space zones was the image of the world river, flowing, as it was believed, through all spheres of the cosmos. This river was also perceived as a generic and as a shamanic river.

According to the Evenki, in the upper reaches of the "water road-river," in the upper world, the souls of deer and the souls of people live, owing to which the number of people living on the earth is replenished; along the middle course of the river (in the middle world) people and animals live; in the lower reaches is the world of the dead, where the shaman escorts the soul of the deceased. The real river was the visible embodiment of the world river.

The painting of this drum most vividly conveys the mythological idea of the identity of the macrocosm and microcosm, nature and human beings. In the upper part of the drum, on the sides of the head, the sun, moon, and morning and evening Venus are drawn. Small stars in the form of dots cover the entire surface of the drum, which gives it the scale of the cosmos. Two arcs, consisting of five stripes, between which the points-stars are located, represent a rainbow (according to other interpretations, it is the Milky Way). The transverse line at the place of the hands was interpreted as a bowstring of a bow, and the short straight processes extending from it downward were like arrows (for the mythologem of the bow, see the article by Erofeeva, N.N. "Bow Myths of the peoples of the world," in vol. 2, pp. 75-77). Below it are the anthropomorphic figures of the "heavenly maidens" holding hands and dancing, as it were, the daughters of the light heavenly deity Ülgen, who were considered the shaman's assistants. At the bottom left, a shaman with a drum and a mallet is drawn (the drum, in turn, also has an anthropomorphic figure similar to the main image). At the bottom right there is a tree with a sacrificial horse tied to it, next to it is the figure of a shaman. This image was interpreted as the master spirit of the drum, the image of the ancestor shaman who chose the owner of the drum as his heir and became his patron.

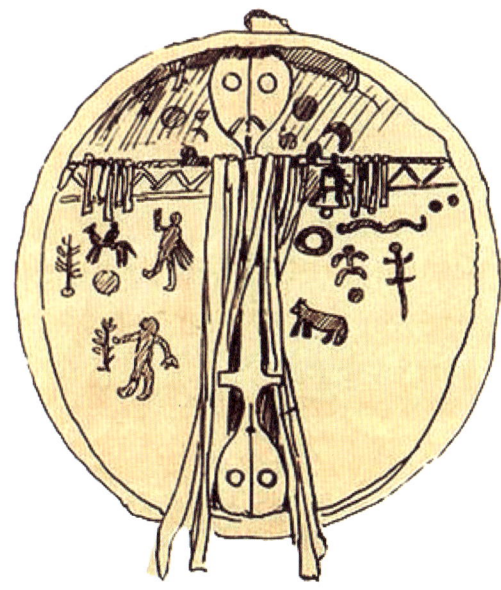

On some drums of the Altaians, two antipodal heads are carved on the handle

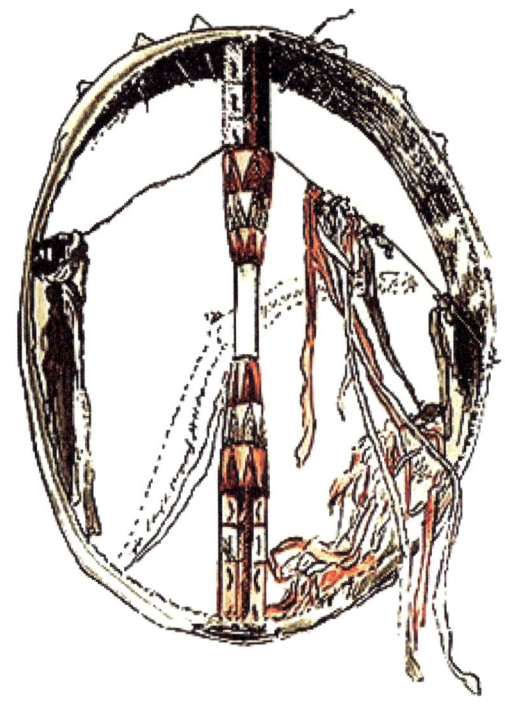

The upper image was interpreted as an ancestral shaman, and the lower one as his wife, or daughter of the shamanic patron deity Ülgen, who gives the shaman sacred power during the ritual.

Not only the drum, but also the shaman's costume transfers the ideas of the peoples of Siberia about the world space. The shaman's vestment, like the drum, was an individual cult item belonging to the shaman personally, which made it possible to carry out ritual actions.

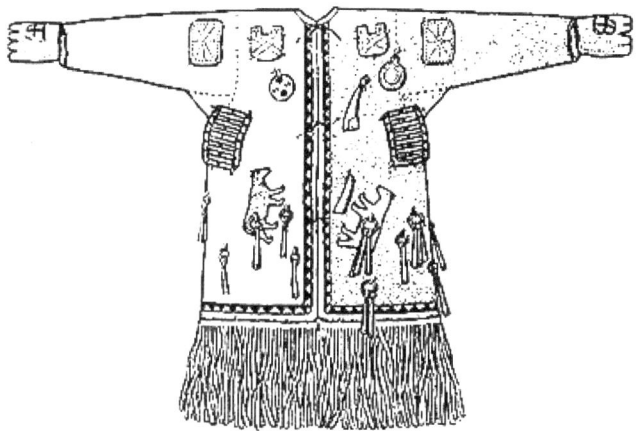

Shaman dress. Front view

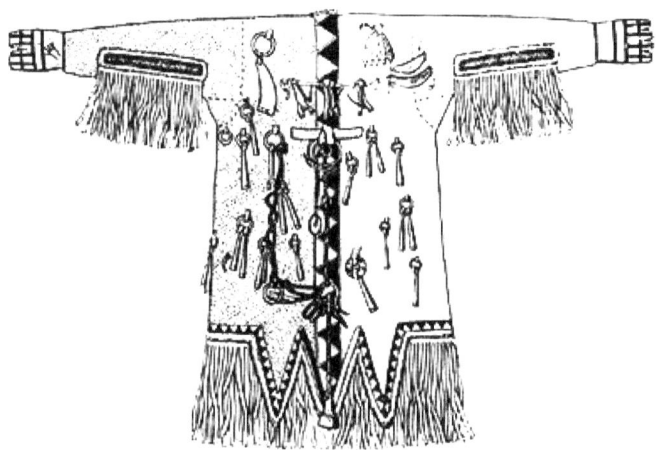

Shaman dress. Back view

The shaman costume usually consisted of a dress (caftan), bib, headdress, and shoes. The Enets, Nganasans, and Kets, in addition to the aforementioned clothes, had mittens.

Among the Nanai, Udege, and Ulchi, the shaman's ritual clothing consisted of a skirt and a shirt with short sleeves; an obligatory accessory to the costume was a headdress woven from ritual shavings.

Ritual shavings, referred to in the ethnographic literature by the

Ainu term "*inau*," were widely used in the ritual practice of all peoples of the Lower Amur basin. Most likely, they got there from the Ainu to Sakhalin and Hokkaido through the Nivkhs. *Inau* are sticks or long shavings that tie around sacred objects, animal skulls, human heads, etc. The outstanding Russian ethnographer, L. Ya. Sternberg, in his article, "The Cult of Inau among the Ainu Tribe," believed that they played the role of mediators between people and spirits. According to one of the Sakhalin Ainu, an *inau* is "an interpreter, an ambassador, an orator." Like the eloquent people who served as "ambassadors and mediators in matters of revenge, peace and war," an *inau* had the ability to quickly and eloquently convey the needs of humans to the gods. L. Ya. Sternberg hypothesized that the word "*inau*" was akin to "the language of the tree," comparing the shavings with the "languages" of the orator-ambassador, and with further analogized them with the tongues of fire, "with the noisy multilingualism of its flame."

3 Conclusion

Shamanic drum symbolism and its connection with a Triad of Deities

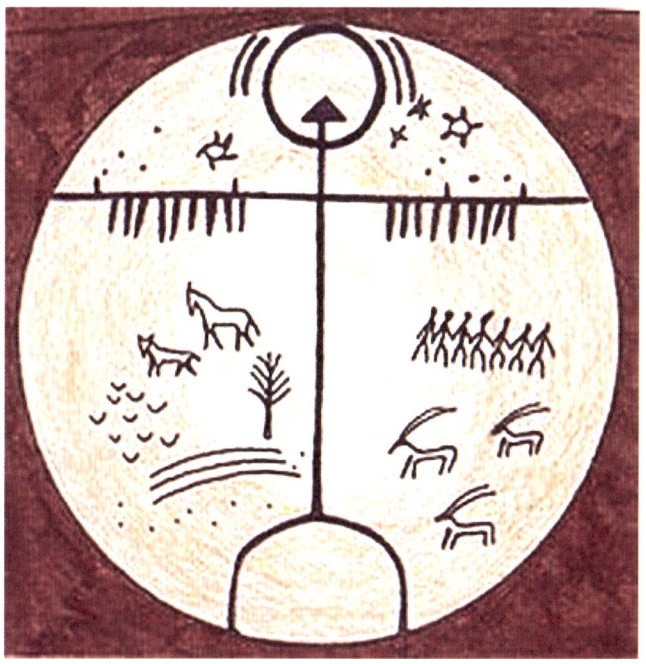

A painter's depiction of a Shaman's drum with a three-world cosmology. The vertical arrow symbolizes the World Tree, which stands in the center of the world. It unites the underworld, the earthly world, and heaven. This sacred symbolism can be found on shaman drums of the Turks, Mongols, and Tungusic peoples in Central Asia and Siberia.

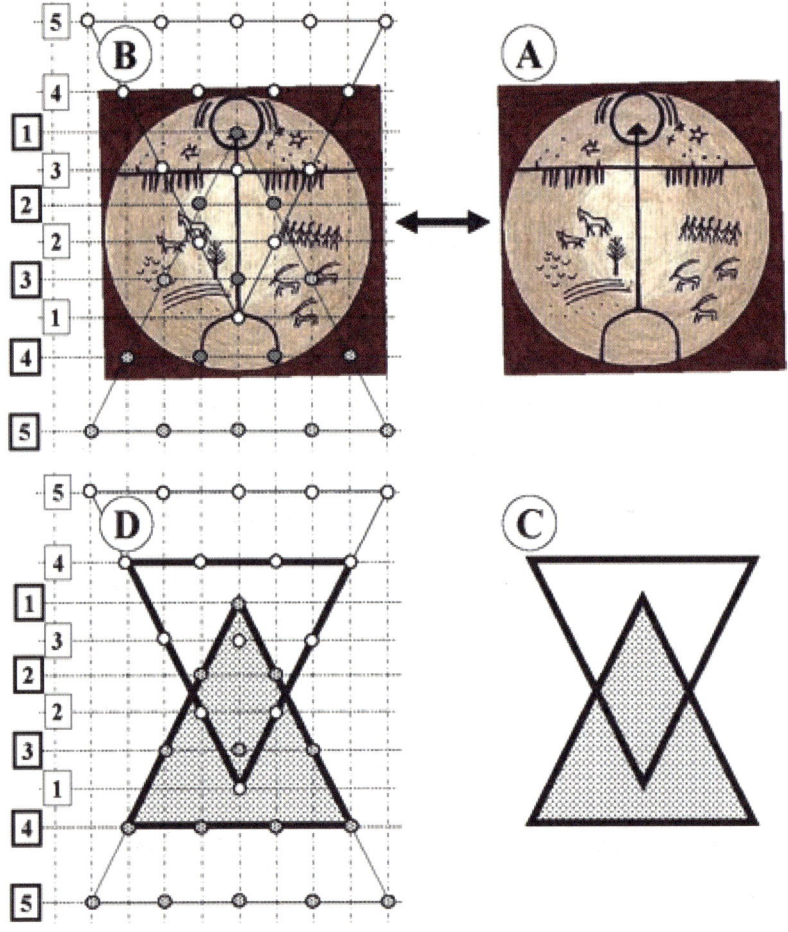

The figure shows the result of matching the pattern on the shaman's drum skin (Figure 5). A. the original view of the pattern on the skin of the shaman's drum. B. the result of combining picture A with the matrix of the Cosmos at the place of transition between the Upper and Lower worlds of the matrix of the Cosmos. C and D, a view of two sacred Tetraktys, which are located at the transition between the Upper and Lower worlds of the matrix of the Cosmos. From the graphical analysis of figure B, it is clearly seen that the tip of the vertical arrow in the figure of the drum is exactly aligned with the top of the pyramid of the "Lower World" of the matrix of the Cosmos. The shaman's arrow is a symbol of the Axis of the World. The horizontal line is exactly aligned with the third level of the Upper World of the matrix of the Cosmos. Above this line, there are stars on the drum that probably represent "the heavens."

People live on earth and need housing. Often, they made conical-type housing.

An Evenki house model made of bark

Below the crosshairs are people, animals, and trees. The base of the vertical arrow in the figure is exactly aligned with the top of the pyramid of the Upper World of the matrix of the Cosmos. The ends of the "Arc" under the arrow exactly aligned with the two middle positions of the fourth level of the Lower World of the matrix of the Cosmos. From our analysis of the result of combining the pattern on the drum with the matrix of the Cosmos, it clearly follows that the matrix of the Cosmos was the basis or "template" for constructing a ritual pattern on the skin of the shaman's drum. This result fits well with the previous studies of the "amulet" of Kamchatka Itelmens.

Lappish Shaman with his drum,
on which many secret symbols of the shaman are shown

In conclusion, I would like to note that Siberian shamanism has ancient roots. Its origins are lost in the mists of ancient times. Perhaps likewise are the legends and beliefs of the Samsin. There are a number of similar elements in these two cultures. First, number symbolism (especially the number three and the Triad associated with it. Second, geometric figures, such as a square as an archetype of the earth; a triangle, a stable figure as a prototype of a family and connections with spiritual forces and ancestors; a circle as an archetype of the cosmos and the sky. Third, in Siberian shamanism, there is a cult of the grandmother of the progenitor, for example, Manzan Gurme in Buryat legends. We can see similar cultural patterns in the image of Samsin Halmoni. Furthermore, the Paleolithic Period cultures have clear connections and parallels with the Samsin and *Hwan Dan Gogi*.

The following tentative and provisional conclusions can be drawn from this article.

Ancient teachings were partially lost, as a result of war, politics, etc. But in Korea, some restored scrolls of the ancient past have survived.

Shamanism is a huge layer of culture - the material and spiritual moengo of the people. In the primitive, but the opinion of some Western researchers, rituals and ceremonies, there is real knowledge and connection with subtle spiritual forces. Otherwise it would have been impossible on a vast territory and for thousands of years.

≡ Bibliography ≡

1. Tokarev S Sergei, *Rannie formy religii I ih razvitie (Early forms of religion and their development)*. Moscow: Nauka, 1964.
2. Tokarev Sergei. *Religia v istorii narodov mira (Religions in the history of the peoples of the world)*. Moscow: Nauka, 1964.
3. Alekseev N.A. Ranniye formy religii tyurkoyazychnykh narodov Sibiri (Early forms of religion of the Turkic-speaking peoples of Siberia). Novosibirsk: Science, 1980. P.23 (Editor's note, from The History (Historikon syngramma) of Menander the Guardsman, Exc. De Leg. 8, p. 119; R. C. Blockley, tr., notes; Liverpool: Francis Cairns, 1985.)
4. Bichurin I. Sobraniye svedeniy o narodakh, obitavshikh v Sredney Azii v drevniye vremena. Collection of information about the peoples who lived in Central Asia in ancient times. Volume. 1.Moscow; Leningrad: Publishing house of the Academy of Sciences of the USSR, 1950.
5. Kyzlasov L.R. K istorii shamanskikh verovaniy na Altaye. History of shamanistic beliefs in Altai. KSIIMK. 1949. No. 29.
6. Appelgren-Kivalo H. Alt-altaische Kunstdenkmäler. Helsinki, 1931.
7. Ivanov S.V. Elementy zashchitnogo dospekha v shamanskoy odezhde narodov Zapadnoy i Yuzhnoy Sibiri. Elements of protective armor in shamanic clothes of the peoples of Western and Southern Siberia. Ethnography of the peoples of Altai and Western Siberia. Novosibirsk: Science, 1978.
8. Ivanov S.V. Materialy po izobrazitel'nomu iskusstvu narodov Sibiri XIX - nachala XX vv. Materials on the fine arts of the peoples of Siberia in the 19th - early 20th centuries. M .; L .: Publishing house of the Academy of Sciences of the USSR, 1954.
9. Kyzlasov L.R. K istorii shamanskikh verovaniy na Altaye. History of shamanistic beliefs in Altai. KSIIMK. 1949. No. 29. P.54
10. Tanzagan is the father of the Altai. Mocsow: Hoodozhestvennaya literatura, (Imaginative literature) 1978.

11. https://litlife.club/books/138134/read

12. http://www.shamanstvo.ru/shamanizm/spirit/spirit

13. Erofeeva N.N. LUK // Mify narodov mira. Moskva, 1988 Bow // Myths of the peoples of the world. Moscow, 1988.

14. http://www.ruthenia.ru/folklore/visual/Antropology/Html/Antropol/T4/T4_10.htm

Tokarev S Sergei, *Rannie formy religii I ih razvitie (Early forms of religion and their development).* Moscow: Nauka, 1964. P.56

Tokarev Sergei. *Religia v istorii narodov mira (Religions in the history of the peoples of the world).* Moscow: Nauka, 1964. P.188

Alekseev N.A. *Ranniye formy religii tyurkoyazychnykh narodov Sibiri (Early forms of religion of the Turkic-speaking peoples of Siberia).* Novosibirsk: Science, 1980. P.23 (Editor's note, from *The* History (*Historikon syngramma*) *of Menander the Guardsman, Exc. De Leg.* 8, p. 119; R. C. Blockley, tr., notes; Liverpool: Francis Cairns, 1985.)

Bichurin I. *Sobraniye svedeniy o narodakh, obitavshikh v Sredney Azii v drevniye vremena. Collection of information about the peoples who lived in Central Asia in ancient times.* Volume. 1.Moscow; Leningrad: Publishing house of the Academy of Sciences of the USSR, 1950.

Kyzlasov L.R. K istorii shamanskikh verovaniy na Altaye.

History *of shamanistic beliefs in Altai.* KSIIMK. 1949. No. 29. pp.48-54

Appelgren-Kivalo H. *Alt-altaische Kunstdenkmäler.* Helsinki, 1931.

Ivanov S.V. *Elementy zashchitnogo dospekha v shamanskoy odezhde narodov Zapadnoy i Yuzhnoy Sibiri. Elements of protective armor in shamanic clothes of the peoples of Western and Southern Siberia.* Ethnography of the peoples of Altai and Western Siberia. Novosibirsk: Science, 1978. Pp.135-136.

Ivanov S.V. Materialy po izobrazitel'nomu iskusstvu narodov Sibiri XIX - nachala XX vv. *Materials on the fine arts of the peoples of Siberia in the 19th - early 20th centuries.* M .; L .: Publishing house of the Academy of Sciences of the USSR, 1954.

Kyzlasov L.R. K istorii shamanskikh verovaniy na Altaye.

History *of shamanistic beliefs in Altai*. KSIIMK. 1949. No. 29. P.54

Tanzagan is the father of the Altai. Mocsow: Hoodozhestvennaya literatura, (Imaginative literature) 1978.

https://litlife.club/books/138134/read

https://litlife.club/books/138134/read?page=2

https://litlife.club/books/138134/read?page=3

https://litlife.club/books/138134/read?page=4

http://www.shamanstvo.ru/shamanizm/spirit/spirit_15.htm

Erofeeva N.N. Yerofeyeva N. N. Luk // Mify narodov mira. Moskva, 1988 Bow // *Myths of the peoples of the world. Moscow, 1988. Pp. 75-77.*

http://www.ruthenia.ru/folklore/visual/Antropology/Html/Antropol/T4/T4_10.htm

http://www.ruthenia.ru/folklore/visual/Antropology/Html/Antropol/T4/T4_10.htm

明治の神道行政・神道と造化三神

石原和（立命館大學）

はじめに

　一般的に日本神話において、「造化三神」とは、天之御中主神・高御産巣日神・神産巣日神の三神のことをいう。これは、『古事記』序第一段で「三神造化の首となり」[1]と括られていることを典拠としている。この天地創造神話は『古事記』の上巻の中でも最も新しく挿入されたり、付加されたりした箇所と考えられている[2]。こうした付加説を裏付ける事例として、『古事記』の完成の8年後に成る、『日本書紀』一書四においては、「一書に曰く」という引用形式で、国常立尊の生成の後、「又曰く、高天原に所生れます神」[3]として、この三神は補足的に記述されているに過ぎないことがあげられる。加えて、造化三神には中国書の影響があり、先秦の上帝の観念が知られて以降に成立したものとする見方や、六朝道教の元始天王の影響があると考えられている[4]。こうした意味において、造化三神は、もともと外部的な存在であり、東アジア的な性格を付与されたものであるといえる。すなわち、中国を中心とする文明の型にはまっていくことを志向していく中で必要とされた記述だったのだ。事実、東アジアに通用する正史として編纂されたとさ

---

1) 倉野憲司校注『古事記』岩波書店、1963年、p. 13.
2) 北康宏「古事記神話の構図―古代日本人の「歴史の起源」に対する観念」（『日本思想史学』29巻、1997年）、p. 90.
3) 坂本太郎・家永三郎・井上光貞・大野晋校注『日本書紀（一）』岩波書店、1994年、p. 18-20.
4) 相見英咲『倭国神話の謎　天津神・国津神の来歴』講談社、2005年、p. 47.

れている『日本書紀』には、より具体的にそうした特徴があらわれている。その冒頭には『古事記』にはない中国由来の開闢神話が、具体的には『淮南子』『三五歴紀』を連綴・加工する形で掲載されている[5]。これは当時における一般論として提示されたものであった[6]という意味において、記紀神話は、東アジア世界の普遍性を備えたものであった。白村江の戦いや壬申の乱後を経験した7世紀初頭において、東アジアの普遍性に則ることが自らの支配の正統性を示すものとして機能したのである。少なからず、造化三神の挿入はそれに関わるものだった。

その後、中世になると、『日本書紀』に独自の神話や解釈を加えた中世日本紀が展開していくこととなる。このときには対外的に正統性を示すというよりも、自らの寺社や神仏の正統性を示す展開がみられる。造化三神に関しては、その中で伊勢神道の文脈において、豊受大御神＝天之御中主神という説が唱えられる。一般的に『神道五部書』などでみられるように、前近代の伊勢神道説は外宮の神職を中心に展開したもので、自らが祀っている豊受大御神を内宮の天照大神と並ぶ皇祖神であることを、天孫を降臨せしめる主宰神として天之御中主神と豊受大神を同一視することで主張したものだった[7]。ただし、それも次第に豊受大神＝天之御中主神から豊受大神＝国常立尊へと移行してくこととなる。

近世になると、国学の文脈において、中国書の引用によって開闢を描いたのち高天原へと話が進む『日本書紀』にかわり、天地開闢を語らず高天原から始まる『古事記』の価値が上昇していく。この『古事記』への注目動向の際たる例が本居宣長の思想展開である。近世後期に

---

5) 前掲相見英咲『倭国神話の謎　天津神・国津神の来歴』、p. 34.
6) 坂本太郎・家永三郎・井上光貞・大野晋校注『日本書紀(一)』岩波書店、1994年、p. 17.
7) 子安宣邦『宣長学講義』岩波書店、2006年、pp. 96-97.

生きた彼は、「漢意」の排除によって「日本」の独自の価値を見出そうとする[8]思想史的展開に中心的な役割を果たした。造化三神に関しては、服部中庸の『三大考』に天地開闢から天・地・泉の分離を示した図が示され、宣長や平田篤胤へと引き継がれていく。宣長においては天照大神を中心とした神観念が提示されたが、篤胤においては、この造化三神、特に天之御中主神を中核に据えた、いわゆる復古神道が説かれるようになる[9]。こうして、もとはあとから付け加えられた造化三神の地位が急激に上昇していった。この過程に、東アジア的普遍性を付与するための造化三神から、日本の独自性を主張するための造化三神への転回が見出せよう。しかし、こうした動きが生じたのは、近世後期の一部の国学者やその影響を承けた人々の間であって、あくまでも限定的な動向であったということも見逃してはならない。現代の私たちの神観念につながるのは、明治期以降の神道行政や平田篤胤の神道観と継ぐ宗教者たちの活動に関わった側面が大きいと筆者は考えている。そのため、こうした歴史性を抑えないままに、造化三神という視点で東アジアの神観念を切ることははばかられる。以下では、いかにして造化三神が国家的、国民的認知を得ていくのかを明治期の神道の展開と関連付けながらみていくこととしたい。その上で近代東アジアにおいて、造化三神をいかに捉えうるか展望を示したい。

---

8) 原武史『〈出雲〉という思想『近代日本の抹殺された神々』講談社、2001年、p. 6.
9) 安丸良夫・宮地正人『国家と宗教』岩波書店、1988年、p. 364所収.

1 神祇官体制のなかの造化三神

　明治政府は発足当初から、祭政一致の国家体制を目指し、神道を中心とした国家づくりに向けた政策を展開していくこととなる。例えば、近世の神社・神職に機能した吉田家・白川家といった本所を解体し、代わりに古代律令制に倣い神祇官を復興させ神祇行政を担当させた（明治4年[1871]）。さらに、神社の内部にも変化を起こす。江戸時代以前は相互に混交状態にあった寺社（ただし、神社をその境内にある神宮寺の社僧が所管するなど仏教を優位とする）を分け、神社を国家祭祀の一部に位置づける体制の準備を進めた（いわゆる神仏判然令、慶応4年‐明治元年[1868]）。また、最終的には近代的戸籍制度の採用によって実際の導入は見送られたが、神社と国民を結びつけるため、領民を寺院の檀家として管理する寺壇制に代わり、国民を氏子として神社に管理させる氏子調の構想もあった。

　こうした神社の地位の確立と国民への接近策の動向と並行して、明治2年[1869]、神祇官に教導局・宣教使設置が設置された。前者は「惟神之大道」（天皇を中心とした祭政一致）を体系化し、教化するための機関で、後者はその理念を国民に伝える役割を担った職として位置づけられたものである。この神祇官教導局―宣教使体制においては、長州藩出身の小野述信、津和野藩福羽美静が中心的な役割を担うこととなる。ただし、この当時はまだ、どのような神道が新しい国家において中心的な役割を果たすかを、どのような教義を確立していくかを争っていた段階にあり、教導局・宣教使の「教務」めぐる会議は大混乱に陥った。

そのなかに、造化三神についての位置づけに関する発言も出てくるので、常世長胤「神教組織物語」からその内容をみてみよう。なお、常世は小野が提唱する神観念（伊勢派）に否定的な平田派国学の系譜に与する立場（出雲派）にあり、ここで取り上げる発言は、その立場から、小野の発言を嘲笑的に取り上げたものである。

小野氏ハ上古ニモ例ナキ、一ノ教官ヲ興シタル功績ハ比類ナシト雖モ、元来儒見ヨリ思ヒ起シタル教旨ナレバ、造化三神ニ基ズ、只天照大御神ヲ志尊トシ、又神魂帰着ノ説ニ於テハ、其善ナルハ高天原ニ昇リ、其悪ナルハ夜見国ニ遂ヒヤラハルヽノ私説ヲ主張シ、教官ノ説ヲ矯ル僻アリテ、使中ノ教官此病根ニノミ苦メラレタリ。（「神教組織物語」[10]）

当時、小野らは造化三神の神徳も大国主神（出雲の祭神、幽世＝死後の世界の主宰神とみなされた）の役割も天照大神に一体化するような天照大神教とでもいうべき神学を公認教学として創り出そうとしていた[11]。すなわち、皇祖神としての天照大神を中心とする神道体系を提示し、この現世でのあらわれとして天皇中心の国家像のラフスケッチが示されていたのだった。これに対して、常世は、小野が唱える天照中心の「造化三神ニ基ズ、只天照大御神ヲ志尊ト」する神観念に対して、それは「元来儒見ヨリ思ヒ起シタル教旨」と批判を加えている[12]。この批判の背景には、小野のように皇祖神＝天照を中心とした国家のイデオロギー化を志した伊勢派の神道と、宗教的安心として

---

10) 安丸良夫・宮地正人『国家と宗教』岩波書店、1988年、p. 364所収.
11) 安丸良夫「近代転換期における宗教と国家」（前掲安丸良夫・宮地正人『国家と宗教』）、p. 510.
12) 出口延佳に代表されるように、近世において、伊勢神道説は儒教によった理論化が進められる。『陽復記』（平重道・阿部秋生編『近世神道論・前期国学』岩波書店、1972年所収）など.

の来世性・宗教性を強調する文脈での祭政一致を主張する立場から、創造神である造化三神、あの世の主催者としての大国主神を重視する平田派神道(出雲・津和野)の神観念の対立があった[13]。この会議はもつれ、最終的には、明治3年[1870]12月、神道行政から平田派らが排除されることとなった。結果、天皇への忠誠を抜き出して絶対化し、天照大神を皇祖神としての神格に限定していく方向が定着していくこととなった。

　以上の展開で、造化三神について確認しておきたいことは、主流派となった天照中心の神道においては、造化三神は重視されず、それを重視した平田派国学の関係者は下野することとなったということである。この明治2年[1869]の段階では、近代国家構想の中において造化三神の地位は付属的なものでしかなかった。

---

13) 安丸良夫『神々の明治維新―神仏分離と廃仏毀釈』岩波書店、1979、p. 123、前掲安丸良夫「近代転換期における宗教と国家」、p. 510.

2 教部省体制と造化三神

　こうして天照中心の神道を中心とする方向が定まり、宣教が開始されることとなる。しかし、実際には有力復古神道家の協力が得られなかったことで教化にあたる担い手が不足したことや、仏教からの反発を受けたことによって、思い通りには進まず、路線変更を余儀なくされることとなる。さらには、明治4年［1871］末、福羽・小野を支持した長州系官僚である木戸孝允・島地黙雷らが渡欧することとなる。彼らに代わる留守政府には、薩摩系官僚が進出し、伊知地正治の影響のもと、平田派神道の色が濃い政策へと転換していくこととなる[14]。

　明治5年［1872］3月の神祇省の廃止、教部省の設置は、本来は渡欧前の長州系官僚が計画したものであったが、渡欧後には伊勢派の神職が退けられ、平田派の影響を受けて展開していくこととなる。

　この教部省の使命は「在来ノ諸教道ノ事務ヲ総管セシメ神教及ヒ儒仏共各教正ヲ置キ生徒ヲ教育シ人民ヲ善導セシム」ことで、「共和政治ノ学ヲ講シ国体ヲ蔑視シ新政ヲ主張シ民心ヲ煽動スル」のを防ぐこととされた。これに基づいて、神職、僧侶を教導職に任じて国民教化の担い手とした。さらに教化の基本理念として、「敬神愛国ノ旨ヲ体スヘキ事」「天理人道ヲ明ニスヘキ事」「皇上ヲ奉戴シ朝旨ヲ遵守セシムヘキ事」の三条教則を発布し、教化体制の整備を進めていった[15]。さらに仏教各宗もこれに呼応して加わり、仏教各派の提案をいれて教導職育成機関として大教院が設立される。この大教院は東京に置かれ、

---
14) 小川原正道『大教院の研究　明治初期宗教行政の展開と挫折』慶應義塾大学出版会、2004年、p. 8.
15) 前掲小川原正道『大教院の研究　明治初期宗教行政の展開と挫折』、p. 3.

府県に中教院、小教院をおいて、教導職の育成と組織化がなされた。このようにして神仏合同布教が始まるが、そこには神道と仏教の間の主導権争いが展開していくこととなる。

　明治6年［1873］1月に東京府の元紀伊藩邸で大教院の開院式が行われたが、そのわずか1ヶ月後には芝増上寺に移転される事となる。この背景には、大教院の設立を望んだのが仏教各派であったことと関わって仏教側から働きかけがあっただけでなく、教部省としても寺院に神殿を置くことによって、仏教側から主導権を奪う意図もあったとされる[16]。その一環として、教部省は、大教院とともに芝大神宮をこの増上寺に移転したい旨を申し出ている。

　　芝大神宮御遷座件正院へ伺案
　　　　　　　　　　　　　　　　　　　　　　考証課
　　今般芝増上寺ヘ大教院移転相成候ニ付而ハ、大神宮奉祀敬神
　　ノ実ヲ表シ度、教正中ヨリ願出候。然ル処、右寺院ハ元来芝大神
　　宮御遷座之旧蹟ニ候間、更ニ本堂ノ中ヘ御遷宮之上、造化三神
　　御合祀有之、施教之方法速ニ相立候様致度、依之芝大神宮旧蹟
　　考証別紙相添、此段奉伺候也。［以下略］[17]

　実際には、芝大神宮の移転はならなかったが、この中で、増上寺本堂に造化三神が合祀されているため、すみやかに教化を行うことができるとしていることは注目に値する。すなわち、教部省下で神仏両派の

---

16) 前掲小川原正道『大教院の研究　明治初期宗教行政の展開と挫折』、p. 21.
17)「教部省記録」（板橋区鎮座熊野神社蔵）第一巻、東京教務所収。ここでは前掲小川原正道『大教院の研究『明治初期宗教行政の展開と挫折』、p. 21を参照し、必要に応じて句読点を付した。

間で主導権争いがあった中で、増上寺はその最前線にあったのである。その中で、神道派はそこに合祀されていた造化三神に立脚して、自らの主導権を確立させようとしていたのである。それは、この造化三神をもとに、大教院体制の中で神道勢力が主導権を握ろうとしていたことは、教部省の次のような構想にもあらわれている。

> 造化三神及ヒ皇祖大神ヲ尊崇スルハ政教ノ基本ナレハ、本教ヲ宣布シ、大道ヲ講明セント欲スル者ハ、先四神ヲ敬スヘキ所以ノ理ヲ会得スヘシ。故ニ教導職等登院ノ始ニ此四神ヲ拝礼シテ報本ノ誠ヲ尽シ神ノ感格ヲ祈請シテ後、各説教ニ従事スヘシ。[18]

ここでは、四神の尊崇は政教の基本として、教導職登院の際にはこれに拝礼して、然る後に説教に従事すべきとしている。このように、神祇官体制においては天照に一本化した秩序であったのに対し、教部省体制においては造化三神が加えられるようになっている。これは構想にとどまることなく、明治6年［1873］6月に完成した大教院神殿には実際にこの四神が祀られたらしい。そのことは、明治6年10月に定められた「大教院規則」別冊において、教導職が大教院を入退院する際には「掛巻母恐支天之御中主神高皇産霊神神皇産霊神天照大御神能大前乎謹美敬比皇大御国能本教等高支功蹟表令立給倍止恐美恐美母乞祈奉久斗白須」と祝詞を述べることとされた[19]ことからも伺える。また、この神殿は教導職の他にも一般の人々の参詣を許していた。

---

18) 「社寺取調類纂」152（国立国会図書館蔵）。なお、ここでは前掲小川原正道『大教院の研究『明治初期宗教行政の展開と挫折』』、p. 23を参照し、必要に応じて句読点を付した。
19) 「太上類典」（国立国会図書館蔵）第二編・第二五〇巻・教法一。

その背景には、神殿の権威や造化三神・天照大神・天皇への敬意を国民に浸透させることが企図されていた[20]。

また明治6年末ころより、教導職が活動を行う際の教化啓蒙理念として十七兼題が加えられた。その影響から、造化三神との関係から道徳の遵守を説く説教が目立つようになる[21]。例えば、鹿島神宮青柳高鞆は、「人タル者ハ造化ノ三神…ニ依ツテ生リ出テ」「君臣父子夫婦兄弟朋友ノ五倫ノ道ヲ生レナガラ御備へ下サレ」たのだから、「常ニ其ノ心得ガ無クテハナラヌ」と、特に君臣の道について述べている[22]。このように、人は造化三神に作られたものであるから道徳的でなければならないとする説教が展開することとなった。

以上をみてみると、平田派国学の影響下で進んだ神祇官の廃止から教部省の設立という流れの中で、神仏合同布教が始まり、その中での仏教側との主導権争いを経て、神祇官体制下で排除された造化三神が再浮上してくることがわかる。それは大教院での祭神として、政教の基本として、教導職が共通に敬う対象としてだけでなく、大教院の参拝の門戸を広げたことや教導職が行う説教の中で道徳の根拠とされた事により、一般の人々の中にも広がりつつあった。その意味で、教部省体制は、造化三神の浸透・定着に一定の役割を果たしたと考えられる。

しかし、こうした体制は長く続きはしなかった。神仏合同布教といいながらも、廃仏的な姿勢を隠さない平田派国学を基盤とする神道に傾斜した諸策に対して仏教側からの批判が高まり、最終的には大教院から仏教各宗が相次いで離脱していくこととなった。さらには

---

20) 前掲小川原正道『大教院の研究　明治初期宗教行政の展開と挫折』, p. 62.
21) 前掲小川原正道『大教院の研究　明治初期宗教行政の展開と挫折』, p. 64.
22) 前掲小川原正道『大教院の研究　明治初期宗教行政の展開と挫折』, p. 64.

欧米視察から帰った長州系官僚が再度実権を握っていく。また、欧米の政教関係を学んだ立場、大教院から離脱した仏教各宗の主張を代弁する立場に立った島地黙雷らを中心とする信教の自由論・政教分離論の高まっていくこととなる。こうして神道中心の国家づくり自体が批判されていくこととなり、明治8年［1875］の大教院解体、明治10年［1877］の教部省廃止、内務省社寺局への移管へと向かっていくこととなる。以後、国民教化は神道を媒介しない方法へ（教育―教育勅語）と転換していく。

3　教派神道と造化三神

　明治10年代に入る頃から、信教の自由、政教分離の原則のもと、神道をめぐる政策は修正されていく。その一環として、明治15年［1882］に教導職と神社神職の兼補が廃止される。従来は神職が教導職の役についていたが、それはもはやかなわないこととなる。平田派国学に基づく宗教的神道観のもと制度化された教導職が神職から切り離されることは、宗教活動と神社の分離を意味していた。すなわち、信教の自由、政教分離の原則のもとにおいても、神社と国家（天皇）と国民を結びつけておく経路としておくために、神社での宗教行為は許されない行為とされたのだった。こうして、タテマエ上では信教の自由と政教分離を果たしながら、神社を紐帯とした国民統合を図る、いわゆる日本型政教分離が成し遂げられたのだった。その結果、神社は宗教性が剥奪され、国家の祭祀の最前線に立つことになった。
　この詭弁ともいえる論理を可能ならしめたのは、近代的「宗教」概念と信教の自由論に基づく神社非宗教論であった。そもそも「宗教」の語は前近代の日本にはなかったことばで、明治以降になって西洋からやってきたreligionの翻訳語として誕生したものである。重要なのは、ただ単にreligionから「宗教」へとことばが置き換えられたのでなく、religionのことばが持つ文化的、時代的背景もともに日本に移入されたということである。具体的には世界の諸国を文明国、半文明国、未開国の3つに分類し、それに応じて国家主権の有無を説く万国公法体制のもと、文明国の指標とされたキリスト教的宗教観を引き連れてこの言葉は成立したのである。このとき文明国の宗教のあり方とされたの

は、聖書など経典によった教義信仰＝ビリーフ中心主義的なあり方であった。欧米諸国との出会いの中で、植民地化を回避しつつ自らの主権を確保しようとしていた日本においては、「宗教」という語の移入は、近代化の問題と直結するものだったのである。このことばの移入によって、生活の中で慣習化したプラクティス＝儀礼中心であった従来の日本の宗教は、教義的＝ビリーフ中心主義的なものへと変貌させられていくこととなる[23]。日本の近代化の課題の中で生まれたこの「宗教」の語は、近代漢語―中国「宗教zong jiao」／朝鮮半島「종교jong gyo」／ベトナム「Tôn giáo」―として、留学生や日本の植民地支配などを通じて東アジアへも席巻していくこととなる。いうまでもなく、そこには文明論的・キリスト教的含意が含まれており、新たに移入された地域の宗教界に変化を迫るものとして機能することとなる。

こうしたビリーフ中心主義的な「宗教」概念を前提にしつつ、神社非宗教論が展開されたのである。無論、いくつもの神道論、思想が展開したことは間違いないが、近世までの神道は神祇信仰、すなわち儀礼的な側面が大きかった。「宗教」概念の移入にあたっては、神道でも教義化が図られていくこととなる。しかし、それがうまくいかない状況が続いていた。こうした、神道における教義化の失敗を逆手にとり、神道を教義信仰、すなわち「宗教」とはみなさないことで、神道の場である神社での活動を儀礼に限定していったのだった。ここにおいて神社への崇敬は「宗教」行為でない道徳行為とみなされるようになる。こうして日本型政教分離は成ったのだった。

ただし、これはあくまでも、国家制度として、であった。依然として、神社は宗教行為の場であり、神道はあの世の問題と関わるものだと考

---

23) 磯前順一『近代日本の宗教言説とその系譜―宗教・国家・神道』岩波書店、2003年.

える神職らもいたし、一般の国民にとってもそうした神社のあり方のほうが一般的だった。例えば、平田派・出雲派、神宮教の後身となる神宮奉斎会の関係者が中心となって、宗教としての神道の活動拠点の設置を訴える神祇院設置運動やそれを支える役割も担った全国神職会が展開されていった[24]。むろんこうした宗教性の維持への志向は、宗教者としての矜持のみならず、現実的な問題とも関わっていた。政教分離の原則の中で、神社の役割が限定されていく中で、当初は定額の経費が支給されていた官社でさえも、明治19年［1986］に自社自営の方針が示され、翌年以降大幅に額を減らした保存金が支給されることとなった（官国幣社保存金制度）。こうした中で、明治10年代は、それより下位に置かれた諸社・神職は経済的に困窮する状況となっていた[25]。すなわち、教部省体制の解体の中で、国家からの神社への資金が打ち切られるようになり、自立化が迫られるようになっていたのだった。そうした中で、宗教者たちにとって宗教活動は収入を得る重要な手段だったのである。一般の国民は、いかに明治の世に変わろうとも、依然として前近代から引き続き、神社、神職には現世利益の役割を期待されていたのだった。

　では、神道から宗教を切り離す国家の方針のもと、いかにして宗教活動は維持されたのか。以下では、その手段を取り上げることとしたい。

---

24) 夏目隆文『神社人異色鏡』中外日報社、1936年.
25) 吉水希枝「神社神道からみる月見里神社史料・宮城島家史料―静岡県下の神職団体と神社経営の視点から」（石原和・吉永進一・並木英子編『月見里神社史料・宮城島家史料目録―近代清水の神職たちと鎮魂帰神―』日本新宗教史像の再構築：アーカイブと研究者ネットワーク整備、2020年）p. 13.

1) 教派神道化

　まず、第一に教派神道として独立することがあげられる。前述の通り、明治国家は国民統合を志して、宗教性を排除した儀礼の神道を創造したが、人々の宗教に対する現世利益・後世安心への需要、渇望が簡単には抑えられないものであるという現実にも向き合わざるをえなかった。その中で、国家とつながる儀礼としての神道と神道の宗教的側面を腑分けし、教派神道として独立させる方針を取るようになる。それをうけた代表的な事例として、出雲大社の対応があげられる。出雲大社は平田派国学の影響をうけながら神道の宗教性を主張する立場にあった。明治15年の神社と宗教活動の分離の後、宗教活動を維持できなくなった出雲大社は、その年のうちに国家の祭祀を担う出雲大社から宗教活動の領域をわけ、それを大社教として独立させている。伊勢神宮とその大麻や伊勢暦の拝察を担った神宮教の関係も同様のものである。むろんすべての宗派において、こうした神社と宗教活動の分離という形で教派神道としてなったわけではないが、当時を生きる人々が求めた宗教活動の受け皿になったという点では共通していた。

　こうした役割を果たした教派神道の具体的な教団には、黒住教、神道修成派（明治9年公認）、神宮教、大社教、扶桑教、実行教、大成教、神習教（明治15年公認）、禊教、神理教（明治27年公認）、金光教（明治33年公認）、天理教（明治41年公認）、これに神道大教（神道本局）を加えた13派がある。これらの教団は無条件に公認されたわけではなく、活動公認化に向けて国家の神話体系と矛盾のないものへと自らの変容させる必要があった。その変容の際には、神道の宗教性を強調する平

田派神道を下敷きとするものも多くあり、それを通じて造化三神が教義に組み込まれる例も見られた。例えば、柴田花守が創立した実行教では、次のように述べている。

> 我が教の奉ずる神は多神ならず、我が古典に拠るに、天地生発の初に単独の真神あり、天之御中主神と称す。此の神は天地万物を生み出し之を主宰する神にして、天地に先ちて存し終つ所なきものなり。此一真神の大元霊発動して、男女の徳性備へたる二神に別れ玉ふ、之を高御産巣日神、神産巣日神と称す。此の二神は一真神〈天之御中主神〉の用(ハタラキ)に外ならずして、又一神に帰する者なり。之を造化の三神と名づけ、我が教徒は単に元の父母と称し奉れり。而して我が教は此の主宰神の所在を、我が日本帝国の名山富士山となすものなり。(『神道実行教』[26])

この実行教は近世に起こった富士講(富士山を、万物を生み出す「もとの父母」と捉え、崇拝する信仰)の系譜を引く教団である。その教義を語る中で、天之御中主神とそこから生じた高御産巣日神、神産巣日神の造化三神を主宰神として、私たちの教義では富士山にその主宰神が所在する、とここでは述べられている。ここに、富士講的信仰が教派神道化する際に、平田派神道が明治初年以来強く主張していた造化三神が組み込まれていることを見ることができる。

また、同じく富士講の系統つぐもので宍野半が開いた扶桑教や、それ以外でも新田邦光の神道修成派、芳村正秉が開いた神習教、井上正

---

26) 千葉幸吉『神道実行教』1910年、pp. 31-32.(国立国会図書館デジタルコレクションより).

鉄の禊教で、天之御中主神を中心に高御産巣日神、神産巣日神を加えた造化三神を主宰神としている宗派がみられる。

2) 教派神道の配下宗教者化

ただし、どんな宗教者、信仰集団も教派神道化することが可能だったわけではない。それをなすには、天照大神を主神とする黒住教のように国家の神道との教義的親和性、教祖が勤王の志士であった神道修成派のように岩倉具視ら政府要人とつながり、根本となる教義を国家の神道に合わせて修正した天理教のような教派神道化への不断の努力と犠牲が少なからず必要となった。当然、一般の民間宗教者たちの力ではなしうることはできなかった。しかし、彼らには、まだ教派神道（あるいは仏教教団）の傘下で活動するという経路が残されていた。

教派神道の下にはその活動を補翼するための組織として講社を置くことが認められていた。明治の宗教政策のもと、廃業の危機にひんしていた宗教者たちは、自らの講社ごと、あるいは自身が教派神道のもとに下ることで、宗教活動を維持することができた。例えば、神道修成派や山岳系教派神道（御嶽教）がその受け皿となった例がみられる。その際には、比較的自由に従来の活動を続けられた例もみられた[27]。

またこのような宗教者の受け皿が宗教活動の現場でさらに広がっていく事例もみられた。その事例として、長澤雄楯の稲荷講社をあげたい[28]。長澤は、平田派国学の影響を受けながらいわゆる本田霊学を

---

27) 小松和彦「教派神道と宗教者・芸能者」（島薗進、高埜利彦、林淳、若尾政希編『シリーズ日本人と宗教近世から近代へ 4　勧進・参詣・祝祭』春秋社、2015年）.
28) 石原和「月見里神社・稲荷講社関係史料と明治期の民間宗教者の活動・公認」、並木英子

大成した本田親徳の弟子で（同門に副島種臣）、鎮魂帰神を中心とした活動を行う宗教者であった[29]。明治初年の神道のあり方に対する議論の中でも、神道の宗教性を訴える立場に与していた[30]。彼はこの議論のときに関係を持った大社教管長の千家尊福との縁から大社教の教師となり（多数の補任状が残されている）、大社教下で活動を開始し、稲荷講社を結んだと考えられる。ここまでは他の教派神道―講社の事例でもみられた現象であるが、この稲荷講社の場合、さらにその下に別の宗教者や教会を所管した例が見られる。その管下で活動した代表的な宗教者に出口王仁三郎がいる。のちに大本教主となる彼は、明治30年代前半に宗教活動を始めた頃、活動の公認を得るためにさまざまな教派神道の傘下に下ろうと奔走していた。しかし、「御嶽教ニ運動致して失敗し、大成教ニて失敗し、是非なく、又々総本部へ先達参上」[31]し、稲荷講社のもとで宗教活動を実現させていくこととなる。そして、大本教の前身となる金明霊学会もこの講社の管下で活動を展開させていくこととなる。稲荷講社自身も、大社教下での活動から始まったにもかかわらず、である。以上のように、教派神道→講社→所管教会という組織の中のどこかにさえ入れば、宗教活動を実現することが可能な体制となっていた。

　こうした体制を念頭に置いてか、果ては教派神道下での活動許可を取るためのノウハウ本も登場するようになっている[32]。それは、その

「宮城島家史料にみる神道三穂教会と宮城島金作」（ともに前掲石原和・吉永進一・並木英子編『月見里神社史料・宮城島家史料目録―近代清水の神職たちと鎮魂帰神―』）。

29) 鈴木重道『本田親徳研究』山雅房、pp. 460-473.
30) 藤井貞文『明治国学発生史の研究』吉川弘文館、1977年、pp. 123-125.
31) 「月見里神社・稲荷講社史料」Y3（前掲石原和・吉永進一・並木英子編『月見里神社史料・宮城島家史料目録―近代清水の神職たちと鎮魂帰神―』所収）。
32) 『神占霊術祈祷師開業手続』日本仏教新聞社、1935年.

際には無論、教派神道、講社特有の論理をある程度受け入れる必要があったことを反映しているともいえる。稲荷講社とその下の所管教会との間にもそうした関係があり、その活動が認められるためには、教会の形や規約が稲荷講社に認められなければならなかった。この集団の場合は、霊術という極めて実践的な宗教活動をしていた。それは「人間は大精神(天之御中主神のこと。広義には天地を創造された天之御中主神・高御産巣日神・神産巣日神の所謂「造化御三神」を指す)たる産霊の大神から小精神たる霊魂、即ち産霊大神の分霊を賜っている」[33]とする霊魂観に基づいた実践となっていた。この講社に参加する人々も、その傘下の教会に参加する人々もこの霊術を共有し、実践していたことから、これを通じて造化三神の働きについてのイメージが一般の人々の間にも広がっていったと考えられる。教派神道の中には造化三神を主宰神とするものが多く、そのもとに多くの宗教者や信者が集ったと考えれば、国家の神道の教義においては後景に退けられた造化三神は、教派神道の信仰を通じて、民間=宗教活動の現場で受け入れられていくこととなったといえよう。

---

33) 渡辺勝義「日本精神文化の根底にあるもの(三)―「霊魂の行方」について―」(『長崎ウエスレヤン大学現代社会学部紀要』第二巻、2004年)、p. VI.

4 東アジアの造化三神という視点に向けて

　以上、明治国家の宗教政策の中での造化三神の行方を簡単みてきた。造化三神は、政策の中枢からは遠ざかっていくこととなるが、平田派の神道論を型にした教派神道によって、民間に展開していくこととなったのだった。

　実はまだ宗教活動の実現の手段はあった。第三の方法として、海外での宗教活動があった。というのも、外地では、内地と違う宗教法制がとられていたため、宗教活動をおこなうことが可能な状況が続いていた。例えば、台湾総督府下では大正12年［1923］まで神社行政と宗教行政が未分離状態であったし、朝鮮総督府下では「神社寺院規則」「布教規則」の二本立ての社寺宗教行政がとられていた[34]。こうした背景をもとに、神職たちは「神官教導職兼補の廃止は。内地に於いても仍ほ例外あり。即ち府県社以下の如し。更に例外の例を拡め。政府は台湾島に於ける神道布教の便を謀り、同島に新設すべき官国幣社以下の神官は。暫く之に教師の事を兼ね行はしむるを以て。頗る時宜に中れりとする也」[35]と認識していたという。さらには、宗教活動の実践に向けて、神職たちの中には、「明治三十年代の日本在野神道者間に、神道を世界的に宣布しなければならぬとの気運が起つてゐた」[36]という。こうして、宗教活動の実践を願う者たちは積極的に海外への進出を訴え、赴任していった。

---

34) 菅浩二『日本統治下の海外神社―朝鮮神宮・台湾神社と祭神』弘文堂、2004年、p. 278。青野正明「朝鮮総督府の神社政策と類似宗教」磯前順一・尹海東編『植民地朝鮮と宗教』三元社、2013年.

35) 『教林』第四〇号、1896年、p. 4(国立国会図書館デジタルコレクション).

36) 小笠原省三編『海外神社史上巻』海外神社編纂会、1953年、p. 52.

日本の神道の海外布教の嚆矢となったのは、明治16年［1883］の神道修成派の朝鮮布教だった。この例に見るように、教派神道の海外布教と植民地神社政策の連続性があった。明治23年［1890］から、黒住教は京城で祈禱・病気直しを始めるようになる。日本領事館はこれに賛意を示していた[37]。黒住教はその拠点として京城大教会を設けるが、これが京城神社の前身である南山大神宮へ変化していく[38]。教派神道の布教が公設の神社へとなっていく様がここからみられる。釜山の竜頭山神社にも神習教の海外布教が関わっていたとされる[39]。台湾の場合は、元神宮教教師で台湾神社初代宮司山口透の活動が代表的な例となる[40]。いずれも宗教性が優先されながら、植民地布教が進んだことを表すものであろう。

　彼らが担った役割や、そこにみられる造化三神の展開について、史料的に不足しているためあくまでも展望を示すことしかできないが、明治期以降の担い手を考慮しつつ近代における日本からの広がりについての見通しをのべて、本稿を終えることとしたい。

　教派神道を含む神職たちの活動の中で造化三神が強調されている例はまだ見えていない。しかし、植民地（札幌、樺太含む）において、総鎮守として開拓三神（国魂神、大巳貴命、少彦名命）が置かれたことは注目して良いように思える。どのような理由をもって、この三神が選ばれたかは不明であるが[41]、新領土を開くに際して、天孫降臨に先駆けて国土

---

37) 権東祐「教派神道の朝鮮布教からみる近代神道の様相―神道修成派・黒住教・神宮教を事例に」（『宗教研究』92巻1輯、2018年）、pp. 37-38.
38) 前掲権東祐「教派神道の朝鮮布教からみる近代神道の様相―神道修成派・黒住教・神宮教を事例に」、pp. 41-42.
39) 前掲菅浩二『日本統治下の海外神社―朝鮮神宮・台湾神社と祭神』第一部第四章.
40) 前掲菅浩二『日本統治下の海外神社―朝鮮神宮・台湾神社と祭神』、p. 278.
41) 前掲菅浩二『日本統治下の海外神社―朝鮮神宮・台湾神社と祭神』、p. 251.

を整えるという神話の役割を期待する文脈からか、国土の開闢を説く造化三神と同じ三神という形式がとられた点には何らかの連続性が想像できる。そうした意味では、『古事記』の時点では、東アジアの普遍性のなかに自らを位置づける論理であった造化三神が、近代には植民地主義を支える論理へと転化していると評価できようか。ただし留意しなければならないのは、肝心の朝鮮においては総鎮守に関する議論の中で、祭神の候補にすらあがらなかったということである。むしろ、三韓征伐に基づく侵略と結び付けられた神功皇后や日鮮同祖論と関係づけられた素戔嗚命＝曽尸茂梨一体説に基づく素戔嗚命の祭神化でみられる神話的統合のほうが、より直接的な意味があったと考えられる。その意味では、造化三神が、日本帝国主義に覆われた近代東アジアの底流にどのように響いたのかを考えていく必要があろう。

　また、積極的に植民地布教を進めた教派神道には、先述の通り、主宰神に造化三神を位置づけるものも多かった。教派神道にならずとも、大本のように積極的に大陸の宗教者と交流した教団もある。植民地において日本宗教は文明論的な文脈における近代的「宗教」として植民地の人々と対峙することとなったであろう。日本内地においてキリスト教がそうであったように、一方では、上からの啓蒙的態度を取りながら、その一方では、当地の近代化のための憧憬の対象とされたであろう。日本宗教との対峙の中で天道教や普天教の文明化が進むことになる。彼らはまた文明の担い手として、民間宗教を啓蒙していくこととなる。こうした過程において、日本の近代化過程において、下野していった造化三神が近代的「宗教」のひな型として広がった可能性は捨てきれないのではなかろうか。

参考文献

- 倉野憲司校注『古事記』岩波書店.
- 坂本太郎・家永三郎・井上光貞・大野晋校注,『日本書紀(一)』, 岩波書店, 1994.
- 相見英咲,『倭国神話の謎 天津神・国津神の来歴』, 講談社, 2005.
- 高橋美由紀,『伊勢神道の成立と展開』ぺりかん社, 2010.
- 子安宣邦『宣長学講義』, 岩波書店, 2006.
- 原武史,『〈出雲〉という思想 近代日本の抹殺された神々』, 講談社, 2001.
- 安丸良夫・宮地正人,『国家と宗教』, 岩波書店, 1988.
- 平重道・阿部秋生編,『近世神道論・前期国学』岩波書店, 1972.
- 安丸良夫,『神々の明治維新―神仏分離と廃仏毀釈』, 岩波書店, 1979.
- 小川原正道,『大教院の研究 明治初期宗教行政の展開と挫折』, 慶應義塾大学出版会, 2004.
- 磯前順一,『近代日本の宗教言説とその系譜―宗教・国家・神道』, 岩波書店, 2003.
- 夏目隆文,『神社人異色鏡』, 中外日報社, 1936.
- 石原和・吉永進一・並木英子編, 冂月見里神社史料・宮城島家史料目録―近代清水の神職たちと鎮魂帰神―ヨ, 日本新宗教史像の再構築:アーカイブと研究者ネットワーク整備, 2020.
- 千葉幸吉,『神道実行教』, 1910, 国立国会図書館デジタルコレクション.
- 鈴木重道,『本田親徳研究』, 山雅房.
- 藤井貞文,『明治国学発生史の研究』, 吉川弘文館, 1977.

- 『神占霊術祈祷師開業手続』, 日本仏教新聞社, 1935.
- 菅浩二, 『日本統治下の海外神社—朝鮮神宮·台湾神社と祭神』, 弘文堂, 2004.
- 小松和彦, 「教派神道と宗教者·芸能者」, 島薗進, 高埜利彦, 林淳, 若尾政希編, 『シリーズ日本人と宗教近世から近代へ4　勧進·参詣·祝祭』春秋社, 2015.
- 渡辺勝義, 「日本精神文化の根底にあるもの(三)—「霊魂の行方」について—」, 『長崎ウエスレヤン大学現代社会学部紀要』, 第二巻, 2004.
- 青野正明, 「朝鮮総督府の神社政策と類似宗教」, 磯前順一·尹海東編『植民地朝鮮と宗教』, 三元社, 2013.
- 小笠原省三編, 『海外神社史上巻』, 海外神社編纂会, 1953.
- 権東祐, 「教派神道の朝鮮布教からみる近代神道の様相－神道修成派·黒住教·神宮教を事例に」, 『宗教研究』92巻1輯, 2018.
- 北康宏, 「古事記神話の構図—古代日本人の「歴史の起源」に対する観念」, 『日本思想史学』29巻, 1997.